O RAUL
QUE ME CONTARAM

A história do Maluco Beleza revisitada por um programa de TV

O RAUL
QUE ME CONTARAM

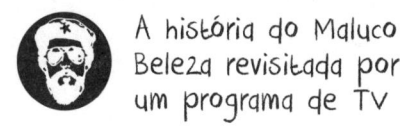

A história do Maluco Beleza revisitada por um programa de TV

TIAGO BITTENCOURT

MARTIN CLARET

SUMÁRIO

11	PREFÁCIO
17	APRESENTAÇÃO DO AUTOR
	O RAUL QUE ME CONTARAM
29	22 de junho de 2015 - 10h **LÍVIA BORGES** Presidente do Ramakrishna Vedanta Brasília
39	05 de junho de 2015 - 11h **LUCIANO STANCKA** Médico
53	25 de junho de 2015 - 14h30 **ANTÔNIO SOARES SOUZA** Zelador do Edifício Aliança
67	**JOSÉ EDUARDO** Administrador do Edifício Aliança
73	25 de junho de 2015 - 20h **SYLVIO PASSOS** Amigo e presidente do Raul Rock Club

93 26 de junho de 2015 - 11h
CARLEBA
Baterista da banda Raulzito e os Panteras

119 26 de junho de 2015 - 17h
MARCELO NOVA
Parceiro musical e amigo

143 27 de junho de 2015 - 11h
ISAAC SOARES E ALEXANDRE PEDROSA
Fã-Clube Novo Aeon

165 28 de junho de 2015 - 10h
LEONARDO MIRIO
Autor do livro *Raul nosso de cada um*

183 28 de junho de 2015
SYDNEY VALLE "PALHINHA"
Guitarrista de Raul em 1983

197 28 de junho de 2015 - 14h30
AGUINALDO PEDROSO
Amigo

211 29 de junho de 2015 - 10h30
MARCO MAZZOLA
Produtor musical e amigo

235 29 de junho de 2015 - 13h30
ROSANA DA CÂMARA
Antropóloga e escritora

247 29 de junho de 2015 - 16h
JERRY ADRIANI
Amigo

269   30 de junho de 2015 – 10h
TÂNIA MENNA BARRETO
Terceira companheira

289   30 de junho de 2015 – 13h
KIKA SEIXAS
Quarta companheira
VIVIAN SEIXAS
Filha

325   1º de julho de 2015 – 11h
RUY CASTRO
Escritor

333   1º de julho de 2015 – 11h
HELOISA SEIXAS
Prima

347   1º de julho de 2015 – 14h
ROBERTO MENESCAL
Produtor musical

369   02 de julho de 2015 – 11h
TONINHO BUDA
Amigo

393   03 de julho de 2015 – 11h
CLÁUDIO ROBERTO
Amigo e parceiro musical

EXTRAS

417 25 de junho de 2015
EDY STAR
Parceiro musical

425 **JAY VAQUER**
Guitarrista e ex-cunhado

437 SUPER-HEROIS (equipe de produção)

"O raulseixismo nunca vai morrer."

Frase em um vinil vazado que dei
de presente a Kika e Vivian Seixas

Quando Tiago ligou, me convidando para escrever esse prefácio, eu entendi vagamente devido aos tambores da Selva (carinhoso apelido que dou ao nosso eficiente sistema de telefonia. "— Tá ouvindo? Tá ouvindo?" "— Tô, tô ouvindo falhar!")

Aceitei assim mesmo, pois o autor é dessas pessoas cuja competência fica evidente a partir da primeira impressão.

Confesso, porém, que me veio uma certa preocupação: é que não tenho conseguido ler nada há mais ou menos dois anos, depois de ter sido um voraz leitor durante quase sessenta (efeitos colaterais do tratamento da hipertensão). Soma-se a isso o fato de eu não ter compreendido exatamente sobre o

PREFÁCIO

CLÁUDIO ROBERTO*

Quando Tiago ligou, me considerando para escrever este prefácio, eu entendi vagamente devido aos Tambores da Selva (carinhoso apelido que dou ao nosso eficiente sistema de telefonia. "— Tá ouvindo? Tá ouvindo"?", " — Tô, tô ouvindo falhar!").
Aceitei assim mesmo, pois o autor é dessas pessoas cuja competência fica evidente a partir da primeira impressão. Confesso, porém, que me veio uma certa preocupação: é que não tenho conseguido ler nada há mais ou menos dois anos, depois de ter sido um voraz leitor durante quase sessenta (efeitos colaterais do tratamento da hipertensão). Soma-se a isso o fato de eu não ter compreendido exatamente o que era o livro (os Tambores da Selva, lembram?).

Imagine o (a) leitor(a) a minha surpresa quando, ao chegar em casa, ainda preocupado com o volume das folhas contidas no pacote que peguei no correio, dei de cara com o título!

Emocionado e feliz, me atirei faminto a essas páginas, aparentemente "curado" da minha incapacidade de ler. Quando dei por mim, estava poupando, lendo bem devagar, pra comer demorado essa delícia.

---

* Quando Cláudio Roberto conheceu Raul, ele tinha 11 anos e Raul, 18. Apesar da diferença de idade, viraram grandes amigos. A parceria musical veio depois, em decorrência da amizade, como Cláudio diz. Fizeram músicas como "Maluco Beleza", "Aluga-se", "Cowboy fora-da-lei", "Rock das aranha", "Novo Aeon" e "Sapato 36". Muitas delas foram compostas num sítio em Miguel Pereira, região serrana do Rio de Janeiro, onde a placa "Barracão do Raul" identifica a mística do lugar.

QUÊ ERA O LIVRO (OS TAMBORES DA SELVA, LEMBRAM?)

IMAGINE O(A) LEITOR(A) A MINHA SURPRESA QUANDO, AO CHEGAR EM CASA, AINDA PREOCUPADO COM O VOLUME DAS FOLHAS CONTIDAS NO PACOTE QUE PEGUEI NO CORREIO, DEI DE CARA COM O TÍTULO!

EMOCIONADO E FELIZ, ME ATIREI FAMINTO A ESSAS PÁGINAS, APARENTEMENTE "CURADO" DA MINHA INCAPACIDADE DE LER. QUANDO DEI POR MIM, ESTAVA POUPANDO, LENDO BEM DEVAGAR, PRA COMER DEMORADO ESSA DELÍCIA.

CHOREI E GARGALHEI (RAUL CONTINUA FAZENDO ISSO!) NAS

Minhas madrugadas solitárias (é que a família ainda dorme depois que eu acordo), revivendo prazerosamente o que já era do meu conhecimento, surpreso com algumas novidades e fascinado com esse "O Raul que me contaram".

O livro de Tiago reforçou de vez a minha noção sobre o fato de Raul ter marcado a vida, de uma forma ou de outra, de todas as pessoas com quem teve mais contato do que um polido "bom dia". Ninguém ficou ileso.

Um dos entrevistados se refere à impressão que tinha, às vezes, de sentir-se numa sala de aula, como se Raul fosse um professor.

Acredito que todos que lidamos com ele na intimidade, experimentamos isso de quando em quando. É que Raul tinha uma necessidade premente de se fazer compreender sem enganos.

Por isso, nós, que tivemos o privilégio de conhecer e amar esse homem tão único e que estudamos na Escolinha do Professor Raul, sabemos que só nos resta seguir em frente,

Controlando a nossa maluquez, misturada com nossa lucidez.

E toca Raul, pelo amor de Deus!

Miguel Pereira, 18/06/016
Dia Internacional da Música

Chorei e gargalhei (Raul continua fazendo isso!) nas minhas madrugadas solitárias (é que a família ainda dorme depois que eu acordo), revivendo prazerosamente o que já era do meu conhecimento, surpreso com algumas novidades e fascinado com esse "o Raul que contaram".

O livro do Tiago reforçou de vez a minha noção sobre o fato de Raul ter marcado a vida, de uma forma ou de outra, de todas as pessoas com quem teve mais contato além de um polido "bom-dia". Ninguém ficou ileso.

Um dos entrevistados se refere à impressão que tinha, às vezes, de sentir-se numa sala de aula, como se Raul fosse um professor. Acredito que todos que lidamos com ele na intimidade experimentamos isso de quando em quando. É que Raul tinha uma necessidade permanente de se fazer compreender sem enganos.

Por isso, nós, que tivemos o privilégio de conhecer e amar esse homem tão único e que estudamos na Escolinha do Professor Raul, sabemos que só nos resta seguir em frente, controlando a nossa maluquez, misturada com nossa lucidez.

E toca Raul, pelo amor de Deus!

APRESENTAÇÃO DO AUTOR

Há muito tempo atrás, na velha Bahia, eu escutava Raul Seixas e a minha mente se contorcia. De início, não entendia muito bem as coisas que ele cantava. Achava um tanto megalomaníaco o cara dizer que tinha nascido há 10 mil anos atrás e que ele era tudo: a luz das estrelas, a cor do luar, as coisas da vida, o medo de amar.

Meu pai tinha um k-7 da coletânea *Maluco Beleza*, aquela em que Raul está com as vestes da capa do álbum *Gita*. Comecei a ouvir e fui curtindo o som conforme o garoto metido a revolucionário ia se desenhando na minha personalidade.

Para localização histórica, conto uma situação em que certa vez inventei de pegar a lista telefônica para passar trote e encontrei por lá um "Raul Seixas", provavelmente com "Varella" (o pai) entre os nomes. Liguei para saber se ele estava. Quem me atendeu foi Dona Maria Eugênia, mãe de Raul. Eu sou nascido em 1985, ela morreu em 19 de abril de 2002. Esse contato aconteceu não muitos anos antes disso.

Dona Maria Eugênia, com tamanha serenidade, me deixou "informado": "ele já morreu, meu filho". Quando acreditei que estava falando com a mãe de Raul, fiquei alucinado. Mas o máximo que consegui fazer foi perguntar para qual time ele torcia – "ele não gostava de futebol" – e pedir para ela cantar uma música. Como ela era "muito desentoada", passou para a irmã, essa sim me dando o prazer de cantarolar alguns versos fora do tom. E olha que essa conversa toda se desenrolou em uma ligação a cobrar. Isso foi há muitos anos atrás (menos de 10 mil, certamente), eu em plena adolescência. Já estava de tal forma atraído por aquele contexto que me debruçava o máximo sobre a história que Dona Maria Eugênia gestou. Jamais poderia saber que tempos depois eu viria a contribuir um pouquinho para ressaltar o sentimento que milhões de pessoas têm pelo filho dela.

Naquela época, com a internet ainda engatinhando no Brasil, era uma vitória a cada CD adquirido, alguns em sebos, a preços que faziam um menino dar muito valor. Consumia tudo com voracidade. Cheguei até a adquirir das mãos de Thildo Gama,[1] primeiro guitarrista de Raul, no grupo Relâmpagos do Rock, o livro *Raul Seixas – A trajetória de um ídolo*, lá em Salvador. E me lembro de que para isso eu também pulei o muro no fundo do quintal da escola.

Nesse período, adquiri mais tantos livros. Guardo todos até hoje. E fui entendendo aquela história. Mesmo que, para mim, muitos daqueles personagens não tivessem cara – eram apenas linhas lidas a cada página virada –, na minha cabeça estava se montando o quebra-cabeça. Sem saber, fui me preparando.

Aí, em 2014, Brasília me chamou e eu disse "quero ir!". Peguei minhas malas e parti de Salvador para trabalhar na TV Brasil, a emissora pública nacional, um dos veículos da Empresa Brasil de Comunicação (EBC). E se desse errado? Aí eu voltava pra Bahia (ou para Cachoeiro de Itapemirim).

Entrei em um núcleo de programas jornalísticos que tem como principal produto o *Caminhos da Reportagem*. O *Caminhos*, como carinhosamente chamamos, é um documentário de uma hora, sempre com uma temática diferente a cada semana. Sob a perspectiva da comunicação pública, aprofunda-se nos temas e chama o telespectador a refletir para além do sensacionalismo.

Nesse mesmo ano completavam-se 25 anos da morte de Raul. Quando dei por conta da efeméride e assimilei os processos, já estava bem em cima da hora para produzirmos um programa especial. Mas ainda cheguei a fazer contato com o guardião Sylvio Passos e o guitarrista Eládio, d'Os Panteras.

Um ano depois, havia um gancho ainda maior: 70 anos de nascimento de Raulzito. Não deixei a minha gerente em paz até ela dar o veredicto de que teríamos uma edição do *Caminhos* sobre o Maluco Beleza. A TV Educativa da Bahia, nossa parceira, tomara a frente dessa produção.

---

[1] Thildo Gama morreu em 8 de dezembro de 2011, aos 66 anos.

Nesse período, eu já estava me dedicando a outro projeto, o programa *Brasileiros Mundo Afora*, que levou quase 2015 todo para ganhar forma e estreou em outubro. Tive que dar uma oportuna pausa. Avaliamos que um documentário sobre Raul não poderia ser gravado somente na Bahia. Era preciso ir a São Paulo e ao Rio de Janeiro, pelo menos, e essas viagens só seriam possíveis para nós. Foi quando entrei de cabeça na história.

Ainda assim, a TVE Bahia realizou diversas gravações, como um curta com Gilberto Gil: "Quando eu saí da prisão em 68, ele me acolheu. Uma das primeiras pessoas a me acolher em Salvador foi ele. Me levou pra casa dele, me mostrou uns discos de rock que ele tinha acabado de receber. E daí em diante, quando ele se tornou famoso também, foi pro sul, ficamos amigos, continuamos amigos até o fim da vida dele".

Em Salvador, tivemos ainda gravações como com Eládio e Mariano (Os Panteras), Deolindo Checcucci (diretor da peça *Raul Seixas, a metamorfose ambulante*), Maurício Almeida (amigo e coautor da música "O crivo", cedida por Raul a ele e a Waldir Serrão) e Sônia Miranda (fã), que o trabalho de edição teve a difícil incumbência de cortar, especialmente por conta do limite de 54 minutos de programa (fora os intervalos). Mas do trabalho da TVE aproveitamos os depoimentos de Plínio Seixas (irmão), Paulo Leandro (fã e pesquisador) e Paulo Gomes (fã).

Além da nossa viagem ao Rio, a equipe da TV Brasil sediada em terra carioca gravou posteriormente com o cineasta Walter Carvalho, diretor do filme *Raul – O início, o fim e o meio*. O detalhe é que ele ainda possuía cerca de 400 horas de gravações não usadas, entre material de arquivo e de produção própria, e nos cederia se a pesquisa e a transferência dos arquivos não tomassem um enorme tempo, coisa que nem ele nem nós tínhamos. Nos permitiu, assinado em documento, usar quaisquer trechos do filme.

E nós gravamos ainda com Edy Star (parceiro no disco *Sociedade da Grã-Ordem Kavernista apresenta Sessão das 10*) e Jay Vaquer (guitarrista e irmão de Gloria Vaquer), que também não entraram na edição final. Aqui, resgatamos essas duas entrevistas.

Sim, este livro é a história da produção do *Caminhos da Reportagem* sobre Raul Seixas. Expõe, consequentemente, a história de Raul, contada pelo olhar dos nossos entrevistados.

Trago, na íntegra, as entrevistas feitas pela equipe de Brasília, em que eu fui o entrevistador, junto com o repórter cinematográfico Rogério Verçoza e o auxiliar técnico Alexandre Souza. Gravações feitas na capital federal, via Skype e nas nossas viagens (de 25 de junho a 3 de julho de 2015, passando por São Paulo, São Carlos, Rio de Janeiro, Juiz de Fora e Miguel Pereira). Portanto, alguns personagens que entraram no programa, os gravados pela TVE Bahia e pela equipe da TV Brasil do Rio, não aparecem aqui.

Além do que cada entrevistado apresenta sobre Raul, relato a experiência de construir essa narrativa, do primeiro contato com os personagens até os detalhes de cada encontro. É uma forma de tentar entender quem são essas pessoas para além do romantismo da história.

Inclusive, é bom destacar uma diferença primordial desta produção do *Caminhos da Reportagem* para outras produções videográficas sobre Raul Seixas. Muitas já existiam e se dedicaram a ir a fundo na história. Vamos pegar a natural referência, a obra de Walter Carvalho, que inclusive é citada em vários momentos deste livro como "o documentário" ou "o filme". Não conseguiríamos sequer chegar perto do que ela alcançou. TV pública, orçamento reduzido e prazo para ir ao ar: 20 de agosto de 2015, um dia antes dos 26 anos de morte.

Notadamente, não poderíamos entrar numa "competição". Nem o mais nobre coração de um jovem fã e jornalista acreditaria nisso. Era necessário fazer diferente, com menos tempo e dinheiro.

Fizemos algo que – julgo eu – foi muito bem sacado: fomos analíticos. Edificamos a personalidade de Raul, contextualizamos suas fases e seus elementos discursivos, mostramos o olhar das pessoas para o lado mais obscuro da sua degradação. Tudo isso – vejam só – enquanto contávamos a sua jornada pela vida.

Eu poderia ter escrito o texto, gravado e ido embora para casa. Mas alguém me falou que este trabalho era "minha missão na Terra".

"Já posso morrer depois disso?" É claro que quis participar do início, do fim e do meio deste percurso, o que me rendeu algumas broncas pelo tanto de palpites que dei: "Repórter não tem que ficar na ilha de edição!". Briguei, fechei a cara várias vezes e contestei decisões até da diretora de jornalismo da empresa.

Por causa do tempo, limamos a contragosto meu, por exemplo, um antigo depoimento da cantora Diana em que ela credita o seu sucesso ao trabalho de Raul como produtor. Deixamos de colocar capas de discos de cantores produzidos por ele, como Renato e seus Bluecaps, Odair José, Trio Ternura, Tony e Frankie, Marcio Greyck, Ed Wilson, Luiz Carlos Magno, José Roberto, Balthazar e Lafayette. Tiramos a informação de que o dia em que Raul e Marcelo Nova se viram pela última vez, 16 de agosto de 1989, aniversário de Marcelo, foi o exato dia em que se completavam 12 anos da morte de Elvis Presley. E para não me alongar mais, vamos de uma referência a outra. Também cortamos a lembrança de que Luiz Gonzaga morreu apenas 19 dias antes de Raul.

Antes de chegar ao momento da montagem das cenas, ainda tivemos outras gravações em Brasília, como a abertura e as passagens de bloco.

Logo após os depoimentos iniciais do programa, eu entro em um cenário *on the road* com o texto: "Com linguagem simples, ele fez o povo cantar sobre novas Eras, anarquia, existencialismo. Da sua personalidade, fez o seu personagem. Ou seria o contrário? Como o alcoolismo deu fim às filosofias, políticas e lutas em 1989. Prepare-se para o *Caminhos da Reportagem* de hoje, porque vem muita história por aí. Afinal ele nasceu há 10mil anos atrás...".

Daí a câmera sobe, sobe, sobe... Foi a primeira produção da TV Brasil a usar um drone. Contamos com a boa vontade de Abimael Lira, sogro do nosso coordenador do departamento de arte, que topou utilizar o equipamento nessa gravação. Ela aconteceu nas proximidades da Torre de TV Digital, em Sobradinho (DF).

Do primeiro para o segundo bloco, uma sorte. O musical "Viva Raul" estava em Brasília e contamos com a gentileza da produção do espetáculo e do ator Renato Ignácio para ele gravar caracterizado. Eu: "E no próximo bloco, Raul brega, produtor, místico e sempre crítico. Como as músicas saíam do seu dia a dia". Ele: "E o *Caminhos da Reportagem* vai fazer um passeio de disco voador pela minha obra".

No segundo bloco, fizemos uma passagem no Clube e Museu do Disco de Vinil de Brasília que ficou bem interessante também, para mostrar as similaridades entre arranjos de músicas de Raul. Experimente ouvir "Convite para Angela", composta por Raul para o cantor Leno, e "Sapato 36", do álbum *O dia em que a Terra parou* (1977).

Do segundo para o bloco final, o ambiente foi uma estação de metrô: "Longe dos palcos e renegado pela mídia e pelas gravadoras. A notícia da morte, como ela chegou para cada um. E o legado do mito. O *Caminhos da Reportagem* volta na próxima estação." E, claro, sobe a trilha de "Metrô linha 743".

Tudo isso aconteceu depois de muita conversa com a editora Anna Karina. Minha ideia inicial era não fazer passagens e *offs*, deixar apenas as sonoras[2] contarem a história. Ficou melhor do jeito que saiu, afinal, e deu um toque diferente, possibilitou intervenções reflexivas.

Outros agradecimentos fizemos, como à editora Casa da Palavra, por onde Heloisa Seixas publicou seu livro *Uns cheios, outros em vão – Receitas que contam histórias*, que contém algumas fotos antigas da família. Eles nos enviaram e usamos esse material.

À agência Capim Guiné, que trabalhou com o Raul Rock Club. Sylvio Passos indicou e o pessoal (Bêca Arruda, Tiago Sotero, Bruno Salomão e Thiago Mouta) teve a maior boa vontade de fazer algumas imagens para a gente.

Rodrigo Barata e a filhotinha Carmen Neiva viraram Raul e Vivi Seixas! Abrimos o programa com o lado paternal do Maluco Beleza numa bonita dramatização acompanhada do áudio original de uma hilária "conversa" entre os dois. Enquanto ela chora, recém-nascida, ele solta a pérola: "Eu sei, eu sei, eu sei. É muita confusão. É imposto de renda, né?".

Também agradecemos a Jay Vaquer, Leonardo Mirio e a profes-

---

[2] Na terminologia jornalística, passagem é o momento em que o repórter aparece na matéria, *off* é a voz do repórter sem ele aparecer e sonora é a fala dos entrevistados.

sora Rosana da Câmara, conforme cito nos capítulos referentes a eles, além de Deolindo Checcucci, que nos cedeu imagens da peça.

O meu envolvimento pessoal com a produção desse programa foi tão grande que vivi uma situação inimaginável até então. Sou cético, mas numa noite, pouco antes da exibição do *Caminhos*, eu tentava dormir no sofá do meu apartamento, onde morava sozinho, e tive a nítida sensação da presença de alguém. Olhei várias vezes em direção à porta, tentando entender aquilo. Não senti que queria me fazer mal ou mesmo que tentasse um contato. Apenas estava lá. Era quase palpável a sensação de que era Raul.

Depois de toda essa experiência histórica, emocional e "sobrenatural", nasceu este livro que está nas suas mãos. E o que falar de ter o prefácio do meu primeiro livro escrito por ninguém menos do que Cláudio Roberto? O que dizer de quando fiz o convite e ele me disse que era ele quem ficava emocionado? De ouvir que foi a mais sensível produção sobre Raul que ele tinha visto e que foi a melhor entrevista televisiva que já lhe fizeram? E para não ficar somente no profissional, ainda falou que a sua casa em Miguel Pereira estava aberta para o novo amigo. Esse foi um trabalho feito com o coração e, para mim, Cláudio Roberto foi o maior coração que encontrei nessas andanças.

Também quero destacar a notícia triste que o Brasil teve no dia 23 de abril de 2017, data do falecimento do cantor Jerry Adriani. Foi um dos responsáveis por levar Raulzito e os Panteras ao Rio de Janeiro e segurar a onda deles lá várias vezes. Fica o meu agradecimento por toda a gentileza com que nos recebeu no seu apartamento. Lembro como falava com carinho e alegria dos tempos vividos na amizade com Raulzito. Dedico esta obra à sua memória.

"E mesmo que você vá por todos os universos
Sua luz brilhará como sol
Pela noite dos tempos
Leve amigo a certeza de nossa saudade
E que um dia nos encontraremos na eternidade"[3]

Definitivamente, este não um livro burocrático de um jornalista,

---

[3] Trecho da música "O Cavaleiro das Estrelas", composta por Jerry em homenagem a Raulzito.

como o programa não foi. Fui controlando a minha maluquez, misturada com minha lucidez.

Bem, está chegando a hora de você se divertir, se emocionar, se surpreender e, acima de tudo, de curtir um pouco de tudo o que eu curti ao realizar este trabalho. Não se esqueça de ver ou rever o *Caminhos da Reportagem*, ele está no YouTube.

Ah, aí vai uma proposta. Antes de cada entrevista, há um trecho de alguma música de Raul. Convido você a refletir sobre como ela se relaciona com a história do entrevistado.

Agora é Raul Seixas que você vai encarar!

O RAUL
QUE ME CONTARAM

A história do Maluco
Beleza revisitada por
um programa de TV

dez
anos

mil
atrás

22 DE JUNHO DE 2015 - 10H

LÍVIA BORGES
PRESIDENTE DO RAMAKRISHNA VEDANTA BRASÍLIA

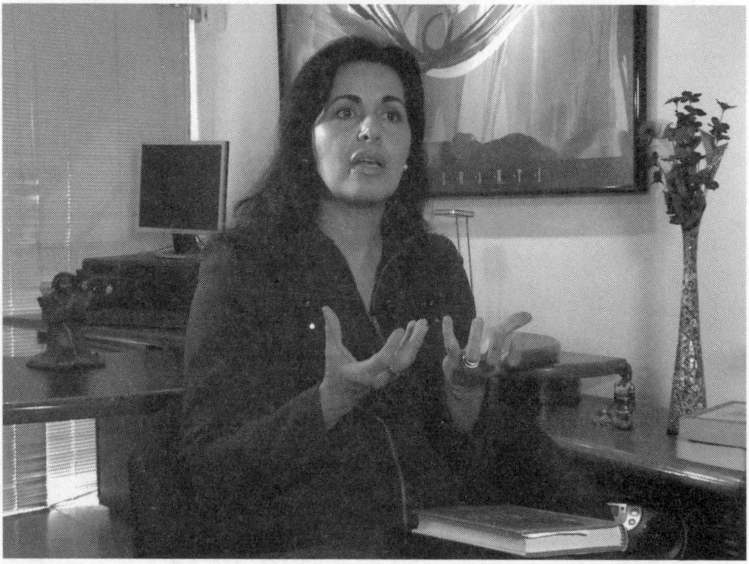

Quando fizemos o pré-roteiro do programa, em que traçamos o foco de cada bloco e os principais pontos a serem abordados neles, entendemos que era preciso ver o que estava por trás das letras de músicas aparentemente simples. Sim, de fato, a maioria das músicas de Raul tem linguagem simples, mas carregadas de reflexões sociais e referências filosóficas.

"Gita" é um grande exemplo disso. Muitos a cantam como uma música de amor, e é sim uma música de amor, mas não desse amor de novela. É a condução do ser humano para a compreensão do seu interior, da sua missão e da sua capacidade. Do amor próprio. E isso é muito Raul.

Lívia Borges foi a primeira entrevistada, a única em Brasília, no Centro Ramakrishna Vedanta. Vedanta é a filosofia-base do hinduísmo, do qual o *Bhagavad-Gita* é um dos textos sacros. Com isso, nos aprofundamos nos significados de uma das músicas mais conhecidas de Raul...

"Talvez você não entenda
Mas hoje eu vou lhe mostrar..."[1]

---

[1] Trecho da música "Gita", do álbum de mesmo nome (1974), composição de Raul Seixas e Paulo Coelho.

PRIMEIRO, QUERIA QUE VOCÊ APRESENTASSE O LIVRO.

Então, esse é o *Bhagavad-Gita*. Ele faz parte, na verdade, desse épico que é o *Mahabharata*, que conta a história de Krishna. E todo o ensinamento que é contido nesse livro, *Bhagavad-Gita*, que a tradução dele é a "Canção do Senhor", é que vem tratar do diálogo entre Krishna e Arjuna, em que Arjuna está vivenciando uma batalha. E é interessante a gente ver na perspectiva mais profunda, que é a luta interior. Então, embora ali seja contextualizada no campo de batalha, quando Krishna fala com ele, convoca à luta, está convocando-o para assumir o reinado da sua própria natureza, daquilo que é o seu *dharma*,[2] o seu dever na existência. Então ele trabalha a questão da luta interior, todas as dificuldades que uma pessoa tem para aceitar essa luta, para agir adequadamente, para ter autocontrole, para ter autoconhecimento. Então, cada capítulo ele vai trabalhando um desses temas. Você vai lendo e acompanhando o dilema dele também. "Entro na luta? Não entro na luta?" Então, quantos de nós, diante de uma dificuldade, querem recuar? "Não, não quero lutar, não quero fazer nada." Quer que caia do céu. Então, ele coloca a importância de a pessoa encontrar qual é o seu dever no mundo, agir adequadamente, que aí essa ajuda do céu lhe é favorável. Ou seja, existe algo que você precisa fazer. Então, cada capítulo também é um yoga diferente, mostrando a yoga da ação, a yoga da introspecção, a yoga do autoconhecimento. São vários capítulos trabalhando esses conceitos. E é interessante ver que as pessoas perguntam sobre a pronúncia. *Gita*. E Sri Ramakrishna, que é considerado uma encarnação divina, ele falava assim: que a essência do *Gita* está exatamente no nome Gita repetido dez vezes. Se você repetir dez vezes a palavra Gita, e aí você fica Gita, Gita, Gita... daqui a pouco você começa a ouvir "tagi", que significa "renúncia". *E* essa

---

[2] "*Dharma* é um termo que abrange tanto o dever quanto as virtudes e observâncias religiosas, sendo uma das quatro metas da vida humana e que proporciona o desenvolvimento do altruísmo. É também considerado o poder de sustentação da vida humana." (Lívia Borges, por e-mail)

renúncia é central no Gita. Uma renúncia que não é meramente uma renúncia externa, dos bens materiais ou não, não se trata disso. Porque, dependendo do seu modo de vida, se você é um monge, alguém que vive fora do mundo, ou uma pessoa que é casada, uma pessoa que realmente vive na nossa sociedade moderna, ela não pode renunciar a isso. Então, de que renúncia ele fala? Aí ele fala dessa renúncia que é o apego às coisas como nós temos, apego aos nossos conceitos, apego às expectativas também que temos, às vezes à expectativa de reconhecimento, expectativa de um elogio. Então, se você faz um bem a uma pessoa, às vezes você fica preso àquele bem que você fez esperando que o outro te reconheça. Então, ele te convoca a renunciar isso, porque isso é causa de sofrimento. No fundo, a mensagem dele é pra libertar você desse sofrimento, desse apego que você tem ao aspecto material, e que acaba te iludindo, né? Não está negando a vida material, mas ele fala que há algo mais profundo, fala da tua natureza interior, que há algo que você precisa conhecer, né? Pra que você possa, então, se libertar desse sofrimento.

O GITA EM SI, QUAL O SIGNIFICADO DA PALAVRA?

A palavra Bhagavad-Gita significa "Canção do Senhor". Gita, "canção". E Bhagavad, "Senhor". Então, é a "Canção do Senhor", é a "Canção de Deus". Olhando por um lado, é também o chamado dessa divindade, desse ser supremo, não importa o nome que ele tenha. Aqui, neste contexto, ele se chama Krishna. Mas, em qualquer outro contexto, por exemplo, na Bíblia cristã, no Sermão da Montanha, ele se chama Jesus Cristo. Então, é esse chamado desse ser superior, ser supremo, de algo que nos transcende, pra que você possa se aproximar dessa realidade que te pertence, que já pertence a cada um de nós. Mas só que nós, é o que ele fala, nós somos esquecidos, adormecidos pra essa realidade. Então, toda a proposta do Gita é, de fato, o despertar da nossa natureza humana pra nossa natureza divina.

QUAL A IMPORTÂNCIA DO LIVRO PARA A CULTURA?

A importância do *Bhagavad-Gita*, tanto pro hinduísmo quanto pra Índia de uma maneira geral, porque obviamente o hinduísmo não é restrito à Índia, embora ele tenha surgido lá. O Gita é central, é uma das escrituras mais populares da Índia. E ele sintetiza os grandes ensinamentos dos Vedas.[3] Tanto que ele também é considerado como se fosse o quinto Veda, né? Porque a gente fala dos quatro Vedas, mas ele pode ser considerado o quinto Veda pela essência, pelo que ele sintetiza em termos de conhecimento. Então, aqui tem o sumo. Como o Sermão da Montanha para a Bíblia, o Bhagavad-Gita para o Mahabharata, e para as demais escrituras do hinduísmo.

COMO VOCÊ RELACIONA O LIVRO *GITA* COM A MÚSICA "GITA"?

É interessante, porque o Gita, relacionando o que o Raul traz na canção dele, "Gita", e o conhecimento aqui do *Bhagavad-Gita*, traz também aquela ideia do paradoxo. Ele brinca com esse paradoxo, ele traz ideias que aparentemente são opostas. E mostrando que tudo isso pertence a essa grande realidade. Então, ele conseguiu trazer de uma maneira simples, mas uma reflexão: "Peraí, então tem algo que brinca com esse lado que eu entendo como positivo, esse brinca com esse lado que eu entendo como negativo, mas há algo que transcende essa dualidade". Então, ele traz uma reflexão, ele traz uma reflexão também sobre uma questão própria da reencarnação ou até da ideia de eternidade. São temas também importantes dentro do hinduísmo. Agora, uma questão até no Gita, quando ele fala assim "eu nasci há 10 mil anos atrás", aquela outra canção que fala sobre isso, sempre dando uma ideia de que você é muito mais antigo do que você supõe, e que esse princípio antigo é um princípio eterno,

---

[3] "*Vedas* são as escrituras mais antigas da humanidade (*Rigveda, Samaveda, Atarvaveda* e *Yajurveda*). O *Bhagavad-Gita* é considerado o quinto *Veda*. O significado da palavra é 'conhecimento'." (Lívia Borges, por e-mail).

que viaja ao longo das Eras, que viaja ao longo dos corpos também. Agora, isso não é assim também tão simples de compreender, mas o que eu acho bacana do que ele traz é a ideia do paradoxo e de que você pode transcender esse paradoxo. E ele dá uma ideia também de que essa essência, que está aqui no Gita, na verdade é princípio, meio e fim. Não com essa formatação, não é isso. Porque ele também não fica preso a esse formato. Mas que essa essência que você encontra aqui você também encontra no Sermão da Montanha, essa essência é anterior a qualquer coisa. É aquilo que, na verdade, justifica a própria criação. Então ele fala: "o início, o fim e o meio". Então, aí mostra a presença desse ser supremo, dessa inteligência suprema, dessa energia suprema em todos os... Quer dizer, anterior à criação, manifestada como criação, e pós-criação. Quer dizer, há um princípio eterno, ele continua. Então, a canção traz um pouco isso.

VOCÊ GOSTA OU GOSTOU, EM ALGUM MOMENTO DA SUA VIDA, DAS MÚSICAS DE RAUL?

Sim, sim, eu gosto das músicas de Raul. Eu tenho só esse cuidado às vezes quando as pessoas associam alguns comportamentos que algumas pessoas não gostam de Raul com, de repente, a filosofia que ele também valorizava e pela qual foi inspirado, né? Ele brinca também com os nossos preconceitos. Ele brinca com as nossas dificuldades. Particularmente, gosto. Dessa canção especificamente, gosto muito. E acho que brincar com o paradoxo é bom, porque ele tira você do quadrado. Não é que ele está também trazendo a resposta, mas ele tira você do quadrado e eu acho que isso é uma reflexão interessante.

QUAL É O TRECHO QUE VOCÊ DESTACARIA DESSA MÚSICA?

A parte que ele fala mesmo "eu sou o início, o fim e o meio", dando a ideia de que ele é tudo. Algo que é muito central nos ensinamentos é você tentar se conectar com essa essência, que ela é tudo.

É aquela ideia também de que Deus é tudo. Brahma[4] é tudo. Não importa que nome Deus tenha, que nome as pessoas deem para Deus, mas Ele está presente em tudo. Então isso, na canção dele, o que me chama a atenção, realmente o que me toca muito assim é o "eu sou o início, o fim e o meio". Não importa se você se incomoda com isso, se você acredita ou não, é a presença desse ser em toda a criação. Aí, se você particulariza isso pra sua vida pessoal, antes de eu me constituir como pessoa, eu já existia Nele. Eu, vivendo na manifestação, existo Nele. Eu pós, depois que eu deixar o meu corpo, que essa forma se dissolver, onde eu estarei? Nele. Então isso, nossa, isso é maravilhoso, você refletir dessa forma, né?

VOCÊ SABERIA CANTAROLAR ALGUM TRECHO?

(Risos) Ah, difícil, né? (Tenta lembrar a letra) "Por que é que eu estou tão calado..." Olha só, esse trecho. Esse trecho também convoca

---

[4] "É um aspecto do *trimurti* hindu, que significa Criação. Ou seja, Deus no aspecto Criador. Os outros dois são Vishnu (aspecto preservador, do qual provêm as Encarnações Divinas, Deus em forma humana) e Shiva (aspecto transformador)." (Lívia Borges, por e-mail)

a gente a meditar, sentar e parar para uma introspecção, de você poder se perguntar "quem eu sou? Qual o sentido da vida?". Que é aquilo que os filósofos, ao longo de toda nossa existência, quer seja na filosofia grega, quer seja na filosofia oriental, você encontra um convite, quer seja nos artistas, quer seja nos filósofos, você encontra um convite para essa reflexão. Quando você aprecia um quadro, quando você ouve uma música, aquilo ali está comunicando pra você, é a ideia do chamado. É como se fossem fragmentos desse chamado que, de uma maneira humana, estão presentes ali também, mas eles podem retratar um pouquinho desse divino. Ainda que, com toda roupagem distorcida da nossa própria existência humana, da nossa humanidade, nas nossas dificuldades, como da mesma forma Raul também tinha... Mas você pode encontrar em vários lugares os sinais desse divino. É como se fosse assim, sinais que vão despertando você: "Poxa, ali pode ter alguma coisa interessante". Então, esse trecho inicial me convoca a essa reflexão.

QUANDO É QUE VOCÊ VAI CANTAROLAR? (RISOS)

(*Risos*) Ah, difícil, segunda-feira de manhã é difícil.

5 DE JUNHO DE 2015 - 11H

LUCIANO STANCKA
MÉDICO

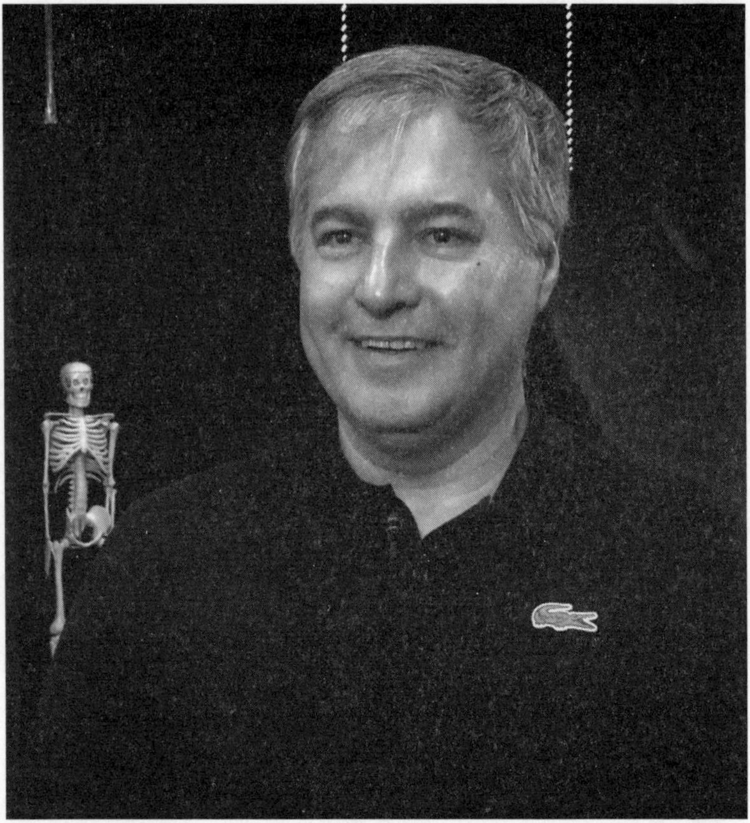

Descobri o Dr. Luciano em uma reportagem no YouTube. Tão antiga que datava do velório de Raul.

Nunca tinha pensado que no documentário de Walter Carvalho não apareceu o médico que deu o óbito de Raulzito. Lembrava-me do depoimento do dentista Maurício Camargo, que também era vizinho do edifício Aliança, onde Raul morou e morreu.

No filme, Maurício Camargo chegou a lançar uns passos de Elvis, grande fã que é. Era algo em comum com Raul. Já Luciano Stancka tinha outro interesse similar ao do paciente-ídolo: a ufologia.

Médico, psicanalista, psicoterapeuta, homeopata e acupunturista. E ainda se dedicava à ufologia. Reconhecido no meio, já havia sido entrevistado sobre o assunto até por Jô Soares. Fiquei curioso.

Quando chegamos a sua clínica em Higienópolis, bairro nobre de São Paulo, outra surpresa. De longe, o consultório mais bacana que já vi. Em vez do tradicional branco, uma explosão de cores escuras. As texturas das paredes e de alguns objetos originários da cultura oriental se destacavam. O dourado envelhecido aparecia um pouco, como numa mini escultura do Ganesha.[1] Destoava o vermelhão de uma bancada, sobre a qual uma orelha gigante nos ouvia.

Também estava lá a cruz Ansata,[2] a mesma que foi adaptada no selo Imprimatur, com dois degraus na base, semelhante a uma chave: a chave da vida. O selo está estampado nos discos *Krig-ha, Bandolo!*, *Gita*, *Novo Aeon* e *A Pedra do Gênesis*.

Havia ainda referências ao "Homem Vitruviano", Yin e Yang, Buda, mumificação, dentre outras coisas. A cereja do bolo era um painel de fotos de viagens ao Oriente. Com um Homem-Aranha como ímã.

Para nós que pegamos voo às 5h20, a largada do trabalho não poderia ser mais inspiradora.

"Acabei de tomar meu 'quilindrox'
Meu 'discomel' e outras pílulas mais
Duas horas da manhã
Recebo nos peitos um 'ploct plus 25'
E vou dormir quase em paz
E a chuva promete não deixar vestígios"[3]

---

[1] No hinduísmo, Ganesha é o deus da sabedoria. É representado com o corpo humano e a cabeça de elefante.
[2] Originada do Egito, a cruz Ansata já foi associada à bruxaria, mas na verdade é um símbolo de vida.
[3] Trecho da música "Check-up", do álbum *A Pedra do Gênesis* (1988), composição de Raul Seixas.

COMO COMEÇOU ESSA RELAÇÃO DE MÉDICO E PACIENTE COM RAUL? COMO SE CONHECERAM?

Nós tínhamos um amigo em comum, o José Roberto Abrahão, a família do José Roberto, muito amigo meu. E um dia ele chegou pra mim e disse "Luciano, tem um amigo meu precisando muito da sua ajuda e eu acho que você vai gostar de conhecer ele". "Quem é?" "Raul Seixas." Aí eu falei "nossa... Raul Seixas!". Raul Seixas, nosso herói, nosso ídolo da nossa juventude. E o José Roberto me levou até a casa do Raul, e o Raul estava muito ruim, estava inchado, muito edemaciado, meio paradão. E o José Roberto disse "Luciano, a gente te conhece e a gente precisa dar uma ajuda pro Raul". E foi assim que começou nosso relacionamento.

ISSO FOI QUANDO?

Final de 88, por aí.

NESSA ÉPOCA QUE O SENHOR O CONHECEU, QUAIS ERAM OS CUIDADOS QUE RAUL PRECISAVA TER?

Raul estava mantendo um edema muito grande. Então, ele tinha um edema de pernas, o rosto muito inchado, e ele estava usando, na época, insulina. Ele tinha que usar insulina, porque ele tinha uma diabetes insulinodependente. Então, a diabetes insulinodependente requer cuidados alimentares, de tomada de insulina, e até o risco de ter hipoglicemia e morrer. Isso era um risco, e um risco que foi a termo pra morte dele.

COMO ERA RAUL COMO PACIENTE? ELE CUMPRIA AS RECOMENDAÇÕES?

Uma das dificuldades minhas é assim: eu conheci o final de Raul Seixas e não o nosso ídolo Raul Seixas. Ele estava já mais depressivo, combalido, mal, doente. E a tentativa era fazê-lo voltar a ser o Raul Seixas. Então, eu particularmente, até a primeira vez que o vi, eu me assustei. Porque você vê vídeo, você via os vídeos do Fantástico, os clipes na época. Na época, era videoclipe. Então tinha os videoclipes que a gente ia atrás e tal. E você vê o seu ídolo que está um caco. Então choca, realmente. E eu também era muito novo na época e, poxa, é muito emotivo você ver o cara ao vivo e a cores, mas "vamos tentar ajudá-lo". Então, foi o que a gente tentou fazer.

MAS ELE ERA CUMPRIDOR DAS RECOMENDAÇÕES? COMO ERA ESSA RELAÇÃO?

Raul era muito bonzinho. Nossa, comigo ele era extremamente bonzinho, agradecia. Raul tinha até umas coisas engraçadas, ele não gostava que falasse palavrão. Não podia falar nenhum palavrão. "Não, isso não se fala." Mas ele era muito bacana, uma pessoa muito afável, muito na dele, muito até introvertido, quieto. Mas, quando ele passava a te conhecer melhor, ele se soltava mais e ficava mais afável, mais comunicativo.

ATÉ O FINAL DA VIDA ELE NÃO CONSEGUIU LARGAR O ÁLCOOL. COMO O MÉDICO LIDA COM O PACIENTE QUE NÃO QUER ABDICAR DO QUE O PREJUDICA?

Aí é que está. Primeiro é assim, é aquela história na tua cabeça. Primeiro, que ele é teu ídolo também. Você admira o cara por um trabalho que ele tem. Pro médico, é muito complicado, porque você vê a pessoa se destruindo com um veneno e você não pode ficar 24 horas com ele. O Raul estava numa época sozinho, quem cuidava muito dele era a Dalva. E o Zé Roberto, o próprio Marcelo Nova. Com Marcelo, eu tive muito pouco contato, mas o Zé Roberto, que ficava muito presente, falava. Eles chegavam a ir aos bares ali em volta, a ameaçar o comerciante. "Se der bebida pro Raul e ele morrer, a gente fala que foi você". O cara: "Eu não! Não!". Porque qualquer escapadinha, é lógico que ele ia beber. E alcoolismo é uma doença. Não é que o cara quer ou não quer. Ele não consegue ter controle. E é muito difícil. Hoje nós temos remédios que controlam mais isso, a vontade, o impulso, na época não tinha. Na época não tinha nem antidepressivos como hoje. Então, a medicina deu uma evolução muito grande. Mas, na época, era muito mais na raça. E assim, sempre chamando na moral, né? "Pô, Raul... Zito, não faz isso... pô, todo mundo quer te ver bem." Você dava dura nele e ele ouvia a dura direitinho. E outra, muito legal, nunca brigou, nunca contestou, e, sim, sabia que as pessoas queriam o bem dele. Então, ele era manso, não era um cara nervoso. Sabe assim, "não, não se mete na minha vida". Muito ao contrário, ele via que era pro bem dele, ele aceitava.

SÓ NÃO CUMPRIA?

É difícil, porque é uma doença. Todo mundo que tem algum dependente químico na família vê que ele tem um lado bom e um lado ruim. O lado ruim domina. Hoje o tratamento tende a anestesiar o lado ruim, para o lado bom dominar. Na época, não.

E FOI COGITADA A INTERNAÇÃO DELE NESSA ÉPOCA?

Então, ele tinha sido internado, saiu. Quem tinha até a autorização de retirada dele e tudo era o José Roberto Abrahão, que acompanhou, que ajudou muito. José Roberto é um amigão. Ele é grandão, gordão, ele é o amigo urso. Então ele ampara, é um baita cara. Na minha época, quando a gente começou com Raul, ele não estava "tão ruim". Ele estava já muito afetado, mas até que ele estava indo bem. Estava diminuindo, a gente cercando bem, o álcool, drogas. Na época, se falava até que o Marcelo Nova estava sendo ameaçado por traficantes. Porque os caras queriam vender droga e o Marcelo era um "leão de chácara", de não deixar ninguém chegar perto. Ele estava até bem. Até perguntam: "você esperava que ele morresse daquele jeito?". Não, porque ele não estava tão ruim naquela fase. Mas tivemos a surpresa desagradável daquele domingo pra segunda-feira, de a Dalva encontrá-lo gelado na cama, parado, e se desesperou. "Olha, acho que o Raul tá morto." Foi uma surpresa pra gente. A gente sabia que não era boa a situação, mas não deveria ser naquele momento.

TEVE ALGUM CONTATO DO SENHOR COM OS FAMILIARES ALERTANDO DA SITUAÇÃO?

Não. O Raul já estava, vamos dizer assim, numa fase "quebrado". Ele estava sozinho, estava sem ninguém, ele estava bem abandonado. Porque cada um planta, colhe... Tinha perdido tudo, tinha gastado tudo. O contato que eu tinha mais quando ia era a Dalva. A Dalva que estava sempre do lado dele, na casa dele. E o Zé Roberto que ligava. "Luciano, preciso ir lá, vamos dar uma força, vamos olhar." Então, o anjo da guarda dele, ao meu ver, era o Zé Roberto, que a gente marcava, ia lá, conversava, tentava estar perto dele.

O SENHOR TINHA COMENTADO SOBRE ALGUMAS REAÇÕES QUE RAUL TINHA, QUE ELE "APAGAVA". COMO ERAM ESSAS REAÇÕES?

Então, o Raul estava muito inchado, tinha uma insuficiência hepática, tinha uma insuficiência pancreática, estava com as pernas muito inchadas. Então, com todos os distúrbios clássicos do alcoolismo. E um deles, quando ele estava sentado conversando, bobeou, ele dormia. Ele simplesmente apagava. E tinha dias que ele estava com um grau de consciência melhor, grau de consciência pior, e ele dava grandes despertadas quando você jogava o violão na mão dele. Então, daí ele pegava o violão, se entusiasmava, e aquilo era o Prozac, o violão Prozac. Então, dava uma melhoradinha nele. Mas, ficava muito parado, a vida estava parada, ele dependia dos amigos pra levá-lo pra almoçar, pra estar perto dele. A mãe dele morava na Bahia, né? Então, o contato era mais com os amigos. Eu, como ia no fim do dia, não tinha já ninguém. Ficava lá uma hora, quarenta minutos. Era assim, um contato não tão próximo, também porque o meu dia a dia era muito corrido, mas era uma pessoa marcante. E lógico, você sai triste, você vê que a pessoa não está aquilo que você quer.

QUAL FOI, EXATAMENTE, A *CAUSA MORTIS* DELE?

Todo mundo que toma insulina tem que tomar muito cuidado com uma coisa chamada hipoglicemia. Até hipoglicemia mata, porque ela para o coração. Então o Raul não era um cara regrado, não era um cara cuidadoso. Então, o que a gente crê é que ele tomou a insulina, deixou de se alimentar. O camarada, quando toma insulina, normalmente se alimenta por causa da hipoglicemia. E foi à noite, então ele foi dormir, deve ter tomado a insulina, foi dormir sem comer, porque era um final de semana, e ele no dia seguinte, duro na cama. Dalva chegou de manhã cedo, acho que era antes das sete horas, e ligou apavorada para o Zé Roberto. O Zé Roberto, de cara, me ligou: "Luciano, vamos lá pra casa do Raul que aconteceu alguma coisa". A gente sabia o que aconteceu. E foi o que a gente constatou. Chegamos lá, Raul estava deitado na sua cama, duro, gelado... morto. É muito frustrante. "Agora não tem mais o que fazer."

QUANDO VIU AQUELA CENA, O QUE O SENHOR PENSOU NA HORA?

Primeiro, você nunca acredita. Você fala "morreu?". Mas daí morreu! Daí tem aquela história: "vamos ver se morreu mesmo". "Olha, realmente não está respirando." Estava lá o Zé Roberto, eu, o Marcelo Nova chegou em seguida, a Dalva e eu acho que o Albertino. Nós estávamos em cinco pessoas. Puxa, foi aquela fechada de tempo na cabeça de todo mundo. Daí o Zé Roberto falou "não, eu preciso fazer um ritual que ele vai gostar, dar tipo uma extrema-unção pra alma dele". Então, o Roberto pediu um tempinho no quarto com ele e a gente lá. "Puxa, e agora? Vamos ligar pra mãe dele." Mas, naquela época, tudo era mais complicado. A gente não tinha celular, não tinha nada naquela época. Era linha discada. Ele tinha um advogado que cuidaria dos interesses dele e tal, mas estava viajando, não estava em São Paulo. Daí eu falei com a mãe dele, com a Dona Maria Eugênia. E ela: "ai, doutor, por favor nos ajude, cuida do meu menino. Não deixa ninguém pegar nada daí, a gente vai ver como faz". Então foi aquela comoção.

ELA ESTAVA ABALADA?

Lógico, você fala que o filho dela morreu. Porque, vamos lembrar, Raul morreu várias vezes, era anunciado, vira e mexe, "morreu Raul Seixas". E estava vivo. Raul estava vivo, mas as notícias... E daí, nesse momento, tinha lá os discos de ouro do Raul e as coisas. E, poxa, nós estamos falando de um cara mito, o mito do nosso rock brasileiro, Raul Seixas. Daí veio aquela pressão. E agora, como você faz com isso? Na época, a minha ex-mulher conhecia o pessoal da gravadora do Raul e eu tinha falado pra ela: "nossa, o Raul morreu!". A gente estava mantendo o maior segredo, porque a gente não queria uma invasão de ninguém, de fãs, de nada. Era um receio. Ela ligou para a gravadora e o pessoal da gravadora falou "Luciano, nós vamos mandar aí a Fonseca's Gang". Era um grupo de seguranças. "E vamos dar o apoio, tudo o que precisar, nós vamos assumir o enterro dele." Onde vai ser? Pô... Raul Seixas. Aí optaram pelo Anhembi. "Vamos transladar o corpo." Inclusive o apartamento, ninguém podia entrar porque "não vamos deixar sumir nada". Dar apoio pra Dalva, porque a Dalva era uma amiga e funcionária. Então falam "você é esposa, mulher?". Então, ela precisa de um apoio também. Então, o pessoal deu esse apoio. E o corpo foi levado pro Anhembi, onde teve uma enorme romaria. E o maior susto da minha vida foi nesse velório. Era em torno de umas três e meia da manhã. Eu acompanhei, fiquei junto, conheci muita gente. Você entra num outro mundo. O mundo de uma celebridade, você está ali do lado dela. E até uma das situações muito estranhas. Era umas três e pouco da manhã, tinha diminuído o movimento e tal. Você já está cansado, aquela emoção do dia. Então, eu estava fechando os olhos assim, de repente eu abro o olho... Nossa, me arrepiou o corpo inteiro! Eu vejo o Raul do lado do caixão dele. Hã??? Então, aqueles segundos você toma um arrepio, um susto. Era um sósia dele, maldito, olhando pro Raul no caixão idêntico, mas que susto! Você não espera uma situação inusitada três e pouco da manhã: o Raul do lado do caixão do Raul, porra! Então, foi uma das coisas que chamou muito a atenção. Daí todo mundo chorando, consternado, muita gente. E a confusão maior foi na hora de tentar tirar o corpo, porque ele iria num jatinho da Líder para a Bahia. E o pessoal queria carro de bombeiro. Na época, os bombeiros falavam que era mais para autoridades. Ele não era uma autoridade. Até uma das coincidências, na época era meu paciente o Coronel Guaraciaba, que era o comandante do corpo de bombeiros da região da Sé. Eu liguei pro Guaraciaba, "olha, tenta interferir", mas foi uma confusão muito grande. O povo não queria deixar tirar o caixão, chegaram a quase derrubar o caixão, mas depois deu tudo certo, conseguimos transladar o corpo pro aeroporto e ele foi pra Bahia.

QUAL FOI SUA PRINCIPAL LEMBRANÇA DA RELAÇÃO COM RAUL?

Ele era muito bonzinho. Sabe uma pessoa boazinha? Você falava "pô, Raul, não pode beber. Já não falamos?". E ele: "não, tá certo...". Ele não discutia. Ele aceitava e, nitidamente, sabia que as pessoas gostavam dele e queriam ajudá-lo. Então, me marcava muito assim, o lado bonzinho dele, né? E o que mais me chocou foi o quanto ele estava combalido. Não era o Raul Seixas. O "Maluco Beleza" não era ele. Ele era o reflexo de um "Maluco Beleza". O que eu gostaria de ter visto era aquele Raul bárbaro, mas não deu, não consegui ver isso.

O SENHOR QUER ACRESCENTAR ALGUMA INFORMAÇÃO QUE CONSIDERE IMPORTANTE?

Eu sempre gostei dessa parte esotérica, Crowley, O.T.O.[4], ufologia. Então o Raul, pra nós, naquela época, representava isso. Quando ele falava uma palavra, "um disco voador...". Nossa... Inclusive, naquela época todo ufólogo era louco. Tinha repórter que falava assim: "Doutor, o senhor é médico, como o senhor pode acreditar em disco voador?". Mas não é bem acreditar, nós pesquisamos um fenômeno ufológico. E isso está muito ligado ao lado comportamental, humano. O Raul era o representante do lado místico, esotérico do rock. Na nossa época, a Jovem Guarda, Raul Seixas, Rita Lee, todos eram nossos heróis. Até Pepeu Gomes, Baby Consuelo, agitavam muito a nossa época, a nossa formação. Então, até ter esse contato com ele, foi algo extremamente gratificante pra minha vida, pro meu aprendizado. E até uma coisa, eu não bebo até hoje (risos). Eu não bebo, eu não fumo, porque, nossa, como é duro você ver o seu herói, a pessoa que você gosta, se degringolar, se destruir, por

---

[4] Ordo Templi Orientis, uma sociedade ocultista da qual fizeram parte Raul Seixas e Paulo Coelho. A partir das ideias estudadas na O.T.O. surgiram músicas como "A maçã", "Sociedade Alternativa" e "Tente outra vez".

causa de álcool, bebida, drogas. E nós tínhamos tido também há pouco tempo, na época, a Elis. A Elis também, maravilhosa, que nos deixou por causa de drogas. Isso também fez parte da minha formação nesse sentido. Até hoje eu não bebo, não fumo, porque acho que a gente viu tanta coisa, que eu acho que a gente deve ser um exemplo pra esse tipo de coisa não acontecer mais.

COMO FÃ, QUAL É A MÚSICA DE QUE MAIS GOSTA?

"Dez mil anos atrás"! "Dez mil anos atrás" chamava muito a minha atenção, e acho que a "Mosca da sopa", que era...

LEMBRA DELA, COMO QUE ELA É?

Ah, eu tenho todo o repertório, mas não, eu não canto. Mas assim, a mensagem sempre veio dentro. Era como uma mensagem cifrada daquilo que a gente pega nos mistérios do homem, da vida, a própria Sociedade Alternativa, que todas essas coisas hoje são muito comuns por causa da internet. Até falamos agora, disco voador. Antigamente a gente anunciava uma palestra de disco voador, a gente tinha uns filminhos de super-8 vagabundo, umas fotos, lotava de pessoas. Hoje com o Google, com o YouTube, você tem milhares de imagens. Mas era uma época em que nada disso era fácil, não se via, e Raul ousou falar de coisas que não se viam e não se falavam naquela época. Então isso chamava muito a atenção.

25 DE JUNHO DE 2015 - 14H30

ANTÔNIO SOARES SOUZA
ZELADOR DO EDIFÍCIO ALIANÇA

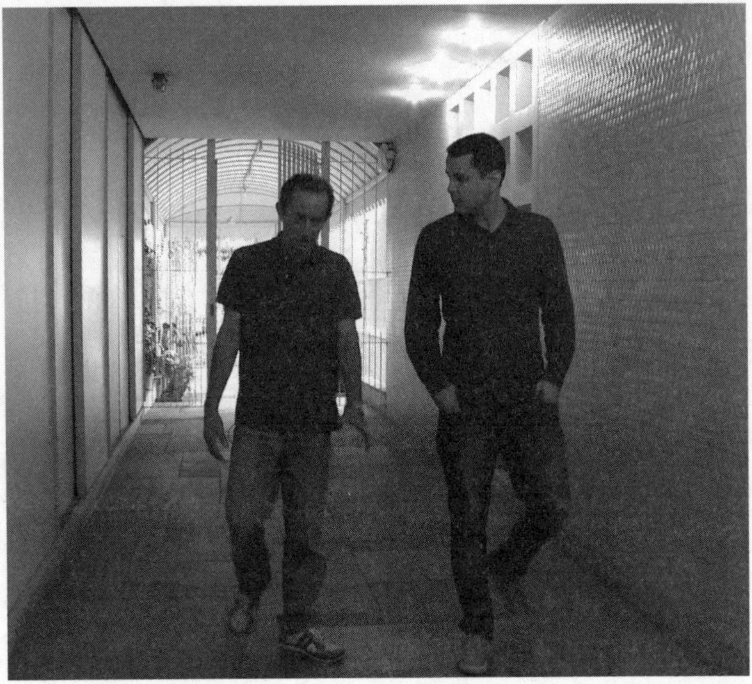

A primeira coisa que li sobre Seu Antônio foi uma matéria no site do jornal *Estadão*.[1] Sob o título de "a última pessoa a ver Raul Seixas vivo", o zelador do edifício Aliança, na Rua Frei Caneca, onde Raul morou no fim da vida, já foi entrevistado diversas vezes. E também já fingiu ser outra pessoa, certa feita, quando alguém foi lá procurar informação sobre o ex-morador famoso.

Anos e anos se passaram e permanece a sua responsabilidade histórica de relatar os últimos momentos de Raulzito vivo e alcoolizado. "Cada vez que eu me despeço de uma pessoa, pode ser que essa pessoa esteja me vendo pela última vez."

Quanto tempo deve ter durado esse encontro derradeiro? Dois minutos do portão até o elevador, considerando que Raul chegou cambaleando? Dois minutos que durarão até o fim da vida dele.

E o que ele ganha com essa "fama"? O que o faria repetir essa mesma história por anos e anos? Talvez ele não se sentisse obrigado a participar de qualquer resgate da trajetória do Maluco Beleza. Tinha na cabeça que precisava cativá-lo a participar do nosso programa.

---

[1] "Prédios de SP mantêm a memória de artistas", 22 de abril de 2012, por Artur Rodrigues: http://sao-paulo.estadao.com.br/noticias/geral,predios--de-sp-mantem-a-memoria-de-artistas-imp-,863976.

Me surpreendi. Seu Antônio resistiu menos do que imaginei. Me veio com um jeito simples de falar, daqueles que dá gosto de ouvir. Sem empáfia diante de mais esse pedido de entrevista.

O jogo havia virado. Fui cativado.

Ele não foi direto ao ponto. Disse que tinha que falar com a mulher e com o administrador do prédio. E falou rapidamente. Não foi exatamente uma dificuldade para nós, mas não garanto que numa próxima oportunidade com um jornalista ele fará a mesma coisa.

Preciso ressaltar a participação de outra pessoa na gravação. Não me lembro do nome dele, um senhor que também trabalha no prédio há muito tempo, mas não alcançou a época de Raul. Besteira! Queria participar de qualquer forma, fosse comentando em cima da fala de Seu Antônio, fosse estourando plástico-bolha durante a gravação. Está identificado na entrevista como "participação especial".

Fiz alguns pedidos, falei que podíamos bater papo depois, mas não ia adiantar mesmo. Então levamos a situação meio rindo a cada intervenção. De repente, ele podia soltar alguma pérola...

Voltando a Seu Antônio, na conversa preliminar não perguntei a ele sobre religião, mas me disse que tomava umas cervejas na década de 1980, com Raul até, e hoje não mais. Fiquei receoso se ele iria contar sobre essa fase (no fim das contas, Seu Antônio também é uma metamorfose ambulante).

Ele contou. Contou do jeito dele. Com suas poucas palavras, mesmo sobre um cantor que ele curtia desde menino, transmitiu um "o que há de tão importante em encontros corriqueiros de vinte e tantos anos atrás?".

É que essas histórias são de Raul...

"Mas êta vida danada!
Eu não entendo mais nada
É que esta vida virada
Eu quero ver"[2]

---

[2] Trecho da música "Êta vida", do álbum *Sociedade da Grã-Ordem Kavernista apresenta Sessão das 10* (1971), composição de Raul Seixas e Sérgio Sampaio.

O SENHOR PEGOU DESDE O INÍCIO DE RAUL AQUI?

É. Desde o início, desde quando ele começou a frequentar aqui.

LEMBRA QUANDO FOI?

Não tenho muita certeza, acho que foi em 84 que ele ficou aqui a primeira vez. Ele ficou uns seis meses, depois voltou, depois foi pro Rio. Com uns quatro ou cinco meses, ele voltou e ficou aí até a morte.

E ELE FICAVA MUITO TEMPO OU FICAVA UM POUQUINHO E IA EMBORA?

Quando ele voltou, ele ficou acho que de 85 até 89 direto aqui. Ele só morou aqui mesmo.

NESSES QUATRO ANOS QUE ELE FICOU AQUI (*PARTICIPAÇÃO ESPECIAL: ESTOURANDO PLÁSTICO BOLHA*), COMO ERA A RELAÇÃO COM OS VIZINHOS, COM OS FUNCIONÁRIOS?

Ele era bem tranquilo, ele era bem gente boa assim. Ele tratava todo mundo bem. Passava, era "bom dia", "boa noite", "boa tarde". Sempre que ele passava, ele cumprimentava, fosse quem fosse que estivesse aqui, ele passava e cumprimentava. Ele era bem sossegado. Você vendo ele, pessoal pensa que ele era aquele cara bagunceiro, bagunçava muito. Não, ele era tranquilo. Nunca bagunçou aqui, não.

COM QUEM ELE TINHA MAIS PROXIMIDADE?

Olha, tinha um casal que morou aqui, que morava no quarto andar, era o Gilson e a Sandra. Ele tinha muita amizade com esse casal, então eles ficavam final de semana assim, sexta e sábado, às vezes eles se encontravam lá e ficavam até três, quatro horas da manhã batendo papo, conversando, tocando violão, era assim. Porque o menino gostava de tocar violão, o Gilson, e eles fizeram amizade. Então ficava lá praticamente de sexta e sábado, às vezes, até três, quatro da manhã.

ESSE FOI UM PERÍODO QUE ELE FICOU SEM FAZER SHOW, ENTÃO ELE FICAVA MUITO AQUI...

Era assim, do bar pra casa. Então, às vezes ele saía cedo e voltava só à noite, né? Eu estava vindo pra trabalhar, ele estava no bar. Às vezes eu parava pra tomar café, ele estava lá junto com esse casal, o Gilson, a Sandra, meu tio, meus primos, e ficava lá até o bar fechar. Às vezes fechava meia-noite, meia-noite e meia, era a hora que ele chegava aqui. Aí, sempre que ele chegava, era eu que estava aqui nesse horário.

O SENHOR FALOU DO SEU HORÁRIO DE TRABALHO, QUE QUANDO SAÍA, ENCONTRAVA ELE NO BAR. COMO É ESSA HISTÓRIA?

Isso é quando eu saía na parte da manhã, né? *(Participação especial: "ele entrava à noite, né?")* Estava indo embora, às vezes, das seis às oito, eu parava no bar, tomava duas ou três cervejas pra dormir, né? Aí, eu sentava lá, ele chegava, né? Tomava a vodca dele e eu tomava a minha cerveja.

ELE TOMAVA VODCA DE MANHÃ?

De manhã cedo, sete, sete e pouquinho, ele sempre tomava três doses de vodca com Fanta laranja.

E QUEM O VIA TOMANDO VODCA DE MANHÃ FALAVA O QUÊ?

Não, ninguém falava nada. Ele ficava lá conversando. Se chegasse a conversar, ele conversava. Ele só não gostava muito se alguém quisesse saber da vida pessoal dele, ele não gostava. Ele pagava a conta, saía e ia embora. Entendeu? Fiquei cansado de ver ele fazer isso aí.

O QUE ELE MAIS FAZIA AQUI ERA TOCAR VIOLÃO E BEBER?

Hunrum (risos). Às vezes ele não queria ficar no bar, ele pedia pra mim pra comprar cerveja pra ele, eu ia e comprava. Às vezes de caixa, meia caixa de cerveja. Aí eu trazia pra ele aí. Quando ele não queria ficar no bar bebendo.

QUEM ERAM OS AMIGOS QUE VINHAM AQUI?

Olha, eu vi poucos aqui. Sempre o Marcelo (Nova), que sempre vinha aí junto com o empresário, né? E, das poucas vezes assim, eu vi o Jerry Adriani aí umas duas vezes.

ELES ESTAVAM TENTANDO AJUDAR RAUL?

Eu acho que o Marcelo, né? Ele sempre esteve com ele aí quando ele precisou, né? A maioria dos outros, eu não vi, quase. Ou bem, como eu trabalhava à noite, não via muita gente assim, que eu entrava às dez da manhã. Mas vinha pouca gente aí. Não vinha tanta gente, não, os amigos dele atrás dele.

O SENHOR CONHECEU MARCELO TAMBÉM?

Conheci assim, de ele entrar aqui, de eu ver entrar ou sair, né? Então esse aí, eu sempre via ele aí. Sempre estava junto com Raul, ou entrando, ou saindo. Sempre eu via ele e o empresário.

E RAUL FICAVA SOZINHO AÍ, SÓ DALVA COM ELE?

Só o Raul e a Dalva. A Dalva entrava tipo oito da manhã e saía seis, sete horas da noite, às vezes. *(Participação especial: "Essa Dalva era secretária dele, era?")* Ela que cuidava das coisas dele aí.

O QUE O SENHOR ACHAVA DO CUIDADO DE DALVA COM ELE?

Eu achava normal, assim. De ela cuidar dele, nunca vi nada demais.

DIZEM QUE ELA TINHA PAIXÃO.

No filme lá, eu assisti, eu vi, né? Mas nunca achei nada diferente não. *(Participação especial: "Nada estranho, não?")* Não.

DESSES QUATRO ANOS QUE ELE FICOU AQUI, QUAL A PRINCIPAL LEMBRANÇA QUE O SENHOR TEM DELE?

Tem várias aí, né? Tem uma principalmente da mulher que bateu nele ali na frente, que era a esposa dele. Deu uns tapas nele, empurrou ele, ele caiu ali. Depois, eu esperei ela subir, aí eu fui lá, peguei ele, ajudei ele a sentar, né? Sentou na bancadinha, deixei ele sentado lá. Aí ele ficou um tempo, depois pegou e subiu. Essa foi uma que ficou gravada, né?

LEMBRA QUEM FOI A MULHER?

Pior que eu não lembro qual que foi. Lembro que era uma baixinha (risos). *(Participação especial: "Quem foi que bateu nele?")* Acho que foi logo que ele chegou aí. Eu não lembro o nome dela...

QUE ANO FOI?

Acho que foi 84, por aí. 84 ou 85, uma coisa assim.

E ELE APANHOU POR QUÊ?

Ele vinha meio ruim, chegou ali na frente do portão, eles ficaram conversando, de repente ela deu um empurrão nele, deu um tapa, ele caiu e ficou aí. *(Participação especial: desta vez eu nem entendi o que ele disse).* Ele caiu em cima daquele jardinzinho lá na frente, ficou lá. Aí veio um senhor da rua, quis ajudar, ela voou em cima dele. Aí eu digo, como diz aquele ditado, em briga de casal ninguém mete a colher, né? Aí o senhor pegou e saiu, e eu deixei ele lá caído. Depois, quando ela subiu, eu fui lá e peguei ele.

ESSA FOI A ÚNICA VEZ QUE ELE TOMOU TAPA DE MULHER AQUI?

Que eu vi, foi só essa (risos).

O SENHOR FOI A ÚLTIMA PESSOA QUE O VIU VIVO, NÉ?

Vivo assim, foi. Eu fui a última pessoa a ver ele vivo.

QUERIA QUE O SENHOR CONTASSE QUE HORAS ELE CHEGOU, COMO FOI ATÉ O ÚLTIMO MOMENTO EM QUE O VIU.

Nesse dia eu lembro muito bem a hora que ele chegou. Ele chegou por volta de uma meia noite e meia, porque ele vivia bem ruim, fui eu que ajudei ele a entrar do portão até o elevador, né? Fui eu que pus ele pra subir. Apertei o décimo andar e falei pra ele dar um jeito de sair lá, porque eu não podia acompanhar ele, porque eu estava sozinho no setor de trabalho. Ele só balançou a cabeça e disse "tudo bem". Não respondeu nada.

O SENHOR ESTAVA AQUI (NA PORTARIA) E FOI LÁ PEGÁ-LO?

Isso. Porque ele chegou lá no portão e ficou lá em pé, ele não conseguia vir de lá pra cá. Eu tive que ir lá ajudar ele vir de lá até cá. Eu pus a mão dele no meu ombro, né? E vim com ele até o elevador.

PERCEBEU ELE DIFERENTE, APARENTANDO ALGUM PROBLEMA DE SAÚDE?

Aparentemente assim, via que ele andava bem mal assim, mas é por causa de que ele tinha diabetes, né? Então, ele não podia mais beber, pelo que eu fiquei sabendo depois. E a mãe dele, quando vinha aí, ficou com ele muito tempo, né? Quando a mãe dele vinha e ficava com ele aí, ele parava de beber.

COMO ELA ERA EM RELAÇÃO AO CUIDADO COM O FILHO?

Ela cuidava dele quando ela estava aí, eu percebia que ela saía com ele, vinha com ele, ficava com ele o dia todo. Ele não saia quando ela estava com ele aí, ficava com ela.

E ELA VINHA MUITO PARA CÁ? FICAVA QUANTO TEMPO?

Não. Eu vi poucas vezes ela aí. Se não me engano, vi ela umas duas vezes aqui. Com ele aqui...

ONDE O SENHOR ESTAVA E COMO SOUBE DA MORTE DELE?

Nesse dia, eu tinha saído às seis horas da manhã, eu já estava em casa dormindo, né? Aí, como o meu tio ligou o rádio, eu acordei e fiquei. Começou a falar no rádio, por volta de umas oito, nove horas, que o Raul estava morto, né? Aí eu falei: "mas, ué, eu vi ele ontem por volta de meia noite e meia, o cara entrou, eu ajudei ele...". Aí começou a insistir muito, todas as rádios falando. Pensei: "será que isso é verdade?". Como eu morava perto, na mesma rua, aí eu peguei e subi a Frei Caneca e vim até ali. Quando eu cheguei aqui, o pessoal falou "o Raul tá morto". Falei "poxa, ajudei ele ontem à noite aí". Aí, começou a encostar gente, bastante gente. O síndico chegou, que era o seu José. Como a gente não dava conta de muita gente, aí chamou a polícia pra poder segurar o pessoal aí. Foi assim nesse dia. Foi muita gente, muita gente. Esse corredor ficou lotado, que a gente não dava conta, o pessoal querendo invadir. Pensando que o corpo estava aqui, só que o corpo já tinha saído. O IML já tinha tirado pela garagem, né? E a gente não sabia pra onde tinha ido, né?

MUITA GENTE CHORANDO?

Chorando, cantando... Foi assim.

QUAL O NÍVEL DA RELAÇÃO DO SENHOR COM ELE? AMIGO? FUNCIONÁRIO?

Não, no meu caso era mais de eu ser funcionário do local onde ele morava, né? Não tinha assim amizade. Conversava "boa noite, tudo bem?". E às vezes uma pergunta ou outra que ele fazia.

DEPOIS QUE ELE FALECEU, VEIO MUITA GENTE AQUI QUERENDO SABER DELE?

Logo no início apareceu. Quase todo dia passava gente aí. *(Participação especial: "ainda aparece")* E até hoje passam querendo saber dele, como ele era.

O QUE PERGUNTAM?

Eles querem saber se é aqui mesmo que o Raul morou, em que andar que era, em que apartamento que era. *(Participação especial: "se pode tirar foto".)* Eu sempre falo "não pode, já é outro proprietário, já reformou o apartamento, então não tem como mostrar".

TEM ALGUM OUTRO CASO CURIOSO?

Não, dele não. *(Participação especial: "ele era reservado".)* Ele era quieto, né! Ele era bem quietão, o Raul.

ATÉ POR QUESTÃO DA SAÚDE, QUE NÃO ESTAVA BOA.

Mas aí já foi já no finalzinho, quando aconteceu de ele falecer. Mas antes, ele saía bem aí. Tinha dia que ele estava bem cabeça baixa. Mas eu acho que era mais por causa da situação, não por causa da doença.

JOSÉ EDUARDO
ADMINISTRADOR DO EDIFÍCIO ALIANÇA

Eu havia conversado com Seu José por telefone, antes da viagem. Tudo bem ter mais alguém importunando sobre Raul no edifício? Para minha surpresa, foi como se tivesse pedido um copo d'água. Tudo bem, tudo bom, tudo tranquilo.

Ele ainda me botou em contato com uma moça que mora no prédio e é apresentadora de um programa em uma TV educativa. Ela gravou matérias para uma edição especial sobre Raul e também entrevistou Seu Antônio. A encontrei à noite no show O Baú do Raul.

Na época em que Raul morou lá, o Aliança era um apart-hotel. Seu José administrava apartamentos. Hoje é um edifício comum e ele continua neste serviço, apesar de ter chegado a mim que era o síndico.

Tivemos uma rápida conversa.

COMO FUNCIONAVA O EDIFÍCIO NA ÉPOCA QUE RAUL MOROU AQUI?

Era um apart-hotel. Os apartamentos eram todos mobiliados e vinham pessoas ficar 30, 60, 90 (dias), ou até mais, né? Depois que esse negócio fracassou, porque não dá certo. Hotel se recicla e nós não nos reciclamos. Então, abandonou e ficou tudo por isso mesmo.

E O SENHOR LEMBRA QUANDO RAUL VEIO PRA CÁ?

Não me lembro, não me lembro. Eu sei que ele veio a primeira vez, não sei quem trouxe ele, e ficou aqui uns quatro, cinco meses. Aí foi embora, passou uns cinco, seis meses, voltou outra vez. Aí ficou mais um pouco tempo... Tem só uma coisinha que eu preciso contar pra vocês. Naquele tempo tinha muita interferência. Então quando ele (faz como quem toca violão) punha no gravador as fitas dele, ele apertava e não saía a fita.

E COMO É QUE ELE FICAVA?

Aí ele chamou, pra eu tirar ele daquele apartamento e passar pra cá (para outro apartamento).

COMO FOI NO DIA EM QUE ELE MORREU?

No dia em que ele morreu, não sei como vazou o negócio, e aí apareceu umas 30, 40, 50 pessoas querendo entrar aqui pra ver, né? Nós fechamos lá o portão, não deixávamos entrar, não podíamos deixar eles entrarem, né. E ficaram lá embaixo, andando por aí. Esse rapaz, acredito que é aquele que você falou, como é o nome dele? *(Respondo: "Marcelo Nova")* Marcelo Nova, foi ele que tirou o corpo daí.

TEVE QUE CHAMAR A POLÍCIA?

Não, não foi chamado polícia, não precisou chamar. Quando (os fãs) souberam, falou que tinha ido embora e o pessoal foi. Meio revoltado e tudo, mas ficou nisso mesmo.

25 DE JUNHO DE 2015 - 20H

SYLVIO PASSOS

AMIGO E PRESIDENTE DO RAUL ROCK CLUB

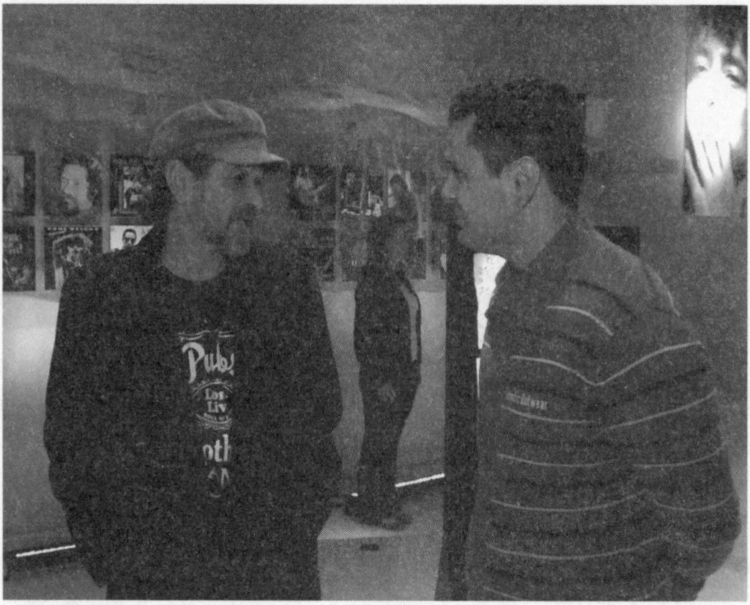

O contato de Sylvio Passos se consegue com uma facilidade espantosa. Proporcional à dificuldade que ele teve para conseguir o de Raul no início da década de 1980, quando passou de fã a amigo e presidente de fã-clube. Hoje, guardião do maior acervo sobre Raul Seixas.

Lembro que na pré-estreia do documentário *Raul – O início, o fim e o meio*, em Salvador, onde nasci e morei até me mudar para Brasília, lá estava Sylvio. Não falei com ele, mas um conhecido me contou que, após a sessão, foram tomar umas cervejas no Rio Vermelho, bairro boêmio da capital baiana. Assim, sem cerimônia. "Eu falei pra ele que ele era o cara de mais fácil acesso que tinha. Ele me disse que não tinha por que não ser de fácil acesso se depois todo mundo ia morrer e virar bosta do mesmo jeito".

Quando surgiu a ideia de um programa sobre Raul, beirando os 25 anos da sua morte, Sylvio foi um dos primeiros com quem falei. Consegui o seu telefone com esse mesmo conhecido. Era 27 de junho de 2014, um dia antes dos 69 anos de nascimento do Maluco Beleza. O nosso encontro só foi acontecer quase um ano depois, no show O Baú do Raul, na casa de eventos HSBC Brasil, Zona Sul de São Paulo.

Antes, por telefone, com a nossa produção, ele sugeriu que gravássemos lá, onde estariam expostos vários objetos do acervo do Raul Rock Club. É claro que minha primeira ideia era ir ao local onde fica o acervo, ver tudo o que tinha que ver, desbravar aquilo e, de repente, desenterrar alguma pérola. Diante do tempo de que dispúnhamos, o evento foi a melhor alternativa.

Como passamos a tarde na Rua Frei Caneca, sem grande deslocamento, tivemos um tempo vago razoável entre as gravações de um período e outro. O almoço foi em um restaurante por quilo de que gostei, especialmente pelas cervejas especiais à venda. Comprei duas: a Coruja e a Nostradamus. Sou um colecionador de garrafas e latas de cervejas, mas somente das que bebo. Cerveja é, realmente, o líquido sagrado da confraternização. E ela serviria bem à noite.

Chegamos cedo ao HSBC Brasil. Estava tudo fechado. Por uma fresta no portão, falei com um segurança, que pouco me informou. O jeito foi ligar para Sylvio, e aí descobri que ele estava bem próximo, no boteco da rua ao lado.

Enfim o conheci, junto a sua companheira e mais umas figuras no melhor estilo fã de Raul, aquelas barbas de botar medo em criança. Era a turma da Putos BRothers Band, banda na qual Sylvio toca sua gaita. Todos foram bastante receptivos com o repórter "empacotado" que ali se apresentava. Ofereceram cerveja, e, diante do dilema entre "não, estou trabalhando" e "sim, faz parte do processo", venceu a segunda resposta. Principalmente quando lembrei da Coruja e da Nostradamus que repousavam na minha mochila, incrivelmente ainda geladas.

"O hoje é apenas um furo no futuro por onde o passado começa a jorrar." Relembro do que o tal conhecido me falou de Sylvio. Resgato como Sylvio entrou na vida de Raul. Enfim, me deparo com um Sylvio respondendo, na maior boa vontade, até a perguntas muito mais baseadas na curiosidade do que no interesse jornalístico. Saber por que lá na esquina da Augusta não tem cruzamento com a Ouvidor não iria entrar no nosso documentário. Mas, afinal, onde foi que Raul viu Silvio Santos??

Não importa. Tem muitas outras histórias e revelações interessantes que tive o prazer de ouvir de Sylvio.

> *"Tô aqui pro que vier*
> *Eu danço o que você tocar*
> *É só dar corda no boneco*
> *Tango, rock ou chá-chá-chá*
>
> *Não tenho nada a perder*
> *Aquilo que pintar eu tô*
> *Porque eu gosto de você*
> *Porque eu gosto de você"* [1]

---

[1] Trecho da música "Caroço de manga", do álbum *Let me sing my rock and roll* (1985), composição de Raul Seixas e Paulo Coelho.

QUEM ERA RAUL PRA VOCÊ ANTES DE VOCÊ O CONHECER?

Era o meu Bob Dylan, era o meu John Lennon. Esse era o Raul que eu tinha idealizado, o artista que não era só música e não estava falando bobagem no microfone. Ele estava preocupado com o texto e com o contexto. O Raul era meio que o cara que traduzia pra mim o que o Bob Dylan falava nas músicas dele e o que o Lennon falava nas músicas dele. Os meus ídolos todos eram ingleses ou americanos. Eu não gostava muito de música brasileira. E o Raul meio que quebrou isso no jovem, no garotinho Sylvio. Quer dizer, quando eu comecei a ouvir Raul, eu falei "pô, ele tá falando o que o Dylan tá falando, ele tá falando o que o Lennon tá falando, que os Beatles estavam falando, os Rolling Stones". Enfim, os meus ídolos ingleses e americanos, Raul traduziu isso, sintetizou tudo o que eu ouvi lá de fora num único personagem, num baiano completamente maluco que fez com que eu me apaixonasse completamente.

QUANDO VOCÊ O CONHECEU? QUANTOS ANOS VOCÊ TINHA? COMO FOI ESSA APROXIMAÇÃO?

Conheci Raul em 1981, eu estava com 17, 18 anos na época. Raul estava saindo do Rio de Janeiro e vindo se fixar aqui em São Paulo. Escolheu São Paulo pra ser o terreno dele, terminar a vida dele aqui. Raul ficou morando em São Paulo de 81 a 89. E foi o período que eu tive o privilégio de não ser só um fã que ficava admirando ele. Ele abraçou aquele molequinho magrelinho, cabeludinho e falou "moleque, vai ficar comigo". Não vou continuar, senão vou me emocionar aqui (risos).

COMO FOI QUE VOCÊS SE ENCONTRARAM?

Eu tinha o fã-clube do Led Zeppelin. Eu estava desmantelando o fã-clube do Led Zeppelin, trancando a minha matrícula na universidade "zeppeliniana" e abrindo um fã-clube pro Raul. Eu tinha saído daquela postura de um adolescente do rock'n'roll radical, comecei a abrir pra música brasileira. Então veio Chico Buarque, veio Caetano Veloso, veio Terreno Baldio, O Peso, e veio Raul Seixas, o cara que eu ouvi a minha infância toda e não gostava muito daquilo. E o Raul tocava, Raul era extremamente popular. E, quando eu "desradicalizei" e fui pesquisar sobre Raul, não tinha internet naquela época, nossa pesquisa era de banca de jornal, loja de revistas usadas. E eu pesquisando sobre Raul. O Nelson Motta tinha um programa na TV Bandeirantes chamado "Mocidade independente" e o Raul foi dar entrevista e falou "tô me mudando pra São Paulo". "Pô, Raul tá vindo pra São Paulo, velho?" Comecei a botar em anúncio de jornal: "quero conhecer o Raul, quero o telefone da casa dele, qualquer coisa, pelo amor de Deus". Eu queria comunicar ao Raul pelo menos que eu estava fazendo um fã-clube pra ele. Velho, eu estou fechando o fã-clube do Led Zeppelin e abrindo o fã-clube do Raul Seixas. Os meus amigos do colégio ficaram todos putos comigo. "Cê é louco! Led Zeppelin por Raul?" "Raul merece! Raul tá falando o que eu quero ouvir. Os ingleses só estão fazendo a música que eu quero ouvir." O texto do Raul me batia muito forte. E foi mágico, porque, quando eu botei o anúncio no jornal, o Luiz Antônio, que era do fã-clube dos Beatles, o Cavern Club, me ligou, que tinha ido na casa de Raul pra saber dele sobre o encontro dele com John Lennon. Falou "tenho o endereço e o telefone, o Raul mora no Brooklyn, na Rua do Rubi, número 26, tá aqui o telefone dele". Eu ensaiei uns dois dias pra ligar pro Raul. Falei "pô, se o cara me maltratar? Se ele não gostar dessa história de fã-clube e tal?". Que nada! Quando eu liguei, Raul estava bêbado. — "Alô, Raul?" — "É o Raul. Quem é?" — "Aqui é o Sylvio." — "Sílvio Santos? Eu faço seu programa." Eu falei "não, eu não sou o Sílvio Santos, sou Sylvio Passos. Tô fazendo um fã-clube pra você." — "Pô, um fã-clube pra mim? Nunca ninguém fez um fã-clube pra mim. Cê pode vir almoçar aqui comigo?" Cara, foi como se o Bob Dylan tivesse me convidado pra almoçar com ele. E lá fui eu, dois dias depois ou três, sei lá, pra casa do Raul, e esse primeiro encontro virou um segundo encontro, que virou um terceiro, que virou oito anos de amizade. Eu resumo a minha amizade com Raul assim: nós éramos amigos de mesa de boteco, de bar, a alas psiquiátricas. Porque nós fomos internados juntos na clínica Tobias Blues. Enfim...

COMO VOCÊ DIVIDE ESSAS FASES DE RAUL? PRODUTOR, ROMÂNTICO, MÍSTICO...

Raul era metamorfose ambulante. Um dia nunca é igual ao outro. As fases dele nunca foram iguais porque cada hora ele estava procurando um... Ele tinha uma antena parabólica, que às vezes eu chamo de "antena paranoica" também. Ele estava captando tudo o que estava acontecendo no mundo, principalmente no Brasil, ali no entorno dele. Então, cada momento, cada situação, era um Raul compositor. Aquele momento era o momento do compositor. Escrevia pra Jovem Guarda, pros cantores da Jovem Guarda e da pós-Jovem Guarda. Ele precisava ganhar uma grana. Então ele tinha que escrever aquelas músicas populares. Então, ele mesmo declarou mais tarde: "eu só tô sentindo que eu tô fazendo alguma coisa séria mesmo com 'Let me sing, let me sing'", em 72. Depois ele entra na fase Raul Seixas, o personagem que ele criou. Ele queria dominar aquele personagem, o personagem acabou sendo maior do que ele. E o personagem acabou dominando ele. Entramos já na década de 80, momento que os dois estão se digladiando ali: o criador e a criatura. Quem está dominando quem agora? E, nesse momento, o criador saiu de cena. O personagem continua até hoje. Isso tudo aqui é o personagem. O criador está lá no colo de Deus.

VOCÊ PERCEBE QUE NA DÉCADA DE 80 RAUL ESTAVA MENOS ESOTÉRICO E MUITO MAIS MUNDANO?

Sim, ele estava muito mais punk. Vamos falar musicalmente, falando de movimentos. Raul estava muito chateado já com tanta sacanagem no meio artístico brasileiro, com empresários sacanas, com gravadoras sacanas, nego não pagando ele direito. E ele sempre foi muito anárquico, não seguia regras. Então tinha que seguir regras. — "Pô, agora você tem que falar da princesa Diana." — "Eu não vou falar da princesa Diana, por favor, né?" Então, o Raul não seguia regras, a regra era ele quem fazia. Ele escolhia os produtores, escolhia as pessoas pra estarem com ele ali, formando a equipe de trabalho com ele, mas "não me bote regra não, velho. Eu tô falando: faze o que tu queres, há de ser tudo da lei. Então eu vou fazer do jeito que eu quero. Se vir querer botar um violino na minha música e eu não gosto do violino, não vai entrar violino, não. A não ser que o maestro Miguel me peça violino." É uma coisa meio complexa, ela é complexa, mas é muito fácil de entender. É só se aprofundar um pouquinho. A gente não vai sintetizar isso numa entrevista, né? Você tem que ter uma base pra poder compreender esse universo do Raul. É um universo complexo, perigoso, mas maravilhoso.

QUAL A DIFERENÇA DO RAUL ARTISTA PRO RAUL SER HUMANO?

Ah... Olha, o personagem estava muito no campo das nossas vontades, dos nossos desejos, é o nosso super-herói. O artista tem meio isso. Raul virou um super-herói. Mas o indivíduo, o ser humano, aquele cara do dia a dia, uma pessoa extremamente generosa, com o coração do tamanho do mundo, que queria ajudar todo mundo, que queria fazer tudo pra todo mundo. O Raul tirava a roupa, via um cara com frio, tirava e dava. Você não podia falar "pô, Raul, gostei do teu óculos". — "Pô, é seu, bicho." Cê entendeu? Uma pessoa... não dá pra sintetizar. Um coração do tamanho do mundo, extremamente generoso, uma pessoa que não é o maluco que pintam por aí, entendeu? — "Ah, o Raul gostava de fumar maconha." Raul odiava maconha. Aí eu vejo nego falando que Raul fumava maconha pra caralho. Fumava nada. Ele não gostava de maconha, gostava era de uma cachaça.

ERA UM CARA DESAPEGADO.

Totalmente desapegado. Tanto é, tô eu aqui como prova viva disso, que quando eu o conheci em 81, o quê que ele fez? Ele pegou tudo dele e entregou na minha mão. Um menino que ele mal conhecia. Eu tinha 17, 18 anos. Entregou o baú com fita, fotos, documentos. Está tudo em casa guardado. Algumas coisas, a gente trouxe aqui pra essa exposição. Então, um desapego total. Foi um pensador mesmo, um cara que transcendeu essa bobagem toda, né?

ELE SEMPRE FALAVA QUE O ESTILO DELE ERA O "RAULSEIXISMO". CADA UM TEM QUE FAZER A SUA HISTÓRIA...

Eu sou "sylviopassista".

...MAS ELE TINHA NOÇÃO DE QUE ELE ERA UM MESSIAS PARAS AS PESSOAS?

Não, ele não gostava disso, aliás. Complicado, esse departamento é complicado. Ele diz inclusive na "Aventuras de um Messias indeciso", baseado no livro de Richard Bach, *Ilusões*, fala... Como é que é o trecho da música? "Um messias que jamais quis ser adorado." Ele tinha noção de que tinha essa coisa messiânica, mas ele mesmo não curtia isso. Essa coisa messiânica, ele já sabia que tinha já em 74. Com *Gita*, ele ficou assustado com isso. Falou "eu não tô aqui trazendo resposta, eu tô trazendo mais questionamento, eu tô procurando as minhas próprias respostas, que não necessariamente têm que ser as suas, entendeu? Então você procure a sua que eu tô procurando a minha". Mas o povo não entende, e é uma coisa muito delicada de se lidar... Você vai trabalhar com o imaginário, com essas questões mais profundas, religiosas, e Raul cantando "Gita" como se fosse o Messias. E eu lembro que ele falava assim: "cara, o momento que começou a me preocupar muito foi quando eu vi uma mãe chegando com o filho aleijado nos braços e pedindo pra eu tocar pra eu curar aquela criança. Não sou Jesus Cristo, meu amor, nem quero ser". Entendeu? Ele via isso acontecer e não gostava muito disso. Quando ele faz o "Cowboy fora da lei": "Deus me livre, eu tenho medo, morrer dependurado numa cruz...". Enfim, é um departamento complicado, o que você está mexendo aí.

COMO É A HISTÓRIA DE "ANARKILÓPOLIS"?

Eu sempre fui metido a poeta (risos). E como a gente era muito feiinho no colégio e tal, cabeludinho, magrelinho... O bonitinho vai lá e conquista as meninas muito fácil. A gente tentava conquistar pela poesia. E Raul vendo, eu sempre levava minhas coisinhas escritas pra ele. Ele me deu a oportunidade. Raul também tinha uma coisa muito professoral, ele gostava de ensinar, ele passou a vida inteira ensinando. Você pode ver que os parceiros musicais do Raul, tirando Paulo Coelho, que foi um aluno do Raul também, até digo que Paulo foi o melhor aluno do Raul, que ele conquistou o mundo, né? Eu fui um outro aluno, Kika foi aluna dele, todo mundo. Você vê que os parceiros musicais do Raul não são compositores profissionais, tirando Paulo Coelho e Cláudio Roberto. Cláudio Roberto é o maior parceiro do Raul, supera Paulo Coelho de longe. Então, eu era um desses aluninhos de Raul, que ele adorava ensinar, gostava dessa coisa de professor. Usava aqueles óculos de intelectual dele, de grau mesmo, e me deu a oportunidade de fazer o "Anarkilópolis" com ele. Ele tinha num caderninho de arame espiral, todo enferrujado. Em 73, ele fez uma música chamada "Cowboy 73". Ele falou "Sylvícola, eu tenho tudo pronto aqui. Vamos limpar aqui, vamos limpar aqui, vai sobrar só o refrão, 'Eu não sou besta pra tirar onda de herói, sou vacinado, eu sou cowboy, cowboy 73. Durango Kid só existe no gibi, e quem quiser que fique aqui, entrar pra história é com vocês". Mudou o cowboy 73, virou cowboy fora da lei, e o contexto dessa composição era a abertura, as Diretas Já de 84, que o Tancredo conseguiu que todo mundo pudesse votar, essa coisa toda. Mas a ideia da música é completamente anarquista e fala de um cara que vai vir salvar uma cidadezinha chamada Anarkilópolis, que é o Brasil, e o

Raul tinha que salvar o pessoal daquela situação toda. Todo mundo roubando. Pô, a música continua super-atual, né? O quê que a gente está vendo aí no Brasil. CBF e tantas outras coisas acontecendo no Brasil e no mundo. A base era essa: está todo mundo roubando e a gente tem que tirar, tem que tirar esse povo daqui. Não dá pra tirar, né? No fundo, no fundo continua todo mundo metendo a mão e a gente não vai conseguir mudar isso nunca.

NO UNIVERSO "RAULSEIXISTA", HÁ O ENTENDIMENTO DE QUE PEDRO, DA MÚSICA "MEU AMIGO PEDRO", ERA PLÍNIO, IRMÃO DE RAUL. NO FILME "NÃO PARE NA PISTA", PEDRO É O PAI DE PAULO COELHO. QUEM É PEDRO FINALMENTE?

São os dois! E os dois começam com "P". "P" de Pedro e "P" de Plínio. São dois compositores. Paulo dedicou pro pai e Raul dedicou pro irmão, porque eles tinham mais ou menos o mesmo perfil de careta, muito bem-comportado e tal. "Angela" é um bom exemplo disso. "Angela" foi composta por Raul e por Cláudio Roberto. Coincidentemente, Kika chama Angela, a mulher do Cláudio também chama Angela.[2] Quer dizer, os dois compuseram essa música oferecendo às suas mulheres. Se eu e meu parceiro Aguinaldo Araújo fizermos uma música falando da mulher, vai ser pra minha mulher e pra mulher dele. Então, essa coisa de que é pro pai do Paulo, é pro irmão do Raul... É pros dois, velho! Acabamos com essa bobagem, né?

ESSA HISTÓRIA DE "ANGELA" É CURIOSA. NUM ÁLBUM DO CANTOR LENO, *VIDA E OBRA DE JOHNNY MCCARTNEY*,[3]

---

[2] Ex-mulher de Cláudio Roberto, já falecida.
[3] O álbum foi gravado pela CBS entre 1970 e 1971, com produção, composição, arranjo, violão e vocais de "Raulzito Seixas". Há informação de que a gravadora cancelou o lançamento à época por causa dos cortes exigidos pela censura do regime miliar. O disco foi lançado apenas em 1995.

TEM UMA MÚSICA QUE ELE COMPÔS COM RAUL QUE SE CHAMA "CONVITE PARA ANGELA". ELE NÃO CONHECIA KIKA NAQUELA ÉPOCA.

Não conhecia, não conhecia. A gente não quer muito divagar nessas coisas de "estou vendo o futuro antes". E você vê, o arranjo dela é "Sapato 36". "Convite para Angela" aparece... essa é de 71. A Kika aparece na vida do Raul em 79. Um tempão depois. Se a gente for viajar nisso, tem que fazer um programa só pra viajar nisso.

E A HISTÓRIA DE "GOSPEL"?

Mazzola tinha os teipes todos, não só de "Gospel", mas de mil outras coisas que Mazzola gravou com Raul ali no começo, 73, 74. São tudo *all tapes*, que se diz, são sobras de estúdio. E "Gospel", Raul tinha deixado isso gravado só voz e violão. Lindo! Se fosse eu o produtor, eu lançava daquele jeito. Tirava uma poeirinha aqui, levantava aqui, levantava ali, deixava ela crua, do jeito que Raul gravou. Mas Mazzola achou por bem meter o Frejat ali fazendo a guitarra, meteu uns vocais e tal. Mas o nome da música não é "Gospel". Sempre que fazia as composições dele, ele colocava na frente o ritmo, o estilo. "Isso é rock'n'roll", "isso é blues", "isso é um tango", "isso é um bolero". E essa música, que se chama "Por quê", na verdade, ele falou "isso aqui é um gospel". Inspirado em Elvis, inclusive. É uma versão de uma música do Elvis, uma música que o Elvis gravou, na verdade, porque o Elvis não compunha, Elvis só cantava. A música foi gravada por Sônia Santos, em 74, entrou na novela O rebu, da Rede Globo, e Raul deixou isso gravado ali, como devem existir muitos teipes do Raul com os compositores da Jovem Guarda, da pós-Jovem Guarda. Eu tenho cartas de Raul ainda morando em Salvador, na Bahia, ele gravava com um violãozinho e a vozinha dele musiquinhas e mandava pra CBS, pro Evandro Ribeiro.[4] Umas fitinhas de rolo, eu

---

[4] Diretor artístico da gravadora CBS.

tenho algumas em casa. "Evandro, olha essa música, isso aqui cabe legal pra não sei quem... pro Jerry Adriani..." E "Gospel" era só mais um registro de uma coisa que Raul intuiu e gravou ali. Vou te falar uma outra coisa, tem uma música chamada "Faça, fuce e force", que ela na verdade tinha 13 minutos, que é um discurso à capela, sem instrumental nenhum, e Mazzola foi cortando aquilo, cortando, comprimindo e virou um blues chamado "Faça, fuce e force", mas era um discurso enorme.

VOCÊ TEM ORIGINAL DE "GOSPEL"?

Tenho. Está em casa.

A GENTE VAI QUERER ESSE NEGÓCIO AÍ, HEIN. (*RISOS*)

Vamos conversar, vamos conversar. (*risos*)

QUAL ERA SUA PERCEPÇÃO SOBRE A INFLUÊNCIA DO ÁLCOOL NO ESTADO DE SAÚDE DELE?

Rapaz, é o seguinte. Essa coisa do álcool, eu tenho duas grandes referências na minha vida: primeiro, Raul, meu ídolo, meu super-herói, depois meu companheiro mesmo, amigão assim... e meu pai. Meu pai faleceu uns três anos antes de o Raul falecer, por conta do alcoolismo. Meu pai morreu com quarenta e poucos anos de idade, 49. Raul morreu com 44. Então eu tive esses dois grandes exemplos assim. O alcoolismo é pior que droga, porque destrói o indivíduo, destrói família, o cara profissional. E o álcool interferiu na vida do Raul tanto pessoal como profissional. Os empresários, os donos de gravadoras já não conseguiam mais lidar com o Raul. E as mulheres, se você entrevistar todas elas, principalmente já no final, Kika, Lena, que pegaram o Raul no alcoolismo muito brabo, sem conseguir controlar isso. Pô, eu vi Raul tomando álcool de churrasqueira, velho. Estava na casa dele no Butantã, Lena escondendo todas as bebidas, e Raul indo na churrasqueira, a gente fazendo filezinho ali, segunda-feira, e ele pegando o álcool e tomando. É uma doença. Infelizmente, o Brasil ainda não entendeu isso, que o alcoolismo é uma doença. É como você ter um câncer, uma aids, ter qualquer outra doença. Você tem que ser tratado e não tem cura. E aí, ou você é mais forte que sua doença ou você sucumbe, né? Foi o que aconteceu com Raul, foi o que aconteceu com meu pai e que com certeza acontece com milhões de alcoólatras no mundo inteiro. É um problemão isso.

VOCÊ SENTIA QUE JÁ ERA UM CAMINHO SEM VOLTA?

Era, e no final a gente já sentia isso. Dos últimos shows do Raul com o Marcelo, eu só vi dois. Quando eu conheci Raul, Raul era elétrico, a gente ia pra balada de madrugada duas, três horas da manhã, entendeu? Já nesse período em que ele já estava inchado, eu fui ver show do Raul com o Marcelo aqui em São Paulo, no Dama Xoc.[5] Me traumatizou, velho. Você ver Raul assim, ó (se balança, sem expressão). E o Raul era vaidoso demais, muito vaidoso. Eu imagino o quanto ele sofria com toda aquela dificuldade que ele tinha pra falar, pra se mexer, tudo doía. Raul tinha dez problemas de saúde: polineurite, não sei o quê, diabetes, pancreatite, hepatite. Pelo amor de Deus, ninguém merece, é um sofrimento muito grande. Eu acho que, quando o Raul morreu, eu sofri muito, porque eu já tinha perdido meu pai há pouco tempo, logo na sequência eu perco meu super-herói. Mas foi um alívio, porque Raul parou de sofrer, porque os últimos anos de vida dele foram muito sofridos, muito sofridos.

---

[5] Casa de shows muito famosa na noite paulistana, ficava na Rua Butantã, em Pinheiros. Foi inaugurada em 1988 e fechada em 2003.

COMO VOCÊ RECEBEU A NOTÍCIA DA MORTE?

Eu era supervisor de vendas num negócio que, infelizmente, não existe mais no Brasil, chamado Círculo do Livro, e naquele dia eu estava sendo promovido. Eu ia ter uma equipe de vendedores. Aquelas coisas do "Ouro de tolo". "Você vai ter um apartamento, um carro, vai poder conhecer Nova York, Londres, não sei o quê." Eu não sabia. Todo mundo na empresa sabia que Raul tinha morrido e perceberam. Todo mundo sabia da minha história com Raul, claro, mas o pessoal percebeu que eu não estava sabendo de nada. Falaram "o Sylvio não está sabendo". E era segunda-feira. Eu gravei o Globo Repórter no domingo. Eu estava com a mesma roupa do Globo Repórter, com o logotipo da Sociedade Alternativa. A notícia foi divulgada logo pela manhã. E eu fui trabalhar nove horas da manhã, cheguei na empresa, não estou sabendo de nada, e o supervisor geral da empresa: "Sylvio, você vai ganhar essas pratarias, vai ter um carro na garagem, apartamento, viagens pro exterior e tudo mais, é só você conseguir vender bastante livro". E aí me prenderam. Eu tinha gravado com o Ernesto Paglia no domingo e o Ernesto tinha ido à empresa, tinha ido à casa da minha mãe e da minha esposa, minha primeira mulher na época: "ele tá na empresa, fica lá em Santana". Bateram lá, eles falaram: "já foi embora". E eu estava na empresa, mas estavam me poupando de alguma maneira. Acabou a reunião, seis e meia da tarde, mais ou menos, sete horas, eu desci. Embaixo, no escritório da empresa, tinha uma padaria. Eu parei lá pra tomar meu cafezinho, fumar meu cigarrinho. Aí tinha dois caras do outro lado do balcão, e eu com a camisa de Raul, com o perfil de um cara que curte Raul Seixas. Foi da pior maneira que eu soube da notícia. Os dois caras do balcão olharam pra mim, viram a camiseta da Sociedade Alternativa, Raul Rock Club... "Ainda bem que esse filho da puta morreu." Foi assim que eu soube da notícia. "Peraí, é verdade?" Aquele café desceu atravessado. E tinha um telefone público na frente da padaria, não tinha internet, não tinha celular, não tinha nada, o máximo que você tinha era um beep, na época. Corri ligar pra minha mãe. Falei: "mãe...", "Meu filho, você tá onde? Tá todo mundo louco atrás de você." Eu falei: "tô aqui na empresa. É verdade?". "É verdade." Eu já comecei a chorar. Aí já desci a Voluntários da Pátria, peguei o metrô e fui lá pra Frei Caneca, que era o prédio do Raul. Cheguei lá, "ah, o corpo foi não sei pra onde". Voltei pra minha casa, minha casa lotada de gente, todo mundo me esperando. Foi triste demais. Foi um dia muito difícil pra mim. Uma noite, porque durante o dia eu estava na minha reunião. Mas à noite, quando eu cheguei na minha casa, sete, oito horas da noite, aí nós fomos pro Anhembi, onde o corpo estava sendo velado e, enfim... foi isso.

VOCÊ SE EMOCIONA QUANDO CONTA ESSA HISTÓRIA? PORQUE NÃO ERA SÓ O ARTISTA, ERA O AMIGO...

Era o amigo, exatamente. Eu vejo as pessoas que não conheceram o Raul se emocionando, imagina pra gente que estava ali com ele, que conhecia o ser humano. Não é o artista idealizado. É complicado, velho. Eu me emociono muito fácil. Sou emo, né? Emotivo (risos). Mas eu procuro fazer piada com tudo.

MAIOR LEMBRANÇA DE RAUL?

Acho que foi o primeiro dia em que eu fui à casa dele. Marcou pra mim. Eu não imaginava jamais que eu fosse virar um amigo do meu ídolo, que o Raul fosse me levar pra todos os lugares e me mostrar um mundo que eu não conhecia. O universo da música, das artes, pra mim era um universo muito distante. Eu era um garotinho de periferia que estava fazendo meu colégio, estava querendo ser jornalista ou psicólogo, sonhando com isso, entrar numa faculdade. De repente, um telefonema, um anúncio no jornal, eu estou na casa do meu Bob Dylan, do meu Jimi Hendrix. E não estou só lá. Eu virei amigo desse cara e esse cara me mostrou um mundo que eu não conhecia, que é esse universo em que a gente está inserido hoje. (suspira) Enfim... Então, aquele primeiro momento na casa dele foi muito marcante por um detalhe muito interessante. Além de ter tido o privilégio de ter acesso à intimidade do Raul, à casa dele, à mulher dele, a Kika. A Vivi era um nenezinho desse "tamanhozinho". De eu chegar no quarto dele, e ele escrevia na parede de fato, isso é fato, isso não é invenção do Raul não, ele realmente escrevia na parede. E no meio de um monte de coisa escrita tinha uma foto minha lá, velho. Vamos voltar em "Angela", "Convite para Angela"? Como, sem ele me conhecer, sem nada, tem uma foto minha colada no quarto dele? Como você explica isso? Uma foto de um show que ele fez uns dois meses antes, e no final do show ele cantava "Sociedade Alternativa" e virava o microfone pro público: "Agora eu quero vocês aqui, eu vou descer pra ver vocês no palco". E eu ali, macaco de auditório, subi no palco e o cara registrou a foto. Eu, cabeludão, com jaqueta de couro, todo rock'n'roll. Falei: "velho, esse cara aqui sou eu!". E Raul falou "não é à toa que você está na minha casa, você é um escolhido". "Escolhido? Tem que tomar injeção? Eu morro de medo de injeção." Ele falou: "não, não tem que tomar injeção porra nenhuma". Estava minha foto ali no meio de um monte de maluquice na parede do Raul. Eu não vou pensar nisso que eu já passei três anos em psiquiatria, não quero mais três (*risos*).

VOCÊ TEM ESSA FOTO?

Não, quem tem é o Edmundo Leite. O Edmundo conseguiu. Quando eu contei essa história pra ele, ele foi atrás. Edmundo é danado. E ele foi levantando um monte de arquivo, de imagem, falou "consegui a foto". Fui ao apartamento dele, ver o material que ele tem. Falei: "porra, Edmundo, queria essa foto". No teatro Pixinguinha, eu lá no gargarejo e depois em cima do palco. Mas ele não me deu a foto. Disse: "você vai pegar no livro"[6]. Mas, o livro não saiu ainda!

---

[6] Em 2004, o jornalista Edmundo Leite começou a trabalhar numa ampla biografia de Raul Seixas. Até a data de exibição do programa, não houve entendimento dele com Kika, representante legal de Vivian Seixas no espólio de Raul, que proibiu o lançamento da obra. Depois de terem dado algumas entrevistas a Edmundo, Kika e Vivian desistiram do projeto sob alegação de que o jornalista somente focou na relação do músico com as drogas. Edmundo nega ter focado somente neste tema.

QUAL A MÚSICA QUE VOCÊ MAIS GOSTA DELE?
VOU TE PEDIR ESSE SACRIFÍCIO DE CANTÁ-LA.

Parece que seria uma resposta difícil e realmente seria, porque eu gosto de todas, mas eu elegi uma: "Metamorfose ambulante". E vou explicar por quê. Porque foi essa música que me fez querer conhecer o "Maluco Beleza". Antes de ser "Maluco Beleza", ele já era Maluco Beleza *full time*. Mas, assim, me fez querer conhecer esse cara. "Quem é esse cara que escreveu isso? Eu já escrevi uma coisa parecida com meus poeminhas aqui de garoto. Esse cara roubou minha música, quero conhecê-lo." Então, é por isso que eu gosto de "Metamorfose ambulante". Se não fosse essa música talvez eu não tivesse ido atrás de Raul, entendeu? Mesmo com todo o trabalho maravilhoso dele. E ela diz... Eu não sou cantor porque eu tenho a voz muito grossa. Eu prefiro ser essa metamorfose ambulante do que ter aquela velha opinião... (olha para o lado) formada sobre essa bobagem toda. Obrigado.

* * *

Ah, ao acabar a entrevista, enquanto o repórter cinematográfico Rogério Verçoza fazia outras imagens, Sylvio me falou que a famosa capa de mago de Raul Seixas estava na sua mochila. Perguntou se eu queria vê-la. Como não? "Vamos para o canto aqui, porque senão vai ser alvoroço." Como se Sylvio Passos saindo do meio do salão da exposição para um canto com um repórter que acabou de entrevistá-lo não fosse chamar a atenção.

— Quer colocar a capa?

O que eu deveria dizer? Sorri, meio sem acreditar.

Ele tirou a capa da mochila. Estendeu e mostrou para a câmera. Senti que seu sorriso carregava um carinho especial por ela. Ele era o guardião desse artigo famosíssimo entre os fãs de Raul. De mais um artigo com esse status.

Passei a mão na capa, senti o tecido, o cheiro. Quanto tempo ela devia ter? Está extremamente conservada. Nem parece que é de lá dos idos de 1973.

Alexandre Souza, nosso auxiliar técnico, tirou algumas fotos com o celular. Eu já tinha postado no Facebook uma com Sylvio, mas, diante desse fato novo, postei a segunda com a legenda "Puta que pariu! A capa de Raul!!".

Coloquei a capa, o que despertou ainda mais alvoroço e olhares ávidos. Sylvio teve que conter os pedidos de fotos com ela. Ainda assim, acho que o material histórico de Raul faz parte do acervo mais tangível que já vi. Fui um fã privilegiado naquela noite.

26 DE JUNHO DE 2015 - IIH

CARLEBA
BATERISTA DA BANDA RAULZITO E OS PANTERAS

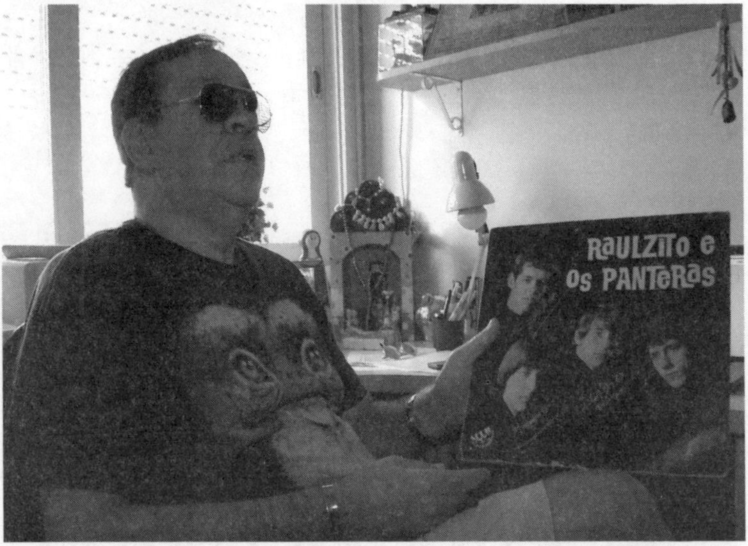
RAULZITO e
OS PANTERAS

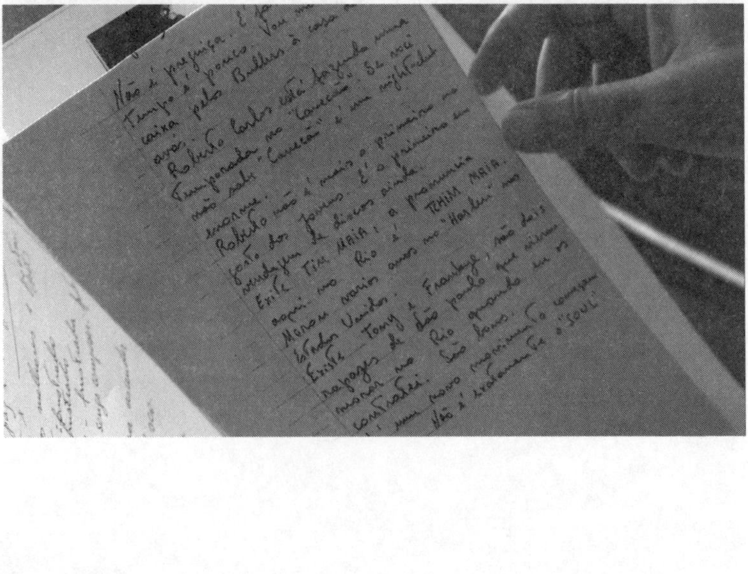

Carleba teve participação destacada dentro da história que nós contamos. Ele fez parte da formação clássica de músicos que acompanharam Raul e com quem ele lançou seu primeiro disco – *Raulzito e os Panteras*[1] –, assim como Mariano Lanat (baixista) e Eládio Gilbraz (guitarrista), mas estes residem na Bahia e nossa equipe não iria encontrá-los. Eu precisava arrancar dele o peso das informações que tiraria dos três.

Ele foi muito simpático desde o início do encontro no seu apartamento em um bairro nobre de São Paulo. Eu deveria imaginar que, quando o assunto é Raul, contar histórias é uma atividade sempre divertida, com admiração.

Confirmei logo essa atratividade que é contar histórias "daqueles tempos". Emendando uma na outra, antes de gravar pra valer, saiu essa: "Chegava numa cidade assim, e as mulheres tudo 'aaaaah' (histéricas). Os caras ficavam putos e queriam pegar a gente de porrada, para bater. Rapaz, eu já sofri muito. Para chegar nesse estágio que tem aí hoje... Cabelo grande, Ave Maria, era viado. Eu usava cabelo grande, passava na rua, nego: 'é viado!'".

---

[1] Antes do Raulzito e os Panteras, o grupo utilizou os nomes Relâmpagos do Rock e The Panthers, e teve músicos como Thildo Gama, Délcio Gama, Enelmar Chagas e Perinho Albuquerque.

Mas a minha preferida foi ele contando a grande "elegância" e "discrição" de Marcelo Nova ao mostrar respeito pelos integrantes d'Os Panteras: "'Rapaz, você é o responsável pelo destino da minha vida ainda', ele fala. Fala para todo mundo. Falou no microfone uma vez, minha filha era pequena: 'Esse cara aí (olha para a porta para ver se tem alguém escutando) comia todas as bocetas da Bahia'. Minha filha era pequena. — 'Meu pai, ele é maluco?'. — 'Completamente'. (Marcelo Nova) — 'E olhe, eu vou dizer os nomes, viu?'. (Carleba) — 'Pô, pelo amor de Deus'" (risos).

Se ainda achou pouco, tenho certeza de que vai gargalhar com a história que ele nos trouxe quando já caminhávamos para ir embora. Seguindo a cronologia, este relato hilário está após a entrevista.

> *"As I was growing*
> *And my hair was getting longer*
> *I was feeling so much stronger*
> *I could carry my guitar*
> *And I knew that I could sing!"*[2]

---

[2] Trecho da música "How could I know", do álbum *Krig-ha, Bandolo!* (1973), composição de Raul Seixas.

QUANDO VOCÊ CONHECEU RAUL?
COMO ERA A AMIZADE DE VOCÊS?

A gente morava em Salvador. Salvador tinha 400 mil habitantes. Então, todo mundo se conhecia. E eu conheci Raul na escola. Tinha um colégio lá em Salvador chamado Colégio Ypiranga,[3] e as pessoas que não se saíam bem em outras escolas, os pais botavam lá no Ypiranga. E eu conheci Raul lá. Ele era um pouco mais velho do que eu, mas eu ficava ali conversando sobre música e tudo. Então, chegou ao meu conhecimento que ele gostava de rock'n'roll. Um dia ele perguntou se eu tocava bateria, eu disse que tocava. E na realidade eu não tocava nada, que eu nunca tinha sentado numa bateria, mas eu tinha senso rítmico, tocava nas carteiras, nos carros, e pronto. Ele tinha um conjuntinho. Pra chegar no Raulzito e os Panteras, teve várias formações anteriores. E foi numa época dessas que eu entrei no grupo para tocar. Era adolescente, devia ter uns 18 anos e eu devia ter uns 16. A partir daí, fizemos amizade, a coisa foi tomando corpo, terminou se profissionalizando.

ONDE VOCÊS MORAVAM NESSA ÉPOCA?

É como eu disse. Na Bahia, naquela época tinha 400 mil habitantes. Era uma cidade pequena, né? Onde todo mundo se conhecia. E evidentemente as distâncias eram pequenas. Quando eu o conheci, ele já morava no bairro da Graça e eu morava no Politeama, que é perto do Campo Grande, ali perto do Teatro Castro Alves, eu morava ali. O circuito era todo a pé, que a gente fazia. Era tudo dentista, médico, escola, advogado, era tudo na Avenida Sete (de Setembro), onde o Raul nasceu, inclusive. E as coisas eram muito "pertinhas", você pegava um ônibus, pegava um bonde... Eu sou do tempo do

---

[3] O tradicional Colégio Estadual Ypiranga funciona no Largo 2 de Julho, centro de Salvador. O imóvel é do século XVII e foi residência do poeta Castro Alves nos seus últimos anos de vida.

bonde, no meu tempo tinha bonde, na Bahia tinha bonde naquela época. Era uma cidade muito boa de se viver.

COMO VOCÊS PENSARAM ESSE PRIMEIRO DISCO? NA DISCOGRAFIA DE RAUL, É UM ÁLBUM BEM DIFERENTE.

Aquele disco ali tem uma parte de cada um de nós. Raul sempre gostou muito de rock'n'roll, de Elvis, dessas coisas. Eu ouvia muito jazz. Mariano tinha uma formação de Bossa Nova. Eládio tinha mais uma tendência ao erudito, que tocava violino e tudo. Então, ali foi uma junção de todas as preferências dos músicos. Agora é um disco de vanguarda, realmente. Se eu não me engano, é o primeiro disco que foi gravado no Brasil com orquestra grande, cordas e tudo. E tem algumas influências de Beatles, dá para ver, inclusive pela capa. Aquela capa é uma cópia do primeiro disco dos Beatles, onde tinha "I want to hold your hand", só as cabeças. Aquele disco é fruto das tendências de cada um de nós, que se juntaram e saiu aquele disco lá, que hoje é considerado um dos dez discos mais bem feitos de rock'n'roll do Brasil.

AÍ VOCÊS FORMARAM A BANDA E ELA FOI TENDO REPERCUSSÃO NA BAHIA.

É. Aí, voltando ao tamanho da Bahia e ao número de habitantes da cidade. Você bastava chegar ao Porto da Barra, botar uma faixa, que todo mundo tomava conhecimento. Então não existia a competitividade que tem hoje. E nós, naquela época... Tinha muito americano na Bahia. Antes da revolução tinha muito americano que tomava conta dessas multinacionais, da Petrobrás, inclusive. A Petrobrás era comandada por aquele pessoal do Texas e todos aqueles texanos. Então tinha uma presença muito grande de americanos na Bahia, e Raul se entrosava muito com esse pessoal. Então a gente participava das festas, a gente ouvia os discos primeiro que todo mundo. Nessa época, na Bahia, só tinha nós, o resto era orquestra.

Tinha muitos músicos, mas eram músicos de orquestra, músicos de bares. E o primeiro conjunto de rock que teve em Salvador foi o nosso. E evidentemente que se tornou conhecido, muito conhecido em Salvador. A Bahia ficou pequena naquela época. A gente tocava, como Raul falava, a gente tocava nos melhores clubes, tocava no Yatch,[4] cobrava 50 contos de réis. Ele fala isso na gravação dele. E era verdade.

QUANDO VOCÊS COMEÇARAM A SER BANDA DE APOIO DE ROBERTO CARLOS, DE JERRY ADRIANI, COMO FOI PARA VOCÊS?

Exatamente por isso, porque foi na época da efervescência da Jovem Guarda e só quem tocava éramos nós. Naquela época não tinha as facilidades que tem hoje. O artista hoje viaja com 40 músicos, com uma equipe de técnicos; naquela época não, naquela época era complicado. Só viajava de avião quem era rico. Então geralmente o artista vinha, trazia um músico, às vezes nem isso, trazia um guitarrista, trazia um pianista, e pegava o conjunto da terra e ensaiava. Vinha um dia antes e ensaiava ali. E era assim que acontecia conosco. Como nós éramos os únicos, ou talvez tivesse dois ou três mais, então a gente estava sempre tocando. Na época da Jovem Guarda, nós tocamos com todo mundo, com Jerry, com Wanderley (Cardoso); com Roberto nós tocamos duas vezes. Com todos eles. E eu, que fazia umas incursões pela Bossa Nova, outro tipo de música que não era rock'n'roll, tocava com todo mundo. Toquei com Emílio Santiago, com Alcione, com Chico Buarque. Na época, eu tocava com todo mundo. Daí é que vieram os convites para a gente descer pro sul do Brasil. Um convite feito pelo Jerry, um show que a gente fez no Bahiano.[5] Essa é uma história interessante.

---

[4] Tradicional clube de classe alta de Salvador, fundado em 1934. Se localiza na Ladeira da Barra, parte da Avenida Sete de Setembro.

[5] Outra tradicional agremiação de Salvador, fundada em 1916. O Clube Bahiano de Tênis fica no bairro da Graça.

Gilberto Gil, inclusive, tem uma música que fala sobre isso. Uma música chamada "Tradição". "No tempo que preto não entrava no Bahiano nem pela porta da cozinha." Isso realmente aconteceu. Era um show de Jerry, Nara Leão e Chico Anysio no Bahiano de Tênis. E o conjunto que ia acompanhar Jerry era o outro conjunto que tinha na Bahia chamado "Os Jormans", que tinha três negros. E aí foram, inexplicavelmente, impedidos de entrar no clube. Disseram que não podia e não sei o quê, inventaram qualquer desculpa lá, mas no fundo, no fundo, a gente sabia que era isso. E aí foram nos contratar. E como a gente tinha tudo decorado, a gente só fazia isso, a gente só fazia tocar, tocar, tocar, então a gente sabia o repertório de todo mundo. E fizemos um show excelente com Jerry. E aí acho que a própria Nara Leão perguntou ao Jerry: "Por que você não leva esse pessoal para o Rio?". E Jerry na época falou, não sei se foi pró-forma, não sei se foi de verdade, só sei que ele: "quando vocês chegarem lá no Rio me procurem". E aí nós procuramos, e ele nos ajudou bastante. Chico Anysio também nos ajudou muito. Chico Anysio, ele morava na Urca e tinha um programa na TV Tupi que era na Urca, no Cassino da Urca. E nós estávamos também hospedados na casa do irmão de Mariano, que morava na Urca. Do lado da casa de Chico. Fomos lá, batemos lá. Naquela época não tinha videoteipe. Então, ele tinha plateia. Enquanto ele trocava a roupa de um personagem para outro, a gente ficava tocando para a plateia. E ele nos sustentou no Rio durante muito tempo, seis meses a gente ficou. E ele, inclusive, pagava do bolso dele. Chico Anysio ajudou muita gente, não foi só nós. Chico Anysio era uma personalidade. Nos ajudou bastante.

COMO ERA NESSE MOMENTO A RELAÇÃO DE VOCÊS, QUE ERAM ARTISTAS, MAS TAMBÉM AMIGOS? MUDOU ALGUMA COISA?

Não, acho que a gente não era nem artista na época, a gente era só amigo mesmo, porque isso começou muito de brincadeira. Foi tomando corpo, foi tomando corpo, quando a gente pensou que não, a gente estava vivendo disso. Mas a amizade sempre prevaleceu, a gente era muito amigo. A gente tinha os mesmos gostos, a gente gostava de música, a gente gostava de gozar com a cara do outro, de tirar sarro com todo mundo. Era uma convivência boa, na época, que a gente tinha.

NESSA ÉPOCA, RAUL JÁ ESTAVA COM EDITH...

Nessa época que a gente foi para o Rio, Raul estava casado com Edith. Foi a primeira mulher dele.

COMO ERA A RELAÇÃO? VOCÊ DISSE QUE ELA FOI A GRANDE PAIXÃO DELE.

É. Edith era filha de pastor protestante, que deu muita confusão e tudo, porque ele não queria. No fim, ela terminou casando com ele. Ela era louca por ele. Era Raul na terra e Deus no céu. E sofreu muito conosco lá no Rio, porque a gente passou fome realmente. A música que ele fez, "depois de passar fome na cidade maravilhosa", aquilo acontecia realmente. Tinha dia de a gente não ter o que comer. E ela estava ali sempre solidária. Edith foi uma pessoa importante na vida de Raul, muito importante.

VOCÊ TINHA FALADO QUE ELE FOI UM CARA QUE ALGUMAS VEZES CAMBALEOU DIANTE DAS DIFICULDADES QUE VOCÊS PASSARAM LÁ E ELA SEGUROU A ONDA DELE.

É, porque realmente a barra era pesada, até porque a gente era de classe média, lá na Bahia, e não faltava nada, papai e mamãe ali para resolver tudo. Eu, com 18 anos, pô, de uma hora para a outra me vejo numa cidade como o Rio de Janeiro, que era longe. Naquela época, o Rio de Janeiro era outro planeta. Uma carta para chegar era 15 dias. Tudo era muito difícil naquela época. E aí a gente comeu o pão que o diabo amassou. Não tinha dinheiro. A gente fazia um bico aqui, fazia um bico ali, outra hora tocava aqui num lugarzinho, outra hora tocava lá no outro. Aí Jerry nos deu muito apoio também nessa época, ficamos sendo a banda de Jerry. E Jerry na época estava muito em evidência, foi quem nos segurou. Alugou casa para a gente lá no Rio. A gente morou em duas casas de Jerry lá no Rio. Mas para Raul e Edith era complicado, porque eles eram casados. A gente, cada um era uma cabeça. E aí ela sofreu muito, sofreu bastante. A gente, às vezes, acordava às três horas da tarde para poder só fazer uma refeição. Aquele Bob's ali de Ipanema, a gente passava um dia ali e comia um sanduíche, um cheeseburguer, um milkshake, e era a nossa refeição do dia. Isso no início. Aí depois a gente foi se ajeitando, se ajeitando. Não me pergunte como foi que a gente conseguiu ficar tanto tempo nessa situação até conseguir sair, mas a gente conseguiu. Aí depois Raul voltou para a Bahia, desistiu, e eu fiquei lá tocando com Jerry. O conjunto se desfez, porque as dificuldades eram muito grandes. Então a gente, de classe média, acostumados a ter tudo, de uma hora para a outra a gente se vê ali. E a mãe não sabia. A minha mãe, por exemplo, a minha família nunca soube: — "Está tudo bem aí?" — "Está tudo bem." Não estava nada bem, estava mal mesmo. E tendo que divulgar aquele disco, e aguentando o mau humor de disc jóquei, porque a gente não tinha dinheiro para pagar jabá. Aí você acordava às cinco horas da manhã, ia para o rádio, aí ficava lá com o disquinho na mão. E aí: "Espera aí que vou tocar". E quando a gente ia tocar chegava um figurão, aí a gente... (faz gesto mostrando que foram deixados de lado.) E isso tudo foi minando, foi desgastando, aí o conjunto se desfez ali. As dificuldades eram muito grandes.

VOCÊ TINHA FALADO QUE RAUL, APESAR DE REBELDE, ERA MAURICINHO.

Raul teve algumas fases, mas na adolescência dele ele era bem arrumadinho. Cabelo arrumadinho, camisinha bonitinha de moda, calça na moda, frequentava o Yatch. É classe média. Tinha carro. Classe média. Classe média mais para alta do que para média, entendeu? Então, naquela época ele era mauricinho. Essa foi uma das fases da vida dele. Raul é uma metamorfose, né? Ele teve várias fases. Jantava fora, frequentava clubes bons, a gente era sócio da Associação Atlética da Bahia, onde a gente tocava, ensaiava.

TEM UMA HISTÓRIA EM QUE VOCÊS SIMULARAM QUE ERAM MOTORISTAS DE RAUL PARA PEGAR O PAI DE EDITH NO AEROPORTO.

Essa história é verídica. Essa história é porque o Mister George não queria que a filha dele se envolvesse, porque naquela época fazer música era coisa de bandido. Hoje em dia toda mãe quer que a filha case com um cantor sertanejo, com um jogador de futebol. Naquela época não, naquela época você tinha que ser médico, tinha que ser dentista. Se você não fosse um negócio desses, você era bandido. Eu era bandido. Eu sofri muito com namoradas que eu tive, porque... — "O quê que ele é?" — "Ah, ele toca bateria, músico." — "Tá maluca??" Entendeu? Então, naquela época, Mister George não queria. E aí terminou casando, Raul voltou para a Bahia, foi estudar, fez vestibular para direito. E voltou para o Rio com a Edith, mas numa pendenga desgraçada. Por uma época lá, "Mister George" ia para os Estados Unidos e ia passar no Rio para ver como é que a filha dele estava. Ela morava num edifício que tinha em Ipanema, chamado Edifício Upacy. Ainda está até lá, na Visconde de Pirajá. "Fui morar em Ipanema, ver teatro, ver cinema, essa era a minha distração." É verdade, a gente foi morar em Ipanema, no Edifício Upacy. E não tinha nada o apartamento. A cama, dois copos, o chuveiro, uma toalha. "E agora, como é que faz?" Tínhamos um conhecido que trabalhava na antiga TV Excelsior que montou o apartamento, pegou restos de cenário da TV e montou um apartamento. Botou cama, botou quadro, mandou fazer lá a coisa. Ele tinha um fusca, aí pegaram Eládio, Eládio foi o motorista do fusca, motorista de Raul: "Ah, eu tô na CBS. Eu tô bem, tô ganhando dinheiro e não sei o quê". Aí foram pegar Mister George no aeroporto. Ficaram o dia todo com Mister George rodando. Depois foram lá e mostraram:

"Eu tô morando aqui". Ele ficou muito satisfeito. E disse que no fim deu até uma gorjeta para o Eládio. Nesse dia, eu não estava, não, mas o que me contaram foi exatamente isso.

QUANDO EU OUVI ESSA HISTÓRIA, DEI RISADA (*RISOS*).

É verdade. É verdade mesmo. Tem muitas mentiras, né? Do Raul, tem muita coisa que se fala que é mentira, inclusive pra mim. "Ah, eu namorei com a irmã de Raul." "Ah, já joguei muita bola com o Raul." Raul detestava futebol, Raul não tinha irmã. Entendeu? "Ah, eu brinquei carnaval com Raul." Raul detestava carnaval. Então, tem muitas histórias. O cara veio falar comigo: "Eu namorei com a irmã de Raul, rapaz!". "Tá certo, meu irmão, tá bom" (risos).

TODO MUNDO TEM ALGUM CONTATO.

Todo mundo. Se fosse um cara ruim, ninguém queria, mas como é bom, todo mundo quer ter ligação, ter contato.

AINDA NO RIO, COM AS DIFICULDADES QUE VOCÊS TIVERAM – DEPOIS VOCÊS VOLTARAM PARA A BAHIA –, COMO RAUL ABSORVIA ESSES IMPACTOS?

Muito mal, muito mal. Raul era uma pessoa muito suscetível a... Tanto é que aquele lance do Carlos Imperial que eu lhe falei foi verdade também. Carlos Imperial, na época, era o cara que comandava. Tinha programa de rock, era ele que tinha música, que gravava, que dava oportunidade. "Vamos procurar Carlos Imperial." Aí, conseguimos lá, não sei através de quem, que Carlos Imperial nos recebesse. E Carlos Imperial era um boçal. E aí fomos lá e ele chegou assim, desceu a escada com aquela barrigona, aí sentou e disse: — "E aí?". — "Nós somos da Bahia." — "Sim, vocês querem o quê?" — "Queria lhe mostrar umas coisas aí para ver o que o senhor acha."

— "Mostra aí." (risos) Aí mostrou a primeira, mostrou a segunda, na terceira ele falou: — "Pode parar. Vocês são da Bahia, né?" — "É, somos da Bahia." — "Peguem o primeiro ônibus e volte para a Bahia, porque iguais a vocês tem mais de dez mil conjuntos aqui no Rio de Janeiro." Raul quase morre. E aquilo para ele administrar, aquele tipo de coisa, era muito complicado, né? Eu, que sabia da minha, como sei até hoje da minha competência, do meu potencial, entrou por aqui e saiu por aqui (aponta para os ouvidos), mas Raul ficou muito ruim. Eu disse: "Raul, esse cara... esquenta não". E ele: "Pô, e agora? O que a gente faz?". "Rapaz, você vai seguir um cara desse? Um maluco desse aí? Esqueça isso." Então, ele era muito suscetível a essas coisas. Era da própria natureza dele. Ele ficava para baixo, ficava introspectivo, ficava triste, diferente de mim. Tanto é que muitos anos depois, Carlos Imperial se encontrou com ele, isso eu não sei se é verdade, mas disse que falou com ele: "Pô, parabéns, sua música é muito bonita". E ele disse: "É? Ainda bem que eu não segui o seu conselho e voltei". Acho que houve essa situação, não sei se é verídica. Ele com o Carlos Imperial, depois dele já famoso.

VOCÊ LEMBRA QUAIS MÚSICAS TOCARAM PARA ELE?

Não, não lembro, mas deve ter tocado a do disco *Raulzito e os Panteras*. "Menina de Amaralina", "Me deixa em paz" ou...

VOCÊ PODE TOCAR UMA MÚSICA?

(*Carleba toca e canta. E comenta entre um verso e outro: "Não canto porra nenhuma, viu?".*)

ESSA É A "ME DEIXA EM PAZ".

Essa é a "Me deixa em paz".

VOCÊ TAMBÉM FEZ A COMPOSIÇÃO?

Essa música é minha e de Raul.

QUAL A MÚSICA QUE FOI O CARRO-CHEFE DESSE DISCO?

Acho que nenhuma. (risos)

ACHO QUE A QUE TEM MAIS REPERCUSSÃO É A...

"Lucy in the sky"?

É.

É porque era dos Beatles. O Ira! gravou a versão de Raul. Nasi me falou ontem que tinha gravado. Mas esse disco, por essas dificuldades e por falta de apoio da gravadora... Porque na realidade esse disco foi gravado para catálogo. A situação da gravadora que a gente comentou antes. Nós fomos e procuramos esse pessoal, aí fomos à CBS, que era a top da época, que gravava Roberto (Carlos), e tentamos falar com um cara chamado Jairo Pires, que era o produtor da época. E ele estava lá a manhã toda lá sentado, nisso veio Roberto, que já era famoso, já tinha ido ao Japão, já tinha gravado "Quero que vá tudo para o inferno". Aí nós fomos a ele. Aí eu perguntei: "Você se lembra de mim?" Ele falou: "Lembro sim, claro que lembro". Eu disse: "Lembra nada". Ele falou: "Lembro, da Bahia". Ele lembrou. — "Vocês não são da Bahia?" — "Somos da Bahia." — "O que é que vocês querem?" — "A gente quer falar com o Jairo." — "Espera um pouquinho." Aí ele foi lá e em cinco minutos Jairo Pires mandou chamar a gente e fomos para o estúdio na mesma hora. Roberto foi junto. Aí nós mostramos e o Jairo: "Muito bom, mas infelizmente aqui a gente já tem Renato. Mas, você vai ligar para esse cara aqui, você vai procurar essa pessoa aqui, na Odeon, Milton Miranda, que eu já falei com ele".

RENATO E SEUS BLUE CAPS?

Renato e Seus Blue Caps. A CBS já tinha Renato. Aí nós fomos procurar esse Milton Miranda, na Odeon, que Jairo Pires já tinha falado com ele. Aí entramos no estúdio, ensaiamos, passamos e com um mês a gente já estava gravando. Mas foi um disco de catálogo. Na época estava lançando Milton Nascimento e Clara Nunes. Milton Nascimento eu vi chegando de Minas para gravar (canta) "quando você foi embora, fez-se noite em meu viver". Ele com Marcos Valle entrando no Odeon, ele menino ainda, novinho. Clara Nunes estava sendo lançada. A Odeon projetou tudo em cima da Clara Nunes e o resto era resto. Essa fase de divulgação do disco era feita por nós, "inocente, puro e besta", de ônibus. Como é que funciona isso? Uma rádio aqui, outra rádio lá. Tinha que acordar às cinco horas da manhã, não ia funcionar nunca. Sem apoio de ninguém, sem dinheiro. Então, o disco não aconteceu nada. Então, não tem nenhuma música que seja o carro-chefe. Inclusive não tinha ninguém para dizer isso. "Vocês têm que trabalhar essa aqui." A gente que fazia, mas a gente era menino. "Ao chegar do interior, inocente, puro e besta." Então não ia acontecer nada nunca. Depois que ele morreu é que o disco ficou, virou um disco cult, um dos dez discos mais bem gravados de rock'n'roll que já se fez no Brasil e que vale muito dinheiro hoje. Quem tem o disco de 68 hoje não vende por dinheiro nenhum. O mono, eu tinha mais de cem dele, não sei que fim levou. Podia ficar rico hoje (risos). Tem um cara vendendo outro dia no Mercado Livre por R$3 mil o original. Foi gravado em 67 e lançado em 68. Você não era nem nascido ainda.

ESTAVA BEM LONGE AINDA (*RISOS*).

É, nós somos dinossauros do rock'n'roll. Nessa semana, estava eu, Jerry e Edy. Essa semana não, ontem. Aí alguém falou: "Porra, 200 anos de rock'n'roll aí" (risos). Aí, a gente foi somar e era mais ou menos isso.

EDY STAR É UMA FIGURA. EU CONVERSEI COM ELE ONTEM E NA HORA QUE ELE ME OLHOU, ANTES DE EU FALAR QUALQUER COISA, ELE: "O QUE VOCÊ QUER? QUER MEU TELEFONE?" (RISOS)

É uma figura mesmo. Ele disse que não morre enquanto não tiver um filho meu (risos). "Não morro enquanto não tiver um filho seu." Mas é esculhambado mesmo, sempre foi assim, desde que o conheci na Bahia há muitos anos. Edy sempre foi essa figura assim, espontânea, extravagante, que se assume como gay mesmo, desde menino que ele se assume, e não tem conversa com ele não.

RAUL TINHA ALGUM TIPO DE PRECONCEITO COM ISSO? COMO ELE LIDAVA?

Tinha uma história muito estranha. Eu não sei se ele tinha preconceito. Não sei lhe dizer isso. Só sei que ele chamou Edy e até Edy também não sabe por quê que ele chamou (risos). Mas chamou uma lésbica, que era Míriam Batucada, e chamou Edy que era homossexual.

JÁ OUVI DECLARAÇÃO DE QUE ELE ERA HOMOFÓBICO. TEM O "ROCK DAS 'ARANHA'"...

Pode ser que ele seja. Não sei.

RAUL TAMBÉM COMPÔS MUITO PARA OUTROS CANTORES, COMO JERRY. FEZ MUITA MÚSICA ROMÂNTICA, MÚSICA BREGA NESSA ÉPOCA. POR QUE RAUL FOI POR ESSE CAMINHO?

Eu acho que comercialmente. Eu acho que o negócio dele era comércio. Raul era um gênio para fazer música, para fazer letra e tudo. Ele tinha uma facilidade muito grande. E as letras dele, tem algumas letras que são quilométricas. Você vê que tem letras enormes, que é difícil até de o cara cantar. Jerry, por exemplo, teve que cantar, acho que foi "Gita", e teve que colocar o teleprompter para ele ler, porque ele não conseguiu decorar. Mas eu acho que era comercial. Esse Cury, esse amigo meu, lá do Maranhão, ele também tem essa facilidade. Você fala assim: "Faça uma música aí sobre copo". Ele chega e faz uma música sobre o copo. Raul era assim. Raul fazia música de encomenda. O que pedia, ele ia lá e fazia. As músicas que ele fez para Jerry, por exemplo, foram feitas para Jerry. (Cantarola) "Algo estranho em nosso olhar. Tudo que é bom dura pouco, minha querida".[6] Aquilo é a cara de Jerry. Por exemplo, "Sessão das dez" é música brega mesmo, brega para tocar na zona. "Ao chegar do interior e não sei o quê..." Bolerão mesmo de puteiro. Então, ele tinha essa facilidade. O próprio Paulo Coelho fala. "Raul era um gênio para fazer letra." Para fazer música, nem tanto. Raul era mais poeta do que músico. Inclusive tem algumas músicas que outro dia mandaram para mim pela internet, não me lembro qual foi, uma música americana dos anos 30 que era igual à música que Raul fez. Igual, não tinha nem um compasso a mais, nem a menos, era igual. Pegou a música, uma música antiquíssima da década de 30, 40, colocou a letra por cima, e ficou por isso mesmo. E até acho, se não me engano, que tem uma declaração dele de que faz isso mesmo. Ele diz: "Eu faço isso mesmo" (risos). Ele era mais letrista, mais poeta. Raul era mais poeta do que músico.

VOCÊS SE SEPARARAM. NESSE MOMENTO, ACABOU A BANDA. MANTIVERAM CONTATO DEPOIS DISSO?

Eu voltei para a Bahia. Voltei a estudar, trabalhar, me casei e tudo. Houve realmente um afastamento, mas quando ele ia à Bahia, eu

---

[6] No álbum *Jerry Adriani*, de 1969, estava a faixa "Tudo que é bom dura pouco". Foi a primeira música de Raul gravada por outro cantor

sempre me encontrava com ele, sempre. E ele seguiu outros caminhos. Quando você se separa, as ideias mudam também. Você tem uma convivência com uma pessoa, aí você tem aquele cotidiano. No momento em que você se separa, você perde aquela referência e os assuntos são outros. Depois ele entrou numa de... A conversa ficou difícil. Ele modificou a personalidade dele. Ele já tinha outras preferências, eu já tinha outras preferências, os outros dois já tinham outras preferências, e foi se afastando. A gente perdeu a referência.

MAS VOCÊS SE VIAM QUANDO ELE IA A SALVADOR?

Uns dois anos antes de ele morrer, eu estive com ele lá. Ele me ligou lá em Salvador. Me chamou para comer um caruru num mercado lá, que tem um mercado de peixe lá na feira de Água de Meninos. Eu fui com ele. Chegou lá, ele no meio dos peixeiros, das baianas de acarajé. Ele foi e chegou, sentou, comeu um caruru, eu comi um caruru com ele, mas ele já estava numa de disco voador, de que foi abduzido e não sei o quê. Aquelas conversas. Aí ficou difícil.

RAUL TINHA MEDO OU ELE TINHA FACILIDADE DE LIDAR COM O POVO, DE ANDAR NO MEIO DA RUA?

Eu não sei se era uma coisa autêntica aquilo. Não sei. Mas ele fazia isso, ele gostava de andar no meio do povo. Esse local, por exemplo, é um mercado que tinha numa feira lá em Água de Meninos.[7] Um lugar muito estranho, cheio de fateira, de peixeiro, de feirante mesmo. Ele estava lá no meio dos feirantes. Eu não sei se isso era uma coisa sincera, se era autêntica ou se era tipo. Porque tem gente que faz tipo. Raul tinha uma personalidade muito estranha. Às vezes ele pendia para um lado, às vezes pendia para o outro.

---

[7] Bairro popular histórico de Salvador, dentro da Baía de Todos os Santos.

E AS PESSOAS CHEGAVAM NELE...

Chegavam! Só que ele não tinha a fama que tem hoje. Raul ficou famoso depois que morreu, quer dizer, ele virou um mito depois que morreu. Antes ele era uma pessoa conhecida porque era extravagante. Quando você é extravagante, você chama a atenção. Você chega num lugar, num calor de 40 graus, com a bota aqui (aponta para o joelho), por dentro das calças, com uma camisa berrante, de boina, não sei o quê. Todo mundo vai te olhar. Ele tinha essa necessidade. É por isso que ele disse: ele nasceu para aquilo.

QUAL ERA O ESTILO DELE? ELE FALAVA QUE ERA O "RAULSEIXISMO". ELE ESCREVIA A HISTÓRIA DELE E AS PESSOAS TINHAM QUE ESCREVER AS PRÓPRIAS HISTÓRIAS. MAS AO MESMO TEMPO ELE COLOCAVA UM AR MESSIÂNICO, DE GURU, DE ÍDOLO PARA AS PESSOAS?

Não. Não foi ele que criou isso, não. Isso aí foram as pessoas que criaram. Na realidade, acho que Raul foi um anti-ídolo. Um anarquista. Acho que as pessoas têm uma tendência a gostar do anarquismo, de uma pessoa que foge ao padrão. Raul fugia ao padrão. Depois se tornou uma pessoa muito sofrida. Isso desperta o interesse das pessoas. Depois morreu sozinho, morreu como um ídolo mesmo. Jimi Hendrix morreu assim, Janis Joplin... Raul morreu sozinho num quarto de hotel. Essas coisas todas despertam um certo fascínio das pessoas. Ele era um anti-ídolo. Tem Jerry de ídolo, ele era anti-ídolo. Ele não fazia questão. E Raul consegue uma coisa que poucos artistas conseguem, que é o desejo de todos os artistas, é atingir todas as camadas sociais e todas as faixas de idade. O artista que consegue isso... Só Roberto Carlos hoje. E Raul consegue isso. Ele morreu tem 25 anos e você viu o teatro como estava ontem. É uma coisa inexplicável. E as músicas dele, se você ouvir o disco *Raulzito e os Panteras*, é um disco contemporâneo, foi gravado há 45 anos. As letras de Raul que ele fez há 30 anos são atuais hoje. E ele consegue atingir a criança... Minha neta gosta de Raul. E os velhos, o peão de obra e o engenheiro, o médico e o dentista, todo mundo gosta de Raul. Todo mundo gosta. Isso é o desejo de todo artista, que aconteça isso. Porque ou você se torna hermético – Milton Nascimento, só classe A – ou você se torna vulgar, lá embaixo, aí você vai para o brega, vai para o sertanejo, vai para aquelas coisas bem...Você conseguir atingir todas as faixas sociais... Não tem uma pessoa... Ela pode fingir que não gosta, mas no fundo ela sabe que gosta. "Ah, Raul era roqueiro, não gosto não." Mas vê lá no radinho do carro do cara que tem um disquinho dele lá (risos).

CURIOSO DE RAUL É QUE, APESAR DE ELE GOSTAR DE FALAR INGLÊS, DE CURTIR O ROCK, ELE NÃO DEIXOU O JEITO BAIANO. ELE FALAVA MUITO BAIANO NAS MÚSICAS TAMBÉM.

Eu não sei. Eu, por exemplo, já estou fora da Bahia há tanto tempo e ainda não perdi o sotaque. Eu ainda tenho o sotaque de baiano. Raul era roqueiro. Raul não gostava de carnaval, não gostava de samba, tinha pavor. Ele gostava de Elvis Presley. Então esse negócio de meter xote com Luiz Gonzaga, tudo isso é... Na realidade dele, ele era roqueiro. Eu sempre gostei muito de jazz, já ouvi muito jazz, toquei muito jazz, toquei Bossa Nova e tudo. Quando eu fazia variações jazzística, ele ficava muito puto. "Porra, tá inventando esse negócio. Toque a bateria de rock'n'roll!" Ele queria que eu tocasse rock'n'roll. Esse negócio de dizer que ele gostava de carnaval, que ele gostava de Luiz Gonzaga e não sei o quê, tudo isso é para poder vender disco (risos).

ELE NÃO BOTAVA O BLOCO NA RUA.

Não botava. Ele tinha pavor de futebol, praia. Tem uma música que fala disso. Uma música que ele toca "Garota de Ipanema", que ele começa a fazer assim no braço da guitarra (pega o violão, faz o gesto e som da guitarra), que ele achava que Bossa Nova tinha muito acorde, então ele começa a gozar, num show dele. Não sei onde é esse show que ele pega, se ajoelha no chão, pega o violão, fica fazendo aqueles acordes de jazz, aquele negócio. Ele detestava.

"ACREDITE QUE EU NÃO TENHO NADA A VER COM A LINHA EVOLUTIVA DA MÚSICA POPULAR BRASILEIRA..."

"... da música popular brasileira." É, por exemplo, na música "Rock'n'roll". "No teatro Vila Velha, velho conceito de moral. Bosta Nova pra universitário, gente fina, intelectual. Oxalá, Oxum dendê Oxóssi de não sei o quê." As pessoas que não conhecem não sabem o que quer dizer isso. O Teatro Vila Velha é um teatro que tem na Bahia, onde naquela época existia uma competição muito grande entre a Bossa Nova, que era o pessoal de Bethânia, Caetano, de Gil, e o pessoal do rock'n'roll. A nossa casa era o Cinema Roma e a casa da Bossa Nova era o Teatro Vila Velha. Aí no fim, ele bota lá: "No teatro Vila Velha, velho conceito de moral. Bosta Nova pra universitário, gente fina, intelectual. Oxalá, Oxum dendê Oxóssi de não sei o quê". Isso aí quer dizer o seguinte, na época existia muita música com conotação africana. Vinícius, Baden Powell. Entendeu? E ele ficava puto com isso. "Porra, negócio de Oxalá, de oxu, de oxó. Sei lá que porra é essa!" (risos) "Oxalá Oxum dendê" é uma alusão a Vinícius de Moraes que fazia "Atotô, Obaluaê, Atotô Babá". "Na tonga da mironga do kabuletê." Tinha músicas com muitas tendências africanas e tudo, e ele não gostava. Raul era roqueiro, ele gostava de Elvis.

E ELE PEGOU TAMBÉM O INÍCIO DO AXÉ? FOI DÉCADA DE 80...

Não. Ele já não estava mais não (na Bahia). No axé, ele já estava morando fora. Mas ele disse que ele não era da "turma do dengo", não. "Eu sou baiano, mas não sou da 'turma do dengo', não" (risos). A "turma do dengo" era Dorival Caymmi. "Ô, meu rei..." E tinha um conflito entre pessoal que fazia Bossa Nova, que era Caetano,

Gil, esse pessoal, e o pessoal do rock'n'roll. Não botava guitarra. Esse pessoal só tocava com o violãozinho. Guitarra só botaram depois que Caetano usou Os Mutantes no *Alegria alegria*.

ONDE VOCÊ ESTAVA QUANDO SOUBE DA MORTE DELE?

Eu estava dirigindo, indo para o trabalho, porque depois de muito tempo eu voltei a trabalhar, me casei, tive que manter família e tudo. Mas já era uma coisa anunciada. Já não foi mais surpresa. Então, eu estava dirigindo, indo para o trabalho: "Morreu hoje em São Paulo...". Pô, eu tive um choque. Aí cheguei, liguei para a Dona Maria Eugênia, falei com ela. Ela estava mal. Depois fui para o enterro dele, que foi uma zona, uma confusão desgraçada, gente pra cacete. Ainda briguei com um jornalista lá que queria que eu desse entrevista, e eu não estava querendo dar entrevista. Aí o cara: "Não, fala aqui". Eu: "Não. Eu não tenho nada para falar, não. Está tudo certo".

QUAL MÚSICA DELE QUE MAIS MARCOU NESSE TEMPO TODO?

"Ouro de tolo." Pode-se dizer que a carreira dele se dividiu em duas etapas: antes de "Ouro de tolo" e depois de "Ouro de tolo". "Ouro de tolo" é uma música que deu prestígio a ele, que o lançou na mídia. E é uma música bonita, bem feita, bem elaborada. "Ouro de tolo" é uma música que segue uma linha que Bob Dylan fazia. É a letra atropelando a música. Parece que o compasso não vai dar. Isso ele pegou de Bob Dylan. Bob Dylan já fazia isso há muitos anos. Como ele ouvia muito Bob Dylan, ele fez "Ouro de tolo". Então, acho que esse divisor de água aí de Raul não foi nem "Let me sing". "Let me sing" o lançou, porque o tirou do ostracismo, que era o festival. Os festivais de música popular naquela época era que lançavam. Lançou Djavan, lançou todo mundo, Chico, Milton... e Raul. Mas a música-chefe de Raul, "Ouro de tolo", e depois "Gita". (Toca "Ouro de tolo" e canta tentando lembrar a letra.) Eu não sei a letra. A música é linda. Caetano inclusive fala no filme: "Eu queria ter feito ela. É uma música muito bonita". E é muito linda, né? E "Gita" também. "Eu sou a luz das estrelas. Eu sou a cor do luar..." Isso é coisa clássica mesmo, pra ficar pra sempre. (Faz menção de tocar o violão) Eu toco mal o violão, viu? Meu instrumento é bateria mesmo. Eu só toco violão aqui pra me satisfazer, e às vezes tocar para minha mulher, porque ela gosta de me ouvir tocar.

VOCÊ TEM REGISTROS DESSA ÉPOCA? VOCÊ FALOU QUE TINHA UNS DISCOS.

Não tenho, não. Eu não tenho, porque tudo que eu tenho está na internet. Eu procurei para mostrar para vocês aqui, mas a maioria das minhas fotos antigas dei para Eládio escanear e me devolver, e até hoje ele não me devolveu. Está na mão dele.

DISCOS DESSA ÉPOCA?

Só tenho um disco, o *Raulzito e os Panteras*, um antigo que tem aí, mas isso todo mundo tem. Mas na internet tem um material muito grande. Deixa eu ver aqui no computador. Pode desligar o...

* * *

A partir daí, fomos ao quarto onde estava o notebook. Ele mostrou várias fotos, especialmente as formações do grupo, quando não eram apenas os quatro mais famosos. Tinha uma foto mais recente do Edifício Nossa Senhora das Graças, em Salvador, onde Raul morou e eles passavam "tardes inteiras ensaiando".

Carleba queria mesmo era que a esposa chegasse, porque "ela é que sabe como é que passa as fotos" no MacBook Pro. Enquanto ela não chegava, gravamos a sua resposta sobre o disco *Raulzito e os Panteras*, com um original que ele tinha em mãos.

* * *

QUAL FOI A IMPORTÂNCIA DESSE ÁLBUM PARA A CARREIRA DE VOCÊS?

Na época, nenhuma. Na época, foi um fracasso. Não aconteceu nada. Só quem comprou foi as nossas famílias. Hoje sim. Hoje, as novas gerações aprenderam muito daqui. E é considerado um dos melhores discos de rock'n'roll que já se fizeram no Brasil. Mas na época não aconteceu nada. Na época, não teve importância nenhuma. Nem como cartão de visita, porque o conjunto se desfez. Mas hoje é considerado um disco cult, contemporâneo. Você vê, foi feito há quarenta anos e os arranjos são atuais hoje. Ele era muito vanguarda para a época. Talvez tenha sido isso que as pessoas não tenham entendido. Foi um dos primeiros discos de rock'n'roll, talvez o primeiro que tenha sido gravado com orquestra grande, ainda com cordas e tudo. A importância dele hoje é real, mas na época não teve importância nenhuma, nem de vendagem. Foi um fracasso de vendagem. Hoje ele já vendeu muito, e hoje ele custa caro. Um disco desse você acha no Mercado Livre por mais de R$2000.

* * *

A esposa dele, Mônica, chegou e o ajudou com cópias de uns escritos de Raul, que pedi para ele ler. Inclusive, usamos um trecho no programa, o do desengano com a censura.
"Escrevo pouco? Não é preguiça. É falta de tempo. Tempo é pouco. Vou mandar a caixa pelos Bullers à casa de seus avós. Roberto Carlos está fazendo uma temporada no Canecão. Se você não sabe, Canecão é um *night club* enorme. Roberto não é mais o primeiro no gosto dos jovens. É o primeiro em vendagem de disco ainda. Existe Tim Maia, a pronúncia aqui no Rio é Tchim Maia. Morou por vários anos no Harley, nos Estados Unidos. Existe Tony e Frankie. São dois rapazes de São Paulo que vieram morar no Rio quando eu os contratei. São bons. Há um novo movimento a começar aqui, não é exatamente o soul."

"Você não pode imaginar como é difícil fazer arte dentro de um país de subdesenvolvidos. Existe uma censura idiota que não entende nada, que é armada por gente do exército, são militares (*army*). Eu tive 16 letras cortadas e impedidas de serem gravadas porque eles não entenderam nada de poesia concreta. Hoje, eu já sei que 99% da população é subdesenvolvida e, se você é parte desse 1%, você é gênio ou é preso por dizer a verdade sobre as mentiras idiotas do sistema social. Eu já sei o que vou fazer. Vou fazer o que eles querem musicalmente, música idiota para o povo iludido, e nos líricos (letras) eu vou ironizar tudo e ridicularizar o que eu próprio faço para eles engolirem. Entendeu? Eu faço sabendo o que estou fazendo, e dizendo simbolicamente que eles não estão entendendo nada. O nome do disco é *Sociedade da Grã-Ordem Kavernista do Brasil, Society of the Carvernist* (risos)".

A esposa dele diz que esse último texto é de 1971.

Depois disso, desarmamos os equipamentos.

Numa conversa de conterrâneos, chegamos a um assunto que Raul detestava. "Pra quê pensar, se eu tenho o que quero? Tenho a nega, o meu bolero, a TV e o futebol", a ironia de "Aos trancos e barrancos". Ironia confirmada na carta que Carleba havia acabado de ler. Se Raul não gostava de futebol, Carleba gosta.

Foi aquela coisa quando abri a carteira e ele viu meu cartão de sócio do Esporte Clube Vitória. Mas a baianidade não estaria completa se faltasse um torcedor do rival Bahia para dar vida àquelas superficiais discussões futebolísticas de sempre. E era a esposa de Carleba, que até a nossa saída do apartamento foi falando alguma coisa sobre o time dela, com o que obviamente não concordei.

"Como é que eu posso ler, se eu não consigo concentrar minha atenção, se o que me preocupa no banheiro ou no trabalho é a seleção?"

Seguimos trabalhando. E quando ele soube que íamos entrevistar Heloisa Seixas, prima de Raul, nos deu a incumbência de entregar a ela uma foto *polaroid* antiga, em que os dois estavam. A foto, você confere na entrevista com ela.

Ah, eu fiquei de contar uma pérola que Carleba falou quando já estávamos indo embora do seu apartamento. Não gravamos, mas é impossível esquecer dele dizendo que Raul baixava a calça, passava brilhantina nos pelos pubianos e repartia ao meio...

* * *

MENSAGEM DE CARLEBA, PELO FACEBOOK, APÓS A EXIBIÇÃO DO PROGRAMA:

"Amigos, acabo de ver o programa sobre Raul e queria parabenizá-los pela competência com que foi feito. Ressalto a preocupação em mostrar pessoas que realmente tiveram convívio com Raul, independente de ser famoso ou não, diferente de outras produções em que, estranhamente, se deu ênfase a pessoas que não tiveram maiores contatos com Raul, mas, por serem famosas, foram mencionadas e tiveram participações extensas, porém sem qualquer conteúdo, por não terem o que dizer. A direção foi excelente, gostei muito, de verdade. Agradeço pela relevância que me foi dada e pela oportunidade de me manifestar a respeito de Raulzito. Emocionantes também alguns depoimentos, como o de Cláudio Roberto e de outras pessoas, que permanecem ainda hoje sentindo a falta do amigo que se foi tão cedo. Também me emocionei. Enfim, estão de parabéns e doravante acompanharei todos os outros programas. Um forte abraço e contem comigo quando quiserem."

26 DE JUNHO DE 2015 - 17H

MARCELO NOVA
PARCEIRO MUSICAL E AMIGO

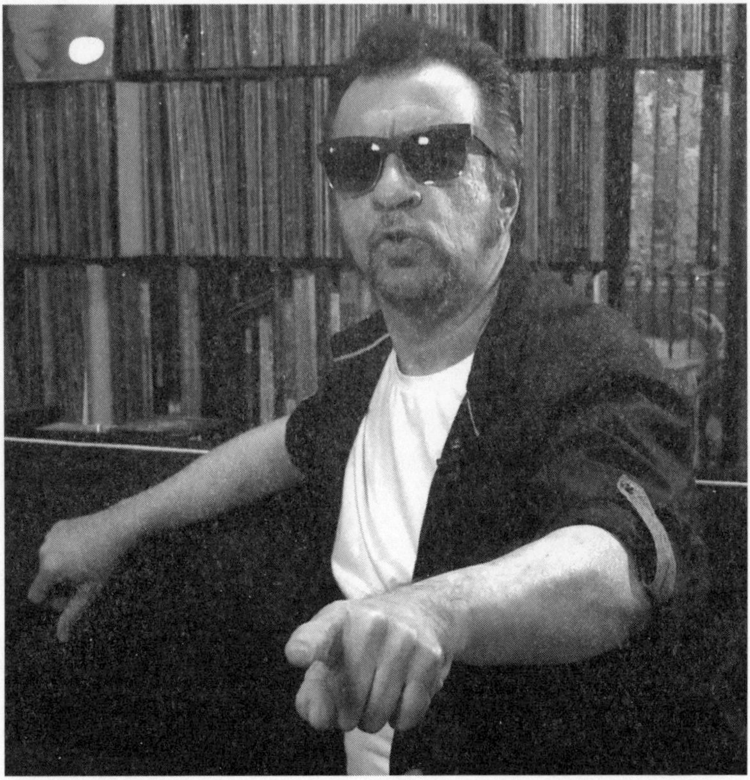

No sentido estritamente jornalístico, a entrevista com Marcelo Nova foi talvez a mais marcante de todo o processo e uma das que mais me exigiram perspicácia.

Meu histórico de tentativas de entrevistas com Marcelo se resumia a uma. Não realizada.

Ele faria show em Brasília em abril de 2015. Liguei para o telefone que o seu site indicava para agendar o encontro. Quem atendeu foi o próprio. A primeira surpresa.

No dia da apresentação, lá fomos nós para o local do evento. A pauta incluía uma matéria para outro programa e a entrevista para *Caminhos da Reportagem* sobre Raul, que nesse momento ainda estava sob produção principal da TVE Bahia.

Chegamos com o espaço ainda fechado ao público. Marcelo não estava feliz. Algum problema durante a passagem de som o fazia andar com ar irritado e expressar sua insatisfação ao produtor. Foi tanto que o produtor chegou a nos sugerir que apenas fizéssemos imagens do show, sem uma fala sequer. Era algo completamente descabido para o que precisávamos e havíamos deixado claro previamente.

Com insistência, tivemos a anuência para a entrevista. E Marcelo veio, trazendo a segunda surpresa.

Cumprimentei-o. Com cara de poucos amigos, a primeira coisa que me disse foi "você tem direito a cinco perguntas e não me pergunte sobre Raul Seixas".

Eu tinha um "pequeno" problema, pois 50% do meu objetivo havia caído ali. Não foi de todo ruim, porque eu achava mesmo que a entrevista para o *Caminhos* precisava ser mais bem elaborada, em uma situação mais confortável como uma conversa detalhada pede. Afinal, destrinchar um tema, qualquer que fosse para o *Caminhos da Reportagem*, a uma ou duas horas do início de uma apresentação incidia em pressões de tempo. A narração da convivência de Marcelo e Raul seria prejudicada. As emoções, talvez, suprimidas.

O desarme veio quando sorri e o lembrei que ele comentou numa entrevista a Danilo Gentili que não se irritava por ser interrogado sobre Raul muitas e muitas vezes. A relação melhorou.

Aí veio o porém.

Tivemos um problema técnico na câmera. Processo completo. 100% da pauta caiu.

Salto no tempo. Chegamos a 26 de junho de 2015, pouco mais de dois meses depois da pauta fracassada. O reencontrei no seu apartamento em São Paulo, mais amigável. Mas eu não sabia que seria assim. Aliás, pensei muito em como estaria seu estado de espírito.

Por isso, salto no tempo. Voltamos alguns dias. Passei na Feira da Torre, em Brasília, onde funciona uma loja de rock. Por uma dessas coincidências do destino ou algum "sinal das trombetas, dos anjos e dos guardiões", estava tocando

Marcelo Nova no box! Não reconheci a música, apenas a voz. Para mim, era inconfundível.

Pedi uma dica e a vendedora foi certeira: "Acho que ele vai gostar deste vinil com o desenho de Jimi Hendrix, porque eu já vi um quadro de Jimi Hendrix na sala dele em uma reportagem". Eram uns vinis vazados, formando o rosto de vários cantores. Levei o indicado.

Marcelo gostou do presente. Ficou analisando com a esposa onde penduraria na sua sala vasta de artigos de um claro viciado em rock, como diversos vinis em suas capas. E para mostrar ainda mais a sua verve ácida, uma plaqueta daquelas de portão de casa se pendurava na estante: "Cuidado! Cão antissocial". Com o rosto dele na cabeça do cachorro.

Ao fim da gravação, ele mostrou seu lado fã de Hendrix.

"Menino filho de puta com beberrão, semianalfabeto, mal sabia ler e escrever direito, foi pro exército ser paraquedista e se torna o maior guitarrista de todos os tempos. Um cara criativo, genial, e de tão bom guitarrista que ele era, de tão criativo, as pessoas esquecem de quão bom letrista ele era. Ele criou um universo psicodélico, drogado e mutante nas letras dele que caía como uma luva nas músicas que ele fazia. Esse menino era um gênio. Menino, porque morreu com 27. Eu estou com 63. Pra mim, é um menino. Eu tenho duas filhas mais velhas que ele."

Mas a conversa fluiu bem antes da gravação. E esse Marcelo era bem diferente daquele Marcelo de algumas semanas atrás.

Por que essa entrevista me marcou? Porque todo mundo sabe do jeito sincero e crítico de Marcelo Nova. E, logo no início da gravação, ele soltou algumas críticas que me fizeram reformular todo o roteiro de perguntas e dar algumas voltas para ele responder exatamente o que eu precisava.

"Aqui se dá muita importância a essa coisa de como era a amizade, se o cara era bonzinho, o cara era filho da puta, se tinha isso, se tinha aquilo. Isso não tem a menor importância."

Discordei, mas dancei conforme a música ditada pelo cara que colocou Raul de volta nos palcos após anos e foi seu parceiro no último disco – *A panela do Diabo* –, lançado dois dias antes da sua morte, após uma turnê de 50 shows juntos.

Raul Seixas não foi só um cantor. Está na categoria dos mitos. Mas o mito era humano. As pessoas têm interesse em saber como alguém transforma suas "filosofias, políticas e lutas" numa religião e entra para a história. E ele as formatou a partir das suas experiências de vida e da forma como se relacionou com elas. Mulheres, filhas, parceiros, fãs. Alegrias e tristezas, forças e fraquezas.

Quanto da sua vida pessoal se transformou em música? "Fui morar em Ipanema, ver teatro e ver cinema era a minha distração." "É pena que você pense que eu sou seu escravo, dizendo que eu sou seu marido e não posso partir." "Estou na Clínica Tobias Blues, tão longe do aconchego do lar." Procure, que você vai entender.

Há um limite para a necessidade de mergulhar na vida de um artista? Deve haver. A "mexicanização" a que Marcelo se referiu era o limite dele. Eu e meus colegas de equipe, especialmente os mais chegados a Raul, tentamos nos distanciar do lado fã para construir a narrativa de forma justa com a história. Mas nosso limite foi maior do que o de Marcelo.

No final, vale o limite de quem tem o poder de narrar para outras pessoas, em qualquer meio. Neste caso, nós. E saiu este programa-documentário que, com toda repercussão que monitoramos, teve quase 100% de aprovação (teve um internauta que disse que foi um programa feito por "mauricinhos engomados").

Certo estava Raul, que aos 11 anos de idade já desconfiava da verdade absoluta. E Marcelo concorda com isso.

– "Quem você identifica hoje como atitude do rock no Brasil? Tem alguém?"

– "Rapaz, eu não tenho nem tempo mais para essas coisas. E, para falar a verdade, eu não tenho nenhum interesse. Eu provoquei, quando eu era muito jovem, um incêndio cultural na Bahia. Depois as coisas ficaram muito óbvias na Bahia. Nós saímos de lá. Viemos para São Paulo, para o Rio. Depois eu comecei uma carreira solo. Depois eu fiz uma parceria com o Raulzito. Depois eu voltei para minha carreira solo. Eu não tenho mais interesse em ficar sabendo quem é a banda que tem atitude e qual é a banda que não tem. Eu não sou juiz de nada. O que eu tenho para dizer, na verdade, está no meu trabalho, está nas minhas canções. Entendeu? Essa história de roqueiro achar que tem que ser veemente e ter uma verdade irrefutável a respeito de tudo passa longe das minhas das minhas ideias (risos)."

Agora já está na hora de saber como foi essa conversa. Eu gostei muito.

"Let me sing, let me sing
Let me sing my rock'n'roll
Let me sing, let me swing
Let me sing my blues and go"[1]

---

[1] Trecho da música "Let me sing, let me sing", do compacto lançado em 1972, que contava ainda com a música "Teddy Boy, Rock e Brilhantina". Composição de Raul Seixas e Edith Wisner, a música foi defendida no VII Festival Internacional da Canção.

O QUE VOCÊ NÃO AGUENTA MAIS QUE AS PESSOAS PERGUNTEM SOBRE RAUL PARA VOCÊ?

Veja bem, por um lado é natural me perguntarem como foi a minha relação, o meu trabalho com o Raul. E a minha resposta é muito curta: está no *Panela do Diabo*. É o que eu tenho a dizer, foi o que nós fizemos juntos como artistas. A nossa amizade não interessa pra ninguém. É uma coisa minha e dele e vice-versa. O que ficou para a posteridade, o que ficará... Ele já se foi, eu irei depois de amanhã. E o que ficará são aquelas canções que nós gravamos em 1989, entendeu? Aqui se dá muita importância a essa coisa de como era a amizade, se o cara era bonzinho, o cara era filho da puta, se tinha isso, se tinha aquilo. Isso não tem a menor importância. Nós vivemos essa "mexicanização", né? Essa coisa de novela, essa coisa que não tem importância do ponto de vista artístico, né? Não tem nenhum significado artístico. De que importa se um artista é preto, branco, homossexual, trissexual, heterossexual, japonês, baiano, canadense ou alemão? Nenhuma importância, contanto que ele seja bom no que faz. Mas aqui querem saber da vida da pessoa, se o cara mora numa casa, se tem piscina, se ele tem uma BMW na garagem, todas essas coisas pra ver uma pseudovalorização do artista. Eu não tenho interesse na vida pessoal de nenhum artista. De ninguém! Se for artista, menos ainda, porque o que vai me interessar é a obra, e não a vida pessoal.

ME PARECE QUE OS QUE VIRAM LENDA, COMO RAUL, GERAM UM INTERESSE DE MODO QUE AS PESSOAS QUEREM ENTENDER SE NA VIDA PESSOAL ELES SÃO ESSE MITO O TEMPO TODO. É UM POUCO DISSO, NÃO?

Olha, velho, não sei lhe responder. Raul, para mim, foi uma referência quando eu era menino. Foi a primeira vez que eu vi uma banda ao vivo, foi *Raulzito e os Panteras*. Eu tinha todos os meus discos de bandas inglesas, mas a primeira vez que eu vi o rock nessa distância que você está de mim foi através dele e d'Os Panteras. Então, eles me apontaram um caminho. A influência deles sobre mim foi enorme. Eles me apontaram um caminho na vida. Pô, através deles eu tive a noção de que talvez eu pudesse ter uma carreira também, e não existe coisa mais importante que isso. Não foi porque um usava camisa vermelha ou porque o outro era charmoso e simpático e sorria. É muito mais do que isso. O que as pessoas esperam, eu não sei e também não quero saber, porque eu não faço parte dessa coisa. Quem quer saber da obra de Raul Seixas tem que ouvir Raul Seixas. Esquecer se ele passava brilhantina ou se ele bebia ou se ele aparava a barba. Tudo isso é bobagem. Raul Seixas era um artista. Ele vendia a arte dele, que, aliás, ele fazia muito bem, de uma maneira muito pessoal, muito peculiar. Essa coisa da novela, da fofoca, não me interessa em hipótese alguma.

A GENTE ESTAVA COM O CARLEBA MAIS CEDO E ELE FALOU JUSTAMENTE O QUE VOCÊ FALOU AÍ, QUE VOCÊ AGRADECE A ELE: "É POR VOCÊS QUE EU CHEGUEI AQUI, QUE EU QUIS ISSO AQUI...".

Eu estive com ele ontem. Eu disse isso mais uma vez. Eu já disse isso para eles várias vezes. A primeira vez que eu toquei com eles, Raul já tinha morrido. A primeira vez que eu toquei com eles na Concha Acústica do Teatro Castro Alves, em Salvador, num evento que eu nem me lembro mais como é que foi. Eu fiquei às lágrimas, cara. Entendeu? De olhar para aqueles caras que foram de uma importância tão grande quando eu tinha 15 anos de idade, e eu já com quase 40 tocando com eles ali do meu lado. São essas as medalhas que eu conquisto na vida. Discos de ouro, discos de platina são transitórios, são bons, ajudam a vender shows, são os bônus tracks da coisa, mas eu procuro não me afastar da essência do meu trabalho. Se vai tocar no rádio, eu não dou a mínima. Se vai gerar Fausto Silva, não dou a mínima. Eu não preciso disso mais. Nos anos 80, fazer aquela coisa que estava inserida numa mídia, numa onda de rock brasileiro, você ia porque ia. Tinha gente de uma multinacional empurrando você: "Vamos, vamos, vai fazer isso, vai fazer aquilo". E você: "Tem que fazer, porque gastou tanto na gravação do disco".

O produtor ficava botando pilha. Hoje eu produzo os meus discos. Hoje eu pago meus músicos. Hoje eu gerencio a minha carreira. Eu me afastei gradativamente desse processo, entendeu? Entediante, enfadonho, previsível. Fenício, de mentalidade estritamente comercial. Isso definitivamente deixou de me interessar há muitos anos.

COMO VOCÊ E RAUL SE APROXIMARAM PARA VIRAREM PARCEIROS MUSICAIS?

Eu estava tocando no Rio de Janeiro com o Camisa de Vênus, no Circo Voador, e a Juçá, que é a pessoa que coordena o Circo Voador, até hoje é ela que coordena, ela me disse "Marcelo, olha, Raul está vindo aí, porque ele quer conhecer você". Eu digo "ah, Juçá, vai contar isso para outro" (risos). Raul ironizava o rock brasileiro todo, aquele rock dos anos 80, ele era impiedoso (risos), com aquele sarcasmo ferino que ele possuía. Então, por que que ele vai abrir uma exceção para mim? "Conte outra!" O fato é que uma hora depois ele apareceu no camarim, se apresentou, como se fosse necessário, e eu o convidei, na maior cara de pau, para ele dar uma canja. Coisa que, segundo Juçá, ele nunca tinha feito. E ele topou, subiu. E nós tocamos juntos pela primeira vez. A partir daí, eu fui assistir um show dele aqui em São Paulo, nós trocamos de endereço. E aí, 15, 20 dias depois, num domingo, ele tocou na minha casa por volta do meio-dia acompanhado da mulher dele da época mais Tony Osanah, que era o guitarrista que tocava com ele, e a esposa do Tony. E a partir daí nós viramos amigos. Só fomos virar parceiros quatro anos depois. Na verdade, foi a nossa amizade que nos conduziu à parceria. Não houve essa coisa de "os doidos se encontraram, viraram a noite cheirando e fizeram uma canção" (*risos*). Não, nada disso.

AQUELE ROMANTISMO NÃO EXISTIU...

Não, não, não. Isso fica muito bem no jornal, para impressionar a molecada ou velhos que não amadureceram. A realidade é bastante diferente.

O QUE FAZIA A SUA CABEÇA EM RELAÇÃO A RAUL? ERAM AS MÚSICAS...

A letra.

...OU ERA A ATITUDE ROCK?

Não, não, eram as letras. As letras de Raul foram as primeiras letras de canções em português em que eu parei para prestar atenção. Era uma época em que eu ouvia muito rock inglês e rock americano. E aqui no Brasil as letras eram todas no diminutivo: "o barquinho", "o ceuzinho", "um marzinho". Era tudo "bonitinho". E eu não conseguia me relacionar com aquilo. Quando eu ouvi "Ouro de Tolo", que eu percebi o conteúdo do texto... Porque, naquela época, produtores fonográficos tinham uma importância enorme na confecção de um disco. Todo artista tinha por obrigação ter um produtor que dizia "olha, o arranjo vai ser assim". E naquela época, 73, se eu não me engano, *Krig-ha, Bandolo!*, que é onde tem o "Ouro de Tolo", se eu não me engano, tinha aquele negócio de Odair José, da música brega. Então, "gênios de gravadoras" fizeram aquele arranjo de "Ouro de Tolo" (cantarola). Comercialmente, talvez tivesse sido o momento certo para fazer Raul soar como um cantor brega. Mas, na verdade, o texto se sobrepôs, pra mim. Tô falando de mim (risos). Se sobrepôs a toda aquela cafonice de arranjo que foi produzida ali. Aquele texto era como se ele dissesse "olha, você se contenta com o pouco? Eu não. Eu quero muito mais do que isso. O que eu já conquistei, já é meu. Mas eu não vou ficar aqui contemplando isso e dizendo 'oh, que belo rei que eu tenho aqui na minha pança'". Essa primeira canção "Ouro de Tolo", quando ele deixou de ser Raulzito e passou a ser Raul Seixas, foi também a primeira canção que me chamou a atenção. E aí sim eu comecei a ouvir música em português. Tinha finalmente um artista que era baiano, como eu, em cujos shows eu tinha ido anos atrás, quando eu ainda era um garoto e eles eram rapazinhos já. Eles comiam as meninas e eu não comia ninguém, eu tinha 14 anos de idade. Ficava torcendo para entrar na Kombi deles, porque eles pegavam as meninas, jogavam na Kombi, a Kombi era a van da época. De maneira que, através de Raul, eu percebi que era possível escrever em formato de canção na língua portuguesa. Porque na literatura você já tinha, no teatro você tinha. Mas, aquela forma que por um lado cria um senso estético da poesia, mas, por outro lado, acrescenta a possibilidade de o ouvinte se identificar com o que ele está dizendo, não apenas apreciar a beleza dos versos ou da junção da sequência de palavras. "Porra, eu queria ter escrito isso. Eu também penso dessa maneira. Pô, eu queria fazer exatamente isso que esse cara está dizendo aí." Isso é uma qualidade ímpar, né? Muitos tentam, mas poucos são os que conseguem ter essa qualidade.

CARLEBA ME FALOU QUE VOCÊ CHEGOU NA FRENTE DA FILHA DELE E DISSE QUE ELE ERA O MAIOR COMEDOR (*RISOS*).

É, eu brincava com eles muito. Brinco até hoje com ele, com o Eládio, com o Mariano. Até hoje eu brinco com eles sobre a história da Kombi. Acabavam os shows, eles catavam as meninas e iam para a Kombi. E eu ficava literalmente na mão (risos).

LEMBRANDO DE "OURO DE TOLO", TEM A MÚSICA "AS AVENTURAS DE RAUL SEIXAS NA CIDADE DE THOR", EM QUE ELE FALA ASSIM: "QUANDO EU COMPUS, FIZ OURO DE TOLO, UNS IMBECIS ME CHAMARAM DE PROFETA DO APOCALIPSE". COMO É QUE ERA ESSE CLIMA AÍ?

Não sei, velho (risos). É difícil falar pelos outros. Mas Raul, ele tinha um carisma gigantesco e as pessoas... Aí sim eu fui testemunha, porque nós fizemos 50 shows juntos. Eu fui testemunha de que às vezes as pessoas esperavam e cobravam dele coisas absolutamente inimagináveis. As pessoas viajam e viajam, às vezes interplanetariamente, às vezes intergaliticamente nas expectativas, e criam falsos ideais, falsas ideias, e tentam cobrar como se aquilo fosse quase que uma obrigação do artista. Então, talvez alguns profetas do apocalipse tenham falado a respeito dele sim.

NA DÉCADA DE 80, ELE VEIO COM O "ABRE-TE SÉSAMO", EM QUE ELE FALAVA "CHARRETE QUE PERDEU O CONDUTOR". VOCÊS, NO ÁLBUM *DUPLO SENTIDO*, **TAMBÉM CANTARAM "MUITA ESTRELA, POUCA CONSTELAÇÃO". COMO É QUE ESSAS DESILUSÕES SE RELACIONAVAM E SE TRANSFORMAVAM EM MÚSICA?**

Bom, quanto a "Muita estrela, pouca constelação", eu posso lhe dizer, a letra quem fez fui eu e ele fez a música. Nós nunca tínhamos composto uma canção juntos. Um dia eu mostrei para ele a letra e ele disse "porra, Marceleza, essa letra é boa. Posso fazer a música?". Eu digo "agora!". Peguei o violão, entreguei para ele, em meia hora a música estava pronta. Foi a nossa primeira composição. Quanto a outras canções, quando você ou é literalmente ou se sente só, no sentido de não ter envolvimento com patota, com "tchurma", com galera, você, evidentemente, está se guiando pelo seu próprio instinto. E às vezes isso gera uma certa desilusão, uma certa tristeza inerente no que você está assistindo ao seu redor. Eu acho que isso é normal, principalmente para um homem sensível, para um homem inteligente como ele era. No Brasil se evita muito falar sobre problema, sobre tristeza, sobre decepção. As pessoas parecem estar sempre esperando hinos carnavalescos, sambinhas alegres, música para tocar nos churrascos. Parece que existe quase que uma necessidade para um povo sofrido como o nosso de expandir a sua alegria, porque a panela já está cheia de pressão, de tristeza. Em vez de lidar com aquilo, é melhor jogar para o canto, é melhor não pensar naquilo, né? Música sobre morte, por exemplo, né? Dificilmente você vê um artista compor uma canção contemplando a morte. Que é inevitável para todos nós! Não adianta você fugir. Não adianta você fazer de conta que ela não vai acontecer. Se não acontece hoje, vai acontecer amanhã. E se não for amanhã, depois de amanhã, certamente. Você envelhece, todos envelhecem. Então, por que não falar sobre essa experiência humana, real, pela qual você vai passando aos poucos até chegar a estação final? Por que evitar isso? Raul não evitava nada. E evidentemente ele era cobrado por isso. Ou era mal compreendido por isso. Ou era ironizado por isso. E às vezes você diz "porra, o que eu estou fazendo aqui nesse baile de máscaras, bicho? Vou-me embora" (risos).

COMO RAUL LIDAVA COM ESSE ASSUNTO NO DIA A DIA? NA DÉCADA DE 80, ELE JÁ ESTAVA DEBILITADO. ELE SABIA QUE ERA UM CAMINHO SEM VOLTA?

Não sei lhe responder também. Nós não falávamos sobre caminhos sem volta. Nós falávamos sobre música. Nós tínhamos gostos muito similares, nós gostávamos basicamente de rock'n'roll e de blues. Então, havia uma similaridade entre o que ele gostava e eu. Nisso nós éramos muito próximos. Por outro lado, ele era um místico, ele tinha visto já discos voadores e... (risos) tinha lido Aleister Crowley. E eu sou ateu. Como dizia Luis Buñuel, "graças a Deus". Eu nunca vi o saci-pererê, porra. Nunca vi nem a mula-sem-cabeça, quanto mais a diretoria. Então, eu ironizava essa história mística dele e ele ironizava o meu existencialismo. Então, é difícil falar sobre... Qual foi a pergunta mesmo que você fez? Onde é que a gente veio parar nessa esquina do ateísmo com o misticismo, velho?

VAMOS PRA FRENTE (RISOS). *A PANELA DO DIABO* **FOI UMA MESCLA DE VOCÊS DOIS. VOCÊ SENTIU O RAUL MAIS MUNDANO? ELE VINHA DE ESOTERISMO, DE DISCO VOADOR, DE UM MONTE DE COISA...**

Cara, a primeira coisa que nós conversamos quando decidimos que iríamos fazer um disco juntos... porque essa foi uma proposta que veio através de André Midani, que na época era o diretor geral da Warner aqui no Brasil. Ele nos disse "pô, vocês estão fazendo uma turnê, vocês estão fazendo um monte de shows, um atrás do outro, vocês já têm músicas compostas. Por que não estender isso mais um pouco e gravar um disco?". Eu achei que seria interessante, ele também. E uma das primeiras coisas que nós conversamos foi "o quê que esses dois caras têm pra dizer?". Imediatamente, descartamos o glamour, o rock star. Imediatamente! O "Supérfluo de Almeida". Fomos no cerne da questão. Se você ouvir o *Panela do Diabo*.. Na época era vinil, né? Você pensava em vinil. O lado A abre com uma vinhetinha de "Be bop a lula", e aí foi um pedido meu, porque, quando eu tinha 14, 15 anos, eles tocavam "Be bop a lula" no show. E eu disse: "podemos começar com Be bop a lula para ser um ponto de fusão?". Ele disse "claro!". E fizemos uma vinhetinha ali. A partir daí o disco começa com "Rock and Roll", que é uma música autobiográfica dele e minha. Depois "Carpinteiro do Universo", que é uma síntese de um desejo comum, ele à maneira dele, evidentemente, e eu à minha de querer consertar o que não pode ser. Depois, vem "Quando eu morri", que é uma música minha, sem a participação dele, porque nós havíamos combinado isso. Nós não somos uma dupla sertaneja. Então vai ter uma música de Marcelo sem a participação de Raul e vai ter uma música de Raul sem a participação de Marcelo. Então, a terceira faixa do disco é a minha música chamada "Quando eu morri", que é mais outra canção absolutamente autobiográfica. Depois vem o "Banquete de lixo", que é uma narrativa de situações que ele viveu e passou. Ou seja, o *Panela do Diabo* é um haraquiri existencial ("corta a barriga"). Vísceras, coração, sangue, prazer, dor, tudo está ali, não tem nada de faz de conta naquele disco. Talvez, por isso... Isso é uma especulação (risos). Talvez por isso também ele tenha se tornado o terceiro álbum mais vendido na carreira dele e o segundo álbum mais vendido na minha carreira. Aquele é um disco de dois indivíduos que não botaram máscara nem ficaram escondidos atrás da parede, nós demos a cara literalmente para bater naquele disco ali.

QUER DIZER QUE CHAMAVAM VOCÊS DE TRAIDORES DO MOVIMENTO?

Eu era o traidor do movimento, essa é a minha parte. A minha parte é autobiográfica, né? "E do meu lado um hippie punk me chamando de traidor do movimento." A parte dele já era do Teatro Vila Velha, o velho conceito de moral, que ele começou a carreira no Vila Velha, na Bahia. Ele tocava no Cine Roma, que era um lugar popular, frequentado pelo que se chama "gente do povo". E o Teatro Vila Velha era o lugar para os intelectuais. Então, ele diz "Oxalá, Oxum dendê Oxóssi de não sei o quê" (risos).

"NUIT" FOGE DISSO AÍ TUDO, NÉ?

"Nuit" é a música dele sem a minha participação. Por isso que ela tem talvez todo esse aspecto místico da lua, do sol. É o que eu disse. Apesar de estarmos ali como uma dupla, não éramos uma dupla. Nós iríamos fazer uma turnê até o final de 89, essa era a nossa intenção. Depois ele voltaria à carreira solo dele e eu voltaria à minha carreira solo, e nos encontraríamos por aí.

VOCÊS FIZERAM 50 SHOWS...

Exatos 50 shows.

COMO ESTAVA O ÂNIMO DE RAUL?

Oscilante. Às vezes muito animado e às vezes triste, depressivo, mas acima de tudo isso havia nele um sentido profissional extraordinário. A mãe dele, Dona Maria Eugênia, figura queridíssima, queridíssima. Depois da morte dele, ela me perguntou: "Filho"... Porque ela me chamava de filho. "Filho, me diga uma coisa. Como é que pode, Raul nunca fez cinco shows seguidos na vida, como é que ele fez 50?" Aí, eu respondia para ela: "Eu não sei, mãe. Eu não tenho ideia. Só ele poderia responder isso". Porque às vezes eu saía de São Paulo, ele saía do Rio de Janeiro e nós íamos nos encontrar em Goiânia. Não tem explicação. Qualquer coisa que eu diga, ou pode parecer pretensiosa ou... eu prefiro não dizer. Eu acho que 50 shows feitos por dois artistas e nenhum dos dois falta em nenhum dos 50, alguma razão muito, muito, muito importante tinha para isso acontecer, principalmente quando um dos dois já tinha um histórico longo de shows que não eram realizados, né? Agora, o porquê, velho, você vai me perdoar, mas eu não sou a pessoa para lhe dizer o porquê.

TEVE UMA APRESENTAÇÃO DE VOCÊS NO FAUSTÃO, CANTANDO "CARPINTEIRO DO UNIVERSO". VOCÊ ESTAVA MUITO ALTIVO E RAUL JÁ INCHADO, MAL CONSEGUINDO FALAR. COMO QUE ERA PARA VOCÊ ESTAR DO LADO DO CARA QUE ERA SEU ÍDOLO E AO MESMO TEMPO O CARA MAL CONSEGUIA SE EXPRESSAR?

Nem sempre, nem sempre ele não conseguia se expressar. E outra coisa que as pessoas às vezes esquecem. Quando nós começamos a pensar em fazer uma turnê, ele estava há cinco anos sem fazer show, tá? Lembrar dessas coisas, coisas tristes inclusive. Ele não tinha dinheiro... nenhum! Ele estava sem os dentes. E quem pagava o aluguel dele era a gravadora que ele estava na época, que era a Copacabana, que foi a gravadora antes de nós assinarmos com a Warner. Então, é preciso lembrar que... E ele também é responsável por isso, porque também não tem essa de "ah, coitadinho". Ele já era um adulto. Ele também foi responsável por essa situação na qual ele se encontrava. Uma sequência de eventos aconteceu para que ele chegasse a esse ponto. Ele tinha uma dependência alcoólica enorme, né? Então, naquele momento eu tinha saído do Camisa (de Vênus) e tinha começado uma carreira solo, tinha assinado um contrato de três anos com a Warner. E ainda era uma época onde você ganhava luvas, que era uma espécie de adiantamento que a gravadora dava em função da quantidade de álbuns que você assinava e a previsão de quanto cada um ia vender. Então, eu estava bem naquela época, estritamente economicamente falando. Eu tinha acabado de renovar um bom contrato, e eu disse para os meninos que trabalhavam comigo, que era a minha banda Envergadura Moral, eu disse "olha, é o seguinte, nós não vamos ficar aqui de braços cruzados assistindo um artista dessa importância, dessa magnitude, e que pra mim tinha uma importância muito, muito, muito grande no meu próprio caminho, na minha própria trajetória. Eu não vou ficar de braços cruzados assistindo isso." E imediatamente todas as pessoas disseram "Marcelo, conte conosco". Não teve ninguém que dissesse "não". Eu disse "vamos propor a ele fazer uma apresentação. Vocês topam?". —"Topamos". Eu ia lançar meu primeiro disco solo, mais uma vez na Bahia, em Salvador. E eu disse para ele: "Raul, você quer ir até a Bahia comigo? Seu pai tá lá, sua mãe tá lá. Você vai ver sua família". E ele tinha acabado o quinto casamento, ele estava deprimido. Ele disse "eu vou". No meio do caminho, eu digo "vou te chamar para dar uma canja". Ele falou "pô, será?". Eu digo "será o quê, rapaz?? Vem com essa conversa para mim de 'será'. Só porque você tem cinco anos que não sobe no palco vem com essa conversa comigo de que você tá de caruara de palco? Vou te chamar! E você que não venha!". Ele disse "eu tô dentro!". Meu amigo, quando eu o chamei no final do show, a casa veio abaixo. E depois de cinco anos, depois de ter passado por uma situação que talvez ele próprio não tivesse vivenciado ainda, de chegar naquele estado que ele estava. Ele se animou, e sorriu, e fez discurso, e pegou um papiro para ler as leis da Sociedade Alternativa, e a plateia aplaudia, e a plateia gritava. Quando acabou o show, nós voltamos para o camarim e combinamos que iríamos fazer mais cinco shows juntos. "Vamos fazer mais cinco." Legal, todo mundo gostou, a banda vibrando: "Pô, demais". E aí esses cinco viraram 50. Você entende? Então, houve esse aspecto do resgate, pra mim, do ponto de vista pessoal, importantíssimo. É algo que eu me orgulho. E volto a dizer, não é um mérito de Marcelo Nova, é de todas as 18 pessoas que... A equipe foi crescendo, né? (risos) Começou com sete, oito pessoa, aumentou para 10, para 12, para 15, porque no começo da turnê pouca gente ia para os shows. "O maluco do Marcelo Nova, o cachaceiro do Raul Seixas, isso não vai dar em nada." Mídia? (faz som de negação) Televisão? (faz som de negação) O próprio lance do Faustão ao qual você se referiu só aconteceu porque André Midani, mais uma vez o cito nominalmente, o diretor geral da Warner naquela época, nos pediu para fazer o programa, porque ele ia lançar o disco e promocionalmente seria interessante fazer o programa. Porque nós estávamos decididos a fazer programa de televisão nenhum. Porque quando nós começamos ninguém se aproximou para dizer "porra, tá aí duas figuras, poderíamos fazer uma matéria ou poderíamos cobrir o show". Quando nós tocávamos para 300, 400 pessoas. Quando começamos a tocar para cinco mil, oito mil, dez mil... Ah, meu amigo, aí veio todo mundo atrás. Aí nós dissemos "não, não, agora somos nós que não queremos mais". Sabe dois caras chatos? Chatos mesmo? "Não, agora não. Agora não vai rolar nada, não vai rolar programa, não vai rolar matéria, não vai rolar nada." Era engraçado que nós chegávamos na janela do hotel, olhávamos para baixo, tinha três, quatro canais de televisão. O produtor, coitado, ficava louco com o empresário. "Não, não vamos falar nada. Não temos nada a declarar. Mande todo mundo ir embora para casa." Entendeu? Então, quando você assume esses riscos, quando você está imbuído de uma missão quase que heroica... "A espada de Ivanhoé contra o raio laser de Roberto Marinho." Você se sente motivado, cacete. E a nossa turnê rolou com 50 shows porque evidentemente estava motivado. Ele estava no melhor da forma física dele? De jeito nenhum. Ele já não tinha a cauda do pâncreas, ele tinha diabetes. Raul Seixas era alcoólatra. Mas o homem se encontrou com o criador ali naquele momento. Eles já tinham se dissociado. O criador já tinha ido embora e o homem estava definhando. Aquele encontro ali, a volta daquilo ali não tem preço. Pra mim, não tem preço.

NO DOCUMENTÁRIO DE WALTER CARVALHO, LENA COUTINHO QUESTIONA SE ESSES 50 SHOWS FORAM BONS PARA A SAÚDE DELE. E AÍ A PRÓPRIA DALVA: "AH, NÃO SEI RESPONDER". O QUE VOCÊ ACHOU DISSO?

Eu não achei nada, porque eu dou a minha cara para bater. Eu não sei a respeito de declarações de pessoas que se omitem. "Eu não sei"? Que história é essa de "eu não sei"? Especular aqui, especular ali. Eu sei, eu sei o que aconteceu. Eu estava lá, tem mais 17 pessoas que estavam lá diuturnamente. Agora, evidentemente que relações humanas têm suas nuances. Relações humanas têm suas complexidades. Então é muito fácil você apontar o dedo e dizer. Eu prefiro não fazer isso. O que prefiro é falar de mim, do que nós fizemos, eu e essas 17 pessoas, especificamente a banda que estava conosco, mais o pessoal da segurança, mais os empresários, mais os promotores do show. Volto a dizer, nós chegamos a ter uma equipe de 18 pessoas. Essas pessoas foram fundamentais para que nós tivéssemos feito esses 50 shows. Nós fizemos 50 shows pelo Brasil inteiro. Nós gravamos um álbum, que, como eu disse antes, foi o segundo álbum mais vendido da minha carreira e o terceiro álbum mais vendido da carreira dele. Aí para vir alguém para dizer "ah, mas não sei até que ponto...". Não tenho um final feliz para oferecer. Não dirijo novela.

MARCELO, QUANDO É O SEU ANIVERSÁRIO?

16 de agosto.

A CINCO DIAS DA MORTE DE RAUL. ONDE É QUE VOCÊS ESTAVAM? VOCÊS ESTAVAM JUNTOS?

Foi a última vez que nós estivemos juntos, foi no dia do meu aniversário. Ele morava na Frei Caneca, ele desceu de pijama para me dar um abraço no meio da rua. Nos abraçamos no meio da rua e, por coincidência, nesse final de semana não teria show. Era um fim de semana raro, né? De descanso. E foi exatamente nesse final de semana que não teve show que ele faleceu. O último dia que vi Raul Seixas, ele me abraçou de pijama no dia do meu aniversário. Me deu um abraço de presente.

COMO VOCÊ SOUBE DA MORTE DELE? ONDE É QUE VOCÊ ESTAVA?

Eu estava dormindo e acordei com o telefonema da Dalva, me dizendo que estava achando que ele tinha falecido porque ele estava na cama e tal. E eu fui para a casa dele com Zé Roberto Abrahão, que era um amigo nosso em comum. Chegamos praticamente na mesma hora. E ele estava deitado dormindo... como se estivesse dormindo.

DESSE TEMPO TODO, QUAL A MAIOR LEMBRANÇA?

A maior lembrança foi ter visto Raulzito e os Panteras. Eu era um menino de 14 anos cheio de sonhos, sem saber que rumo tomar. E, como eu disse, ver aqueles caras ali na minha frente... Não tinha internet, não tinha MTV, não tinha clipe, não tinha TV a cabo. A imagem que você tinha dos artistas era a capa dos discos. Eu pegava a capa dos discos dos Rolling Stones e ficava olhando aquilo e dizendo "pô, como será que esses caras tocam no palco?". Eu pegava a foto do The Animals, e dizia "pô, como será que Eric Burdon canta?". Você dá asas a sua imaginação. Quando de repente, na minha vida, surgiram Raulzito e os Panteras, eu não precisei imaginar mais nada, eles estavam ali na minha frente, com seus amplificadores tremendões (risos). Tocando e fazendo o coraçãozinho de um menininho de 15, 14 anos, bater mais forte e dizer "puta que pariu, hoje eu vou voltar para a casa mais contente e mais decidido. É isso que eu vou fazer na vida!". Eu não posso ter lembrança melhor do que essa.

EU COMECEI PERGUNTANDO O QUE VOCÊ NÃO AGUENTAVA MAIS QUE TE PERGUNTASSEM SOBRE RAUL. O QUE NUNCA TE PERGUNTARAM SOBRE ELE? O QUE VOCÊ ACHA QUE SERIA IMPORTANTE DIZER, MAS NUNCA TE PERGUNTARAM?

(Suspira e ri) Não sei, não sei fazer essa análise imediata de que pergunta eu gostaria que me fizessem sobre Raul. Percebo assim, muita gente desconhece que no contato diário ele era um homem muito bem-humorado, divertido. O alcoolismo dava, às vezes, às pessoas a impressão de que ele vivia 24 horas por dia caído e com a voz embargada. Não era assim, na verdade. Ele tinha um senso de humor que se fazia presente em momentos inesperados, e era uma pessoa desprovida da posse. Se você estivesse com frio à noite aqui na varanda e ele estivesse com um casaco de couro, você dissesse "pô, Raul, você tem um casaco?". Ele tiraria o casaco e lhe daria.

* * *

Marcelo começou a contar a história de um livro que Raul deu a ele. Como ele ainda tinha o livro, pedi para pegar e narrar com ele nas mãos, refazendo a resposta.

* * *

O QUE VOCÊ TEM AÍ NAS MÃOS, MARCELO?

Rapaz, isso aqui foi um livro, a biografia de Jerry Lee Lewis, *Hellfire*. Raul estava lendo o livro. E eu fui à casa dele, ficamos conversando, e aí ele me mostrou o livro. Ele não tinha acabado de ler o livro ainda. Eu disse "pô, Raul, quando você acabar de ler, me empreste porque eu gostaria de ler". Ele me falou "ok". Pegou o livro e fez uma dedicatória, e me deu o livro, sem acabar de ler. Olha aqui (*mostra a dedicatória no livro*). "A Marceleza e fim de papo. Fogo do inferno" (risos).

QUAL É A DATA?

Quatro de outubro de 88. "Hellfire". Fogo do inferno, a panela do Diabo (risos).

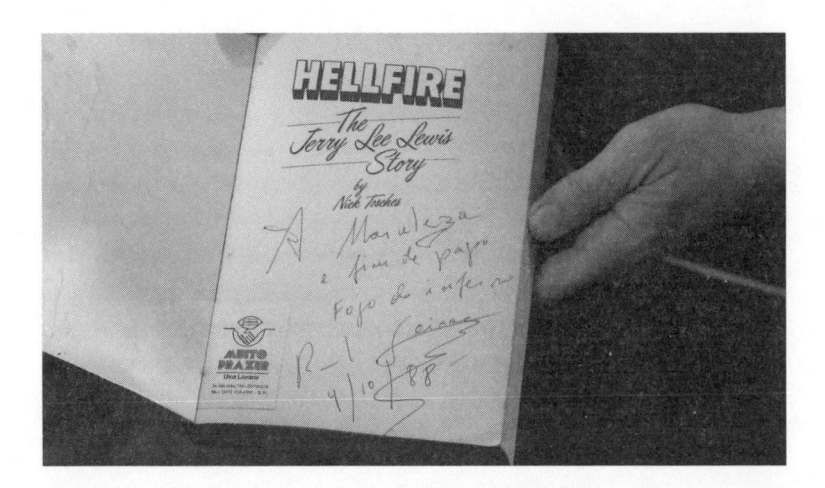

27 DE JUNHO DE 2015 - IIH

ISAAC SOARES E ALEXANDRE PEDROSA

FÃ-CLUBE NOVO AEON

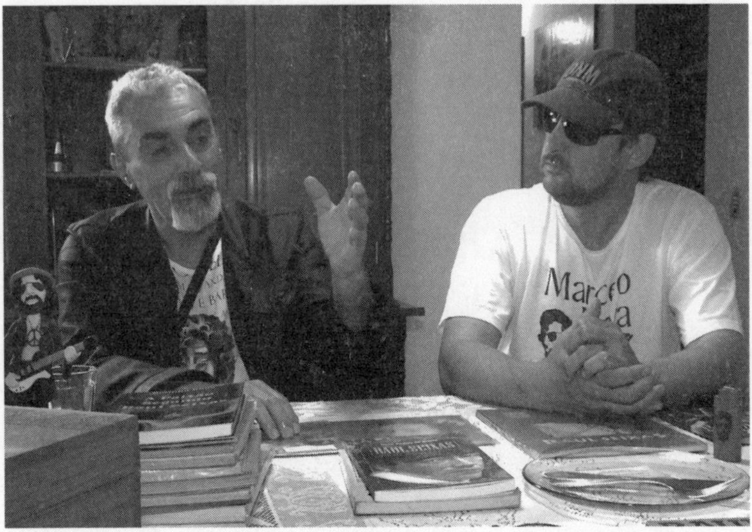

Há fãs que são privilegiados. Guardam objetos e registros pessoais dos seus ídolos. Uma jaqueta, a certidão de nascimento, algumas correspondências, prêmios, fitas de vídeo, etc. Mas como qualificar o valor histórico de cada coisa? Há limite para o desejo de preservar a biografia de alguém admirado pela sua arte?

Pois há quem tenha um acervo bem peculiar de objetos pessoais de Raul. O principal exemplo disso é fúnebre: a cama onde Raul morreu. Sim, pode acreditar. Uma cama de solteiro, bem simples. Junto a ela, algumas cadeiras que também pertenciam ao apartamento 1003 do Edifício Aliança em 1989.

E o que dizer do bule que Raul usava? Prato e talheres? Ainda mais quando se percebe a marca "Varig" neles, sugerindo que foram furtados durante algum voo da companhia.

Os "malucos beleza" responsáveis por tudo isso são Isaac Soares e Alexandre Pedrosa, moradores de São Carlos, a cerca de 240 quilômetros da capital paulista. Pelo menos, ouvi de Isaac que ele acha exagero um conhecido que disse ter um pedaço do chão onde Raul pisou.

Eles são dois fãs típicos de Raul (com o diferencial do acervo que possuem, claro). São um misto dos tipos de fãs identificados pela professora Rosana da Câmara no seu livro

Krig-ha, Bandolo! Cuidado, aí vem Raul Seixas: "raulmaníacos" e "raulseixistas".[1]

Alexandre é o dono do sítio onde fica o acervo. Em uma das suas paredes, o atestado de que ali é a sede da Associação Novo Aeon: um desenho de Raul ladeado por duas cruzes Ansata adaptadas com dois degraus na base, presente no selo Imprimatur.

Antes da gravação, ele contou que sentiu uma viagem astral certo dia em que dormiu na "cama de Raul". E eu, depois de passar pela experiência "sobrenatural" de sentir a presença do Maluco Beleza na minha casa, não duvido de mais nada.

Isaac havia lançado até então seis livros sobre Raul, já com data marcada para lançar mais dois. Diz que o fã-clube Novo Aeon foi o primeiro do ídolo, em 1976: "... só não o oficializei porque acho isso uma grande frescura". Já teve até uma música-tributo gravada pela banda Hangar XVII, chamada "Baby blues": "... não cita o nome do Raul para não parecer oportunismo, apenas cita o título de uma canção do Raul chamada 'A hora do trem passar' e somente os fãs de carteirinha perceberão a homenagem". E com Raulzito teve uma amizade "por 35 anos", mesmo que isso signifique que o

---

[1] Pela definição da professora Rosana da Câmara, que entrevistamos para o programa, "raulmaníaco" é o fã que admira o espírito transgressor de Raul, um tipo apaixonado e até inconsequente. "Raulseixista" é o que entendeu a mensagem passada pelo cantor, procura estudar e divulgar suas ideias.

início da relação tenha sido quatro anos antes do seu próprio nascimento. Coisas de fã.

Descobri Isaac no Facebook e fiz o primeiro contato no dia 17 de junho de 2015. A resposta foi rápida, já trazendo diversas informações e mostrando disposição para participar. Mas no dia 23, a dois dias da nossa viagem, alguma coisa mudou.

"... tomamos a decisão de não mais participar de nenhuma entrevista para televisão, porque a TV costuma ceder espaço curto demais e não nos oferece tempo de falar sobre a importância musical de Raul Seixas, então decidimos não falar mais a respeito com nenhuma TV." Recebi essa mensagem no meio da tarde, precedida pela notícia de que Alexandre nem estaria em São Carlos no dia em que combinamos de ir para lá.

Por precaução ou por sorte, um dia antes eu já tinha contatado toda a família de Alexandre. Solicitei o telefone dele e liguei quando a bomba da desistência estourou. Alexandre foi muito tranquilo, falava com um jeito quase que desafiador, dominante da situação, mas sem entrar na arrogância. Jeito que se confirmou pessoalmente. Ele é daqueles paulistas que falam "meu" e te cumprimentam com um abraço forte e quase um cascudo (amigável) na cabeça.

Pelo que Isaac me disse, não sei se foi Alexandre que salvou a pauta ou se foi a reputação do programa, mas que pesou a boa imagem do *Caminhos da Reportagem*, isso pesou. "Abrimos mão da nossa decisão de não falarmos mais com a imprensa porque pesquisamos seu programa na TV Brasil e a qualidade do programa nos fez mudar de ideia."

Resolvido. Fomos a São Carlos e entrevistei os dois. Aliás, foi menos entrevista e muito mais bate-papo. Entre os dois. Afinal, fã de Raul que é fã de Raul não precisa de questionamento de jornalista para falar tudo o que sabe, filosofa e diverga sobre ele.

Foi assim desde a primeira pergunta, que aliás nem foi uma pergunta. Foi só o pedido feito aos entrevistados em todo início de gravação. E gerou uma resposta de quase três minutos e meio.

"Eu sou louco, mas sou feliz
Muito mais louco é quem me diz
Eu sou dono, dono do meu nariz
Em Feira de Santana ou mesmo em Paris"[2]

---

[2] Trecho da música "Quando acabar o maluco sou eu", do álbum *Uah-Bap-Lu-Bap-Lah-Béin-Bum!* (1987), composição de Raul Seixas, Lena Coutinho e Cláudio Roberto.

QUERIA QUE VOCÊS SE IDENTIFICASSEM NO CONTEXTO DE RAUL SEIXAS.

ALEXANDRE – Alexandre Pedrosa, colecionador e... esquema da Associação Novo Aeon, que a gente faz exposições, eventos, homenageando e retratando a vida do Raul Seixas.

ISAAC – Isaac Soares de Souza. E tive a honra e o prazer de dividir uma amizade com o Raul durante 35 anos, embora uma amizade esporádica, mais por correspondências e eventuais encontros que a gente tinha durante a caminhada de shows. E também publiquei já seis biografias do Raul. Também coleciono material junto com o Alexandre, e a pretensão nossa é simplesmente colecionar e divulgar a obra do Raul Seixas, que é de uma imensidão indizível. No Brasil e talvez mundialmente seja uma das obras mais alicerçadas no quesito humano, porque a música, a poesia criada por Raul Seixas, embora a maioria do público nacional entenda de uma maneira popular e simples, que realmente é a obra do Raul, é uma poesia simples, mas de um contexto filosófico gigantesco, e que só falta o ouvinte, o admirador do Raul, parar um segundo para estudar o que ele quis dizer com as letras das músicas, que não é o que se imagina.

ALEXANDRE – Raul não é um músico, é um filósofo, né?

ISAAC – É, o Raul não tinha nada de músico. O Raul era um péssimo músico. Assim, dizendo profissionalmente, o Raul não tocava absolutamente nada, eram só as notas comuns de música, mas de uma destreza que ele guiava maestro no estúdio, então o cara era gênio em todas as áreas. O Raul conseguia guiar o maestro dele, o Miguel Cidras, a chegar num patamar musical que ele desejava. E é uma música simples que ao mesmo tempo tem uma complexidade fora do comum. Existem aí a média de 20, 30 covers do Raul. Não desmerecendo nenhum nome, porque somos amigos de todos eles, mas nenhum consegue interpretar a obra do Raul como ele. Nenhum cantor brasileiro que se propôs a regravar sucessos do Raul chega a um milésimo da qualidade dele. Então ele era único, um cara de uma destreza imensa na área musical e filosófica.

ALEXANDRE – Ô, Isaac, era só pra se identificar, véi. (risos)

ISAAC – Acabei extrapolando, né? (risos)

ISAAC, VOCÊ FALOU QUE TEVE UM CERTO TEMPO DE AMIZADE COM RAUL. EU QUERIA QUE VOCÊ RESGATASSE ISSO DESDE QUANDO VOCÊ O CONHECEU. COMO FOI A APROXIMAÇÃO DE VOCÊS?

ISAAC – Na verdade, cara, desde 1972 eu era acho que um dos maiores fãs que o Raul tinha, mesmo antes de ele fazer o sucesso estrondoso que ele fez como Raul Seixas. Eu já conhecia a obra do Raul como Raulzito. O Raul teve uma fase em que ele atuou como produtor em que ele compôs aí quase 100 canções bregas, e que são regravadas até hoje, 40 anos depois, por inúmeras duplas sertanejas e cantores da verve popular, embora a maioria dos fãs do Raul desconheça essa fase dele e a própria família me parece que não aprova muito quando a gente tenta falar e explicar sobre esse tempo que o Raul era "brega", entre aspas, porque era uma forma de sobrevivência, ele mesmo chegou a afirmar isso. O Raul uma vez me disse que, quando ele necessitava de grana, ele sentava no banheiro pra defecar e criava 10, 12 composições populares, tamanha era a facilidade. Isso também não desmerecendo os cantores populares, porque existe o brega que é uma verdadeira negação musical e existe o brega genial. O Raul amava Waldick Soriano, tanto é que o sonho do Raul era gravar "Eu não sou cachorro não", só que ele tinha vergonha de gravar essa música do Waldick. Então, o Raul sempre trafegou em todas as áreas musicais. O Raul criou o primeiro rap brasileiro. Anos e anos depois que o rap se alastrou, o Raul já tinha feito "É fim de mês". Quando estreou a TV colorida, o primeiro clipe que foi ao ar foi da música "Gita". Então Raul foi pioneiro em várias coisas. Só o fato de o Raul misturar rock'n'roll com baião, que é o que muita gente tenta fazer hoje...

ALEXANDRE – E outra coisa. "Vocês só vão entender o que eu falei no esperado dia do eclipse." Raul Seixas morreu no dia 21 de agosto de 1989 e o eclipse veio no dia seguinte.[3] Pensou numa situação dessa? Outra coisa também é aquela letra da música... Como que é? Que depois o Gorbachev queria colocar a... "Quando acabar o maluco sou eu". "O russo que guardava o botão da bomba H tomou um pilequinho e quis mandar tudo pro ar." Alguns anos depois, Gorbachev queria colocar o dedo na bomba deles lá da União Soviética.

ISAAC – É um profeta sem querer ser, né?

ALEXANDRE – Incrível.

ISAAC – Você me perguntou como eu conheci o Raul, né? Eu conheci o Raul exatamente em 1976. Um amigo meu na época se candidatou a prefeito da cidade em que eu residia, que é Bariri. Uma cidadezinha pequena, daí o Raul foi se apresentar no local. Após o show, o cara que era candidato e havia contratado o Raul era um "fãzaço" dele na época, e ainda é até hoje porque o cara ainda é vivo. E então, logo após o show se reuniram e o Raul decidiu ir para um rancho que ficava à beira do rio Tietê, que pertencia a esse candidato. Estavam presentes com o Raul na cidade o Paulo Coelho e o Jay Vaquer, que era na época produtor, guitarrista e cunhado do Raul. Casado com a Jane Duboc na época, e o Raul com a Gloria, que era irmã do Jay Vaquer. Aí decidiram ir pro rancho se divertir e tomar umas cachaças, que o Raul sempre adorou. Ele era alcoólatra, isso é inegável, e não adianta a família tentar esconder ou se sentir mal quando a gente cita isso. O Raul era alcoólatra. O Raul decidiu permanecer em Bariri durante três, quatro dias. Aí o Paulo Coelho

---

[3] Há muitas informações diferentes a respeito desse eclipse próximo ao dia da morte de Raul. De acordo com a Nasa (agência espacial americana) e registro do jornal *The New York Times*, um eclipse lunar total ocorreu na noite de 16 de agosto de 1989 e durou até pouco antes da primeira hora do dia 17. Portanto, quatro dias antes de Raul morrer.

e o Jay Vaquer se mandaram pro Rio, que era de onde eles tinham vindo, onde residiam na época. Então foi quando eu tive a primeira oportunidade de me sentar com eles. Isso está tudo filmado em Super-8, que a Kika, há uns anos, tentou de todas as formas comprar essa gravação e a pessoa que fez essa gravação não quis nem passar uma cópia. Inclusive, era pra entrar no documentário do Raul. Aí esse cara acabou falecendo e a gravação desapareceu. A Kika, se você chegar a entrevistá-la, você pode até perguntar sobre isso, porque ela tentou em inúmeras vezes me convencer a convencer o proprietário da fita a ceder a gravação. E acabou aquele jogo de interesse que quase todos parecem ter a respeito do espólio do Raul, de negociação monetária. Não chegaram a nenhum acordo e essa gravação acabou desaparecendo. Então, a partir daí eu comecei a ter alguns encontros com o Raul esporadicamente, porque eu residia no interior e ele em São Paulo. Já estava essa época morando em São Paulo na década de 80. Então, me deslocava até São Paulo ou uma cidade da região onde o Raul estivesse se apresentando e ali a gente conversava duas, três horas. Em muitos desses encontros a Kika estava presente e é testemunha disso. Correspondências que eu recebia do Raul, algumas ligações que eu fazia. A minha amizade com ele foi mais distante, mas sempre constante. E desses longos bate-papos que a gente mantinha, eu tirei a essência de tudo que eu escrevo. E afirmo, se houver alguma inverdade no que eu escrevo já não cabe a mim. Apesar de que hoje o Raul está morto há anos e anos e não tem mais como se comprovar isso, mas eu me sinto honrado por ter tido esse prazer, porque o Raul era uma figura indiscutível tanto como artista quanto como ser humano. E aí corria aquela fama de irresponsabilidade que ele tinha, de não comparecer a shows, de estar constantemente bêbado, drogado. Nada disso influi na obra dele. Isso era um lado pessoal do Raul que a gente comenta porque infelizmente é a biografia dele, mas a honra do Raul Seixas como ser humano, eu até hoje não vi em nenhum ser humano que eu conheci. A hombridade do Raul tanto artística quanto pessoal. O Raul era um cara que abria a janela da residência e, se visse um mendigo na rua, ele não conseguia dormir, incomodado com o sofrimento daquele cara e da maresia em que estava a sociedade de não resgatar aquela figura desvalida e dar a ela uma oportunidade de sobrevivência. O Raul morreu triste com o planeta e com o ser humano, devido a esse tipo de coisa que ocorre na sociedade e que ninguém está nem aí. Você passa por um lixeiro, por exemplo, em horário de trabalho e pra você aquela figura inexiste, porque você se sente acima daquela pessoa. Simplesmente porque você tem um patamar de vida mais elevado, cultura melhor e situação financeira maior, você já se imagina acima daquela pessoa. E você não é nada mais do que ela. Então, a obra do Raul era ela alicerçada nesse quesito de ensinar ao ser humano a igualdade, a liberdade e a ajuda mútua de um ser para com o seu semelhante. Tanto é que vocês estão hoje aqui presentes, estão vendo os móveis que pertenciam ao Raul, um cara que até a década de 70, quase o finalzinho de 70, todos os discos que o Raul lançava, os discos oficiais, eram quatro, cinco, seis músicas na parada de sucesso. Nenhum artista conseguiu isso na história brasileira. Hoje, o cara lança o disco e é uma música na parada, eles trabalham uma música. O Raul, eram todas, praticamente todas as músicas. O Raul ganhou muito dinheiro, era pra ele ter deixado um legado milionário pra família, mas o Raul tinha muita gente que sugava e se aproveitava dele. Ele sabia disso, porque ele já chegou a me confirmar várias vezes, mas nunca se importou com a questão financeira. Pro Raul, dinheiro era simplesmente sobrevivência. O forte dele era ensinar o homem a ser igual a todos os outros, se autoajudar, lutar pela liberdade, o direito de expressão, essa era a verdadeira intenção da obra do Raul.

ALEXANDRE – Você falou do Raul Seixas nessa situação, ligaram pra ele e perguntaram "pô, Raul, você tá bem?". Aí ele falou "como que eu vou estar bem se eu tô abrindo a janela do meu apartamento e tô vendo uma pessoa lá embaixo com frio?". Como teve uma história que ele estava voltando de um chopperia, inclusive junto com um músico famoso, e ele passa e vê um mendigo deitado, com frio, ele tira a jaqueta dele, de couro, coloca em cima desse mendigo e vai embora. Na Bela Vista, onde ele morava. Foi um ano antes de ele morrer. Era aquela preocupação com o ser humano, com o semelhante. "Como que eu vou estar bem se uma pessoa tá sentindo frio lá embaixo, tá mal, não tá comendo? Como que você vai querer que eu esteja bem?" Foi a resposta que ele deu. Então, o Raul morreu triste, deprimido, e principalmente, com todo o respeito, puto da vida com tudo o que estava acontecendo. Imagina ele vivo hoje.

ISAAC, VOCÊ JÁ CONHECIA O TRABALHO COM OS PANTERAS. COMO FOI A REPERCUSSÃO DO GRUPO? PORQUE ELES FAZIAM MUITO SUCESSO NA BAHIA, MAS QUANDO FORAM PARA O RIO JÁ NÃO ERAM OS PANTERAS QUE ERAM NA BAHIA.

ISAAC – O *Raulzito e os Panteras* foi um fracasso, né, cara? Ninguém ouvia, não tocava em rádio. Só que eu tive a sorte na época de ter amizade com algumas pessoas que traziam isso de Salvador. E a gente se reunia praticamente todos os dias pra ouvir *Raulzito e os Panteras*, ouvir as "bregas" do Raul, porque na época quem tinha (conhecimento de) Raulzito e os Panteras, logo depois, acho que dois ou três anos, também tinha um conhecimento das músicas bregas que o Raul compunha e produzia. Então eu tive essa sorte. Desde então eu já me apaixonei. Foi uma paixão clara, que dura até hoje. Isso joga você contra a família, contra amigos, todo mundo fica incomodado com essa paixão que a gente nutre pela obra do Raul. Eu não tenho o Raul como um semideus. O Raul não tinha nada além do que qualquer um de nós tem. Era um ser humano comum, fadado a alegrias, fracassos, desencontros, como todos nós temos. A única coisa que diferenciava o Raul era o pensamento, ele tinha um pensamento além do nosso tempo.

ALEXANDRE – Aquela época do Jerry (Adriani), você acompanhou também.

ISAAC – Acompanhei. Cara, eu vivia cantando as músicas bregas do Raul na época. Eu era moleque.

ALEXANDRE – "Tudo que é bom dura pouco", "Doce doce amor".

ISAAC – "Doce doce amor" era música que tocava todos os dias em cinemas. Na época que eu era moleque, você ia, por exemplo, assistir qualquer tipo de filme no cinema, tinha um horário, acho que 15, 20 minutos, que se tocavam músicas antes do início do filme, e "Doce doce amor" e "O milionário", d'Os Incríveis, eram duas músicas que tocavam sem parar, em parques de diversão que se instalavam na cidade. Essas músicas eram os carros-chefes. E desde então eu vim assimilando aquilo. Lógico, não era Raul Seixas. Nem o *Sociedade da Grã-Ordem Kavernista*, eu não conheci na época esse disco, eu pulei direto já pra Raul Seixas, *Gita*.

ALEXANDRE – Não, teve o FIC.[4]

ISAAC – FIC, é isso, com "Let me sing". Aí eu falei: "Porra, que artista que é esse? Isso é um fenômeno. O cara me aparecer cantando baião, rock'n'roll misturado, travestido a la Elvis Presley. Isso aqui é gênio, esse cara eu vou seguir até o fim da vida". A coisa foi alavancando e virando aquela bola que deu no que deu hoje.

NA DÉCADA DE 70, QUANDO VOCÊS SE CONHECERAM, ELE ESTAVA NA FASE ESOTÉRICA. ELE PASSAVA ALGUMA COISA SOBRE ISSO A VOCÊ?

ISAAC – Eu cheguei a perguntar muito pro Raul, porque é que ele tinha se envolvido com sociedades esotéricas, se realmente era falta de uma fé alicerçada em Deus ou em qualquer tipo de religião. Eu queria saber o motivo, porque na época, mesmo sem eu entender nada, muita gente me contradizia. "Pô, não consigo entender o fato de você admirar o trabalho do Raul Seixas, esse cara é metido com magia negra, com sociedades esotéricas, esse cara é demoníaco." Aí eu falava "você tá falando coisa que não tem nada a ver com a

---

[4] Festival Internacional da Canção.

realidade, cara. Nenhuma religião é diabólica, nenhuma, nem magia, nada. Você tem que ter respeito pelas religiões, todas elas, sem discernir uma da outra. É um direito do ser humano exercer a fé dele seja ele quem for, em que Deus for, em que semideus for, em que ídolo for." E então eu perguntava pro Raul: "Cara, me explica uma coisa, você não acha que se meter nessas sociedades esotéricas vai prejudicar a sua carreira? A crítica vai passar a entender isso e formar uma auréola em volta de você como ser humano te taxando de demoníaco?". Ele falou: "eu não tenho nenhuma preocupação com isso, porque a minha busca aqui é de conhecimento. Eu não tenho fé em nada, eu tenho fé em mim e no ser humano, que pode mudar o planeta. Não te digo que eu não acredito na existência de um ser superior, acredito sim, deve ter um relojoeiro que comanda este planeta e o universo todo, como assim deve existir, eu tenho absoluta certeza que existem vidas em outros planetas, isso é impossível de ser negado. Mas aqui é a busca de conhecimento, então você tem que se engajar em todos os setores da vida, da religião, da sociedade. Quando eu digo 'quando você quer entrar num buraco de rato, de rato você tem que transar' é exatamente isso. Você tem que buscar conhecimento. E de todo meio você tira, suga conhecimento. E outra, a magia que eu aprecio não é negra, é branca. O Crowley não era pertencente à magia negra. Criaram essa ficção. O Crowley era um pensador e eu suguei muito dele pra minha obra, a Sociedade Alternativa, 'faça o que tu queres, há de ser tudo da lei' já explica claramente que você é livre pra fazer o que você quiser. Só que tem a vírgula, 'faça o que tu queres, há de ser tudo da lei'. Então você pode cometer o ato que você quiser e desejar, só que você tem que estar pronto pras consequências legais sobre aquele ato. Mas aqui quando eu digo 'faça o que tu queres', não é a lei da baderna, é a lei da união humana, de você se unir, de se autoajudar, porque só nós poderemos mudar o mundo, quando o ser humano entender que ele não é melhor do que ninguém. Não existe branco, preto, vermelho, índio, ateu, fiel, somos humanos, como irmãos e semelhança. Não diz a Bíblia que nós fomos criados à imagem e semelhança de Deus? Porque então, não alavancamos esse dizer bíblico – não tô aqui querendo pregar nem falar do Evangelho, porque não acredito naquilo ali, mas já que todos acreditam, por que não fazer valer essa lei de Deus? Estamos no mundo como o quê? Como aprendizado, estamos aprendendo alguma coisa, isso é uma passagem. Não estamos aqui para semente de nada. O que a gente tem que plantar é a semente da Sociedade Alternativa, pra que amanhã ou depois, eu morro, você morre, outros vão morrer, mas que essa semente continue plantada e gerando bons frutos."

VOCÊ ACREDITAVA NA EXECUÇÃO DA SOCIEDADE ALTERNATIVA?

ISAAC – A execução no campo real da Sociedade Alternativa, pessoalmente, eu acredito que jamais seria possível. O ser humano, cada um pensa de uma forma, embora a ideia geral seja uma só. Quando você começa a colocar em prática uma ideia que parece geral, começa a gerar ramificações diferentes. E era um sonho do Raul tornar isso uma coisa real, tanto que aí há várias controvérsias de locais diferentes que o Raul afirmava ter feito a doação de um imenso terreno pra construção real da Sociedade Alternativa, onde ele pretendia reunir "antiadvogados", "antijuízes"...

QUAIS SÃO AS CONTROVÉRSIAS EM RELAÇÃO AOS TERRENOS?

ISAAC – Por localidade. Tinha época que o Raul citava que o terreno ia ser em Minas, outra época em Goiás. Então, há um desencontro.

E PARAÍBA DO SUL?[5]

ISAAC – E Paraíba do Sul também. Então, existem vários locais que, com o tempo, quando o Raul era argumentado sobre isso, ele dava um local diferente. A doação desse terreno, eu acredito que não houve, eu não sei. Diz o Paulo Coelho que houve, registrado em cartório e tudo.

ALEXANDRE – No estado de Goiás teve. Foi cedido um terreno.

ISAAC – Mas, como você tinha me perguntado no início se eu acreditava na realidade da Sociedade Alternativa como uma coisa construída real, palpável, eu não acreditava que daria certo. Poderia até ser construído num local próprio, mas a gente enfrentava uma época dura da ditadura militar, jamais isso ia ser possível.

ALEXANDRE – Você não faz uma analogia da Sociedade Alternativa com a... (New) Utopian?

ISAAC – A do John Lennon.

ALEXANDRE – Com anarquismo? Querendo ou não, era o anarquismo.

ISAAC – É o anarquismo. Só que o anarquismo que o Raul pensava, imaginava, é um anarquismo não de anarquia, é de contestação mental e tudo, de posição humana.

ALEXANDRE – Uma das últimas fotos do Raul foi com a camiseta do anarquismo e escrito: "Vote nulo, não sustente parasitas".

---

[5] Município a cerca de 140 quilômetros do Rio de Janeiro. Nele, vivia Euclydes Lacerda de Almeida, mentor de Raul Seixas e Paulo Coelho na Ordo Templi Orientis.

ISAAC – Eu nunca votei e nunca votarei.

ESSA FOTO, INCLUSIVE, É NO EDIFÍCIO ALIANÇA.

ALEXANDRE – Onde estava também esse prato. Esse prato estava nessa foto. (Levanta e mostra o prato que expuseram na mesa junto com outros materiais)

ESSA FRASE VALE TANTO PARA O CONTEXTO DAQUELE MOMENTO QUANTO PARA O DE HOJE?

ALEXANDRE – Acredito que sim. Até porque, como que você pode falar pra mim que nós vivemos em um país democrático, e se você é obrigado a votar? Era um grito que até hoje está calado, na minha concepção. Se você é livre, você faz o que você quer. Você não é obrigado a sair da sua casa, ou se você não for, você vai ter que pagar uma multa. Mas aí você não consegue tirar um passaporte aqui no Brasil. E aquilo (a frase na camiseta) era: "Olha, nós somos livres". É mais ou menos isso. Mais ou menos não, sistematicamente era isso. Como que você consegue definir pra mim um país com a importância do Raul Seixas e não ter um museu dele? Você vai responder pra mim, ou qualquer outra pessoa vai responder pra mim. Você vê uma situação de Luiz Gonzaga, que até hoje perdura no Nordeste do Brasil, você tem uma situação que você vê palpavelmente. Virgulino Ferreira, o Lampião. Você tem uma história, você tem um trajeto, você tem um passeio que você conhece a situação do Virgulino Ferreira. Se você quiser ver alguma coisa palpável do Raul Seixas, você não vê. Você vai ter que vir aqui e filmar algumas coisas que existem, que pertenceram a ele, você vai ter que filmar pessoas e você não vê um museu dele. Como que você consegue definir uma situação dessas?

ISAAC – É, lamentável, né?

ALEXANDRE – Lamentável. Você concorda comigo ou não? Até porque amanhã, se Pelé ou Roberto Carlos morrerem, com certeza em um ano vai ter o museu deles. Do Raul, que morreu em 89, até agora não tem nada.

E POR QUE VOCÊ ACHA QUE NÃO TEM?

ALEXANDRE – Por essa podridão que é o nosso país.

ISAAC – É tudo interesse, né, cara?

ALEXANDRE – Ah, você não pode falar que esse país não tem memória. Realmente você não pode falar, mas algumas figuras que existiram no Brasil até hoje não têm memória.

MAS A HISTÓRIA DE RAUL INCOMODARIA QUEM?

ALEXANDRE – Não incomodaria talvez ninguém, mas não existe iniciativa do poder público e privado pra ter nada do Raul Seixas. Não existe. Você veio aqui pra filmar os móveis que pertenceram à última residência do Raul Seixas e isso poderia estar num museu, isso poderia estar num lugar próprio. E até agora não existe nada referente ao Raul Seixas.

ALEXANDRE, ONDE VOCÊ ESTAVA E COMO SOUBE DA MORTE DELE?

ALEXANDRE – Eu estudava à noite em uma escola pública aqui de São Carlos, e aí eu cheguei à escola, numa segunda-feira, aí um amigo meu chegou e falou assim: "O pai morreu". Aí eu falei: "Poxa, seu pai morreu e você tá aqui?". Aí ele falou: "Não, o pai do rock'n'roll morreu. Porra, o Raul morreu". Durante o dia da morte do Raul Seixas, em 21 de agosto de 1989, havia muitas informações desencontradas.

Eu fiquei sabendo às cinco horas da tarde num evento antes da escola em que eu estudava. Não foi nenhuma surpresa que o Raul iria morrer. Nós vimos a figura do Raul Seixas ao lado de Marcelo Nova, que o Marcelo segurava os shows do Raul. Era nítido que o Raul não ia aguentar mais. Até hoje existe uma incógnita: "Marcelo Nova se aproveitou do Raul Seixas". Muita gente fala isso. É só você voltar no tempo e ver que Marcelo Nova ajudou o Raul Seixas. O Raul estava fora dos palcos fazia quatro anos. Quem trouxe o Raul de volta foi o Marcelo Nova. Se aproveitou ou não, só eles podem responder. Mas nós, como fãs verdadeiros, sabíamos que não era.

ISAAC, ONDE VOCÊ ESTAVA E COMO SOUBE DA MORTE DE RAUL SEIXAS?

ISAAC – No dia em que o Raul faleceu, eu me encontrava no trabalho, trabalhava num jornal aqui da cidade. E a gente tinha um radinho bem antigo que ficava lá num cantinho, ligado. Como na época era tipografia, um barulhão danado dentro da redação e onde se imprimia o jornal, mas eu ouvi meio ao longe assim: "Acaba de falecer Raul Seixas". Eu parei tudo o que eu estava fazendo. "Não, eu ouvi mal." E aí me aproximei do rádio e fiquei lá. A cada 15, 20 minutos, falava. Eu ia mudando de estação. "Não, não pode ser, é outra mentira." Porque já tinham anunciado a morte do Raul inúmeras vezes, alguns anos, antes da morte real. E aí eu fiquei grudado ali, ao pé do rádio, inconformado, e onde eu colocava anunciava, aí eu tive certeza. Aí acabou pra mim, porque o Raul era como um cara da minha família, embora a gente vivesse distanciado, mas pelo que eu aprendi com ele e as vezes que a gente conversava durante horas, eu considerava o Raul como um membro da minha família. Então, pra mim desabou o mundo, acabou, a música brasileira acabou aqui.

O QUE FAZ UMA PESSOA QUE GOSTA DA OBRA DE RAUL TER ESSA QUANTIDADE DE MATERIAL, E NÃO SÓ REGISTRO DA OBRA, MAS TAMBÉM OBJETOS PESSOAIS?

ISAAC – É difícil, cara. Parece que está no sangue. Eu acho que é mais o inconformismo diante da perda daquilo que você gostava de ouvir, de ler. Isso é em todas as áreas, pode acontecer na área futebolística, cinematográfica, em todas as áreas que englobam a arte. Você mantém fixa a sua jornada em cima de algum ídolo. Isso eu acho que é normal com todo ser humano, todo ser humano tem um ídolo.

ALEXANDRE – Eu também vejo como não perder a história. Cada objeto é um ponto da história do Raul Seixas, ou de qualquer artista. Você não perder esse foco histórico ou momentâneo do que viveu a pessoa é uma situação que faz com que cada um dos fãs, independente de ser Raul Seixas ou Elis Regina ou Luiz Gonzaga ou qualquer outra pessoa que teve importância nacionalmente e culturalmente falando, faz com que você resgate e que permaneça viva a história dela, independente da situação ou independente dos objetos.

ISAAC – Como você documentar aquilo, né?

QUE, INCLUSIVE, ERA UMA PRÁTICA DE RAUL.

ALEXANDRE – Ele tinha o hábito de guardar o primeiro chiclete mascado. Tudo isso era uma situação que passava também para os fãs, para os colecionadores. É um hábito que veio dele também. Você tinha aquela situação de "o Raul Seixas era como o Roberto Carlos", que uma vez por ano as pessoas compravam discos e se reuniam para ouvir o último lançamento do Raul Seixas. Você comprava um disco, você guardava dinheiro pra comprar um disco dele pra ouvir o último lançamento do Raul Seixas, o quê que ele queria falar, o quê que ele estava expressando. E aí vinha a situação dos objetos, a situação até de colecionador, e que era normal.

COMO VOCÊS ADQUIRIRAM OS OBJETOS, OS MÓVEIS DO APARTAMENTO DO EDIFÍCIO ALIANÇA?

ALEXANDRE – A Ivana, ela comprou esse apartamento do Raul Seixas praticamente um ano depois que o Raul morreu. Quando ela abriu esse apartamento, ela viu vários móveis que estavam lá dentro, falou com o zelador, e o zelador falou: "Olha, esses móveis pertenciam ao Raul Seixas". Ela entrou em contato com a Dona Maria Eugênia, que era mãe do Raul Seixas, e ela falou "olha, tem uma pessoa com quem eu me correspondo, que é o Alexandre, de São Carlos, e eu vou entrar e contato com ele e ver se ele tem interesse nesses móveis". E eu entrei em contato com a Ivana, a Ivana falou "olha, todos os móveis que estão aqui você pode vir buscar. Se você tem uma situação de fazer eventos, exposições...". Porque a gente fazia exposições na época, com os discos, com cartazes. "Você pode vir buscar." Nós fomos lá e buscamos todos os móveis que pertenciam ao Raul Seixas, inclusive a cama em que ele faleceu.

* * *

Depois da entrevista, eles passaram a apresentar objetos do acervo. Alexandre mostrou um par de sapatos de Raul dentro de uma caixa de vidro, que foram cedidos por Waldir Serrão, "aquele que faleceu, que era o primeiro amigo dele".

EU – Mas Waldir não morreu ainda, não. Ele está bem mal...

ALEXANDRE – Waldir tá vivo ainda? (*surpreso*)

EU – Ele está num asilo[6] lá em Salvador.

---

[6] Waldir Serrão estava então no Abrigo Pedro II, no bairro de Boa Viagem. Coincidentemente, fica ao lado do antigo Cine Roma, principal palco do rock da Bahia quando Waldir Serrão e seus Cometas (primeira banda do gênero musical no estado) e a Raulzito e os Panteras faziam sucesso.

ALEXANDRE – Sério mesmo, velho? Porra, me falaram que ele tinha falecido.

28 DE JUNHO DE 2015 - 10H

LEONARDO MIRIO

AUTOR DO LIVRO *RAUL NOSSO DE CADA UM*

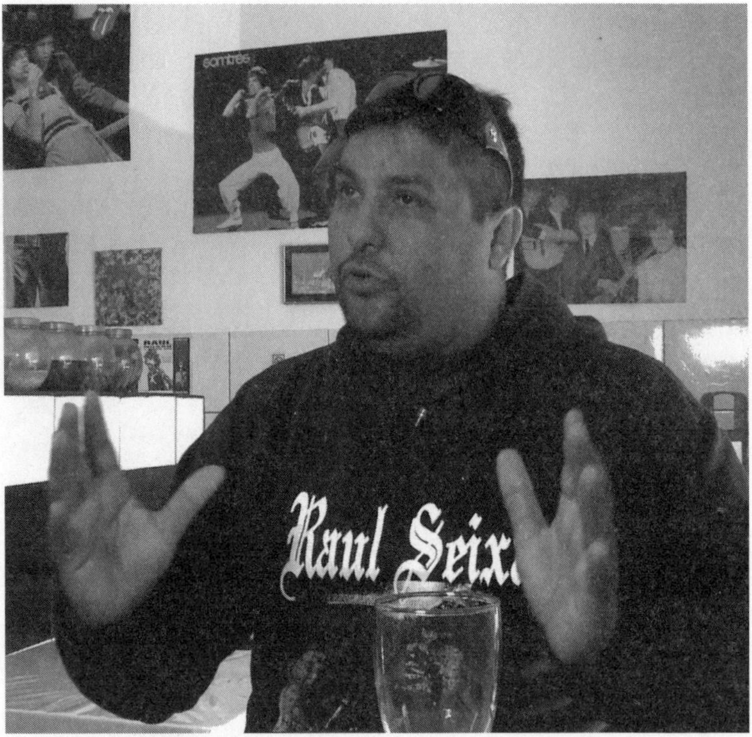
Raul Seixa

Leonardo Mirio era criança quando Raul morreu. Seu primeiro contato com o Maluco Beleza foi com a música "Carimbador maluco", de 1983, quando ele tinha seis anos. Naquela época, pra ele, era só uma música infantil, apresentada no especial "Plunct, Plact, Zuuum",[1] da TV Globo.

Hoje, ele é pesquisador e divulgador da obra de Raul Seixas, membro do Raul Rock Club. E conseguiu realizar um grande trabalho no livro *Raul nosso de cada um*. Foi atrás de entrevistas com pessoas que tiveram relação próxima com Raul, especialmente músicos, amigos e médicos. Gente que desde então pouco falou sobre suas histórias.

Foi em consequência desse contato com Leonardo que chegamos a Aguinaldo Pedroso, amigo de Raul na década de 1980, que aparece logo na abertura do *Caminhos da Reportagem* e se emociona bastante ao falar do momento da morte. O guitarrista Sydney Valle "Palhinha", um detonador de Raul, também foi viabilizado por ele. Por isso, há um agradecimento especial a Leonardo no fim do programa.

---

[1] No programa especial "Plunct, Plact, Zuuum... 2", em 1984, Raul participou com a música "A Geração da Luz". No videoclipe, ele usou a mesma capa utilizada no *Carimbador maluco*.

Raul nosso de cada um, porque "Raul é de todo mundo e ao mesmo tempo ele é de cada um, cada um tem a visão do Raul". E Leonardo também tem a dele, a de um autêntico fã, conhecedor da carreira e da vida do ídolo. Da vida, ele fala do formato dos dentes de Raul até o videocassete roubado que virou música.

À época da gravação, já tinha planos de lançar a continuação do livro,[2] com outros personagens escondidos pelos anos. Não é tarefa fácil.

Mas, afinal, estamos falando de um fã de Raul. Ele quer. Ele vai conseguir.

"O que eu quero, eu vou conseguir
O que eu quero, eu vou conseguir
Pois quando eu quero, todos querem
Quando eu quero, todo mundo pede mais
E pede bis"[3]

---

[2] O livro *Raul Seixas e o eco de suas palavras* foi lançado em 2016.
[3] Trecho da música "Rockixe", do álbum *Krig-ha, Bandolo!* (1973), composição de Raul Seixas e Paulo Coelho.

QUEM SÃO AS PESSOAS QUE VOCÊ BUSCOU PARA O SEU LIVRO? QUAIS SÃO OS DEPOIMENTOS MAIS MARCANTES?

Tem uma pessoa essencial nesse livro que foi o Sylvio Passos, que é meu amigo, que me indicou os caminhos. Também o Rick Ferreira, guitarrista do Raul. Eu quis buscar pessoas que nunca falaram, pessoas que quase nenhum fã do Raul conhece. Então tem muitos bateristas que trabalharam com o Raul na década de 80, porque o Raul tinha mania de trabalhar com músicos de estúdio e músicos de palco. Então eu busquei esses músicos pra eles falarem sobre o período que conviveram com o Raul, tanto em estúdio de gravação quanto em shows.

POR QUE ELE FAZIA ESSA DIFERENCIAÇÃO?

O Raul gostava do estúdio. O Raul era um cara profissional mesmo. Ele trabalhava, ele produzia junto os discos. Ele gostava de acompanhar os discos de cabo a rabo. Tinha os músicos de que ele gostava muito, a equipe fechada dele, e geralmente ele mantinha esses músicos. Às vezes trocava por um e outro quando estava gravando com artistas, mas geralmente ele mantinha essa trupe aí. E o Rick foi um desses músicos que o Raul conheceu. O Rick começou a gravar com ele em 74 no *Gita*, já estava em andamento o *Gita*. Aí, quando ele conheceu o Rick, ele se apaixonou e quis gravar com o Rick. Tanto que o Rick gravou até *A panela do Diabo*, que o Marcelo Nova já tinha a banda dele, a Envergadura Moral, mas nessa o Rick ainda participou. Então teve o (Ivan) Mamão, que era o baterista, também o Raul adorava. Ele gravou muito com o Raul. Tem o PC Barros também, que era baixista, gravou também muita coisa. E o Miguel Cidras, o uruguaio, o Raul adorava. O Miguel era o maestro e tudo, Raul tinha o maior carinho por ele. E eu entrevistei a mulher do Miguel. O Miguel é falecido, né?

VOCÊ JÁ ERA FÃ DE RAUL E ENTREVISTOU GENTE QUE NÃO FOI MUITO EXPLORADA NA HISTÓRIA DELE. QUAIS DEPOIMENTOS QUE TE SURPREENDERAM?

Eu posso te dizer do Aguinaldo Pedroso, que era amigo. Ele foi técnico de som em 83 e depois de uns anos foi amigo do Raul. Então ele era o cara que fazia as correrias com o Raul no final de carreira. Um cara que ajudava muito, até financeiramente. Ia com Raul pra cartório, ia arrumar a guitarra do Raul. Um cara que conviveu bastante com ele e que acompanhou até o sofrimento do Raul, o problema de diabetes dele. Era um cara que não esperava a humildade do Raul, porque o Aguinaldo era DJ da Fofinhos[4], e um dia me aparece o Raul na Fofinhos. Ele nem imaginava. Aí o Raul apresentou o disco que ele estava lançando, o "Metrô linha 743". Teve que sair escondido, porque os fãs reconheceram o Raul. O Raul ficava olhando da cabine de DJ e o pessoal via, aí tiveram que fazer um disfarce pro Raul sair de lá. O Raul chegou pra ele e zoou: "Você pensou que eu não vinha, né, seu viado?". Ainda zoou o cara. Então, o Aguinaldo foi uma pessoa que contou várias histórias engraçadas do Raul. O Raul era um cara muito simples, parava em qualquer boteco no centro da cidade. O Aguinaldo não bebia e o Raul queria beber toda hora, ele ficava com receio: "Pô, Raul, você vai beber nesse boteco?". E ele não estava nem aí. "São só fãs." Então o Raul tinha essa simplicidade. O Aguinaldo foi um cara que conseguiu captar a essência do Raul. E o Aguinaldo se afastou porque pra ele era difícil ver o Raul numa situação precária, que ele sabia que não ia ter muito tempo. Tem também o depoimento do Sidney "Palhinha", que pra mim foi um divisor de águas no livro, porque até então as pessoas ficam muito emocionadas falando do Raul, o Aguinaldo foi um cara mesmo que chorou lembrando do Raul. Várias pessoas choravam assim e eu ficava até sem graça, mudava o contexto do negócio. E o Palhinha foi engraçado porque até então todo mundo

---

[4] Fofinhos Rock Bar é uma casa noturna no bairro Tatuapé, Zona Leste de São Paulo.

estava bem emocionado com o Raul e tal, um ou outro criticava em alguma coisa, mas o Palhinha eu fiquei assim paralisado com ele, pela honestidade dele, e eu até compreendo por que ele criticou o Raul. Dentro do contexto dele, ele estava com razão, porque ele era músico. Então o cara saía contando que ia fazer uma turnê de 15 shows, aí chegava lá o Raul chapava, passava mal, ou estava muito louco, não fazia o show, os caras queriam agredir os músicos. Não foi só ele. O Tony Osanah tomou latada na cabeça, guitarrista do Raul. Músicos perderam instrumentos. O pessoal ficava enfurecido. E ele contou justamente isso. Ele tinha uma imagem do Raul e quando ele foi ver o Raul: "Porra, esse cara não é profissional, não. Tá toda hora chapado". O público se revoltando e eles que sofriam. Os caras depredavam os shows. Era complicado, não era fácil trabalhar com ele, ele tinha um gênio difícil.

E DOS OUTROS, QUEM VOCÊ DESTACA?

Olha, eu destaco também a Sandra Jeronymo, que foi amiga do Raul. Ela era fã. Ela estava no show do Raul no Corinthians e fez amizade com o pessoal da iluminação, aí os caras falaram "o Raul tá no Hotel Eldorado". Ela ligou pro hotel e o Sylvio que atendeu. Aí eles queriam marcar pra beber, mas o Raul não estava bebendo nesse período. E o Raul esperou ela com o Miguel Cidras, aí eles tiraram um monte de foto lá, ficaram amigos. O Raul foi com a Kika na casa dela, ficaram amigos. O marido dela era fã do Raul, eles acompanhavam o Raul em vários shows e levavam uma faixa: "Raul, farol do século". Raul ia direto a casa dela almoçar, e ela saía direto de carro com o Raul, levou o Raul na Freguesia do Ó, parou com o Raul numa feira. Raul era "xarope" com vestimenta. Ele andava com calça jeans, com a bota por cima, cachecol, num calor terrível, e ele de óculos escuros. E na feira, todo mundo lá, e o Raul achava um barato. O Raul era um cara muito sarcástico. Aí o cara estava falando assim: "Olha o fígado, fígado bonito". Aí o Raul falou assim: "Só se for o seu, que o meu já era". O Raul tinha umas tiradas clássicas dele. Tem também o depoimento do João Lara Mesquita, que é dono da Eldorado. É um cara que praticamente salvou a carreira do Raul em 83, porque nenhuma gravadora mais queria o Raul. Raul estava passando por um problema de alcoolismo, já tinha acontecido um problema com ele em Caieiras em 82, que você sabe que ele foi confundido com ele mesmo. Então ninguém mais acreditava nele. A gravadora Eldorado tinha feito um programa de rádio com o Raul que fez o maior sucesso e nisso ela convidou o Raul pra fazer um disco. E o Raul adorou a Eldorado por quê? Raul ficou à vontade pra fazer o que ele quisesse. Então ele ficou no hotel da Eldorado. Só que tinha um bar em frente. Então, o Raul pegava dois copos desse aqui de vodka pura e matava de manhãzinha. O cara já até conhecia ele: "É o mesmo?" "É o mesmo." O cara enchia o copão de vodka pura e ele virava dois copões desse aqui e ainda brincava, falava "bom dia, sol". E ia gravar. Raul gostava de gravar de manhã por causa do timbre de voz. E o João Lara foi um cara que ajudou muito o Raul. Quando teve a festa do lançamento do Raul numa casa noturna chamada Gallery, o João Lara organizou do jeito que o Raul queria. Só que o Raul tinha umas manias loucas, por exemplo, ele queria entrar nessa festa, que era em um bairro nobre, no Jardins, ele queria entrar com um caminhão de lixo. Entrar com guarda-sol, pra zoar. Então o Raul tinha mania de fazer essas estripulias, aí ele falou "Raul, não dá pra levar o caminhão de lixo pra festa do Gallery". Aí ele falou "ah, então vai ter que ter um drink azul". Ele cismou com um drink azul por causa do "DDI", da música, né? Aí fizeram pra ele um drink azul, senão ele não ia. Ele foi de fraque branco, todo bonitão. A Wanderléa estava lá também, que gravou com ele. Tem uma outra história também, de que o Raul dava problema em hotel. No Hotel Eldorado, ele queria comer sashimi. Então ele estava pedindo peixe cru e eles estavam enviando peixe frito, peixe refogado, e o Raul mandava devolver. Aí se irritaram, né? Quando levaram peixe cru pra ele, levaram o peixe cru inteiro. O Raul pendurou esse peixe no teto, costurou os olhos, fez um botão e costurou. Aí ele brigou com o gerente. Chegou o João Lara, o Gato, que era o técnico de som também, que foi muito importante, cuidou muito do Raul também, andava pra cima e pra baixo. O gerente queria expulsar o Raul do hotel, quando o cara chegou tinha um peixe pendurado no teto. Ele tinha essas loucuras.

O QUE ACONTECEU EM CAIEIRAS?

Em Caieiras, ele foi fazer um show e tinha duas correntes antagônicas de (candidatos a) prefeitos. Então ele foi tocar para um determinado (candidato a) prefeito, de um determinado partido, e ele estava lá tranquilo. Pelo que eu sei, ele estava trancado lá, que tinha um empresário que estava cuidando dele e não deixava ninguém entrar, só que um fã conseguiu ver o Raul e enfiou as bebidas pra ele lá. Aí ele tomou todas. Daí o pessoal ficou falando que não era ele, que ele estava muito chapado. E o Raul estava mudando os arranjos. Ele estava zoando, né? O pessoal começou a falar que não era ele, aí entrou na pilha todo mundo e ele quase foi linchado. Foi pra delegacia, ficou detido lá. E o Raul não andava com documento, a Kika teve que pegar um táxi e ir pra lá levar os documentos e falar que ele realmente era o Raul e não um cover. O Raul sempre teve esse problema com cover, desde o início da carreira dele sempre existiram pessoas que faziam shows em nome dele.

QUAL É A HISTÓRIA DE DALVA QUE VOCÊ TRAZ NO LIVRO?

A Dalva foi a pessoa que foi trabalhar com o Raul, uma pessoa muito simples, que não tinha dimensão de quem era o Raul. Chegou a casa dele procurando emprego, que alguém indicou, falou que não sabia fazer comida, e o Raul falou assim: "Não tem problema, já tá empregada". A primeira tarefa dela, o Raul a fez vender um carro pra ele. E quando ela trouxe o dinheiro do carro, o Raul subiu na escada e jogou o dinheiro todo pro alto. E perguntou pra ela assim: "Quanto você quer ganhar?". Aí ela falou "ah, eu não sei". Ele falou "então eu te pago X, aí semana que vem eu aumento pra mais X, e assim eu vou aumentando". Então, ele foi muito generoso com ela, muito. E ela foi a pessoa que segurou a barra dele, porque ela sofreu preconceito porque o Raul estava saindo do casamento e entrando pro outro, e ela estava sempre do lado do Raul, sempre cuidando dele.

DESDE QUANDO?

Olha, se eu não me engano, de 84 pra 85 ela já estava com ele. Nesse período todo, ela via o que acontecia, então ela teve muito problema com a última mulher do Raul, a Lena, pela maneira que a Lena tratava o Raul. E ela era uma pessoa que tinha todo o cuidado com o Raul, ela saía com o Raul pra cima e pra baixo, ia em gravadora com o Raul. Dona Maria Eugênia, que é a mãe do Raul, como ele ainda estava tendo problema com bebida, achava que ela estava participando disso, quando na realidade, não. Ela fala assim: "Eu já entrei na vida dele, o Raul já era doido".

QUAL ERA O TIPO DE TRATAMENTO QUE LENA DAVA A RAUL?

A Lena também pegou a fase difícil do Raul, de alcoolismo. Pelas entrevistas, parece que ela entrava um pouco no embalo e também largava mão do Raul, deixava o Raul lá no estúdio, chapado. Eles tinham uns "paus nervosos". Por exemplo, o Raul uma vez cruzou com uma namorada e a levou junto no carro, e ficou trancado no estúdio. A Lena quebrou a casa inteira. Pegou uns espetos de churrasco, jogava. E o Raul ficava zoando ainda com ela, fazendo uns golpes de kung fu, ainda tirava um barato. E ainda tem o problema do videocassete, que o Raul fez até uma música, "Você roubou meu videocassete". Disseram que na mudança pro edifício Aliança, nessa de ficar indo e voltando, parece que a Lena foi e pegou o videocassete dele, então por isso que o Raul fez essa música.

POR QUE ELA PEGOU O VIDEOCASSETE?

Opinião pessoal, porque ela sabia que o Raul gostava muito de ficar assistindo filme. Talvez até pra descontar a raiva. Mas a Lena também, por outro lado, ajudou o Raul, ajudou a internar o Raul, e também tentou da maneira dela ajudar o Raul.

ELES FICARAM JUNTOS QUANTO TEMPO?

Eles ficaram quatro anos, praticamente. 84 a 88.

ELE DEIXOU KIKA EM 85?

Não, em 84. Em seguida ele já estava com a Lena. E aquela música "Fazendo o que o diabo gosta" é realmente a vida dele com a Lena, que ele trouxe da Bahia, alguma coisa assim.

COMO VOCÊ DEFINE AS FASES DE RAUL?

A princípio, o Raul era o Raulzito e os Panteras, então ele estava ainda adentrando na carreira, e quando ele foi ser produtor na CBS que ele aprendeu a produzir um disco... E a ligação dele com o Paulo Coelho também foi uma outra fase, que foi essa fase do esoterismo, de descobertas. Cada um tinha uma bagagem cultural, então havia um choque, e desse choque houve as melhores canções dele. Aí teve fases que o Raul estava com o Cláudio Roberto, também foi uma pessoa muito importante na vida do Raul, que gravou "Maluco Beleza", gravou "O dia em que a terra parou". Basicamente, o que eu digo pra você é que o Raul era o personagem das músicas dele. Todas as fases dele é ele mesmo, então ele era a "Metamorfose ambulante", ele era o "Carimbador maluco", ele era "Sociedade Alternativa", ele era o "Cowboy fora da lei", o "Carpinteiro do Universo", ele é tudo, ele é a fase, por isso que as músicas dele não ficam boas com outros músicos, dificilmente ficam legais, porque ele era o próprio personagem. Raul tinha mania de dar uma risadinha, aí o técnico de som falava "pô, Raul, mas você deu uma risadinha aqui". Aí ele falava "deixa, deixa". Então ele tinha essa postura de um sarcasmo, de falar alguma besteirinha, de falar nome de músico no meio da música que estavam gravando. Então, ele era o personagem das músicas dele, e por ele ser verdadeiro é que se mantém até hoje.

NO "ROCK DAS 'ARANHA'", ELE COMEÇA FALANDO, NÉ?

Você está falando da gravação ao vivo ou está falando do...

QUE ELE DEDICA A MÚSICA.

Ah, não. Isso aí é uma gravação ao vivo. Acho que foi no estúdio Transamérica, se eu não me engano.

ELE DEDICA A QUEM?[5]

O Raul tinha muita coisa de baiano de um zoar com o outro. Então ele gostava de zoar com Gal Costa. Na Eldorado, ele chegava e gostava de zoar com a galera lá: "O senhor Gal ligou pra mim". Então, ele gostava de zoar, ele zoava o Caetano, zoava o Gilberto Gil, ele tinha essa mania de ficar zoando o pessoal da MPB.

E NA ÉPOCA DA DITADURA? TEM UMA HISTÓRIA QUE ELE FALAVA DE GEISEL NO SHOW.

O Raul tinha mania mesmo de ficar mexendo em vespeiro. Ele foi perseguido pela ditadura por causa da Sociedade Alternativa, né? Mas ele no palco gostava de dar as alfinetadas nos políticos, zoava o Delfim Neto, zoava o Geisel, ele citava a galera. Ele tinha essa mania, então por isso que nos shows dele dava problema pros músicos, porque sempre tinha alguém da Polícia Federal lá de terninho. E o Raul zoava, não estava nem aí. Ah, ele ficava falando pro pessoal: "E aí, o Geisel, o quê que é?". E todo mundo: "Filho da

---

[5] Em uma gravação do "Rock das 'aranha'", com Marcelo Nova, Raul começa dizendo que dedica a música a Maria Bethânia, a Gal Costa e, "com todo respeito", a Simone.

puta!". Ele não estava nem aí, porque ele estava chapado, né? Ele, careta, era tímido, por isso que ele tomava um melaço. Aí já era, ele se transformava. E o show dele muitas vezes nem começava. Às vezes começava da maneira que terminava já, porque ele estava chapado, desabava no palco.

COMO ERA A RELAÇÃO COM A MÍDIA? TEM UMA BRIGA COM O SÍLVIO SANTOS?

Eu soube que eles tiveram uma briga nos bastidores, porque o Raul tomou conta do auditório dele, do público dele. O Sílvio Santos ficou bravo e eles quase se pegaram. Só que assim, pela minha pesquisa, eu achei um pouco contraditória essa história com relação ao SBT, porque, ao mesmo tempo, quando ele estava lá em Pirituba, ele falou pro repórter: "seu patrão me humilhou, eu quero que ele vá tomar no cu!". No final de carreira, no SBT, no Jô Soares, ele foi dar uma entrevista. Você entendeu? Eu peguei uma contradição aí.

EM QUE ANO FOI ESSA SUPOSTA BRIGA?

Essa foi no início de carreira, 73, 74.

DE QUE ANO É A MÚSICA "SUPER-HERÓIS"?

74.

E ELE CITA SÍLVIO SANTOS, NÉ?

Exatamente. Mas ele cita o Sílvio Santos ali, não só o Sílvio Santos como o Pelé e tudo. Pro Raul, o artista tinha que fazer alguma coisa. Então o Raul ficava indignado de o Roberto Carlos aceitar as coisas como são. De ser, na visão do Raul, tipo uma marionete da mídia, entendeu? O Raul não, o Raul era um cara "zica", ele falava o que vinha na cabeça mesmo. Ele não era um cara corrompido pelo sistema. Por que ele foi marginalizado? Porque ele não tinha papas na língua.

E A GLOBO?

É uma relação de amor e ódio, porque ao mesmo tempo que a Globo o ajudava... Com o "Carimbador maluco", ele apareceu, foi gravar na Som Livre. O Raul brigou em tudo que foi gravadora. Acho que, tirando a Eldorado, que foi, na minha visão, uma gravadora que ajudou muito o Raul, o Raul brigou em todas, em todas as gravadoras ele deu problema. Na Eldorado mesmo, é porque o pessoal gostava muito dele, mas ele estourava todos os prazos que tinha. Pra você ter uma ideia, ele ajudou até o técnico de som, o Gato. O Gato, sem querer, desgravou um músico e esse músico era de outro estado. E o Raul, por gostar do cara, conversou com o João Lara: "Pô, eu preciso gravar com aquele cara de novo". Mas ele não falou que foi o Gato que tinha apagado. Aí trouxe o músico de novo. Ele queria uma produção muito cara e a Eldorado era uma gravadora de pequeno porte. Na Som Livre já foi outro problema porque o Raul queria gravar o clipe "Metrô linha 743" e mudaram o script do que ele queria, aí ele já ficou bravo com a Som Livre. Ele pegou um músico americano, o cara custava uma nota, só que o disco não estava saindo. Aí trouxeram o Ricardo Cristaldi pra ajudar na produção. Aí o Raul, na cara dele, sem saber que era ele, falou bem assim: "Porra, essa gravadora do caralho, me traz esse merda desse Ricardo Cristaldi, nem sei quem é o cara". Falando pro próprio cara, sem saber. Quando ele entrou no estúdio, que ele viu que era o cara que estava lá, ele ficou sem graça: "E aí, como é que tá? É, vamos ter que correr com esse disco aí". Sabe que tudo tem um custo, né? Já fazia três meses que o disco não saía do lugar.

EU QUERIA QUE VOCÊ COMENTASSE SOBRE ESSA FACILIDADE QUE RAUL TINHA DE TRANSFORMAR EM MÚSICA ALGUMAS COISAS QUE ELE LIA EM LIVROS.

Isso é um dom que ele tinha mesmo. O Raul era um cara que estava com você aqui e de repente você falou uma coisa pra ele, aquilo ele guardava, ele andava sempre anotando as coisas. Então isso pra ele era muito fácil. As leituras do que ele gostava também, ele simplesmente captava aquilo ali e transformava num texto. Vou te dar um exemplo disso aí, "Carimbador maluco", que foi a primeira música com que eu tive contato. Até então, a música era pra criança, tocava em festinhas e tudo, música de programa infantil e em tese feita pra criança. Mas, ali está um texto que o Raul citava inclusive nos palcos, que é do Proudhon.[6] É um texto totalmente anarquista e o Raul citava esse texto sempre nos shows dele. Ele pegou um filósofo anarquista de que ele gostava, captou, fez uma música e lançou. Ele era um cara bastante culto.

COMO É ESSA HISTÓRIA DE QUE O RAUL PERDEU OS DENTES?

O Raul foi fazer uma turnê. Ele estava no hotel lá, mamado, e caiu a ponte dele, a dentadura dele num buraco. Aí, tudo era o Sylvio, porque o Sylvio era o cara que... O chaveirinho do Raul. Estava sempre dando assistência, cuidando do Raul. Ligou pro Sylvio: "Pô, perdi minha dentadura". Aí o Sylvio pegou uma faca de manteiga, abriu o ralo, cheio de cuspe e catarro, e pegou os dentes do Raul: "Achei, Raul!". Ligou pro hotel, pediu álcool, jogou o álcool e o Raul meteu na boca. Só que estava frouxa, né? Aí, o Raul estava fazendo o show, estava cantando e toda hora estava escapando a "perereca" dele.

---

[6] Pierre-Joseph Proudhon (1809-1865) foi um filósofo francês, um dos principais teóricos do anarquismo. É dele a citação: "Aquele que puser as mãos sobre mim, para me governar, é um usurpador, um tirano. Eu o declaro meu inimigo!", por vezes atribuída erroneamente a Raul.

Ele olhava pra cara do baterista e fechava com a boca assim e continuava a cantar. Teve uma hora que eles foram comer em um restaurante árabe e ficou soltando toda hora, aí o Raul pegou os dentes e... pá! Quebrou. Aí foi lá pro dentista refazer. Fizeram "uns dentão" maior, a Tânia odiou esses dentes. Os dentes do Raul pareciam moldadinhos, pequeninhos, quadradinhos, né? E aí fizeram os dentinhos dele. Mas ele ficou um tempo sem dente. Basicamente, a alimentação do Raul... No final, ele sofreu. Era no liquidificador, jogava as coisas lá e ele mandava pra dentro. Aí depois que ele colocou a "perereca", ele já ficou com a autoestima.

AQUELA MÚSICA "DENTADURA POSTIÇA" NÃO TEM A VER COM ISSO AÍ, NÉ?

Não. Tem a ver com a ditadura. "Dentadura" foi a palavra mais próxima de "ditadura". "Vai cair a estrela do céu..." Então, era uma música, em tese, de protesto. Tudo, ele está falando que vai cair. Então ele colocou essa música realmente no período da ditadura, que uma hora ela ia cair. Foi uma crítica que o Raul conseguiu colocar. O Raul conseguiu, durante muito tempo, driblar a censura. No palco, ele reclamava direto da censura. "Doutora Solange!", que era a mulher inquisidora, que ficava no pé dele. "Não posso cantar essa música, a doutora Solange me proibiu." Então, ele dava umas alfinetadas e todo mundo: "ah, essa piranha!". Ele teve várias músicas censuradas e no palco ele cantava. Tinha lugar que ele ia tocar, o cara pedia: "Não toca 'Rock das aranha'". Porque todo mundo tinha medo. E é uma música simples, mas na época era uma conotação pesada.

POR QUE OS ANOS 80 MUDARAM TANTO A CARREIRA DE RAUL? OS DISCOS QUE ELE LANÇOU, COMPLETAMENTE DIFERENTES DO QUE VINHA FAZENDO.

Você pega a fase dos anos 70, que foi o surgimento e o esplendor. Só que é uma coisa um pouco até contraditória, porque... Nos anos

70, o disco *Gita*, o primeiro disco de ouro dele, fez muito sucesso, explodiu no Brasil inteiro. Na década de 80, que foi um período em que ele teve a decadência física, o problema com o alcoolismo muito alto e os sumiços que o Raul dava, ele ainda ganhou mais três discos (de ouro) nessa fase. 83 e 87, o *Carimbador maluco* e o *Cowboy fora da lei*, e o *Panela do Diabo* foi póstumo, praticamente foram três discos. E num período em que o Raul estava tendo problema com shows, ele sumia, ele ficou sem gravar. Mas, quando ele aparecia, ele se renovava, a cada disco ele se reinventava, conseguia dar a volta por cima. E outra, na década de 80 já estava vindo uma nova safra de bandas, então a mídia já estava mirando neles. Eram bandas que estavam se destacando e o Raul já era considerado ultrapassado. Pra ele era um pouquinho ruim porque ele era um puta de um artista e já não estava tendo mais espaço, mas isso também por conta dele também, que dava a suas mancadas.

ONDE VOCÊ ESTAVA, COMO VOCÊ SOUBE, COMO VOCÊ REAGIU DIANTE DA MORTE DE RAUL?

Pra mim foi uma surpresa. Na escola, todo mundo chorando. O Raul morreu na segunda-feira e eu processei a morte dele no domingo, quando eu olhei no Fantástico, fizeram uma chamada do Raul. "Nossa, que artista, quantas músicas!" Até então tinha os fãs, sempre teve uma galera fiel, mas após sua morte aquilo foi, ano a ano, se multiplicando. Parece que virou até uma seita, ficou uma coisa assim fora do comum. Pode ver que você vai sempre ver falar do Raul, gerações e gerações, o pessoal curte o Raul, gosta muito, foi se renovando até hoje. Então, pra mim, foi uma coisa que levou um tempo. À medida que eu fui estudando a obra do Raul, fui entendendo a grandeza dele. Quando comecei a entender a obra do Raul, eu era apegado muito aos textos dele, às letras dele. Depois eu fui entendendo a parte das melodias, das harmonias. Como que o Raul trabalhava? Por exemplo, Legião Urbana. Gosto do Legião Urbana, mas vamos dizer que eles têm a mesma levada. O Raul não. O Raul misturava vários estilos, ele tinha um estilo próprio.

Você pega o disco inteiro, são músicas diferentes. Umas são forró, outra é rock, a outra é um tango. Então ele mistura muito. E você consegue captar todos os instrumentos que o Raul usa. Ele tem uma sensibilidade sonora incrível. Ele tem ouvido mesmo. Então o Raul é um cara fantástico também na parte da melodia.

QUAL A MÚSICA QUE MAIS TE MARCOU?

A que mais me tocou... Difícil, porque eu gosto de todas. Mas, do coração, é "Meu amigo Pedro". Sabe quando você se vê? "Aquela coisa" também é outra música do Raul de que eu gosto muito.

COMO É "MEU AMIGO PEDRO"?

Você quer que eu cante? (risos) "Pedro, onde cê vai, eu também vou, mas tudo acaba onde começou..." Aí ele vai falando: "Tente me ensinar das tuas coisas, que a vida é séria e a guerra é dura...". Basicamente, é um diálogo entre duas pessoas. Enquanto um é todo voltado pro sistema, terninho, moldado, o outro não está nem aí, quer viver a loucura. Foi o próprio Raul que disse isso, né? Aquele caro chato que te vê no banco, o cara vai te cumprimentar e quer te dar lição de moral. "Vai se ferrar, deixa eu viver minha loucura. Não enche meu saco."

28 DE JUNHO DE 2015

SYDNEY VALLE "PALHINHA"
GUITARRISTA DE RAUL EM 1983

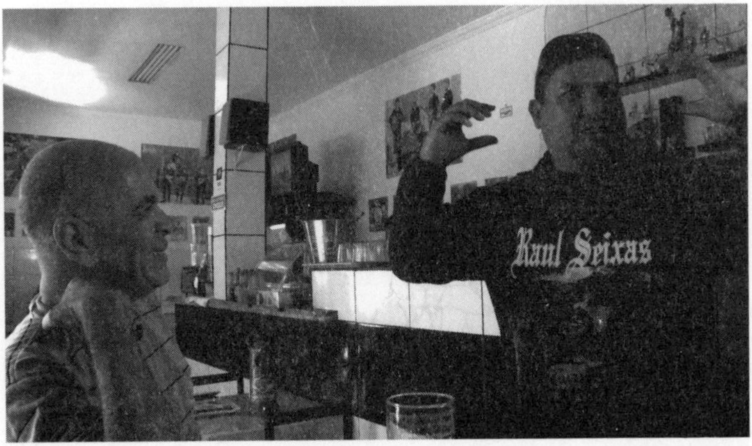
Raul Seixas

Se você é daqueles fãs que defendem Raul e o seu caminho tortuoso pela vida com unhas e dentes, jamais admitiria o fato de alguém o criticar sobre seus tantos "desacertos" e acha que eles são de caráter indelével dentro da construção do seu personagem, aconselho-o a não ler esta entrevista. Ou a lê-la sem nada quebrável por perto.

Sydney Valle, o Palhinha, é desses tipos de entrevistados necessários. Um cara que fala tudo aquilo que ninguém mais fala sobre o personagem cultuado. Ele não é fã, nem foi amigo ou parente, então prepare o espírito para ouvir umas verdades de quem não aguentou conviver mais do que um ano com o Maluco Beleza. Raul pode embalar as suas filosofias, as suas lutas e as suas bebedeiras, mas não as dele.

É claro que são pontos de vista. Cada um traz uma ótica diferente sobre uma mesma coisa. Palhinha percebeu Raul de um jeito, outra pessoa percebe de outro.

Guitarrista há mais de 40 anos, morou na França e na Alemanha, trabalhou com nomes como Jair Rodrigues, Belchior, Naná Vasconcelos, Pery Ribeiro, Maria Creuza, Rogério Duprat e Paulinho Boca de Cantor. Ainda tem no currículo trilhas sonoras de teatro, cinema e TV. A convite do baixista Pedro Jaguaribe, já falecido, encontrou Raul e começou a trabalhar com ele em 1983, época do disco *Raul Seixas*, pela gravadora Eldorado, e de músicas como "Carimbador maluco" e "Capim guiné".

Volto a dizer. Se você é um fã fervoroso, cara esquentado com relação a Raul, pare por aqui. Este é o último aviso.

"Tá na hora do trabalho
Tá na hora de ir para casa
Tá na hora da esposa
e enquanto eu vou pra frente, toda minha
[vida atrasa
Eu tenho muita paciência (ência)
Mas a minha independência, onde é que tá?"[1]

---

[1] Trecho da música "Tá na hora", do álbum *Mata virgem* (1978), composição de Raul Seixas e Paulo Coelho.

EM QUE ANO VOCÊ FOI GUITARRISTA DELE?

Em 1983, na fase dele na Eldorado, quando ele estava morando aqui em São Paulo.

COMO VOCÊ, PROFISSIONALMENTE, SE APROXIMOU DE RAUL?

Pelo convite feito pelo Pedro Jaguaribe, que trabalhava comigo no estúdio Vice-Versa. Surgiu essa oportunidade, ele me chamou pra fazer parte da banda. Quando eu fui tocar nessa banda, tinha dois outros músicos conosco, tinha ainda o Rogério Cauchioli, que também já é falecido, um baterista. Era o Rogério, o Tony Osanah, eu e o Pedro Jaguaribe.

ATÉ ENTÃO, QUEM ERA RAUL SEIXAS PRA VOCÊ? QUAL VISÃO QUE VOCÊ TINHA DE RAUL?

Raul Seixas, pra mim, era um roqueiro, um cara que estava fazendo sucesso, que estava acontecendo. Eu o tinha conhecido na época do Festival Internacional da Canção, ele fazendo "Let me sing", lá no Rio de Janeiro. Mas ele era um cara tímido. Então eu o vi, fui apresentado a ele e nunca mais nos falamos, e depois eu só fui reencontrá-lo nos estúdios da rádio Eldorado.

QUANDO VOCÊ O VIU FAZENDO "LET ME SING, LET ME SING", QUAL AVALIAÇÃO FEZ DELE?

Eu não gostei não, porque a minha referência de rock'n'Roll era Rolling Stones, Led Zeppelin, grandes cantores, Ian Gillan, Roger Daltrey, e ele não tinha nem um pouquinho o perfil desses caras aí. Pra mim, ele não era um cantor de rock'n'roll como os cantores de rock'n'roll são.

O QUE FALTAVA NELE?

Gás. Voz mesmo. Como é que são os cantores ingleses de rock'n' roll? Os cantores americanos? São os caras que cantam pra caramba, afinadíssimos, tipo Paul McCartney cantando. Essa era minha referência de rock'n'roll.

NAQUELA ÉPOCA, EM 83, ELE JÁ TINHA UMA HISTÓRIA. JÁ TINHA ESTOURADO COM DIVERSAS MÚSICAS. EXISTIA UMA AURA MEIO DE MITO, DE ÍDOLO. VOCÊ O CONHECEU DE PERTO. O QUE ERA DIFERENTE DO ÍDOLO DE TANTA GENTE?

Na realidade, eu não acompanhava a carreira dele, não era interessado pela música dele. Ele não era exatamente um ídolo pra mim. Ele era um cantor, um cantor conhecido.

PRA VOCÊ FOI UM TRABALHO COMO OUTRO QUALQUER?

Foi um trabalho, um trabalho de profissional. Você chega lá, trabalha com o "canário", trabalhou, ganha seu dinheiro e vai pra casa. Como eu fiz com tantos outros, com mais de 80 cantores da música brasileira. Não trabalhei só com o Raul, trabalhei com muita gente.

COMO ERA A RELAÇÃO DELE COM OS MÚSICOS, COM A BANDA?

Olha, ele se relacionava muito pouco com a banda porque, na maior parte do tempo, quando ele não estava bêbado, ele estava de ressaca e de mau humor. Então ele ficava muito na dele, ficava muito guardado, e também os papos dele eram muito chatos. Ele estava numa fase de querer pregar Aleister Crowley, falar de satanismo e não sei o quê. Ficava me indicando livro do capeta pra eu ler, esse tipo de coisa. Eu não achava a menor graça nisso.

ALGUÉM EMBARCAVA NESSA HISTÓRIA DELE?

Não, na banda não. Ninguém. Ele pregava no deserto.

NESSES MOMENTOS DE RESSACA, QUAIS ERAM AS CONVERSAS ALÉM DE ALEISTER CROWLEY?

Ele falava muito das filhas dele, ele reclamava muito, sofria muito com o problema de não poder ver as filhas. Era sempre uma reclamação. Ele não era um cara feliz, era um cara triste, um cara pra baixo, deprê.

O QUE ELE RECLAMAVA SOBRE AS FILHAS?

Que não podia vê-las, reclamava da ex-mulher. Não sei qual era o conflito que eles tinham exatamente, como tinha sido a relação deles, mas isso tinha deixado ele muito magoado, deixou muitas marcas nele.

TEM ALGUMA HISTÓRIA EM HOTEL, SHOW, QUE MARCOU ESSA ÉPOCA DE VOCÊS? ALGUMA HISTÓRIA ENGRAÇADA OU UM SUMIÇO QUE ELE DEU.

(Risos) Tem muitas histórias, tem várias histórias. Eu não cheguei a trabalhar nem um ano com ele, mas o que ele aprontava dá mais de dois livros. Uma vez, fomos fazer um show em Monte Verde. São duas histórias embutidas numa. Bom, nós chegamos, fizemos o show. Quando terminamos, chegou um cidadão e falou "olha, nós preparamos uma festa pra vocês". Falei "pô, que legal". Fomos pro hotel, tomei um banho, troquei de roupa e fomos pra festa. Aí chegamos lá, era uma casa, que tinha uma escada, você subia e entrava numa varanda. E parecia que tinha uma fila pra entrar. Nós ficamos nessa fila conversando. Tinha cômodos do lado direito e cômodos do lado esquerdo do corredor, e ao fundo uma cozinha. Aí nós fomos andando, andando, andando. Quando chegamos à cozinha é que nós vimos o que era a festa. Estava o cara com o fogão com as quatro bocas acesas, com várias panelas com água fervendo, cheio de seringas e agulhas, e os caras tomando baque de cocaína (risos). Foi pra essa festa que os fãs do Raul nos convidaram. Eu cheguei, olhei aquilo, "obrigado, boa noite" e voltei pro hotel.

E ELE?

Ele não estava junto conosco. Eu não sei se ele foi à festa, porque nós não fomos juntos. Bom, voltamos pro hotel, já fazia pelo menos uma hora e meia, duas horas que nós tínhamos chegado. Estávamos conversando no quarto, daqui a pouco vem um cara e dá uma porrada na nossa porta (faz o gesto e o barulho da batida). Nós fomos olhar o quê que era. Era o dono do hotel expulsando a gente do hotel. "Vão embora daqui, eu não quero mais saber de vocês!" — "Mas o quê que aconteceu?" Nós ficamos sabendo que foi o seguinte. Esse cidadão, dono do hotel, era um alemão já de seus 70 e poucos anos, casado com uma senhora também, de seus 65 anos. Os dois já idosos. Dava pra perceber que a mulher tinha sido uma mulher bonita, olhos azuis. Resultado... Raul se encantou pela mulher, ligou pra portaria e falou pra ela por telefone: "*I want to fuck in the swim pool*". A mulher ficou puta da vida, pediu pra ele repetir e passou pro marido ouvir. O marido ouviu aquilo, ficou louco, queria matar o Raul e todo mundo (risos). Por conta disso, nós fomos expulsos do hotel e tivemos que passar a noite no carro, num puta frio.

EM ALGUM MOMENTO VOCÊ TENTOU SER AMIGO DELE?

Não. Não, porque ele tocava muito mal. Ele era um péssimo guitarrista, só atrapalhava a gente. Quando ele pegava um instrumento pra tocar, putz! A banda ficava de cabelo em pé, porque ele atravessava tudo, era um horror. E não tinha esse interesse porque não tinha interesse musical.

O QUE FOI PIOR NESSA FASE? VOCÊ DISSE QUE NÃO GOSTAVA DELE.

Não, eu não gostava dele, não. Contra ele pessoalmente, eu não tinha nada, porque nossa relação não era nada. Eu tinha contra o não profissionalismo dele, o estilo dele de viver, o jeito de ele querer viver a carreira profissional dele, que interferia no meu trabalho, né? Então muitas vezes fomos fazer show e ele não ia. Você ficava esperando ele lá, o contratante olhando pra você, "vocês não saem daqui enquanto o cantor não chegar". Esse tipo de coisa. Aí depois você não recebia também, né? Você vai trabalhar e ele te promete também que vai te pagar e também não te paga. É uma situação esquisita.

QUANTO VOCÊ DEIXOU DE GANHAR POR CAUSA DE RAUL?

Ah, digamos que uns R$50 mil, R$100 mil hoje. Seria mais ou menos isso em um ano. Uma bela quantia que nós deixamos, eu e toda a banda, né? Foi um período em que eu não consegui pagar minhas contas direito, porque você contava com o dinheiro e no final não tinha dinheiro pra pagar escola, não tinha dinheiro pra pagar...

O QUE FOI PIOR NESSA FASE? ESSA QUESTÃO PROFISSIONAL?

A questão profissional e a falta de respeito dele com ele mesmo, com o trabalho dele, e com o nosso trabalho como músicos, afinal de contas nós estávamos ali para servi-lo como nós servimos a todos os cantores. Os cantores não podem reclamar dos músicos, porque são, na medida do possível, muito bem atendidos. Tem músicos excelentes no Brasil. Agora, os cantores deixam a desejar. Muitos deles deixam a desejar.

O QUE ELE FALAVA QUANDO NÃO IA AOS SHOWS?

Não falava nada. Ele não estava nem aí, não dava satisfação pra ninguém. Aí fechava a cara, ficava de mau humor e não falava nada. Pronto. Assim que eu pude, eu parei com ele.

QUANDO VOCÊ DEIXOU DE TRABALHAR COM ELE? COMO FOI ESSE AFASTAMENTO?

Eu deixei o trabalho com ele depois de um show que nós fizemos em Fortaleza, onde nós quase morremos, onde nós quase fomos linchados pelo público dele, porque foi um show em que ele cantou três músicas, saiu do palco e não voltou mais. Nós continuamos tocando, porque volta e meia ele saía do palco e mijava lá atrás, fazia qualquer coisa e voltava lá. Bom, ele saiu do palco, nós estamos tocando, tocando, tocando. Nada de o Raul voltar, nada de o Raul voltar, chega uma hora que a música acaba. A música acabou e ele não voltou, e a moçada "Raul! Raul! Raul", e nada de ele voltar, nada de ele aparecer. Aí eu vi fazer "pim" no palco. Quando vi, era uma latinha de cerveja que tinha caído. Aí eu vi "pim" do outro lado, outra latinha. "Pim", "pim", "pim" (ele faz um barulho da multidão jogando as latas). Nós vimos o ginásio, acho que era o Paulo Sarasate, com 25 mil pessoas jogando lata de cerveja na gente (risos). Bom, os caras jogaram essas latas de cerveja na gente, quebraram todo o equipamento do Pinga, que era um promotor de show do Nordeste. Quebraram todo o equipamento do cara, equipamento de luz, mesa de som, mesa de iluminação, subiram no palco, jogaram todos os amplificadores pra baixo, até que entrou a tropa de choque da PM no ginásio, batendo em todo mundo. Dando pau na galera toda. Bom, nós saímos do ginásio escoltados pela polícia, saímos de camburão. Aí fomos pra um hotel no centro da cidade. Quando nós estávamos no hotel já fazia uns 40 minutos, nós começamos a ouvir lá embaixo na rua uma galera gritando "Raul, filho da puta! Raul, filho da puta!". Bicho, os caras saíram de lá do ginásio, depois de terem tomado um pau dos homens, e pararam na porta do hotel, e queriam invadir o hotel pra pegar o Raul (risos). E a gente ali no meio daquela confusão. Bom, conclusão, foi chamada novamente a PM e nós tivemos que ir pro aeroporto escoltados pra pegar um avião corujão, que na época tinha o corujão da Transbrasil. Pegamos o avião duas horas da manhã e voltamos pra São Paulo. Isso de uma excursão que nós íamos fazer de Vitória até São Luís, do Maranhão. Você imagine quantos shows nós deixamos de fazer, quantas coisas deixaram de rolar. Depois dessa, eu desisti, porque eu tinha me desfeito de todos os meus compromissos de São Paulo, de pelo menos um mês de trabalho. E voltei pra São Paulo, não tinha trabalho, não tinha dinheiro nem do show, não tinha nada.

VOCÊ PERDEU EQUIPAMENTOS?

Eu, na realidade, não perdi nenhum equipamento, porque não botava meu equipamento na estrada. Trabalhava com equipamento que o contratante mandava, né? Mas o Carlinhos Bala perdeu um instrumento dele, perdeu a bateria nessa história.

QUAL A PRINCIPAL LEMBRANÇA DELE?

A principal lembrança que eu tenho é de um cara começando a ficar demente, partindo pra demência, já não falando mais coisa com coisa. Estava conversando contigo, esquecia no meio da conversa o que estava falando. Era assim, alguém completamente derrubado pelo álcool. Porque se fala muito das drogas, isso e aquilo, eu nunca vi ele usar nenhuma droga que não fosse cachaça ou vodca. Ele tomava copo mesmo, numa boa.

TEM ALGUMA HISTÓRIA MAIS QUE VOCÊ GOSTARIA DE CONTAR?

Não.

(*Leonardo Mirio o lembra de uma história em um hotel*)

Tem um outro caso que é anterior a isso. Nessa época, eu tocava com o Belchior. O Belchior era contratado da Warner e eu estava no Rio de Janeiro gravando o LP *Medo de avião*,[2] fui eu que fiz os arranjos desse disco. Eu e Belchior estávamos hospedados no Hotel Everest, em Ipanema. E o Raul foi contratado pela Warner nessa época. Uma noite nós estávamos lá jantando quando nós vimos o Raul chegar com umas 15 pessoas pra jantar. Todos falando muito alto e pedindo tudo. Os caras comeram, beberam e foram embora. Quando chegou na segunda-feira à tarde, eu já não podia mais assinar nenhuma conta no hotel, não podia fazer mais nada porque a Warner cortou essa regalia pra todos os artistas. Todo mundo tinha essa regalia. Nós podíamos ficar no hotel, assinávamos as contas, podíamos tomar vinho, lavar roupa, fazer tudo. E ele chegou lá, deu uma festa pros amigos dele e acabou com isso. São as boas recordações que eu tenho dele.

ESSAS SÃO AS BOAS?

É (*risos*).

VOCÊ TINHA QUANTOS ANOS NA ÉPOCA?

Em 1983. Eu tinha 29 anos.

FOI UMA FASE DE APRENDIZADO PRA VOCÊ TAMBÉM, NÃO?

Ah, foi. De com quem não trabalhar. Como escolher melhor os artistas com quem trabalhar (*risos*). Aprendi isso.

---

[2] O álbum foi lançado em 1979 e se chama *Era uma vez um homem e seu tempo*. Ele contém a música "Medo de avião", maior sucesso de Belchior.

VOCÊ GOSTAVA DO QUE FAZIA, APESAR DOS PROBLEMAS?

Não dava pra gostar, porque trabalhar com música é uma coisa... Na música precisa estar tudo certo, tudo certinho, pra você ficar feliz. Se tiver uma coisa errada, você já não fica feliz. Você toca, tudo bem, isso e aquilo, mas a peça-chave da nossa banda, o cara que estava na frente, que era o cara que deveria nos guiar, não nos guiava, nos levava pra roubada, sempre assim. Então não tenho boas recordações musicais, não. Sempre foi deficitário o show dele.

ONDE VOCÊ ESTAVA E COMO SOUBE DA MORTE DELE?

Ah, acho que eu soube pelo rádio. Senti muito, fiquei triste pela família dele, pelas outras pessoas. Mas, por outro lado, isso era uma coisa já avisada. Ele mesmo parece que queria isso. Ele era autodestrutivo. A gente só pode lamentar esse tipo de coisa, porque ele conseguiu chegar a um lugar que tantas pessoas querem, tantas pessoas almejam, e jogou fora tudo isso com a maior facilidade.

28 DE JUNHO DE 2015 - 14H30

AGUINALDO PEDROSO
AMIGO

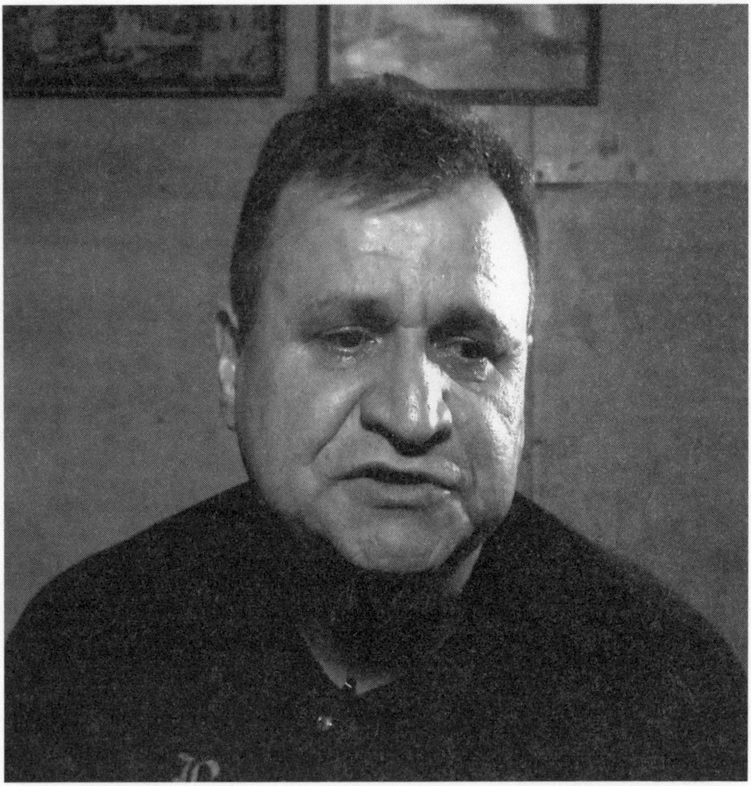

Dentro do objetivo de trazer versões de pessoas menos famosas no universo raulseixista, Aguinaldo Pedroso foi mais uma grande contribuição de Leonardo Mirio. Recebi a referência: "é um cara que, no meu conceito, tem muito a acrescentar, pois foi, na minha opinião, o meu melhor entrevistado".

É claro, no entanto, que tive de calcular o quanto de conteúdo daria para extrair desse novo personagem. Como só pude ler o livro de Leonardo Mirio depois, eu sabia pouco da relação de amizade de Aguinaldo e Raul. E vamos combinar que encontrar alguém que diz que conheceu Raul não é lá das coisas mais raras. Até Carleba falou sobre isso e a gente riu.

Fomos a Jaçanã, na Zona Norte de São Paulo, onde Aguinaldo mora. Até então, sobre a região, eu só sabia que quem perde o trem das 11 horas, só amanhã de manhã...

Fomos muito bem recebidos em sua casa e assentamos no estúdio da sua banda de *hardcore* familiar, tão familiar que leva o seu sobrenome Pedroso. Ele gravou trajando uma natural camisa preta do grupo, que mostrava uma figura humanoide sombria fazendo o sinal dos chifres do Diabo com as mãos. Um contraste com o cara de fala tranquila, pausada, que demonstrou sensibilidade ao lembrar do ser humano Raul Seixas. E se emocionou bastante quando tocamos no assunto da morte.

Junto aos instrumentos musicais, quadros que atestam a proximidade com o Maluco Beleza (ufa, não era só mais um que contava por aí que foi amigo de Raul). Mostravam algumas fotos deles em estúdios de rádio na década de 1980, quando exibia cabelos longos e ainda se parecia com Frejat. O disco *Abre-te Sésamo* autografado também estava lá. E a cereja do bolo era o cartão da conta no Bradesco de que Raul era titular. Tem história pra contar...

*"Não sei por que nasci
pra querer ajudar
a querer consertar
O que não pode ser"*[1]

---

[1] Trecho da música "Carpinteiro do Universo", do álbum *A panela do Diabo* (1989), composição de Raul Seixas e Marcelo Nova.

ANTES DE VOCÊ O CONHECER, QUEM ERA RAUL SEIXAS PRA VOCÊ?

Raul, pra mim, era "A Voz do Rock Brasileiro", porque até então a gente não tinha voz. Você tinha coisas que não diziam nada, né? As letras de rock não diziam nada. O rock era considerado uma coisa infantil. Não desconsiderando, mas... musicalmente com arranjos bem elaborados, mas tipo assim, "Hey, amigo, cante essa canção comigo".[2] Umas coisas que não passavam mensagem nenhuma. O Raul foi o primeiro que eu conheci, e acho que a maioria se identificou. Pra mim foi o nosso John Lennon brasileiro, Bob Dylan brasileiro, e por aí vai.

COMO FOI A APROXIMAÇÃO DE VOCÊS?

1982. Porque eu tinha uma casa de rock, onde eu tinha um espaço que divulgava muito o rock brasileiro, principalmente o que não ia pra mídia. As coisas censuradas do Raul, por exemplo, a gente tocava. E eu fazia festa de lançamento do disco, no aniversário dele fazia um especial. E você conseguia casar, porque o Raul era assim, você botava desde rock'n'roll pauleira até uma coisa meio country, meio folk. E tudo tinha uma pegada rock'n'roll, e você conseguia atrair aquela moçada que gostava de Beatles, Bob Dylan, geração Woodstock, e mesmo aquele pessoal anos 50 e até um pouco o pessoal punk. Raul era tudo isso, e a gente conseguia passar isso pro público. E o Raul ficou sabendo disso. Uma vez eu estive com Sylvio Passos na casa dele (de Raul), a convite de Sylvio. A gente batendo papo na casa dele, foi no dia em que eu conheci Dona Maria Eugênia. Foi quando eu falei a ele que tocava e ele estranhou. Eu falava que tocava música do disco *Gita*, do *Krig-ha, Bandolo!* e por aí vai. E ele: "qual é a média?" — "De 15 a 25 anos o pessoal que frequenta lá." —"Mas quando fizeram sucesso essas daí, esses moleques eram

---

[2] Trecho da música "Hey, amigo", do grupo *O Terço*.

tudo pequenininho, muitos nem tinham nascido ainda." — "Mas é isso aí, Raul." E na hora de ir embora, ele falou assim: "olha, vou conhecer sua casa". E na hora de ir embora, ainda brinquei com Sylvio: "Pô, meu, ele é uma pessoa muito amável, né? E quando ele falou 'vou visitar sua casa'? É o tipo de visita que nunca vai ter" (risos). E, passadas duas semanas, ele apareceu de surpresa lá. Do nada, ele abriu a cabine de som: "opa, tudo bom?". E me surpreendeu porque eu comecei realmente a ver o Raul Seixas como era. Ele tratava todo mundo por igual. E ali ele me ganhou. Ele me conquistou ali. Foi no dia, inclusive, em que ele autografou aquele disco ali (aponta para a parede, onde está o disco *Abre-te Sésamo*). Então começamos a ter proximidade a partir dali.

VOCÊS SE CONHECERAM PORQUE VOCÊ TOCAVA AS MÚSICAS DELE. E COMO VIROU AMIZADE?

Amizade pelas dificuldades que ele tinha. Houve um grupo de amigos, vamos dizer assim, que se doou para poder ajudar Raul. Cada um ajudando na parte que podia. Eu comecei a arrumar a parte administrativa, um pouco a financeira, até a comercial. Tinha feito essa sociedade Marcelo Nova e Raul Seixas, mas eu entendia que a gente tinha que limpar o que sujaram da imagem do Raul. Estava com um disco lançado na Copacabana. Gravadora Copacabana, uma gravadora que não era nada. E ele, inclusive, não estava bem quisto na gravadora na época que lançou *A Pedra do Gênesis*. Então existia essa situação de melhorar essa situação com a gravadora e também de mostrar pro público que ele queria voltar a fazer show. Porque tinha uma imagem de que ele estava doente, drogado, não queria fazer mais nada. Nessa imagem, a gente conseguiu, graças a Deus, dar uma limpada, através de alguns programas com ele ao vivo, tocando violão, cantando, dando entrevista e divulgando o show junto com Marcelo Nova.

COMO ERA ESSE APOIO ADMINISTRATIVO-FINANCEIRO DE QUE VOCÊ FALOU?

Ah, tem umas coisas até constrangedoras. Ele tinha uma dieta a seguir, porque era diabético, tem aqueles problemas. Eu cheguei a fazer feira com meu dinheiro, pra comprar as coisas pro Raul. Por incrível que pareça, uma situação... E isso te deixa assim, numa deprê. Pô, não é possível, né? O que é o Brasil, cara? Mas não só nessa parte, como na parte de relação, porque os programas de rádio também não queriam Raul, assumir compromisso com Raul. Eu lembro que eu liguei pra 89 (estação de rádio FM), eles tinham um programa 89 Decibéis, um negócio assim. Era chamada "a rádio rock". Tinha um programa de grande audiência, que era às 6h da tarde, um horário bom. E eu falei pro cara que ia levar lá o Raul. Ele falou assim: "Olha, sou fã de Raul. Se você quiser trazer ele aqui, tudo bem, só que eu não vou anunciar, não, cara, porque já assumimos um compromisso desse e ele não veio". Mas, graças a Deus, ele foi, Marcelo Nova foi, foi uma entrevista ótima. Ele foi, conversou, tocou, cantou, pra mostrar pro pessoal que ele estava conseguindo cantar. E dali foi limpando. E a gravadora começou a ver que ele estava cumprindo parte do contrato, que era a divulgação do próprio trabalho dele. Aí o pessoal começou a ver que esse negócio do "não quero mais andar na contramão" era uma realidade, ele estava se esforçando para isso.

POR QUE CHEGOU A ESSE PONTO DE VOCÊ PRECISAR FAZER FEIRA PRA ELE?

Primeira coisa, que ensina muito pra gente. Ele era uma pessoa que não era muito ligada no material. Ele acreditava muito nessa coisa, o importante é ser, mais do que ter. E é o que ele era. Quando você morre, ninguém fala do que você tinha. Quem era você? Quem era fulano? Então ele não dava valor ao material. Tanto que ele deixou de fazer grandes shows, em que ele ia ganhar grande retorno financeiro, como também contratos de gravadoras, que ele chegou a rescindir. "Se você fizer assim, te dou tanto." — "Não, não me interessa." Rescisões de contratos grandes por fugir da filosofia de trabalho que ele queria. E isso ensina pra muitas pessoas que o importante é lutar pra defender seus ideais. Ele tinha um chavão que dizia o seguinte: "é preciso cultura pra cuspir na estrutura". E eu brincava com ele que no Brasil é um pouquinho diferente: "Você precisa de estrutura pra cuspir nessa cultura que fabricaram e ficam querendo vender pro povo. Porque, se você não tiver estrutura, Raul, não chega a lugar nenhum aqui". É essa estrutura mínima que ele não tinha. Você tem que ter estrutura pra sobreviver, pelo menos. Você tem que saber jogar o jogo dos homens. "Você não fala isso?" Ele não sabia muito isso. Ele não dava importância. Ele morreu e não deixou bens nenhum, de móveis, né? Não lembro de nada assim. Eu tinha acesso à conta dele. O pouco que ele recebia de direitos autorais que, em 1985, 86, creio eu, não dava R$800, de todas as músicas que ele lançou. E a gravadora Copacabana tinha interditado os pagamentos dele por descumprimento de contrato, de divulgação que ele não fazia. Aí, conforme ele foi cumprindo a divulgação, foi soltando algumas coisas. E o agravante é a saúde, né? Ele tinha uma dependência, que todo mundo sabe, e foi acabando com a saúde dele, matando ele aos poucos. Com o tempo, foi mutilando ele e impedia que ele fizesse qualquer coisa. Se não arrumasse uma pessoa que dividisse com ele essa responsabilidade, que nem foi o Marcelo Nova... O Marcelo fez isso mais por amor ao Raul, como da minha parte também. Porque foi um grande risco que o Marcelo Nova correu. O fim dele seria trágico. "Morreu Raul Seixas, que foi um ídolo, morreu na miséria..." e tudo mais. Marcelo Nova, numa época, queria até que eu fosse procurador do Raul. "Aguinaldo, se não for assim, eu tenho certeza, vão falar que eu estava roubando o Raul." Eu, por questões familiares e particulares, não pude fazer isso. Ele se arriscou no negócio por amor, mas visando também. "Se eu fizer algum negócio, eu tô fodido. Mas, eu tenho certeza, eu amo esse cara e quero fazer um trabalho, se ele der a mão pra mim, a gente consegue ter êxito." Era uma sociedade cujo custo era 80% do Marcelo Nova.

VOCÊ TINHA COMENTADO QUE MARCELO VINHA DE UMA FASE DIFÍCIL MUSICALMENTE.

Marcelo Nova, ele declarou, era público também, ele tinha lançado seu primeiro disco solo e não teve aquela repercussão que a gravadora esperava. Não que não tivesse sucesso, né? Foi um disco até considerado, eu acho que até um pouquinho a frente da situação. Mas não houve divulgação. A gravadora já sinalizou ali que não ia ter o segundo. Isso que deu pra sentir. Os shows dele também não estavam tendo a mesma resposta, o mesmo retorno que o Camisa de Vênus estava tendo. E ele sentiu ali que com Marcelo Nova e Raul Seixas participando, porque Raul não tinha condições de fazer show, eles poderiam se ajudar financeiramente. Então, são duas coisas, você separa a questão comercial, Raul Seixas e Marcelo Nova, realmente uma sociedade de duas empresas ali que estavam numa situação financeira delicada, em que as duas juntas se levantavam. Ponto. E Marcelo Nova só fez isso, só se arriscou com Raul, que era uma empresa falida praticamente, desacreditada, por amor. E digo que por amor Raul foi superando algumas dificuldades que ele tinha, até em nome de Marcelo e de todos que o cercavam, para a coisa poder acontecer.

E O ACESSO À CONTA DELE, QUE VOCÊ FALOU QUE TINHA?

Pra controlar algumas coisas. Porque ele não tinha base de quanto custavam as coisas. Ele falou pra mim "se você falar que uma cerveja custa R$100, pra mim é normal, eu não sei o valor das coisas". Ele não acompanhava de perto isso. Isso pra justificar situações que ele foi enganado. Raul tinha uma situação em que ele se fechou pra muitos, para alguns injustamente até, porque ele foi muito roubado mesmo, foi muito explorado.

POR QUEM?

Ele até comentou, mas fica difícil falar. Pessoas que o cercavam, que se diziam amigos. Pessoas que entravam na casa dele e levavam as coisas. Ele não dava valor a coisa material. Então, às vezes, sumiam as coisas e ele falava "não sei".

POR QUE VOCÊ TEM O CARTÃO DO BANCO DELE?

Foi quando a gente foi encerrar a conta dele. A gente chegou à conclusão de que tinha pessoas que tinham acesso à conta dele, que tinham a senha dele. "Olha, na dúvida, vamos encerrar essa conta e você abre outra." Porque ele imaginava que tinha um valor, chegou lá e não tinha esse valor. Alguém mexeu. "Vamos encerrar essa conta já." E foi quando esse cartão ficou comigo. Mas ele até a senha do cartão abria pra pessoas em que ele acreditava, confiava e não controlava.

VOCÊ SENTIA QUE ELE PODERIA TER UMA SAÍDA PRA SITUAÇÃO DE SAÚDE?

Ele tinha uma diabetes que era de origem hereditária. Foi acusada essa diabetes quando ele tinha 18 anos, quando ele foi fazer exame médico pro alistamento militar. Vem tudo em cima dessa diabete. No começo, ele controlava bem, com alimentação, depois foi caindo pro vício, foi o que derrubou ele. O principal foi isso. Não é a cabeça, é a parte física. Tinha dias que ele levantava, não conseguia andar. O pé inchava. Não conseguia dar uma caminhada curta. "Eu sinto que eu não vou durar muito, cara. Eu não consigo comer o que eu gosto, beber, caminhar." Às vezes, nem cantar direito. Teria como controlar, mas por ele ser Raul, pela vida que ele tinha, foi difícil. Quando ele caiu em si que tinha que se controlar mais, estava na hora de rever isso, que foi até aquela música "Não quero mais andar na contramão", aí eu percebi que já estava tarde. Ele mesmo percebeu. Tem situações em que não dá para se recuperar mais. Ele falou pra mim uma parte que foi assim: "Se eu fizer tudo que tem que ser feito, seguir prescrição médica certinho, direitinho, eu posso prolongar minha vida mais uns dois anos, além do que eu tenho, mas viver infeliz? Então, não vale a pena. O pouco que me resta, que eu sei que me resta, eu vou viver do jeito que eu achar que vai ser melhor pra mim".

ONDE VOCÊ ESTAVA E COMO SOUBE DA MORTE DE RAUL?

Cara, eu estava a menos de um quilômetro do apartamento do Raul. Eu corri lá no apartamento, o vi saindo na maca, carregado. Marcelo Nova preocupado, lá no prédio Aliança. Eu olhei pra Dalva, a Dalva chorando. A cuidadora dele, governanta. Ele mesmo me falou que ele ia morrer sozinho e abandonado. Você não dá muita... Impossível, né? Um cara como Raul. "Imagina, Raul, que é isso? Morrer sozinho e abandonado. Tá cheio de amigo, muita gente. Você é o único cara que não pode dizer..." — "Uma coisa é colega, outra coisa é amigo. Eu tô cheio de colegas, mas amigos são poucos, muito poucos. E acima de amigos e colegas, você tem família. Não tá aqui do meu lado a mulher que eu amo e as minhas filhas. Você tá indo pra sua casa...". Eu lembro que era uma terça-feira, já é quase uma hora da manhã... (se emociona e chora muito). Ele me falou assim: "Daqui a pouco você vai estar com a mulher que você ama, que vai estar lá te esperando, e fatalmente vai estar sua filha, e eu sei que a sua mãe, você mantém ela morando com você. Estão todos lá te esperando, principalmente a sua mulher. E eu não tenho isso, cara. E isso é a base de tudo, cara". No dia em que ele morreu, vi ele ali sozinho, longe da mulher que amava, longe das filhas, até da mãe, aí você... (se emociona novamente). Você olha pra dentro... você vê que ele tinha razão. Eu perdi meu pai, tinha sete anos. Sempre fui o homem da família. Minha mãe, semianalfabeta. Então nunca tive um cara mais velho pra me orientar. E o Raul, o pouco tempo que convivi com ele, foi meu irmão mais velho. Ele me mostrou isso. Graças a Deus, com meus 55 anos de idade, se eu tenho uma família sólida, se eu tenho do meu lado a mulher que me ama e que eu amo, se eu tenho o meu filho do meu lado, eu digo a você que é graças a Raul. O Raul, acima de tudo, era um ser humano, um cara muito sensível. Isso é o maior valor que eu tenho, que ficou dele pra mim.

UMA SITUAÇÃO QUE MARCOU VOCÊ NESSA CONVIVÊNCIA COM ELE?

Uma situação até cômica. Foi num dia em que ele estava inquieto, queria sair, fazer alguma coisa. A própria Dalva comentou comigo: "Precisa tirar ele do apartamento, ele não consegue ficar aqui". Ele tinha uma guitarra que estava jogada, sem corda, toda descascada, arranhada. Ele dizia que essa guitarra ele comprou de um ex--guitarrista de Elvis Presley. — "Pô, mas tá jogada desse jeito?" — "Não, mas tá estragada." — "Eu conheço um lugar que reforma isso. Vamos levar?" — "Eu também conheço um chamado Del Vecchio", que hoje nem existe mais, não sei. "Eu conheço, fica na Travessa Santa Efigênia. Mas deixa isso aí que eu levo lá outro dia." Imagina, Travessa Santa Efigênia, Rua Aurora. Hoje, não tanto, mas se voltar a 85, 86, a prostituição reinava muito naquela área, o comércio de eletrônicos, essas coisas. Imagina eu e ele e só. Se o povo reconhece ele. Chegamos lá, estacionamos o carro. Descemos o carro com a guitarra no estojo. Só que do lado da loja, um calor dos infernos, tinha uma padaria, fomos tomar uma cerveja. Eu meio cabreiro e ele tranquilo. Tomando a cerveja ali, eu comecei a olhar pros lados. E percebi que no fundo tinha uns três camaradas "filmando" a gente. "Ou os caras querem roubar a gente ou reconheceram." Eu procurei agilizar e saímos dali, entramos na loja. Entramos lá, quando viram que era Raul, chamaram o dono do negócio lá. Ele falou o que ele queria. "Beleza, eu troco tudo, reformo." "Legal, vamos embora." Aí estamos saindo de novo, "pô, vamos tomar a saideira". Falei "tá bom, vamos lá". Os caras de novo lá. Aí um dos caras veio. Falou pra nós: "Olha, você é cover do Raul? Você canta, né? São músicos". E o Raul tinha mania de falar que eu era músico dele, e na época não era músico merda nenhuma. Eu logo me adiantei, "sim, sim", e o Raul emendou "ele é meu guitarrista". Aí o cara: "Eu logo manjei, porque eu sou baiano, eu conheço Raul". O Raul falou "você conhece Raul?". — "Conheço, lá de Salvador, da minha terra. Tô com dois amigos ali, estavam falando pra mim que você é Raul Seixas. Eu falei que não, que tem uns caras que imitam Raul, parecem com ele. Raul não ia estar aqui." Tá bom, aí o cara voltou pra lá. Na hora que fomos embora, Raul falou "pera um pouquinho, vou lá me despedir dos caras". Chegou lá, cumprimentou um a um. "Qual de vocês que falou que eu era Raul Seixas? Você apostou alguma coisa? Se tivesse apostado, quem sabe poderia ter ganhado." Aí o Raul tirou o documento dele e mostrou pro cara. Quando o cara leu "Raul Santos Seixas"... "Raul! Raul!" Foi um inferno, o povo em cima. Ele conseguiu dar alguns autógrafos. A gente, com muito custo, entrou no carro, eu tinha uma Variant, o povo todo em volta, joguei ele dentro do carro e ele todo sacana lá, fomos embora. Ele tinha disso. Eu superpreocupado, sozinho. E as putas tudo em cima. E ele nem aí. Foi isso que marcou.

29 DE JUNHO DE 2015 - 10H30

MARCO MAZZOLA
PRODUTOR MUSICAL E AMIGO

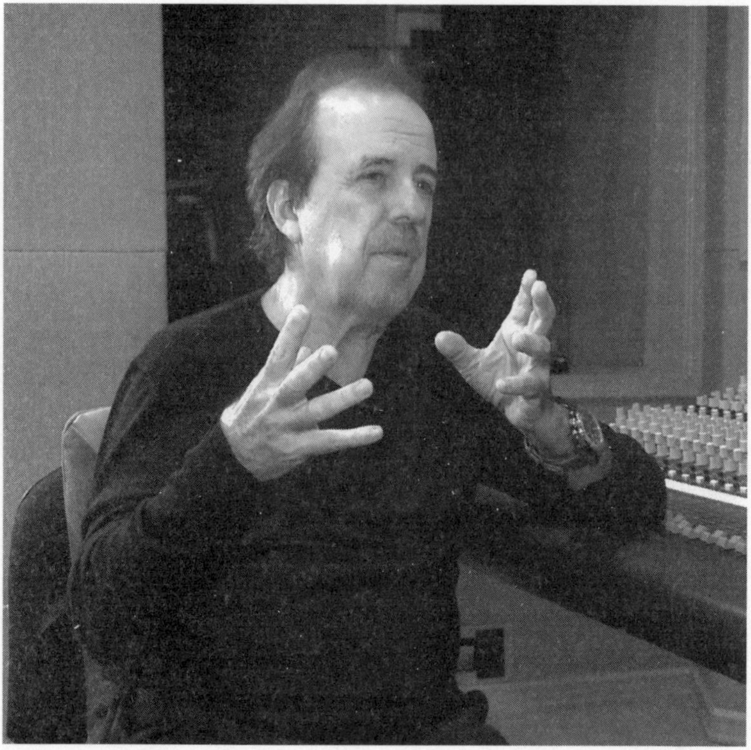

O primeiro entrevistado no Rio de Janeiro carrega muito da história da indústria fonográfica do Brasil. Sua autobiografia, *Ouvindo estrelas*, que ele me presenteou junto com o DVD *20 anos sem Raul Seixas*, é um registro histórico importantíssimo da música popular brasileira.

Mazzola trabalhou com Gal Costa, João Bosco, Milton Nascimento, Ney Matogrosso, Djavan, Gilberto Gil, Chico Buarque, Simone, Elis Regina, Caetano Veloso, Ivete Sangalo, Belchior, Jorge Ben Jor, Elba Ramalho, RPM, dentre outras grandes referências do país. Mas também com Frank Sinatra, Lisa Minelli, Paul Simon e Miles Davis, por exemplo. Isso diz alguma coisa sobre a sua importância.

Vários desses estavam estampados nas paredes da gravadora MZA Music, na Rua Vilhena de Moraes, Barra da Tijuca. Totem, se a minha memória não falha, só tinha um: Raul em preto e branco, com sua boina na cabeça e a guitarra nas mãos, saindo de um baú. Foi para promoção do disco póstumo *Documento*[1], lançado em 1998.

---

[1] Reeditado em 2009 como CD e DVD *20 Anos Sem Raul Seixas*, acrescido da música inédita "Gospel".

Durante os ajustes de câmera, microfone e tudo mais, fiz um comentário provocativo: "Vocês foram amigos mesmo ou foi só relação profissional?". A reação confirmativa dele foi meio espantada, meio indignada.

Depois de se conhecerem na época do Festival Internacional da Canção, em 1972, Raulzito virou Raul Seixas por causa de Mazzola. Em retribuição, Raul deu a ele o apelido de "Mazzolera". No meio dessa grande parceria havia uma grande amizade, que ele relatou com vontade.

Digo "com vontade" porque Mazzola nos fez o favor de responder às perguntas com informações pertinentes e impertinentes a elas. Não que isso seja ruim. Algumas coisas não tinham nada a ver com o que eu perguntava, mas eram loucuras, situações engraçadas, problemas. Histórias muito interessantes.

Sobre a gravação de *Gita*, que foi um trabalho grandioso para a época, é impossível imaginar a dificuldade da calculada participação de cada um. Como foi gravada "Mosca na sopa"? Como Raul reagiu ao receber um apartamento novo? Mazzola tem guardada alguma música inédita de Raul? Quando vai ser gravada?

Ao lado de monitores de referência de áudio KRK e Yamaha NS-10, de uma mesa de áudio de 1001 botões e outros tantos equipamentos, o que eu ouvi está aí abaixo.

*"Vai! Vai! Vai!
E grita ao mundo que você está certo
Você aprendeu tudo enquanto estava mudo
Agora é necessário gritar e cantar rock
E demonstrar o teorema da vida
E os macetes do xadrez! Do xadrez!"*[2]

---

[2] Trecho da música "Loteria da Babilônia", do álbum *Gita* (1974), composição de Raul Seixas e Paulo Coelho.

RAUL OUSOU BASTANTE?

É, ele era uma pessoa para aquele momento da música no Brasil, em que se falava de tropicalismo, da própria Bossa Nova, da própria Jovem Guarda, que estava começando também... Ele ousava e ousava de uma forma bastante diferente, porque as músicas dele, no fundo, no fundo, harmonicamente, não eram músicas que tinham grandes harmonias de Bossa Nova. Tem até uma brincadeira que ele faz. Ele faz tudo assim (cantarola "Garota de Ipanema" e faz gesto de tocar violão com o braço como instrumento). Ele faz tudo assim, busca assim no violão pra mostrar que não é nada disso, o negócio dele é outra coisa. Então, acho que o grande barato dele era pegar as coisas simples, as harmonias simples, e colocar uma letra, uma mensagem. Naquele momento ali, quando ele começou, muitas pessoas não entendiam muito. Hoje em dia, ele é tema de faculdade, tema de pesquisa, porque as letras dele são atuais até hoje. Veja um "Al Capone". Atualíssimo, está aí, estamos vendo tudo aí agora, né? "Eu sou a mosca que 'caí' na sua sopa", "Óculos escuros". Tantas coisas que são superatuais. O "Trem das sete", o próprio "Ouro de tolo", que é uma coisa atualíssima. O cara não consegue viver com dinheiro e o barato do cara é ir dar pipoca aos macacos aos domingos, aquelas coisas, né? Ao mesmo tempo ele faz um "Eu sou eu, nicuri é o diabo", entendeu? E ao mesmo tempo, ele ganha um festival na época, quando eu contratei ele, que foi o "Let me sing". Um cara todo executivo, porque ele era executivo de gravadora, quando ele apareceu na minha frente. E quando ele tirou a roupa toda, tirou toda a alegria, gravata, paletó, arregaçou as mangas e cantou "Let me sing", eu falei "porra, o cara é um talento", entendeu? Eu acho que o grande barato dele é isso, usar as melodias simples... as harmonias simples, mas com um conteúdo de letra muito forte.

O PERÍODO PRÉ-*KRIG-HA, BANDOLO!* FOI BEM DIFERENTE DO RESTO DA CARREIRA DELE. FOI UM PERÍODO DE APRENDIZADO?

É, eu acho que na vida tem toda a coisa que você começa, precisa começar. Eu acho que a grande escola dele também foi essa história de ter trabalhado na Sony. Se chamava CBS, né? De ter trabalhado lá como produtor, ter encontrado artistas como Jerry Adriani, que ele produzia também. Foi o *start* na carreira dele, vamos falar assim. O *start*, que ele começou e depois veio a aprimorar. Se juntou a mim, que naquele momento eu era requisitado por causa da qualidade que eu conseguia nas mesas de gravação. Era bem jovem até. Mas então me juntei. E me lembro de um episódio... de dois, que foi o "Gita", principalmente, e a "Mosca na sopa". Estava saindo nos Estados Unidos um equipamento eletrônico chamado Minimoog. Eu falei "Raul, dá pra fazer um som de uma mosca aqui, mas eu não sei quem tem isso, vamos procurar". Aí procuramos e arranjamos uma pessoa que estava recém-chegada dos Estados Unidos, um músico. Nós trouxemos pro estúdio e nós fizemos então aquele (faz som da mosca). Aquela foi feita no Minimoog. Ao mesmo tempo, "Gita" foi uma música concebida de maneira totalmente louca. Fui convidado pra ir à casa do Raul na Lagoa pra ouvir a música que ele dizia que seria uma desafio na minha vida. Quando ele me mostrou a música, num cenário cheio de candelabros acesos na casa dele, com Paulo Coelho, com arranjador, ele me mostrou e falou assim: "eu tô imaginando uma coisa clássica, sinfônica". E o arranjador falou: "ah, mas, pra isso, um estúdio não cabe, porque hoje em dia tem quatro canais de gravação". Porque um eu já uso pra voz, então me sobram três. Tem bateria, baixo, eu tenho toda base, né? Ainda teria que botar quinze sopros, dezoito instrumentos de corda, tinha um vocal de quinze pessoas, tinha uma harpa, um sino. Então, eu tive que sentar com o arranjador e dizer pra ele "no momento em que a harpa tocar, não pode tocar o sino". Por quê? Existem vazamentos. Na hora que os sopros tocam, os microfones das cordas estão abertos, vai ficar muito sopro e poucos violinos. Então foi um arranjo que eu sentei com o arranjador pra dizer "olha, vamos fazer isso aqui, porque tem uma base, tem bateria, tudo junto, dentro do estúdio". E, graças a Deus, foi um desafio que deu certo. E a gente, hoje em dia, quando escuta, pelo menos quando eu escuto, sabendo o que deu de trabalho, eu fico "porra, realmente foi uma vitória".

QUANTOS TRABALHOS VOCÊ PRODUZIU COM RAUL?

Com Raul, eu comecei em 72 com o single do festival, "Let me sing", e fui até "O dia em que a Terra parou", quando eu levei pra gravar na Warner. André Midani me convidou pra ser o vice-presidente artístico, que a Warner estava sendo montada no Brasil, e eu disse: "André, eu queria levar o Raul". E ele falou: "pô, mas cheio de problema", porque o Raul já estava dando problema mesmo, sabe? Mas eu digo: "eu seguro, eu tomo conta". Levei, a gente fez "O dia em que a Terra parou" e depois dali ele ficou ainda na própria Warner, mas eu já não produzia mais. Meu trabalho já não dava tempo de ficar mais indo a um estúdio, porque eu era o vice-presidente da companhia, tinha o lado internacional também que eu tomava conta. Tinha muitas viagens pro exterior pra poder trazer os teipes. Não era como é agora, que você manda pela internet. Eu tinha que ir lá pegar os teipes físicos, pra trazer o mais rápido possível pra gente lançar quase automaticamente com os Estados Unidos. Nesse período em que eu produzi Raul, foram passagens assim muito... algumas até desgastantes, que eu não gosto muito de falar, essa coisa da droga. Mas uma vez ele teve um problema, que ele estava num hotel em Copacabana e ele me ligou. Eu estava no estúdio, ele falou: "Mazzolêra, preciso que você me ajude!". Eu falei: "o quê que houve, Raul?". "Porra, tem uns caras aqui querendo me pegar, na frente do..." Aí eu achei que era já loucura, né? Aí falei com o cara do hotel, da recepção, ele falou "tem sim, tem dois caras que parecem que são da polícia aqui na porta". Eu tinha um carro esporte, que andava muito veloz, eu digo "cara, fica aí que eu vou aí te pegar". Aí, fui lá, eu vi que os caras estavam lá. Ele ficou me olhando, o cara já sabia. Eu subi. Aí ele estava com droga lá em cima. Eu peguei e botei tudo no meu corpo, peguei o carro e a polícia vinha atrás. Eu me arrisquei muito. Não tinha o trânsito que tem hoje em dia, então eu vim rapidamente lá do Leme até São Conrado, acho que cheguei em dez minutos no apartamento que eu tinha. Aí cheguei lá, joguei tudo fora. E foi uma coisa em que eu acho que, em prol do Raul, eu me excedi. Não podia, não precisava ter passado por isso, mas valeu. Não aconteceu nada, Deus nos protegeu e está tudo certo.

APESAR DE ELE FALAR MUITO DO "EU", DA CAPACIDADE DO INDIVÍDUO, ELE ERA UM CARA QUE PEDIA MUITOS CUIDADOS.

É, ele pedia muitos cuidados, né? E eu acho que o grande fator do Raul foi ter acreditado muito no Paulo Coelho, né? Isso, definitivamente, não sou só eu que digo, muitas pessoas dizem, o próprio Paulo Coelho até fala que ele apresentou as drogas ao Raul. Na hora que o Raul passou do ponto, o Paulo retornou. O loucão ficou careta e o careta ficou doidão. Então foi esse desequilíbrio aí que ele não soube levar e o fim foi o que a gente já conhece, né?

COMO ISSO INFLUENCIAVA O TRABALHO DELE, NO ESTÚDIO COM A EQUIPE?

Eu acho que não influenciava, não. Acho que influenciava nas músicas. Pra ele fazer as músicas, se inspirar mais pra fazer as músicas. Mas ele não trazia as coisas pra dentro do estúdio, ele era muito organizado. Ele chegava com um caderno, "Mazzolera, vamos ver aqui a música que a gente vai fazer hoje, tá tudo aqui esquematizado". Eu sentava com ele, "Raul, vamos passar isso aqui pra cá, isso aqui a gente passa pra ali". Porque ele também tinha o lado de produtor, mas ele não tinha o lado técnico, então eu colaborava, eu era o parceiro dele nesse sentido de realizar as loucuras que ele trazia pro estúdio. Então, eu acho que as músicas traduzem o que ele vivia e o que ele passava. "Maluco Beleza." Ele era o Maluco Beleza, entende? Da onde saíram essas letras? Eu acho que teve parceiros, mas o Raul era o cara que dava a ideia, buscava a ideia e as pessoas trabalhavam, ele trabalhava no conjunto. E a vida dele era assim.

OUVIMOS DE ALGUMAS PESSOAS QUE, SE DA CONVERSA COM ELE SURGISSE UMA IDEIA PARA UMA MÚSICA, ELE COLOCAVA O NOME DA PESSOA COMO AUTORA. TINHA ISSO?

Tinha, tinha. Tem uma gravação aqui que eu ganhei de presente, não sei de quem, me mandaram um k-7, em que o estúdio estava parado, a gente não estava fazendo nada. "Bom, vamos dar uma descansada?" Vamos. E eu não toco piano. Aí, ele estava doidão, virou e falou assim: "Mazzolera, vamo lá". Eu peguei no piano, comecei a fazer umas notas no piano, ele começou a fazer uma música. Eu tenho essa gravação. Ele fazendo a música, ele até fala "porra, não tá gravando isso não, isso vai ficar pra eternidade, a Phillips vai querer lançar isso, hein, Mazzola?". "Não, fica tranquilo." Mas, assim, o piano, qualquer nota, eu fazendo uma coisa meio clássica e ele improvisando em cima. E ele falou "essa música é nossa". "Pô, isso não dá pra gravar." Enfim, ele tinha esse coração muito bacana, de ajudar as pessoas. Não é à toa que, quando ele começou, ele começou a ouvir tantos sucessos, ele era casado com uma pastora evangélica... A primeira vez que foi pros Estados Unidos, ele já voltou com uma cantora de New Orleans, que era a segunda mulher dele. Aí, no momento em que foi me apresentar, ele já chegou assim: "Mazzolera, tem uísque aí?". Eu falei "tem". Aí eles botaram umas carreiras assim, com uísque. Falei "cara, isso não vai dar certo, meu irmão". Mas, enfim, ele tinha esse lado também. E a gente tinha que respeitar. Não é só ele. Quantos artistas já se foram por acreditar na loucura de que a droga faz com que você seja mais... que vão vir ideias. Não, se você é um cara que estuda, você lê, sabe? É igual você tomar um vinho. Se você tomar um vinho, você vai ficar relaxado e as ideias vão fluir. Muita gente diz que fuma um baseado e diz que fica relaxado. Tudo bem, mas quando você pega em drogas pesadas, com a mistura de álcool com drogas pesadas, e que depois você não tem mais como conviver com isso, aí você já parte pra uma coisa mais degradante, que destrói mesmo, o álcool. É uma coisa de você tomar uma garrafa de vodca, entendeu como é que é? Numa manhã, gravando. É terrível, né? É triste, mas ele deixou coisas muito bacanas que só nos dão alegria também. Coisas superatuais. Esse era o Raul.

É VERDADE QUE ELE GOSTAVA DE GRAVAR DE MANHÃ? E JÁ BEBIA?

É, eu acho que isso fazia parte, né? Acho que tudo fazia parte. Tem um episódio que às vezes menciono. Ele não estava podendo beber, e eu estava fazendo, acho que foi *Mata virgem*, um disco que eu fiz com ele. Ele falou pro menino que arrumava o estúdio... Não, primeiro ele me perguntou: "Mazzola, eu queria botar um bebedouro aqui no estúdio", porque o sucesso estava muito grande. "Eu quero botar um bebedouro no estúdio." Falei "claro". Chamei, "põe um bebedouro aqui de água no estúdio". Quando ele chegava de carro, ele dava uma garrafa de vodca pra esse menino, o menino ia lá e botava. Estava distraído, arrumando a mesa, trocando uma ideia com ele. Mas depois eu vi que ele ficava muito... já começando meio alegre. Falei "porra, 11 horas, já tá desse jeito?". E isso é o que fazia dele a coisa engraçada, né? E, ao mesmo tempo, eu tive o lado de uma tristeza muito grande. Ele já estava numa decadência bem grande. As pessoas não querendo, faltava a shows, essa coisa toda que as pessoas conhecem. Aí eu passei, eu estava no meu carro, no Parque Lage, eu estava saindo da Warner, que a Warner era ali no Jardim Botânico. Quando eu passei, eu vi o Raul no ponto de ônibus. Falei "pô, aquele é o Raul, eu vou ter que voltar". Fui, dei a volta pra pegá-lo, ele já tinha pegado um ônibus. Foi a última vez que o vi assim fisicamente. Eu falava com a mãe dele, ele falava comigo de Salvador, dizendo que queria voltar a gravar. E quando eu tinha combinado que ia lá, porque eu tinha minha vida muito atribulada, que eu ia lá fazer uma visita, aí nesse ínterim ele partiu. São coisas que acontecem com o ser humano e com pessoas que eu vejo assim que são extremamente iluminadas, que não têm o equilíbrio pra poder separar as coisas no momento certo.

VOCÊ CITOU ANTES DE COMEÇARMOS A GRAVAR QUE DONA MARIA EUGÊNIA FALOU, APÓS A MORTE DELE, QUE ELE QUERIA PASSAR A LIMPO ALGUMAS COISAS COM VOCÊ. ERA NESSA SITUAÇÃO?

Era isso. Ele queria conversar comigo, porque o estado dele, a mãe dele me disse que tinha um problema sério já. E eu fiquei de ir a Salvador pra gente conversar, saber o quê que era, o que não era. Até falo isso na minha biografia, comento esse dado. E fiquei sem saber. Um grande amigo meu... Primeiro apartamento que ele teve, ele estava viajando com Paulo e eu fui ver os royalties que ele ia receber da gravadora do *Gita*, era um absurdo, e ele não tinha apartamento, não tinha nada. Aí falei "porra, não vou deixar esse cara gastar esse dinheiro, não". Aí virei pro diretor financeiro da gravadora, procurei um apartamento pra ele em São Conrado, que era um lugar bom na época, e comprei. Fui lá e disse pro cara da construtora: "Olha, esse apartamento é pra uma pessoa, não é pra mim, e eu dou um sinal, você me devolveria o sinal?". Ele falou "não precisa, eu guardo o apartamento pra vocês e a gente só fixa o preço". Eu fixei o preço com ele, cheguei à gravadora e falei: "olha, separa esse valor X e, quando o Raul Seixas chegar, eu quero combinar com ele". Quando ele chegou, que foi esse dia que ele foi a minha casa com a nova namorada, eu disse pra ele "Raul, vamos que eu quero te mostrar um negócio". Aí fui ao apartamento lá, levei, era uma cobertura pequenininha. Aí ele olhou, "o que é isso?". Falei assim: "Basta você dizer sim, que esse apartamento é teu". Aí ele falou "mas eu não tenho dinheiro". Falei "tem dinheiro e tem sobrando". Aí ele falou "mas da onde?". Falei "dos seus direitos". Aí ele falou assim "porra, eu quero, eu quero!". Aí ele chorou assim copiosamente. Tem até uma foto que ele ficou sentado com um copo de uísque assim e eu falando com ele sobre isso, a gente tem essa foto. Aí ele foi morar lá, passou bons tempos da vida dele nesse apartamento. E depois eu me afastei, não sei qual foi o fim do apartamento.

QUEM CRIOU O NOME ARTÍSTICO "RAUL SEIXAS"?

É, foi uma coincidência. Coincidência não, foi uma coisa assim que me bateu de estalo. Na biografia minha até falo que às vezes tem a "vozinha" que fala aqui no ouvido assim: "Olha, isso não vai dar certo, olha, vai aí...". Quando ele apareceu, o nome dele era Raul Santos Seixas. Mas, ele usava o pseudônimo de Raulzito, porque ele era produtor. As músicas dele, assinava como Raulzito. Quando ele me mostrou o "Let me sing", na outra sala... Quando eu o conheci, ele foi levar o Sérgio Sampaio, que estava com a música que se chamava "O bloco na rua",[3] pra gravadora contratar. Aí estava na sala o Menescal, o André Midani, tinha um monte de gente, eu estava participando. Acabou essa reunião, o pessoal ia contratar, eu saí com ele, aí eu falei "o que você faz?". Ele de terno, pastinha, um executivo. Aí ele falou "cara, eu sou produtor da CBS". Aí eu "é mesmo, tu produz?". "Ah, eu tenho músicas lindas." Aí falei "vai entrando na minha sala". Aí ele entrou, foi quando ele me mostrou o "Let me sing", me mostrou o "Trem das sete". "Essas músicas são suas?" Ele falou "são". Cara, eu levantei da cadeira, falei "tu aceitaria fazer um contrato?". Ele falou "pô, mais eu ganho uma grana...". É o "Ouro de tolo", eu ganho quatro mil reais por mês, tenho duas filhas, tenho esposa. Aí eu fui no Menescal, "tem um cara aí do lado, o cara é uma fera, tem cada música, mermão, que é um negócio assim, tem que contratar ele". Falou "se você tomar conta, você pode bancar tudo". Falei "tá beleza". Voltei pra lá e falei "cara, eu quero assinar um contrato contigo, mas não quero que você se chame Raulzito. Quero que você se chame Raul Seixas". Aí ele falou "tá fechado, Mazzolera, tá fechado! Só vou ver como é minha vida lá". Mas aí nem precisou ver muito porque o festival foi dois meses depois, ele ganhou, aí começou a ganhar dinheiro, já gravou o primeiro disco, a vida dele mudou. Aí foi justamente nesse encontro que eu tive com ele que a gente criou o nome.

---

[3] "Eu quero é botar meu bloco na rua", música que Sérgio Sampaio defendeu no Festival Internacional da Canção. Posteriormente, foi lançada em álbum com mesmo nome, que incluía a faixa "Raulzito Seixas", homenagem ao amigo.

VOCÊ TRABALHOU COM GENTE COMO RITA LEE, JORGE BEN JOR, ELIS REGINA. RAUL TEVE RELAÇÃO COM ESSES GRANDES NOMES NESSA ÉPOCA?

Não. Ele não teve. Ele procurava não ter muito... procurava não, as pessoas não curtiam muito Raul, vamos falar a verdade. Principalmente os baianos não curtiam muito ele. Ele sabia disso e comentava comigo: "porra, eu sou baiano, faço a música, mas, porra, só porque minha música é assim, os caras me renegam". Falei "calma, Raul, uma hora isso vai virar". Aí teve um dia que eu estava fazendo um disco do Gil, tinha feito *Refazenda* e estava fazendo *Realce*. Eu falei "Gil, agora eu tô com moral na parada, queria que você fosse lá no estúdio comigo e, quem sabe, botasse uma voz no disco... *Que luz é essa?*, do Raul". Aí ele foi comigo e gravou com Raul. O relacionamento dele era nenhum com esse tipo de artista. Eu vejo hoje o documentário, Caetano falando dele, né? Acho até estranho. Pode ser que hoje seja a visão do Caetano, de ver que o cara venceu. Mas naquele momento era aquilo. Quando você me pergunta isso, não tinha nada. Tanto que ninguém gravava música dele. Nenhum artista pegava música pra gravar, porque achavam bobas. Dez anos depois, todo mundo começou a gravar as músicas dele, porque viram que era um puta conteúdo que tinha ali, entendeu?

QUAL A HISTÓRIA DA MÚSICA "GOSPEL" E POR QUE ELA NÃO ENTROU NO DISCO *O REBU*?

Eu guardava algumas coisas que ele fazia, elementos que sobravam assim da gravação, eu gravava e guardava pra mim. Aí ele gravou a música "O rebu" lá pra novela[4] e eu fiquei com a versão

---

[4] *O rebu* foi uma novela exibida pela TV Globo em 1974 e 1975. A maioria das músicas da obra foram compostas por Raul Seixas e Paulo Coelho. Algumas, Raul canta.

que chamava-se "Eterno carnaval", que ele colocou entre parênteses "Gospel", porque era uma coisa meio gospel. Quando aconteceu a coisa da ditadura, não sei se foi uma investida para fazer sucesso fora do Brasil, parece que disseram "ó, vai embora, que nego vai pegar vocês". Aí ele foi pro estúdio e me chamou, "Mazzolera, eu preciso gravar todo esse repertório meu em inglês. Aí eu fui pro estúdio com ele, ele gravou todas as versões em inglês. E ele disse pra mim "ó, fica isso aí pra você, te dou de presente isso aí". Acho que foi 1998, eu fiz um disco chamado *Documento*, em que botei todas essas versões, combinei com o espólio e fiz um DVD com todos os acontecimentos, da batida do carro dele, que a gente até cedeu pro filme, mais trechos de programas de televisão. Aí nessa gravação eu peguei o "Gospel" e disse "pô, eu vou renovar isso aí". Aí vim pro estúdio, com os recursos que tem hoje em dia, e tentei extrair a voz dele, porque estava violão e voz. Aí eu fiquei quase um mês tirando a voz dele, pra ficar somente com a voz dele. Depois que eu fiz isso, disse "agora vou chamar um cara que tá muito próximo dele, que gosta muito dele, que é o Frejat". "Frejat, faz um arranjo aqui". Aí a gente fez o arranjo e colocou em cima da voz dele. Eu procurei manter a identidade como ele tinha criado, o "Gospel". "Ah, vamos botar outro nome". "Não, não, vamos manter o 'Gospel', que foi assim que ele concebeu". Aí foi, fez sucesso também, apesar de ter bastante tempo de rua. E enfim, foi o episódio. Eu tenho uma letra. No dia em que o Raul tinha combinado de ir para os Estados Unidos, ver a menina, filha dele, ele não pôde ir porque ele estava muito doente. Então, ele fez uma letra em inglês, "The garden". "O jardim", né? E mandou pra ela. E ela pegou, quando chegou ao Brasil, e me deu. Falou assim: "isso aqui é um presente pra você, o dia em que você quiser musicar e gravar, você tem total liberdade". Então, eu tenho isso, mas até hoje não encontrei ninguém que pudesse fazer uma coisa que tivesse a ver com ele, coerente com ele. Prefiro deixar como presente mesmo do que ficar criando novas situações. "Ah, agora achou isso." Quem sabe o momento, não sei quando, mas o momento em que eu possa achar na minha frente a pessoa que possa fazer isso, né?

COMO VOCÊ VIA A PARCERIA ENTRE RAUL E CLÁUDIO ROBERTO?

Achei bacana. Eu não tive um relacionamento assim grande com Cláudio Roberto. É que nem eu te disse, Raul sempre trazia as coisas prontas. Ele só me falou "tô com um compositor novo aí". Mas também foram poucos momentos em que gravei um repertório que não tivesse conteúdo de Paulo Coelho com ele. Porque quando ele começou a fazer música com os outros foi a hora em que eu também fui cuidar da minha vida. Outras coisas que estavam sendo necessárias, que era cuidar de uma gravadora, que era uma multinacional, tinha um cargo de responsabilidade. Então, não tive um grande relacionamento com ele. Conheço ele, mas não tive o bastante pra te dizer qualquer coisa.

RAUL EXPUNHA PARA PESSOAS PRÓXIMAS COISAS QUE NÃO FALAVA AO PÚBLICO?

É, tem diversas situações. Ele estava brigado. Ele chegou ao estúdio, estava triste, falei "ô, Raul, o quê que é?". Aí ele falou pra mim (cantarola) "sonho que se sonha só, o sonho que se sonha só... sonho que se sonha junto é realidade". A música é só isso. Aí ele me contou que estava com uma depressão, porque estava num caso amoroso e tal. Eu falei "como é que você tá?". Não me respondeu nada, falou "sonho que se sonha só, mas sonho que se sonha só... sonho que se sonha junto é realidade". É isso, a resposta que ele deu. Então era um cara de improviso rápido.

ERA UMA MÚSICA DE AMOR.

É! É, não dá pra explicar o fenômeno do Raul. Eu acho que Raul foi um visionário. Ele juntava a política, quando ia olhar tinha um amor metido no meio. "Tu és o MDC da minha vida". Pô, quando eu vi aquilo, falei "mas que cara doido". Falei: "se você está querendo levar isso pro outro lado, Raul, vamos fazer uma coisa bem brega mesmo". Eu, com o olhar de produtor, ajudava nesse sentido. Tem "A maçã" também. São músicas que têm uma puta de uma sacada e são eternas. Se faz uma versão nova, com um frescor de outra coisa, vai ser sucesso outra vez.

COMO VOCÊ ACOMPANHOU O DECLÍNIO DA SAÚDE DELE?

Muito triste. Muito triste, porque eu procurava saber e as pessoas todas sabiam do relacionamento que eu tinha com ele, o carinho que eu tinha por ele, sabe? Quando ele bateu com o carro, que tem aquela imagem lá que ele falou "o mar não tá errado, não...", ele me liga e fala "cara, aconteceu um negócio aqui, a onda amassou meu carro". Eu falei "quê?". Aí ele: "a onda do mar amassou meu carro". Era um Dodge Dart. Aí eu falei "tu tá onde?". E ele, "tô em Copacabana". Eu falei "peraí, que eu vou aí". Então às vezes eu largava o que eu estava fazendo pra socorrê-lo. Socorrê-lo no sentido assim, às vezes era loucura, que eu ia e olhava pra aquilo... Gente em volta, ele reclamando que o que está errado e não sei o quê. "O homem é que tá destruindo e a água tá subindo", entendeu? Mas tem outros casos que nem esse que eu fui lá com o negócio da droga, no hotel lá no Leme, né? Com coisas que eu me jogava de corpo e alma, que as consequências poderiam ter sido bem piores. Mas, graças a Deus, Papai do Céu olhou por mim e eu passei pelas turbulências todas. Quando você fala do afastamento justamente, eu acompanhava desta forma. Alguém me avisava, "pô, Raul foi fazer um show, parou no meio porque estava bêbado, não conseguiu cantar". Eu não podia saber daquilo e ficar alegre.

ONDE VOCÊ ESTAVA E COMO SOUBE DA MORTE?

Nesse momento, eu estava na (gravadora) Ariola, eu fui contratado para abrir a Ariola no Brasil. Eu estava no meu escritório na Ariola e a minha secretária entrou e disse: "porra, Raul morreu". Aí eu falei "quê?". Falou "é". Mas não foi uma surpresa pra mim, porque eu via como estava vindo, via que ele já tinha perdido parte do pâncreas. É o que ele estava buscando, né? Tentou alguns tratamentos, mas não conseguia. Depois de muito beber, ele ficava cheirando éter, entendeu? Então, não tinha mais jeito, né? O vício é uma coisa terrível. Então eu fiquei assim, sem saber como é que eu... vou lá? Aí comecei a ver pela televisão gente pra cacete. Falei "ah, não, vai parecer que eu estou querendo aparecer". Aí fiquei na minha, rezei pra ele. Triste, mas, ao mesmo tempo, esperado. No último show que ele fez, que foi até com o Paulo Coelho no Canecão, o estado dele era deprimente. Barbado, todo inchado, sem dente. Eu não fui ao show, mas mandei alguém olhar, levar gravador. O departamento artístico meu lá e eu pedi pra dar uma olhada, aí falou: "pô, deprimente, cara". Falei "bom, nada a fazer". E eu viajava muito, então culminou também numa fase dessa. Eu estava aqui no Brasil, mas tive que ir para o exterior, fiquei dez dias no exterior. Então, também, não deu pra dar o último adeus.

SE EMOCIONOU?

Claro, né? Acho que o que a gente viveu, só posso falar profissionalmente, ao mesmo tempo que eu ensinei muito a ele, o Raul me ensinou muita coisa. Não de produção, mas ele me dava oportunidade. Eu chegava com uma ideia maluca, ele falava "vamos fazer". Ele nunca disse "não, acho que não". Nunca. É o Minimoog do "Mosca na sopa", é "Jackson do Pandeiro" no "Let me sing". Tanta coisa. Tudo inusitado assim que acontecia, eu levava como loucura na minha cabeça. "Será que ele vai aceitar?" Ele falava "vamos fazer!". E isso me deu uma oportunidade de fazer coisas, criar coisas, inovar coisas, e de um cara que já vendia milhões de discos. Então isso aí entrava na casa de muita gente, vendo um trabalho que ele me dava oportunidade de realizar. Não existia egoísmo dele. "Não, meu trabalho ninguém toca." Não! Que nem você falou do livro (que Raul deu a Marcelo Nova). Como ele tinha essa generosidade de dar as coisas pras pessoas, eu acho que isso fazia parte do ser humano que teve uma base bacana e que se perdeu pelas amizades que ele foi encontrando pelo caminho. Quando você é um ídolo, você está cheio de satélites em volta dizendo que você é um ídolo. Quando você não é mais nada, os primeiros satélites que estavam em volta se afastam de você. Então é isso que aconteceu com ele, ele morreu na miséria.

PARECE QUE, MESMO ESTANDO AFASTADOS, PARA VOCÊ FOI MAIS A PERDA DE UM AMIGO DO QUE DE UM ARTISTA.

É, naquele momento foi. Eu me lembro, o último disco que ele estava fazendo pra ir pro contrato da Warner, ele me chamou e falou "porra, a gente não tá conseguindo resolver o problema de uma música, cara, dá um pulo lá no estúdio". Eu: "O que eu vou fazer no estúdio lá? Tem produtor. Vou chegar lá, é um ato indelicado com a pessoa que tá trabalhando com você". O Paulo Coelho até fala que eu cheguei no estúdio e, a música, ninguém encontrava uma definição pra ela. E eu chegava e definia a música. "Vamos fazer assim, vamos fazer assim, vamos fazer assado", e aí a música foi concebida. Foi "O dia em que a Terra parou", que era meio lenta, uma coisa assim, e eu falei "bom, uma música dessa não pode ser assim, tem que ser pra frente", e foi assim. Eu fui lá, não cobrei nada, fui pela amizade mesmo.

QUAL A MAIOR LEMBRANÇA DE RAUL?

Vamos falar de coisa boa, né? As pessoas só gostam de ficar falando de coisas tristes e tal. Eu acho que a lembrança boa do Raul é que ele era um cara muito engraçado. Tudo ele levava na brincadeira, na alegria. Eu falava uma coisa e ele "porra, não deixa isso gravado não, porque o dia em que eu morrer...". Tem até uma introdução de música que diz assim "Mazzolera, tá gravando?", aí eu falo "tá". Aí no meio ele errou e falou "Mazzola, apaga isso aí porque senão depois quando eu morrer, nego vai querer usar isso". E eu falei "porra, eu tô aqui dentro, ninguém vai usar isso não, fica tranquilo". E umas sacadas que ele tinha, a própria água do estúdio. Então são coisas que não são legais no resultado, mas a cabeça... "Ah, vou colocar uma água aqui e ninguém vai se incomodar". A própria história do carro, que me liga e "vem ver, a onda amassou meu carro". Pô, a onda amassou o carro? E ele não chegava um dia atrasado no estúdio, em nenhum momento, sempre que eu trabalhei com ele. Claro, quando ele passou pra fase de se enfiar de cara e coragem nas drogas, aí teve até um disco que eu fiz que tinha que levá-lo deitado. E ele arranjou um cara que ele dizia que era um pai de santo, Seu Guimarães, e ele dizia assim: "Mazzola, eu conheci um cara, o cara me dá três passes e eu saio cantando que nem um canarinho". Eu falei "porra, traz o cara que a gente tá precisando". Aí conheci o cara, um baixinho, barrigudo, bigodão. "Outra invenção do Raul." Bom, estava dentro do estúdio já, eu falei "Raul, vamos gravar?". Ele: "vamos, pera aí". Aí o cara foi lá dentro e (faz gesto dos "passes"). Não dizendo que eu não acredito em religiões, mas não sei se aquilo era meio sintomático. Ele ficava assim com poucos minutos de lucidez, cantava a música e caía em depressão outra vez. Coisas assim. Aí depois eu falava "pô, Raul, manda o cara benzer aqui o estúdio, pra dar mais dinheiro". Ele falava "ô, Mazzolera, tá querendo demais...". Então, era um cara assim que não tinha esse problema do superstar. Ele chegava, "tô com vontade de comer um sanduíche". "Raul, mas o meu é pé de chão mesmo". "Não, cara, vamo lá!". A gente comia num pastel, um pastel na Central do Brasil, um tal de Seu Aníbal, um pastel muito gostoso, e a gente saía pra comer pastel, eu e ele e ele já com muito sucesso. Enfim, e a gente comia o pastel do Seu Aníbal, como a gente ia a um show quando ele estava muito bem e a gente saía alucinado com ele. As pessoas só gostam de ficar falando. Quando o artista morre, "vi a Cássia Eller, vi não sei quem lá...", se vai pela droga, "vi Elis Regina", mas as pessoas não viram o que você fez. Se chegou nesse ponto dessa situação é porque alguma coisa... Ele não teve cabeça, sei lá, não teve Deus, vamos falar assim, pra dizer "epa, vou dar um susto nesse cara", como deu no Paulo Coelho. Você lê a biografia[5] e o Paulo

---

[5] *O mago* (2008), biografia de Paulo Coelho escrita por Fernando Morais.

Coelho, duas vezes, teve que pegar a Bíblia e dizer "eu não vou fazer mais isso", lá em Nova York. Entrou quase em estado de coma e está aí. E o Raul deixou pra mim, na minha cabeça, essas coisas muito engraçadas. Tem uma foto com ele e com o Gil, quando gravamos a música, você olha pra ele e ele está de sapato, com uma meia até aqui (aponta para a perna). Era um cara que não tinha esse lado "ah, vou me vestir todo arrumado, na moda". Raul era aquele cara simples, feliz com o que ele fazia, alegre com as pessoas e muito generoso, porque ele procurava ajudar as pessoas. Eu acho que num ser humano são qualidades que, hoje em dia, no artista é muito difícil você encontrar. Tem muitos que fazem esse tipo de coisa, mas essa nova geração aí é "é só pra mim e o resto fica pra depois".

QUAL A MÚSICA QUE VOCÊ MAIS GOSTA DELE?

"Gita".

COMO ELA É?

(Tenta lembrar) Depois você corta aí... Acho que "Gita", porque ele conta uma história que ele extraiu de um livro e que a gravação me colocou à prova, perante todo mundo, se eu ia conseguir botar 150 músicos tocando, ao mesmo tempo, juntos. E eu consegui. Quando eu consegui, ele veio lá dizer "Mazzolera, tu é o cara!". Me levantava. Eu, garoto. Porque foi tudo gravado junto, dentro de um estúdio. E eu gosto porque a letra é muito do cacete. A gravação em si, você escuta hoje em dia do jeito que eu estou falando e tem uma outra visão. Na própria época, nego gravava, "ah, eu tenho três canais, tenho quatro canais", aí gravava a voz, gravava a base, aí depois passava pros outros quatro canais e mais quatro canais, aí a gravação ia perdendo a qualidade. E como eu trabalhava já com a Elis, estava começando a trabalhar com a Elis, a Elis gostava de fazer tudo direto. Todos os discos que eu produzi com ela, foi tudo assim. E aquilo também me deu um certo ensinamento, como posição de microfone. Hoje em dia, o cara está num quarto na sua casa, chega com as gravações e a qualidade é horrível. A gente coloca aqui e "cara, tá ruim essa gravação". "Ah, é que eu gravei no meu quarto com microfone que custa R$100". E a qualidade... Porque ficam só pensando na internet, internet, internet, que o som é comprimido. Mas em um momento esse conteúdo vai virar outra coisa, que a gente não sabe o que é. Como foi do vinil, vinil qualidade incrível. Foi pro CD e perdeu a qualidade, porque uma coisa é o teu impulso digital, a tua sonoridade é quadrada. Então os harmônicos que não se encaixarem ali são cortados, porque a curva dos harmônicos tem que caber aqui dentro. Se não cabe, ele corta, então ele capa. Mas aí começaram a fazer no próprio digital, começaram a fazer coisas novas pra poder suprir essa qualidade que a gente tinha perdido. E agora tem essa febre de todo mundo gravar na sua casa, e a qualidade chega aqui... Cara, não dá nem pra mexer. Porque tem gente que quer que a gente lance o produto dele digitalmente, mas eu digo "eu não vou fazer isso". A MZA tem uma cara de qualidade, então eu procuro ter esse cuidado com esse tipo de coisa, mas acho que as pessoas da nova geração deveriam se preocupar um pouquinho com isso. Porque os formatos, eles virão. Acaba um e vem outro, mas a música nunca vai acabar.

TEM ALGUMA COISA SOBRE RAUL QUE VOCÊ NUNCA DISSE E ACHA IMPORTANTE?

Acho que sobre o Raul foi essa história de eu não ter me encontrado com ele e não saber o que ele queria falar comigo, aí eu fiquei sem saber. Porque ele passava tardes comigo, noites a gente conversando, trocando ideias de como seria o próximo disco. Então eu sabia muito da vida pessoal dele também porque ele me contava, claro, me contava tudo, eu era amigo dele. A única coisa em que ele não me escutava era a coisa de ficar pegando pesado na droga, né? "Não, Mazzolera, fica tranquilo." Então eu tenho só essa curiosidade, mas que foi, já entreguei a Deus, está tudo certo.

29 DE JUNHO DE 2015 - 13H30

ROSANA DA CÂMARA

ANTROPÓLOGA E ESCRITORA

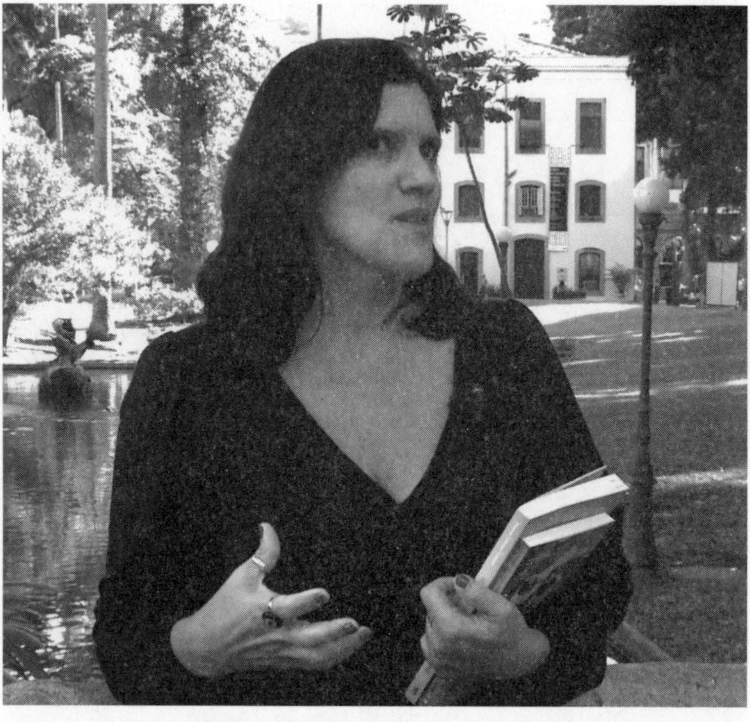

Ela não foi esposa. Não foi amiga. Não é parente. Não foi parceira musical. Não trabalharam juntos. Não foram nem vizinhos. Num primeiro momento, também não consegui imaginar a professora Rosana da Câmara vestida de jaqueta preta, portando uma garrafa de vinho barato, louvando o guru Raul Seixas.

No entanto, a professora Rosana da Câmara teve uma grande importância na nossa produção. Como não queríamos só contar a história de Raul, já que isso foi feito por tantas outras produções, trouxemos algumas pessoas para analisar a obra. Ouvimos a sua visão acadêmica, menos inflamada emocionalmente, no belo cenário do jardim do Palácio do Catete.

Na bagagem, a organização do livro *Raul Seixas – Estudos Interdisciplinares*, junto com a professor Juliana Abonizio, e a autoria do *Krig-ha, Bandolo! Cuidado, aí vem Raul Seixas*. O primeiro traz uma série de textos de autores diversos ponderando aspectos como apropriação de criações alheias, questões sociais nas músicas, experiência como produtor musical, parceria com Paulo Coelho, Era de Aquário, censura, dentre outras. O segundo é uma versão revisada da sua tese de doutorado defendida na Universidade Federal do Rio de Janeiro, em 2004, decompondo sua trajetória.

Esse segundo livro, inclusive, contém cópias de diversas composições de Raul vetadas pela censura, com o carimbo e os pareceres. Tem, por exemplo, a letra de "Eu sou tarado por você", gravada por Renato e seu Bluecaps, que traz versos do tipo "Minha cama dá pra dois / Não deixe pra depois / Se sua mãe acaso não gostar / Não esqueça, ela já teve em seu lugar". Recebeu o seguinte veredito: "A letra musical examinada consiste num convite convincente para a jovem aceitar ter relações sexuais com o autor dos versos, numa linguagem grosseira, constituindo-se numa apologia ao amor livre, pelo que sugerimos a sua não liberação".

A minha preferida entre as vetadas foi a espetacular lição de vida em "Severina Xoque--Xoque". Nela, ele conta que casou com uma "dona com uma cara de jumento", só não contou a ela que era um cara "fedorento". E conclui com "Pra vocês agora eu provo como é fácil enriquecer / É casar com mulher rica e depois deixar feder / Ela pega e vai se embora e deixa o ouro pra você".

Todo esse material foi encontrado por ela no Arquivo Nacional, no Rio de Janeiro. Solicitamos acesso, mas o órgão informou que estava passando por um tratamento arquivístico e depois viriam procedimentos de conservação, digitalização e acondicionamento antes da liberação, em março de 2016. E, pelo que avaliamos, não dava para adiar os 70 anos de nascimento de Raul para o ano seguinte.

Então, a professora Rosana da Câmara contribuiu muito dessa forma também, enviando o material que possuía.

O primeiro livro também levantou questões interessantes. Como o recebi muito em cima da viagem, fui lendo enquanto voava, comia, tomava banho. Dali fui destacando informações que me deram base para perguntas a alguns entrevistados. Raul Seixas tocou pandeiro para Jerry Adriani?

Depois que terminar de ler este livro, recomendo que procure *Raul Seixas – Estudos Interdisciplinares* e *Krig-ha, Bandolo! Cuidado, aí vem Raul Seixas*.

"Além, depois dos velhos preconceitos morais
Dos calabouços, bruxas e temporais
Onde o passado transcendeu há um reinado
[de paz"[1]

---

[1] Trecho da música "A Geração da Luz", do álbum *Metrô linha 743* (1984), composição de Raul Seixas e Kika Seixas.

VAMOS FAZER UM APANHADO DE CADA LIVRO.

No livro *Krig-ha, Bandolo! Cuidado, aí vem Raul Seixas*, eu me dediquei a estudar o universo de fãs do Raul Seixas. Comecei a fazer esses estudos em 2001, procurando compreender qual o motivo dessa longevidade, ou seja, por que tantos anos depois de Raul Seixas as canções continuavam tendo grande sucesso, e também pra compreender os diferentes tipos de fãs, ou seja, quais eram as razões simbólicas dessa idolatria, o que fazia com que esses fãs se identificassem com ele ainda e com a sua obra. No *Estudos interdisciplinares*, eu e a professora Juliana Abonizio quisemos trazer a público as diferentes interpretações que vêm se dedicando a analisar a obra e a trajetória de Raul Seixas em diferentes campos acadêmicos.

UM DOS PRIMEIROS TEXTOS DO *ESTUDOS INTERDISCIPLINARES* TRATA DE FÃS, 300 CARTAS QUE FORAM RECOLHIDAS E ANALISADAS. O FÃ MIRA O ÍDOLO COMO REFERÊNCIA DE PERSONALIDADE. NO CASO DE RAUL, QUE PREGAVA O "EGOÍSMO", ISSO SE TORNA UMA CONTRADIÇÃO. COMO A SENHORA ANALISA ISSO? E QUAIS SÃO OS TIPOS DE FÃS DE RAUL?

O universo de fãs de Raul Seixas é múltiplo, então não seria correto dizer que você tem um tipo único, muito embora essa seja a representação mais popular do fã do Raul Seixas, como aquele que quer ser o Raul Seixas. Inclusive fisicamente. Na minha pesquisa, eu identifiquei algumas categorias. Duas delas, dois universos importantes, foram dos "raulseixistas" e dos "raulmaníacos". Os "raulseixistas" percebem a obra do Raul como sendo portadora de uma mensagem, e essa mensagem deve ser divulgada, ela não pode morrer, não pode ser esquecida. E esses fãs também acreditam que compreenderam a mensagem que o Raul trouxe, e por isso essa percepção de que você não deve querer ser igual ao seu ídolo, mas, a partir daquelas ideias e daquela identificação, descobrir algo próprio, porque nas canções, nas letras do Raul, existe essa ideia de que o individualismo é importante, quer dizer, o individualismo é a mais sincera de todas as ideologias, ou seja, você precisa saber quem é, romper com a opressão do sistema e a partir dessa libertação construir um caminho novo. E você tem um outro tipo de fã, uma outra categoria de fã, que é a do "raulmaníaco", que é aquele que valoriza muito mais o caráter contestatório das canções, enfim, um lado mais transgressor, e por isso acaba, de uma certa maneira, fazendo uma leitura dessa obra a partir desses elementos, valorizando, sobretudo, a ideia de que você é livre pra fazer o que quiser, pra dizer o que quiser, enfim, pra conduzir a sua experiência neste planeta da maneira que você achar mais confortável e a que te torne o mais feliz possível.

QUAL ERA O DIFERENCIAL DE RAUL SOBRE OS DEMAIS ARTISTAS NO PERÍODO DO REGIME MILITAR?

Acho que tem um elemento pra gente compreender a importância do Raul no movimento cultural brasileiro que é o fato de que as suas canções e a sua postura, a sua persona, a maneira como ele se comportava, de uma certa maneira traziam um elemento muito solar, digamos assim, uma contestação que traz possibilidade de mudança num momento muito opressor, muito angustiante, em que as pessoas se sentiam muito sufocadas, as mensagens eram muito positivas. Através dessas mensagens, o Raul falava de uma nova era, de um novo momento da capacidade do indivíduo de encontrar em si mesmo elementos pra fazer essa transformação. Então uma forma de romper de outra maneira que não seria necessariamente através de um processo revolucionário, se engajando em uma militância, mas procurando olhar para o futuro a partir de uma visão otimista, ou seja, a capacidade de sair de uma situação profundamente contraditória, profundamente asfixiante, e projetar ou construir alternativas de futuro que falassem de libertação muito maior, que sempre partiriam desse indivíduo, primeiramente desse indivíduo. Para que o indivíduo mude o mundo, é preciso que ele primeiro se modifique, é preciso que ele primeiro se transforme. Várias das suas composições, sobretudo dos anos 70, eu diria que elas têm esse caráter "ensolarado", positivo, anunciando a possibilidade de um novo tempo de libertação pros homens.

HÁ UMA PERCEPÇÃO DE QUE NESSA ÉPOCA OS ARTISTAS DEVERIAM ESTAR ENGAJADOS NA RESISTÊNCIA À DITADURA E RAUL TRAZIA OUTRAS DISCUSSÕES TAMBÉM, FORA DESSE CONTEXTO POLÍTICO. HAVIA CRÍTICAS A SUA OBRA POR CAUSA DISSO?

Sim, o Raul sofreu uma crítica bastante contundente naquele período, por parte da imprensa de maneira geral, sobretudo pelas estratégias comerciais que tanto ele quanto Paulo Coelho utilizaram pra divulgar essa obra. Passeatas, enfim, a maneira como ele se caracterizava, como ele posava de guru muitas vezes. Então havia uma crítica. Em alguns momentos, ele foi chamado de mistificador e ele era cobrado um pouco por isso, mas, insistentemente, ele dizia em algumas entrevistas que não queria se engajar em grupo nenhum, que ele não fazia parte de grupo nenhum, que a música dele não podia ser facilmente classificável. E muitas vezes ele disse que essa música era "raulseixismo", o que ele fazia era "raulseixismo", exatamente uma alusão a essa ideia que ele não era de esquerda nem de direita, que ele não estava aqui para enganar os estudantes. Então, sistematicamente, ele procurava fugir desses rótulos e anunciar a música dele, obra artística dele, como uma coisa absolutamente diferente. Então é claro que em função disso, em um momento em que havia um debate, uma tensão política muito grande, em alguns momentos isso foi considerado uma alienação talvez, um não engajamento efetivo. Mas eu acho que deliberadamente ele recusava se alinhar com qualquer movimento de direita ou de esquerda.

DESSA QUESTÃO DA ALIENAÇÃO É INTERESSANTE TRATAR. ELE FOI UM DOS PRIMEIROS ASSOCIADOS DO ELVIS ROCK CLUB, MÚSICA AMERICANA, EM CONTRA POSIÇÃO À BOSSA NOVA, AOS TROPICALISTAS, À MÚSICA BRASILEIRA. E ELE SOFREU CRÍTICA COMO SE FOSSE ENTREGUISTA.

A sua ligação com o rock, eu diria que inicialmente causou, talvez, essa ideia de que ele era um americanista, de que ele não valorizava a cultura brasileira. Mas isso não se observa em sua obra em hipótese alguma. A sua obra é resultado exatamente da mistura de ritmos e de como ele foi fazendo uma união entre estilos musicais muito diferentes. Desde o início, quando ele se lança, em 1972, no Festival da Canção com "Let me sing", ele já traz exatamente essa articulação, essa mistura entre o rock e o baião. Então é uma característica, é uma marca da sua obra como um todo, esses experimentos musicais, essas mixagens que ele faz entre diferentes tendências musicais. Embora, eu diria, que sua atitude *rocker* tenha sido uma marca da sua persona que ele construiu, que ele lançou no mercado, e à qual ele se manteve bastante ligado ao longo de toda a sua vida.

QUAL FOI A INFLUÊNCIA DO TRABALHO COMO PRODUTOR NA CARREIRA DE CANTOR?

A fase do Raul Seixas como produtor musical foi um momento fundamental de experimentação, onde ele teve a possibilidade de vivenciar essa experiência artística de outro ponto de vista, que era produzir e lançar artista. Sem dúvida alguma, eu acho que isso foi fundamental na sua carreira como intérprete, na sequência. Quando, a partir desses experimentos e dessas vivências, ele pode aliar um pouco essa bagagem que ele construiu com uma intencionalidade, que era um pouco pensar em que artista ele queria ser, qual seria a imagem desse artista. Então, aliado a essa experiência, projetar essa imagem que ficou popularizada, do ídolo, guru, do profeta, mas sempre tudo com muita ironia, com humor. Eu acho que é uma característica também dessa personalidade que ele construiu. Agora, é importante dizer – você mencionou um aspecto que eu gosto de ressaltar –, olhando de longe parece, agora, após todo esse tempo, fica parecendo que na verdade o Raul Seixas estava fadado a todo esse sucesso, um pouco uma visão teleológica da sua carreira, que desde sempre como gênio ele estaria destinado ao sucesso. Acho que é importante perceber as questões históricas, a conjuntura na qual ele viveu e que possibilitou que ele se projetasse. As experiências que ele teve, o momento político do Brasil, os seus interesses. Sem dúvida alguma, a obra dele é uma obra muito importante, significativa, ele foi um artista genial, porém vários elementos foram fundamentais pra que ele se transformasse nesse ícone. E são elementos que, muitas vezes, não aparecem. Então, eu acho que pensar na importância do período em que ele foi produtor, pensar na parceria com o Paulo Coelho, na troca de ideias que eles tiveram, de interesses que eles tinham, nas informações filosóficas da história do Raul, enfim, tudo isso foram ingredientes importantes pra que ele se lançasse naquele momento e que ele tivesse condições de alcançar o sucesso.

* * *

Aqui tivemos a gravação interrompida e, enquanto conversávamos, voltou a gravação e a professora estava falando dos discos *Gita* e *Krig-ha, Bandolo!*.

* * *

(*Professora Rosana da Câmara*)
...em que ele vai aparecer com essa característica: cabelo comprido, óculos escuros. Com essa persona que vai ser consagrada no disco *Gita*. Mas é muito importante mostrar a ruptura que o *Krig-ha, Bandolo!* significa em relação à carreira anterior do Raul. É nesse momento que ele começa a se desenhar essa figura que é tão idolatrada pelos fãs. O *Krig-ha* é exatamente um disco que já revela essa mistura de ritmos, essas experimentações, e ao mesmo tempo que traz canções portadoras dessas mensagens, digamos

assim, existenciais, filosóficas, anarquistas. E os fãs vão ler a partir de diferentes olhares e intenções. Mas, por exemplo, você já tem uma canção como "Ouro de tolo", que é uma canção fundamental nesse disco, que vai fazer uma crítica feroz da sociedade que está se vivendo naquele momento e do comportamento dos indivíduos diante dela. "Mosca na sopa" também, que é uma outra canção que vai fazer uma mistura de ritmos: ponto de umbanda e, ao mesmo tempo, rock. Então vários elementos que você encontra depois da trajetória do Raul Seixas estão lançados de forma fundamental nesse disco *Krig-ha, Bandolo!*. O disco *Gita* é, eu diria, uma consagração e talvez um momento em que esses elementos que aparecem no *Krig-ha* vão ser aprofundados, inclusive, sobretudo e especialmente, a influência do Aleister Crowley, desse mago inglês que foi tão inspirador nas composições do Raul e do Paulo, especialmente com relação à canção "Sociedade Alternativa", que é lançada no disco *Gita* e que é uma canção marcante, muito importante porque traz esses ideais relacionados à Sociedade Alternativa.

COMO A SENHORA ANALISA ESSE ENVOLVIMENTO DELE COM PAULO COELHO?

Eu acho que foi uma parceria fantástica. As canções demonstram isso, o quanto essa parceria foi profícua, como ela foi produtiva. Se ela foi dilemática, se ela trouxe problemas, trouxe conflitos, por outro lado ela, em termos de produção, traz canções absolutamente fundamentais na trajetória do Raul Seixas. Então, o encontro entre essas duas perspectivas, entre essas duas visões, entre essas duas trajetórias, essas duas sensibilidades artísticas, possibilita grandes sucessos na carreira do Raul. Mas é importante dizer que a carreira dele, a trajetória dele não se limita a esse momento. Depois, para além da parceria, o Raul vai continuar emplacando alguns sucessos e trazendo, recorrentemente, ideias que já estavam lá presentes desde o início da sua trajetória artística.

GOSTARIA DE DESTACAR ALGUM PONTO DE VISTA DO LIVRO *RAUL SEIXAS - ESTUDOS INTERDISCIPLINARES*?

Eu gostaria de falar da importância desse livro. Essa coletânea que eu e a professora Juliana Abonizio, da Universidade Federal do Mato Grosso, organizamos foi um esforço no sentido de reunir trabalhos, artigos, estudiosos, que a partir de um tema comum – a obra e a trajetória de Raul Seixas – produziram interpretações muito diferentes, procurando explorar variadas facetas desse universo. Temos artigos que falam dos fãs, que retratam a vida dos fãs, do pensamento dos fãs e, sobretudo, as formas de sociabilidade de relação que eles colocam em prática tendo em vista essa identificação. Então esse é um ponto importante. Temos trabalhos que vão explorar outras características: a questão social, por exemplo, na obra do Raul Seixas e nas suas canções. Temos trabalhos que vão fazer uma análise sobre o período da produção musical. Artigo que vai analisar a questão da presença de Deus, da morte de Deus na obra de Raul Seixas. Então, temos estudos tentando contemplar diferentes aspectos. A questão da censura, também, das obras do Raul. Raul Seixas, por exemplo, como um ícone rebelde e ao mesmo tempo a relação difícil que ele teve com o mercado. Como é que era essa relação. Também a questão da obra do Raul Seixas no movimento contracultural, especialmente as discussões sobre a Era de Aquarius e sobre as sociedades alternativas. A questão da parceria Paulo Coelho e Raul Seixas também está contemplada no livro. Então esses artigos, de uma certa maneira, procuram se dedicar a interpretar vários elementos e que no seu conjunto vão mostrar a importância, a relevância dessa obra. Eu queria chamar a atenção pro fato de que são artigos de diferentes áreas de conhecimento. Então, nós temos aqui uma pluralidade de visões. São estudiosos que vêm de diferentes campos de conhecimento e têm diferentes objetivos também do ponto de vista da análise. Então, o leitor vai ter a possibilidade de desvendar vários aspectos dessa obra, e eu acho que também vai poder se deliciar conhecendo, a partir desse material, outros aspectos que talvez não sejam tão explorados por um outro tipo de literatura.

29 DE JUNHO DE 2015 - 16H

JERRY ADRIANI
AMIGO

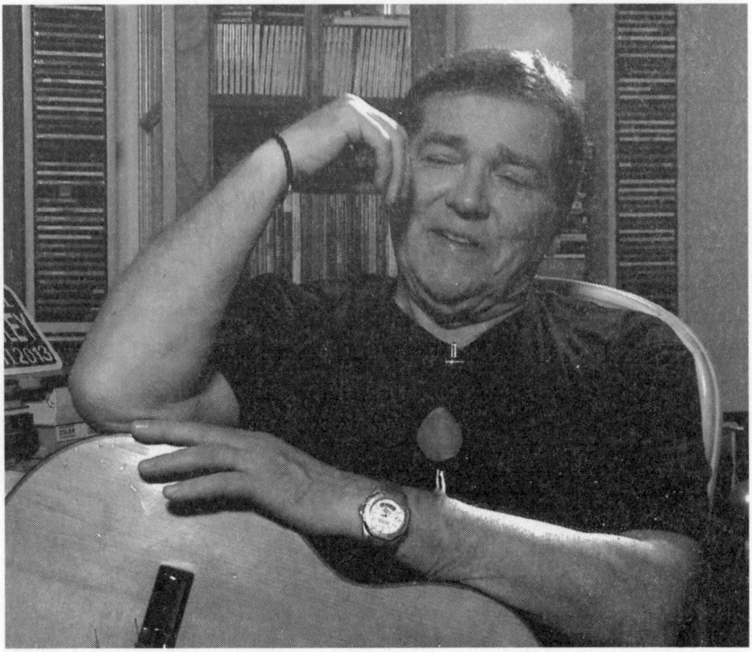

Meu primeiro encontro com Jerry Adriani foi no HSBC Brasil, nos bastidores do show O Baú do Raul, em que ele cantou "Você ainda pode sonhar". No meio dos diversos artistas que no *backstage* trafegavam com um porquê – homenagear os 70 anos de Raulzito –, ele me chamou logo a atenção.

Conversou muito cordialmente com uma repórter, depois fui ao seu encontro. Lembrei a ele da nossa entrevista dali a quatro dias. Também falamos brevemente sobre o fato de ele ser padrinho de Simone (primeira filha de Raul).

Seu semblante só mudou quando o questionei a respeito de não ter participado do documentário *Raul – O início, o fim e o meio*. Jerry disse que passou uma tarde toda com a equipe de gravação e ficou chateado por não ter entrado sequer uma fala dele.

O diretor Walter Carvalho tinha mais de 400 horas de gravação, entre produção própria e material de arquivo. Foram 94 depoimentos gravados. No primeiro corte do filme, na ilha de edição, ficaram 12 horas. Depois chegou a três horas e, por fim, 128 minutos. Nesses cortes, Jerry terminou de fora.

Alguém comentou que ele falou o que todo mundo já sabia, o que se encontra na internet, nenhuma novidade. Retrucou: "Vou inventar história?".

A reação não me pareceu vaidade, mas de um cara que não conseguiu que ouvissem o que ele tinha para falar do seu amigo, para quem ele compôs a música-tributo "O Cavaleiro das Estrelas": "E mesmo que você vá por todos os universos / sua luz brilhará como sol / pela noite dos tempos / Leve, amigo, a certeza de nossa saudade/ e que um dia nos encontraremos na eternidade".

A produção do nosso programa era mais simples do que a do filme. Tínhamos planejado quatro vezes menos depoimentos. Era extremamente necessário aproveitar bem o tempo e os personagens, a exemplo de Jerry, um dos responsáveis por *Raulzito e os Panteras* pegarem o rumo do Rio de Janeiro, numa época em que estava no auge como cantor e apresentava programa na televisão.

Ele nos recebeu muito bem no seu apartamento, num condomínio bem arborizado na Barra da Tijuca. Sem tanto luxo, como seria normal pensar sobre um artista consagrado, com mais de 50 anos de carreira.

Gravamos num espaço pequeno, onde ele abriga seu violão, CDs, DVDs e livros. Um não estava na estante, mas destacado à sua direita, e para ele é algo muito importante: a Bíblia. Nem essa diferença de crenças afastou a amizade de Jerry com Raul (e ele fala sobre isso).

Por um lado, foi até bom ele não ter aparecido no filme. O precioso depoimento ficou para nós.

"Eu quero avacalhar com toda a turma da
                                      [esquina
Com meu cabelo cheio de brilhantina
Dançando o rock ao som de Elvis'n Roll
Eu vivo num clima brabo, cheio de violência
E você faz sinal de paz e clemência"[1]

---

[1] Trecho da música "Teddy Boy, Rock e Brilhantina", composição de Raul Seixas, do compacto lançado em 1972, que contava ainda com a música "Let me sing, let me sing".

QUANDO RAULZITO E OS PANTERAS COMEÇARAM A ESTOURAR EM SALVADOR, FOI BANDA DE APOIO DE GRANDES ARTISTAS, COMO VOCÊ E ROBERTO CARLOS. FOI NESSE MOMENTO QUE VOCÊ CONHECEU O RAUL?

Foi, exatamente nesse momento. Foi no auge da Jovem Guarda. Na verdade, eu fui fazer um show em Salvador e a minha banda teve um problema, não se apresentou. E, no lugar, o empresário Carlos Silva chamou uma banda local que já vinha fazendo sucesso lá, foi o Raulzito e os Panteras. Foi aí que eu conheci o Raul e conheci os meninos d'Os Panteras. E então me acompanharam ali sem ensaio, sem nada, e foi beleza. No show, estávamos eu, Chico Anysio e Nara Leão. Chico Anysio também ficou muito impressionado e Nara também ficou muito impressionada com Os Panteras, pela maneira como eles chegaram e venceram aquela situação difícil até então, que não tinha ensaiado, nem nada. Então foi muito legal, a química que rolou ali foi muito legal.

É VERDADE ESSA HISTÓRIA DE QUE RAUL FOI PANDEIRISTA DA SUA BANDA?

Não, isso era uma brincadeira que ele fazia. Raul era um gozador. O Raul contestava tudo, até ele mesmo. Quando não tinha o que contestar, ele tirava sarro dele mesmo. Na verdade, ele tocava guitarra-base. Quando, às vezes, em uma música ou outra, necessitava de alguma coisa rítmica e tal, ele intercalava entre violão e pandeirinho. Então eu já vi até em matéria ele dizer "tocava pandeiro na banda de Jerry Adriani" (risos). Raul era uma figura.

COMO COMEÇOU A AMIZADE?

Bom, quando acabamos de tocar, de nos conhecer ali naquela situação, e que a coisa acalmou um pouco, aí veio o Chico: "Pô, que legal, você chama eles pra irem pro Rio, a gente dá uma força". E, na verdade, o Chico Anysio deu realmente uma força pr'Os Panteras aqui no Rio, tentou colocar em alguns programas e tal. Mas a base da negociação com o Chico, que eu conversei com ele, nós conversávamos ali nos bastidores, foi exatamente pra eles terem uma coisa de ganhar algum dinheiro, poderem se manter. O Chico falou: "por que você não chama os meninos pra tocarem com você? Aí a gente ampara, faz televisão, faz isso, faz aquilo", e a Nara também. Aí eu fiz o convite, o Chico deu o aval. Eles já tinham plano de ir pro Rio, com toda a certeza, mas com aquele aval de Chico Anysio... Não é preciso nem dizer o que o Chico representa pra todos os artistas e pro cenário artístico de uma maneira geral. É um cara da maior credibilidade, da maior lisura, um *gentleman*, um cara da maior honestidade fantástica. Então a pessoa tem o aval do Chico Anysio e um aval moral ali da Nara Leão, e com o convite do Jerry Adriani também... "Ó, vai lá que eu vou, de repente, botar vocês pra fazer os shows". E foi exatamente o que aconteceu. Passou mais ou menos um mês, um mês e pouco, eles apareceram no Rio de Janeiro e foram me procurar na TV Tupi, onde eu fazia "A Grande Parada", que era o meu programa. E aí nasceu a amizade, veio o convite pra eles irem me acompanhar na primeira excursão que eu fazia pro Nordeste, com a banda de apoio Raulzito e os Panteras. E o Raul chega pra mim e diz assim: "Mas eu tô em lua de mel." Eu falei "não tem nenhum problema, você convida a sua mulher, leva a sua mulher junto. Vamos todos em lua de mel." Foi uma maravilha, uma excursão em que a gente se divertiu de montão. E aí nasceu a amizade. Eu sempre tive amizade com todos os meninos, mas o Raul, ele tinha uma... Como é que eu posso dizer pra você? Tinha uma coisa que era diferente das pessoas, de uma maneira geral. A ótica dele de encarar as coisas, os fatos, a vida, era muito engraçada. E eu achava um grupo assim muito engraçado, o Raul, o Carleba e os meninos da banda. Eu me sentia muito bem quando eu estava com eles, quando eu viajava com eles. Então, essa amizade foi crescendo, foi só crescendo.

E ESSA AMIZADE FICOU TÃO FORTE QUE VOCÊ FOI PADRINHO DA PRIMEIRA FILHA DE RAUL.

(*Confirma com a cabeça*) A Edith ficou grávida, teve neném e tudo mais, e o Raul me chamou pra ser padrinho da primeira filha dele, que é a Simone, que mora hoje nos Estados Unidos, filha dele com Edith. Eu aceitei, fiquei muito feliz e foi uma grande alegria.

VOCÊ TEVE CONVIVÊNCIA COM ELA? LOGO DEPOIS ELA FOI PARA OS ESTADOS UNIDOS. (A PERGUNTA ERA SOBRE SIMONE, MAS JERRY ENTENDEU COMO SENDO SOBRE EDITH E SEGUIMOS DESTA FORMA.)

Não foi tão logo depois, não. Mas foi algum tempo, ainda demorou um pouco de tempo. Olhando assim, 50 anos, foi pouco tempo depois, sem dúvida. Mas, na época, eu tive a oportunidade de conviver com Edith algum tempo, ela é uma pessoa maravilhosa, minha comadre, gente finíssima. E depois houve o problema dela com Raul, e enfim, tudo foi como foi, né? Aí ela realmente se separou do Raul. Ela, realmente, era uma pessoa que amava Raul de uma forma impressionante. A Edith tinha um amor por Raul que era uma coisa que saltava aos olhos. O amor carinhoso, o carinho que ela tinha, o afeto. Eu acho que ela deve ter enfrentado um problema muito sério e acabou indo embora do Brasil com essa desilusão que ela teve com a relação com Raul, acabou resultando na ida dela pros Estados Unidos.

E O SENTIMENTO DE RAUL POR EDITH?

Ele também gostava muito dela. Mas eu quero dizer uma coisa pra você: a vida, quando a pessoa começa a fazer sucesso, uma série de coisas acontece na cabeça da criatura. O Raul sempre foi um cara que tinha uma cabeça muito à frente do tempo. Imagino eu, a Edith deve ter enfrentado alguns... naquela fase de transição da vida. Até a pessoa se habituar àquela nova vida, muita novidade, muita coisa, o mundo se abre assim, parece que quando o sucesso chega... Primeiro foi a luta, a enorme luta pra conseguir o sucesso, que não foi fácil, de maneira nenhuma, mesmo com o aval da gente. Por exemplo, eu tentei de todas as formas levar Os Panteras pra CBS e não consegui. Da mesma forma que às vezes você chegava pra um programador, indicava e tal, e não rolava. Um belo dia, os Panteras estavam lá nos estúdios da EMI e por acaso o Roberto Carlos apareceu por lá. E o Roberto Carlos deu uma força, chegou e falou com a pessoa ali encarregada dos testes. Não foi uma coisa programada, mas o Roberto conhecia e conhecia bem os Panteras, falou "olha, os meninos estão esperando aí, dá uma força". Então o Roberto também teve participação na coisa, porque foi depois desse dia que eles gravaram o primeiro disco deles, que foi *Raulzito e os Panteras*. Eles gravaram na Odeon, mas não foi por falta de eu ter pedido ao Seu Evandro, mas o Evandro não queria levar mais nenhuma banda pra CBS, porque ele já tinha *Renato e seus Bluecaps*. Como era uma banda que tinha uma proposta de rock e essa coisa toda, então ele preferiu não... Já tinha um *casting* ali mais ou menos amarrado, mais ou menos fechado, e cometeu esse deslize de não levar o *Raulzito e os Panteras* pra lá. Depois, se viu aí que realmente teria sido fantástico se ele tivesse gravado com o *Raulzito e os Panteras*.

VOCÊ FOI O PRIMEIRO QUE GRAVOU UMA MÚSICA DE RAUL?

Primeiro, que foi "Tudo que é bom dura pouco". Eu não sei nem se eu vou conseguir cantar porque eu estou com um resfriado. (cantando) "Algo estranho em nosso amor está pra acontecer. Com esse olhar fugindo ao meu...". Bom, enfim, essa música aí que eu estou tentando cantar, mas com essa gripe que eu estou... É só pra vocês terem uma ideia de como era a música, me desculpem, mas realmente... Eu custo ficar afônico, mas dessa vez eu estou afônico.

NA FASE COMO PRODUTOR, ELE TRABALHOU EM TRÊS DISCOS SEUS.[2]

A coisa foi o seguinte: eu chateei o Seu Evandro até não mais poder. O Seu Evandro era o gerente-geral da gravadora e ele lançou Roberto Carlos, lançou Wanderléa, lançou Renato e seus Bluecaps, Leno e Lilian, Os Vips, Kátia Cilene, um bando de gente que na época fez o sucesso que nós todos conhecemos. E, realmente, foi meio duro de vencer a coisa dele de querer largar a produção do meu disco, por exemplo. Ele tinha medo. (Imitando Seu Evandro) "Seu Raul e Seu Jerry, vocês dois são meio malucos, vocês vão fazer besteira." "Não vamos, não, Seu Evandro, deixa ele produzir meu disco." E ele (Raul) acabou produzindo o meu disco. Aí o meu disco foi legal, foi o que tinha "Ainda gosto dela". (Palhinha da música) "Ainda gosto dela, por ela vou viver...". Não está dando pra cantar, desculpem, eu estou bem afônico mesmo. Mas "Ainda gosto dela", uma música do Plínio (Seixas) e do (Waldir) Serrão, eu presumo que o Raul tenha tido alguma participação nessa música também. Então o primeiro disco foi muito legal, o que ele produziu. O segundo disco também foi muito legal. E depois teve o "Se pensamento falasse", que foi também uma música maravilhosa e que não chegou a ter o sucesso que merecia, porque faltou fechar um pouco na mídia em relação àquele disco, que era um trabalho um pouco diferenciado. Raul já querendo que eu fizesse alguma coisa um pouco diferente, mais ou menos naquela linha que ele já tinha em mente seguir. E foram três discos. Depois que ele fez os três discos, o Seu Evandro encontrou com o Raul na Bahia. Conversaram, ficaram amigos e tudo mais. O que não me surpreendeu, porque o Raul realmente sabia fazer amizades. E ele ficou amigo do Evandro. E o Evandro acabou admitindo o Raul como produtor da gravadora CBS.

---

[2] Os álbuns produzidos por Raul foram *Jerry* (1970), *Jerry Adriani* (1971) e *Pensa em mim* (1971).

LI UMA DECLARAÇÃO DELE DIZENDO QUE TINHA CARTA BRANCA NO TRABALHO COM VOCÊ.

Óbvio que ele tinha uma abertura pra poder fazer o trabalho, mas claro que... Tanto é que o primeiro disco, pra não mexer demais, ainda permaneceu mais ou menos dentro daquilo que eu fazia. O segundo disco, também. No terceiro disco então, ele mudou. Ele colocou "Se pensamento falasse", que era uma coisa mais raulseixista mesmo. E colocou "Seu táxi está esperando" e tudo mais, pra mesclar um pouco, começando a dar uma mexida. O Seu Evandro dava liberdade, mas ele queria resultados, como todo diretor, como todo executivo, ele queria resultado de venda. E o terceiro disco, lamentavelmente, que foi o disco que caminhou mais pro lado do Raul, foi talvez o que tenha vendido menos. Agora, não tem nada a ver com o Raul, tem a ver com a linha do Jerry Adriani. O Jerry Adriani tinha um público muito dentro de um esquema e, de repente, começou a colocar em xeque tudo aquilo que ele fazia e entrar numa coisa. Aí começou a fundir um pouco a cabeça do fã, aquele que gostava e que curtia o meu trabalho. E o Raul fez um trabalho popular na CBS muito grande, muito bom. Trabalhou com a Diana, que era uma vendedora de discos extraordinária, e outros artistas que eu não me recordo agora, enfim. E ele começou a querer desenvolver um pouco da linha que ele tinha se proposto a fazer na vida dele, que é essa linha que nós conhecemos: a mais descompromissada, o crítico, o cara que falava mal, se bobeasse, até dele mesmo. E muito engraçado, de uma forma totalmente diferente. "Eu sou a mosca que pousou na sua sopa." Mas o que veio a fazer com que ele desse vazão a essa coisa do Raul Seixas, na verdade, foi o *Grã-Sociedade Kavernista*.[3] Seu Evandro viajou e ele aproveitou que Seu Evandro não estava na cidade, e gravou *Grã-Sociedade Kavernista*. Seu Evandro, quando chegou e viu aquele disco totalmente diferente da proposta que ele tinha em mente como a coisa comercial... Porque,

---

[3] Jerry se referiu ao álbum *Sociedade da Grã-Ordem Kavernista apresenta Sessão das 10.*

às vezes, as pessoas têm uma visão comercial pra um lado, as coisas dão certo de uma forma e não sabem mudar, não sabem acrescentar uma outra coisa, mudar essa fórmula. E ele, na realidade, tinha medo de que essas coisas dessem errado. E o Raul gravou então aquele *Grã-Sociedade Kavernista* com a Míriam Batucada, com Edy Star, com Sérgio Sampaio, que foi um trabalho emblemático na vida do Raul e que significou ali um divisor de águas. Ele passou a ser o Raul inesperado, aquele cheio de surpresas, cheio de sacadas, que na época até as pessoas não entenderam exatamente. Você vê que hoje, passados tantos anos, ele morreu em 1989, pra hoje que nós estamos em 2015, as pessoas curtem e, realmente, saboreiam as músicas do Raul como se fossem músicas gravadas ontem, de tão atuais que elas são.

RAUL TAMBÉM FOI RESPONSÁVEL POR TER COMPOSTO UM GRANDE SUCESSO SEU.

É, exatamente. Eu gravei "Tudo que é bom dura pouco", tocou muito bem na época, foi produção dele também. Gravei o "Doce doce amor" e "Tarde demais", antes do "Doce doce amor". E depois o "Doce doce amor", que é uma composição dele com Mauro Motta. E ele havia feito pra eu cantar na época o "Medo da chuva". E eu não gravei na época o "Medo da chuva". Gravei nesse meu novo trabalho que está aí agora, um disco chamado *Outro*, em que inclusive está totalmente diferente o repertório. A única música mais em acordo com aquilo que eu canto normalmente é "Medo da chuva", que eu fiz absoluta questão de colocar. Mas o repertório é absolutamente diferente de tudo o que já cantei até hoje.

POR QUE, NA ÉPOCA, VOCÊ NÃO GRAVOU "MEDO DA CHUVA"?

Porque a letra falava de igreja, religião, padre, de umas coisas que eu... Eu discutia muito com o Raul, nós discutíamos muito religião. O Raul era meio ateu na época e, quando ele falava que não acreditava em Deus, eu subia as paredes. Eu dizia: "você um dia vai acreditar ainda". E, realmente, eu acho que foi isso que aconteceu. Eu acho que, quando ele foi embora, ele já estava acreditando que existia uma coisa maior que regia esse universo todo.

VOCÊ ESTAVA CONTANDO ANTES QUE TINHAM ATÉ UMA LINGUAGEM PRÓPRIA. COMO É ESSA HISTÓRIA?

Isso era uma brincadeira nossa, do Raul com os meninos, que é até anterior à minha chegada. Eu peguei uma carona nisso aí. Mas eu também me habituei a brincar com essa história do "Manfra", "Manfredo" (faz uma cara engraçada para mostrar como era a linguagem). Tinha um negócio do "testar", de vez em quando ele fazia assim (assopra pra cima). — "Tá fazendo o que aí, compadre?" — "Tô testando." — "Tá testando o quê?" — "O mau hálito." Ele fazia assim pra testar se estava com mau hálito (risos). Então tinha essas brincadeiras, coisas que a gente tinha mais ou menos como um código. E a gente, quando falava, ninguém entendia nada, a gente morria de rir. Não significa absolutamente nada, a não ser o teu estado de espírito da hora. Mas ficavam cabreiros. "Será que estão falando mal da gente?" E tinha o "Dureza" também, "Dureza" era uma coisa muito engraçada. "Dureza" ficava todo duro assim. O Raul era forte, rapaz. Ele era magrinho, mas ele era cheio de músculo, então ele fazia essa "Dureza" pro Carleba, o Carleba saía correndo. Eu morria de rir, tinha umas coisas engraçadas assim.

ESSA SINTONIA AJUDAVA NA HORA DE TRABALHAR?

Claro, sem dúvida. Nunca tive nenhum problema pra trabalhar com Raul. E gozado que, veja bem, quem via o Jerry Adriani e o Raul dizia: "mas o que esses dois fazem juntos? Tem nada a ver o Jerry Adriani com Raul". E não tinha mesmo. Por exemplo, Raul pegava no meu pé por causa das minhas roupas. Ele falava "pô, compadre, você tem que usar calça jeans", aquela calça Lee na época. Eu falava "eu não vou usar esse uniforme de guerrilheiro". Eu só mandava fazer roupa em costureira. E o Raul queria que eu fosse mais despojado, já naquela época ele falava. E ele começou a batalhar comigo pra eu gravar Elvis. Ele queria porque queria gravar um disco de Elvis, ele falava: "no dia que você gravar Elvis, você vai arrebentar". Pra você ver a visão que o Raul tinha. O Raul era um fã do Elvis, assim doente. Inclusive era muito engraçado, porque, quando ele tocava comigo, ele cantava imitando o Elvis, era muito gozado (faz uma demonstração), aquela coisa de Elvis assim, fazia o lance do braço. Enfim, era muito engraçado, foi um tempo muito legal, em que a gente se divertia muito, dava muita risada.

COMO AMIGO, VOCÊ ACOLHEU RAUL NO SEU APARTAMENTO ALGUMAS VEZES.

O Raul, na realidade, quando ele começou a parceria dele com Paulo Coelho... O Paulo trabalhava até na CBS. E naquela fase, estranhamente, eles já tinham um tipo de comportamento difícil de a gente acompanhar. A gente via aquelas coisas e tal, e de repente você percebia que havia alguma coisa estranha, alguma coisa a mais. E quando eu tocava no assunto... Mas a gente sentia que alguma coisa errada tinha ali naquela história. E a forma de ele agir, proceder. Até que isso foi crescendo. E, assim, o sucesso é uma coisa impressionante, porque é um bichinho que vai roendo, roendo, roendo... a fama, o sucesso, o dinheiro. De repente, as pessoas acham que estão com tudo a seus pés. Eu tiro por mim, quando eu cheguei no Rio de Janeiro e ia pra casa daquelas pessoas importantes e tudo mais. Pra mim, menino lá de São Caetano, que lidava com um dinheirinho no mês pra comprar... Então aquilo tudo vai mexendo com a sua cabeça. Chega uma hora que ele acha que está acima de todas as coisas, do "pode" e do "não pode". De repente, o cara passa a achar que pode tudo. Infelizmente, bebida e outras coisas mais que as pessoas acabam usando vão empurrando a tua linha de comportamento um pouco pra frente. E quando acontecem os excessos, o sujeito vai até lá na frente e de repente vem a rebordosa. Na hora da rebordosa, o cara sente que passou do limite, aí pretende voltar, mas aí não tem força. De repente, os percalços começam a aparecer, as pedras no caminho. E a pessoa quer achar um porto seguro. Então ele recorre à mãe, ao pai, ao amigo, àquele com quem ele se sente melhor, que pode ser uma namorada, uma ex-namorada, a esposa, de repente os problemas da própria vida. É complicado, mexer com fama, mexer com a cabeça das pessoas, é muito complicado.

VOCÊ LEMBRA DE ALGUMA SITUAÇÃO ESPECÍFICA EM QUE ELE PRECISOU PASSAR UM TEMPO COM VOCÊ?

Lembro, mas eu não sei por quê. Se você me perguntar o que aconteceu, eu não sei. Eu sei que ele apareceu uma vez lá na minha casa, foi o tempo que ele ficou mais lá. Minha mãe tinha adoração pelo Raul. Ele chegava lá: "E aí, minha tia, e aquele feijão, aquela farofa...". E a minha mãe fazia tudo pra ele, dava o quarto dela pra ele dormir, ele com a esposa. Teve uma vez que eles ficaram uma semana trancados no quarto. Eu precisei viajar e falei "mãe, vê aí, toma conta". Eu já preocupado. Aí só comia, mamãe levava a comida lá e tal, nem comigo ele falou. Aí eu voltei de viagem e Raul tinha ido embora. Falei "mãe, como é que você deixou?". "Como é que eu posso proibir?" Primeiro ele pegou o carro da minha mãe e sumiu com o carro da minha mãe. Ela tinha um Fusca, que eu comprei pra ela, e meu pai desistiu de tirar a carteira porque atropelou um japonês, mas não machucou, não (risos). Aí ele ficou cabreiro com aquela história e resolveu abandonar o carro, mas o carro ficou por lá e o Raul pegou o carro e sumiu com o carro. Aí voltou pra casa. E eu estava excursionando. Quando eu volto definitivamente, o carro estava lá, mas o Raul tinha sumido. Aí eu reclamei com mamãe: "Mamãe, como é que a senhora deixa ele ir embora?". — "Mas o que eu podia fazer? Ele é um homem, eu não posso chegar e proibir o Raul de sair daqui." Rapaz, foi uma loucura. Eu passei a procurar o Raul desesperadamente. Não podia ligar, por exemplo, pra Dona Maria Eugênia, que era minha particular amiga, querida, que eu amava muito. Dona Maria Eugênia era uma figura extraordinária, o Plínio, as pessoas da família dele. Naquela época em que todo mundo sumia, "eu vou falar o quê?". Aí eu fiquei calado. Aí um belo dia eu peguei o carro e saí andando pelo Rio, falei "meu Deus do céu, me dê uma inspiração pra ver se eu acho esse maluco desse Raul". Quando eu estou em Copacabana, rapaz, eu olho pra um táxi e dentro do táxi eu vejo uma barba ruiva e ele (começa a imitar o jeito que o Raul falou, com a linguagem dos dois). Eu falo: "Raul, o que é que você tá fazendo aí?". — "Tô passeando um pouco aqui, compadre." Falei: "Raul, você saiu lá de casa?". E ele falou: "é que sua casa é muito tranquila, compadre, aquela tranquilidade tava me matando". Agora, se você me perguntar o que aconteceu, eu não tenho ideia. Deve ter sido algum rolo dele lá com Paulo. Eles andaram aí numas barras pesadas. Eu não posso falar porque eu não tenho certeza, então eu prefiro me calar. Eu tentei falar com Paulo uma vez sobre isso e ele também fugiu do assunto, ele não disse nada. Sei que deve ter sido alguma coisa pesada.

QUANDO RAUL COMEÇOU A PARCERIA COM PAULO, VOCÊS SE AFASTARAM?

A não ser na CBS, em que o Paulo fez quatro músicas pra mim, mas eu não tinha nenhum contato com o Paulo. Eu não me afastei do Raul por causa de ninguém, nem por causa do Paulo. Pelo amor de Deus, nada disso. Eu, sim, me afastei um pouco pelo estilo de vida dele, entendeu? Eu não tinha como acompanhar o estilo de vida do Raul. Mas de vez em quando ele aparecia. Ele vinha até nós, saía comigo, a gente saía, ele com a mulher dele. Sempre houve aquela coisa de amizade que a gente tinha e que permaneceu viva. E era uma coisa muito agradável porque a gente dava muita risada com ele, era muito gozado. Teve um dia em que ele estava na porta lá de casa e ele sentado conversando com um bêbado, aqueles bêbados que vivem bêbados, viciados mesmo. Aí eu dizia: "Raul, vamos embora". E ele: "tô conversando aqui, compadre". Mas aí eu chegava perto e tentava entender alguma coisa que eles estavam falando e não entendia nada.

NA DÉCADA DE 80, A SAÚDE DELE FOI DECLINANDO. COMO VOCÊ ACOMPANHOU ISSO?

Foi talvez a época em que eu fiquei mais distante do Raul, porque eu não tinha força pra tirá-lo das coisas que estavam atrapalhando, eu realmente não tinha condições. Eu me lembro que um dia eu marquei pra fazer uma música com ele no Hotel Marina. Eu fui lá e eram 10 horas da manhã a hora que eu cheguei, foi a hora que nós marcamos. Ele tomou, naquela hora, um copo desse tamanho (indica um tamanho grande com os dedos) que eu pensei que era água e era vodca. Isso 9h30 da manhã, 10 horas da manhã. Então eu não tinha força, e não consegui fazer a música. Eu via que ali a coisa estava realmente difícil. Então aí entrou um cara, que eu respeito exatamente por isso, porque ele, nessa fase aí, ele foi muito importante na vida do Raul, que foi o Marcelo Nova. Ele fez com que Raul ficasse em cima do palco. Ele pode ter se beneficiado de alguma forma disso, mas ele ajudou muito o Raul, com toda certeza. Pode ter se beneficiado pela presença do Raul, Raul é um mito. E eu não sei o que acontece com essas pessoas que têm o espírito de... Parece que é uma autodestruição que o cidadão tem dentro dele, como o Kurt Cobain, o Jim Morrison, esses caras. A Winehouse. Eles estão sempre com um copo na mão. Então você vê fãs do Raul que procuram imitar essa atitude dele, que é exatamente o copo e tudo mais. Parece que é uma forma de protestar contra determinadas coisas da vida. Como, por exemplo, eu sou um cara que estou sempre numa linha, mas chega uma hora que enche o saco isso também. O cara, de repente, às vezes, tem vontade de sair um pouco da linha, só que ele saiu muito da linha! Então, sair da linha, eu acho que se você souber adequar e dosar, tudo bem. Eu acho que tudo na vida está certo desde que não seja com excesso. O problema foram os excessos que eles cometeram e que acabou comprometendo a saúde, a mente, a cabeça, enfim, a criatividade. Mas a década de 80 foi difícil por isso, eu acho.

EM DETERMINADO MOMENTO, SENTIU QUE JÁ ERA UM CAMINHO SEM VOLTA?

Bom, a gente nunca espera que seja sem volta. Eu só entendi que era um caminho sem volta em agosto de 1989. Eu estava com meu pai. Eu estava numa fase muito ruim da minha vida, casamento não ia bem, meu pai adoeceu muito. E papai foi pro hospital, ele ficou em pré-coma. Eu estava gravando um disco em São Paulo, e a gravadora me obrigou, praticamente, a gravar pra cumprir contrato. No auge do pagode, aquela coisa toda, e não havia necessidade de gravar aquele disco naquela hora. E eu estava gravando, deixei meu pai no hospital com a minha mãe, aquela aflição. Quando cheguei em São Paulo, alguém me falou que o Raul estava muito mal. Eu larguei a gravação num dia lá e fui na casa do Raul, lá na Frei Caneca. Aí eu cheguei lá, a Dona Maria Eugênia estava lá, dei um abraço nela. De repente, o Raul saiu do quarto. "Raul, venha cá, que seu compadre tá aqui." Aí Raul veio. Rapaz, ali eu gelei quando vi Raul. Gelei. Ele estava sem alma. Não tinha mais alma. Não tinha reação. Ele, quando me via, ou ria muito ou chorava muito, ou ria e chorava alternado. Mas ele não teve reação nenhuma, parecia que estava vazio. Ficou me olhando assim (mostra como Raul ficou parado olhando pra ele). Eu nunca mais vou esquecer disso. Ali eu senti que a vaca tinha ido pro brejo mesmo. Quando saí dali, Dona Maria Eugênia falou: "eu tô indo embora pra Bahia, não quero mais ficar aqui porque eu não quero ver, meu filho se entregou e eu tô sofrendo muito com isso". Aí fui terminar a tal gravação no dia e vim embora pro Rio, porque meu pai também estava muito mal. Minha mãe me ligou falando que ele estava muito mal. Quando eu cheguei, falei pra mamãe: "Mamãe, eu acho que o Raul vai embora antes do papai". Eu tive essa impressão. O meu pai, realmente, estava muito mal. No dia 18 de agosto, o meu pai faleceu. Quinta-feira, dia 18 de agosto. Eu tive um show no sábado que eu tive que cumprir, viajei pra fazer o show no sábado. Na segunda de manhã, que era 21 de agosto, eu fui na loja do jornal pra fazer o anúncio da missa do 7º dia de meu pai. E quando eu saí, na Avenida Rio Branco, eu fiquei parado na esquina, aí uma emissora de rádio começou a tocar o "Ouro de tolo". Foi o tempo de o sinal fechar e eu ouvir um pouquinho da música, entra o locutor dizendo: "faleceu nessa manhã, em São Paulo, Raul Seixas". Rapaz, eu sentei ali na Avenida Rio Branco... Você imagina como eu já estava com a morte do meu pai. Eu sentei ali e meu tio: "vambora, vambora". Quando eu cheguei em casa tinha um recado da Dona Maria Eugênia pra mim na secretária eletrônica: "Meu filho morreu, eu quero falar com Jerry Adriani, meu filho morreu!". Eu nem fui pro enterro do Raul, eu realmente não fui pro enterro dele, mas eu fui na missa de 7º dia depois, lá em Salvador. Então foi uma coisa muito frustrante, porque você vê um amigo seu indo embora assim e você não poder fazer nada, não ter como ajudar, é complicado.

ELE ERA ARTISTA, MAS TINHA UMA AURA DIFERENTE.

Veja, ele era um artista, mas ele tinha alguma coisa a mais. Eu não sei te dizer o quê, mas ele tinha alguma coisa a mais, porque não é normal essa veneração que as pessoas de 10, 12, 15 anos têm pelo Raul. E pessoas de outras gerações. Analisa bem. Tudo bem, são as ideias, né? Você vê que os grandes filósofos ainda estão aí com as suas ideias. Muito mais, talvez, do que os instrumentistas. E o Raul tinha alguma coisa a mais, com certeza.

ELE TINHA ESSA AURA, MAS ALI VOCÊ PERDEU...

O amigo! Veja bem, quero declarar pra você o seguinte. Raul Seixas, pra mim, é meio estranho. "Como, Jerry Adriani, o Raul Seixas era estranho?" Como pessoa, eu era amigo do Raulzito, aquele que eu conheci, não pela caretice, não por isso, não por aquilo, porque foi a fase que eu estive muito mais presente do lado dele, até a hora que ele se transformou em Raul. Aí chegou muita coisa na vida do Raul que eu desconheço. E eu não tinha como acompanhar, nem podia, não tinha esse poder, nem é isso que tem que acontecer. Então, na verdade, a minha grande amizade foi com o Raulzito. O Raul Seixas é o mito, o mito é diferente, já é domínio público, já é outra coisa, outra história. É nesse sentido que eu estou falando.

QUANTO TEMPO DE AMIZADE E QUAL A MAIOR LEMBRANÇA?

A vida toda. Fomos amigos e, olha, vou te falar, hoje eu sinto mais do que nunca a falta do Raul. Sinto mesmo. Porque ele era um cara... É difícil falar do Raul, cara. É simples, mas, ao mesmo tempo, é difícil, porque ele era um cara tão diferente, tão... Você vê a dedicatória que ele fez pra mim nesse disco. (Jerry lê a dedicatória na capa do disco *O dia em que a Terra parou*.) "Ao meu melhor amigo..." Olha só que bacana, e ele sentia isso mesmo, não fez de cascata não. "Ao meu melhor amigo, Jerry Jair Adrianino, seu mano que te quer muito. Eu me importo muito com você, meu amigo. Seja sempre assim como você é." Eu me lembro muito dessa figura aqui que era o grande Raulzito, e é esse mito que vocês conhecem aí hoje que é o Raul Seixas, um dos maiores mitos que já houve na música brasileira de todos os tempos, eu não tenho medo de falar. E os que têm dor de cotovelo, os que têm críticas a ele como músico, como isso, como aquilo, têm que engolir porque ele é realmente isso.

QUAL A MÚSICA DE RAUL QUE VOCÊ MAIS GOSTA?

Ah, Raul tem muitas. Raul tem uma obra maravilhosa, fantástica. Eu gosto muito, particularmente, de "Tente outra vez". Acho "Tente outra vez" uma música poderosa, mas tem várias. "10 mil anos atrás". É uma obra, uma obra.

* * *

Ainda gravamos com Jerry apresentando um artigo antigo muito legal. Ele mostrou o livro *Elvis' Forty Greastest*, que tinha as cifras de

40 músicas de um LP duplo do cantor americano. "Foi o livro onde ele aprendeu as músicas do Elvis." O presente chegou às mãos de Jerry por Dona Maria Eugênia, que o cedeu após a morte de Raul.

Desarmamos os equipamentos, mas ele não nos deixou sair antes de tomarmos um café com um bolinho.

Quem também gostou desse encontro foi minha mãe, que ganhou dois grandes presentes: um CD autografado e uma mensagem especial em vídeo, mandando um beijo e parabenizando pelo "filhão".

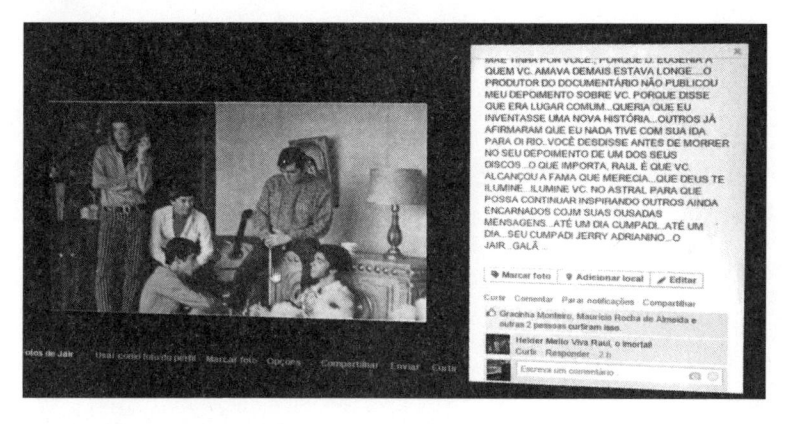

30 DE JUNHO DE 2015 - 10H

TÂNIA MENNA BARRETO

TERCEIRA COMPANHEIRA

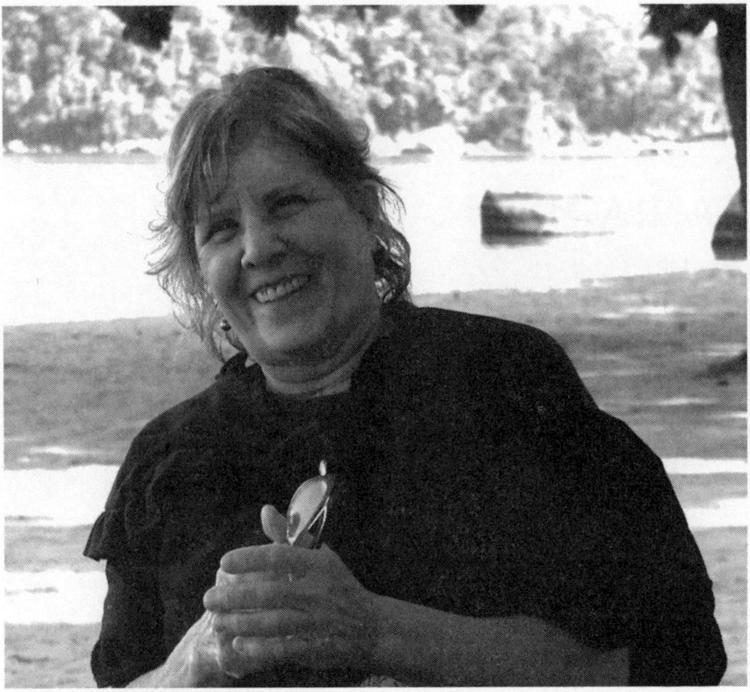

"É engraçado a gente se chamar de primeira, segunda, terceira, mas, como ele teve cinco mulheres na vida dele, eu fui a terceira. Conheci o Raul em 76 e entre namoro e casamento foram três anos só, mas a nossa relação se estendeu até 84, porque a gente se encontrava esporadicamente. Sempre que ele vinha ao Rio, me procurava e a gente se encontrava".

Tânia pegou uma fase crítica de Raul. Foi quando ele se envolveu com gente "da pesada", os problemas de saúde começaram a ficar mais visíveis e daí foi só piorando. Mesmo com todos os "poréns", ela diz que foi um grande amor da vida dela. Talvez por isso se sinta meio escondida na história de Raul. Como se não a reconhecessem como mulher dele.

A bem da verdade, Raul só se casou no papel com Edith e Gloria, a primeira e a segunda da "lista de mulheres oficiais de Raul". Kika, por exemplo, recebeu da mídia o sobrenome Seixas, mas é um nome de guerra.

Tânia Menna Barreto continuou sendo Tânia Menna Barreto. E no fim da década de 80 foi para os Estados Unidos com o americano com quem se casou. Ela não administra espólio. Recebe alguma coisa pelos direitos autorais de "Mata virgem", "Pagando brabo", "Sou o que sou" e "Movido a álcool" (e ela detesta esta última música). Pouco no universo.

Mas tudo bem não ser lembrada como das mais importantes parcerias musicais de Raul. O caso é outro...

Quando conversei com Kika, na tarde desse mesmo dia da entrevista com Tânia, ela fez menção de Raul ter tido duas mulheres antes dela.

Talvez por essa aparente relação pouco amistosa entre as duas e um "trauma" (palavra de Tânia) por esse "abafamento" dela na história, desde o início demonstrou muita vontade de participar do programa. E fez todo esforço para se desfazer do momento atribulado em que estava na época da gravação e nos receber na sua nova casa, na sossegada Ilha de Paquetá. Na mudança de Ipanema para lá, desligou o telefone fixo. Celular, só à noite, após o trabalho. Internet, também só em alguns momentos. Tivemos de vencer as intempéries comunicacionais.

Para ir e voltar de Paquetá sem perder o horário da entrevista seguinte, precisamos calcular bem o tempo. Eram duas barcas pela manhã na Estação da Praça XV, mas só a primeira, que saía às 6h45 e chegava às 7h35 na ilha, daria para a gente. E tínhamos que terminar tudo antes de 9h45, horário da volta da barca.

A relação dela com a região dentro da Baía da Guanabara vem de muito tempo. "Uma vez tentei trazer Raul a Paquetá, a muito custo, porque ele detestava se expor assim. 'Sou uma pessoa pública, não posso me expor dessa forma'. E entramos na barca. Aí ele disse: 'se estiver me levando pra Niterói...'. Aí eu me toquei: 'Moço, essa barca tá indo pra onde?'.

— 'Pra Niterói.' — 'Ah, meu Deus!" A gente saiu disparado da barca. Em uma hora, a gente estava de volta em casa, ele com ódio de mim. 'Você me expôs!'"

Ela ainda estava se assentando na nova morada. As coisas estavam espalhadas, mas tivemos a sorte de encontrar diversos álbuns antigos. Fotos, por exemplo, de Gloria e Scarlet que certamente muitos aficionados não conhecem.

Teve ainda relatos de momentos dramáticos que se transformaram em risos devido à forma como Raul lidava com elas. Menos quando fala do traficante que foi coautor de algumas músicas.

Ela se sentiu muito à vontade para falar e falou o que sentia. Poderíamos ter ficado o dia todo na Ilha de Paquetá. Se não fosse a barca...

"Eu quero é ver você sorrir
Às 4 e meia da manhã
Com a cara linda de dormir
Se espreguiçando no divã...
Olhando pra mim
Sem ter ponta de cigarro no cinzeiro
Fugindo de mim
Disfarçando e se escondendo no banheiro"[1]

---

[1] Trecho da música "Pagando brabo", do álbum *Mata virgem* (1978), composição de Raul Seixas e Tânia Menna Barreto.

COMO VOCÊ CONHECEU O RAUL?

Olha, eu conheci o Raul numa festa. Poucos dias antes, eu estava na casa de um casal amigo e quando eu passei pelo quarto ele estava tocando "Gita" na televisão. Aí quando eu passei e olhei, falei "uau, que homem interessante". Nunca imaginei que ia ser mulher do Raul um dia. Eu não sabia nada dele, sabia que ele estava estourando. Já tinha escutado "Ouro de tolo" na rádio. Aí, poucos dias depois, eu fui a uma festa. Estou lá, Raul entrou, foi lá pra cozinha de óculos escuros. Ficou lá na cozinha assim parado, olhando na minha direção, direto. Eu não sabia se ele estava me olhando ou não, porque ele estava de óculos escuros. Aí uns dois dias depois, eu estou na casa desse mesmo casal, Raul bate na porta com um outro amigo dele. Aí na hora que eu abri a porta, o rapaz falou assim: "Você é a Tânia Menna Barreto que estava na festa do fulano?". Aí eu falei: "sou". Quer dizer, Raul já tinha pegado informações minhas, então ele devia estar me olhando mesmo na festa. Aí ele foi pro quarto, estava com aquele casaco de pele de coelho, de que atualmente sou supercontra, mas lindo, o casaco. Acho que ele tinha vindo daquele ensaio que tem na capa do *Maluco Beleza*, ele estava exatamente igual. Aí eu elogiei o casaco, pedi para experimentar e tal, aí começou a rolar um papo, fluiu o papo. Aí o meu amigo virou depois e falou assim: "Tânia, o Raul gostou de você e tá a fim de te encontrar". E eu hesitei, fiquei tipo "tá, tá legal". Aí a gente acabou se encontrando no Flamengo. Eu fui com esse amigo meu pro Flamengo, ele foi encontrar o Raul lá. E eu falei pra ele: "olha, pra minha casa ele não vai não". Eu morava sozinha. "Não, de jeito nenhum." No que veio no carro, Raul já veio atrás e o amigo dele veio na frente. Esse nosso amigo em comum entrou na frente e eu entrei atrás. Aí a gente começou um papo, aí Raul disse assim: "Você gosta de tomar cerveja?". Falei "gosto". Aí ele: "Também gosto." Aí eu disse assim: "Então vamos lá pra casa?" (risos). E eu tinha acabado de dizer que não, que não iria levá-lo lá pra casa. Aí a gente foi pra lá, ficamos conversando. Bom, aí já ficamos a partir daí, ficamos juntos.

VOCÊ TINHA DITO QUE O CONHECEU NO MESMO DIA EM QUE GLORIA ENTROU NA MATERNIDADE.

Gloria entrou na maternidade pra ter Scarlet, eu não sabia nem que Raul era casado. Fiquei sabendo durante o papo que a gente teve na noite. Porque eu não sabia nada dele, só sabia que ele cantava aquelas músicas, "Ouro de tolo" e "Gita", que eu já tinha visto, que era uma estrela em ascensão, isso eu sabia. Inclusive, pensei que nunca mais ia vê-lo. No dia seguinte, "ah, não vou mais ver mesmo". E aí, ele chegou na casa do Hyldon de Souza,[2] que morava no mesmo edifício, e de noite ele me ligou porque estava com saudade e não sei o quê, e ficou indo lá em casa todo dia. Aí eu falei "uau". Foi quando eu caí de quatro, né? Me apaixonei. E nessa foram oito anos de relação, na verdade.

QUANDO VOCÊ O CONHECEU, ELE ESTAVA COM GLORIA. ERA UM TRAÇO DA PERSONALIDADE DELE NÃO CONSEGUIR PARAR COM UMA MULHER SÓ?

Parece que sim, né? Foram cinco, né? E sempre que ele saía de uma relação, ele já estava com outra debaixo do braço. Eu não sei em relação a Lena como foi, eu realmente não sei. Mas com Edith foi assim, um dia ele saiu com Gloria e não voltou mais; com Gloria, ele me conheceu e nós já começamos a ter essa relação, comecei a morar com ele e ele ainda estava com Gloria, já saindo da relação e Gloria indo para os Estados Unidos; quando ele conheceu Kika, ele ainda estava comigo; agora a Lena eu não sei, não posso falar nada.

---

[2] Baiano como Raul, Hyldon é cantor e compositor. Seu maior sucesso foi a música "Na rua, na chuva, na fazenda".

RAUL FALAVA DA SAUDADE DAS FILHAS?

Ele chorava muito por causa, principalmente, da Simone. Eu acho que ele nunca se desculpou pelo que ele fez com Edith, que foi uma relação de 11 anos. Primeira namorada, primeira mulher, primeira filha. Os dois casaram virgens. Primeiro homem e primeira mulher mesmo. E eu acho que ele nunca se desculpou por ter saído da vida de Edith dessa forma, assim de repente. Desceu pra comprar um cigarro e não voltou mais. Foi pesado.

E SCARLET?

Raul era muito doido, né? Scarlet, ele também sentiu muito, principalmente porque Gloria foi assim uma paixão na vida dele. Não sei se isso deve sair na entrevista, não. Mas eu remontei um álbum que o Raul tinha na época de Gloria, e até tinham fotografias de Scarlet, cheio de mobiles no bercinho. Eu falei "quem é?". E ele falou "não sei". Filha dele (risos). Mas acho que ele ficava chateado com ele mesmo pelo que ele estava fazendo, mas ele não era feliz onde ele estava. Ele só era feliz onde ele não era, não era mais. Ele tinha essa característica.

VOCÊ O CONHECIA POUCO COMO ARTISTA, MAS CONSEGUIA VER DIFERENÇA ENTRE RAUL ARTISTA E RAUL HOMEM?

Eu conheci muito o Raul homem. O Raul artista, eu fui a pouquíssimos shows do Raul, acho que fui a dois shows do Raul. Ele fazia show particular pra mim em casa. Eu até vetei, porque eu vi um barato nele que eu dei um grito. Aquelas coisas místicas do Raul, né?

O QUE FOI EXATAMENTE QUE VOCÊ VIU?

Foi um personagem igualzinho a ele, era ele, mas não era ele. Ele estava fazendo um show pra mim, eu sentada na cama e olhando, e de repente eu falei "para!". Dei um grito. Ele falou "o que foi?". Eu falei "tem uma pessoa em você, tem um negócio em você". Ele falou "você viu?". Eu falei "vi, tá aí, é você, mas não é você". Ele falou "você viu isso". Assim, mas show dele mesmo não. Agora, Raul tinha um ego muito grande, como todo artista. Então, às vezes a gente saía e ele ficava (gesto como quem se protege dos flashes) achando que estavam tirando fotografia dele. Às vezes, nem estavam e ele ficava... (gesto novamente) (risos). Para evitar o flash. Não gostava de ficar no mesmo lugar que tivesse outro artista. Quando ele via que tinha outra pessoa, ele saía. Eu acho que era medo de competição mesmo.

E EM RELAÇÃO AOS FÃS, COMO ELE LIDAVA?

Ele lidava bem. Não tem muito o que falar não. Ele não respondia às cartas dos fãs. Quem batia na máquina era eu, algumas cartas que as pessoas mandavam para o Raul. Ele não se ligava muito nessas coisas, não, mas ele achava importante, ele dava uma atenção. Teve um carinha uma vez, em São Paulo, um garoto, foi quando ele me deu o violão Del Vecchio, que infelizmente não está aqui – é lindíssimo, mandei consertar. A gente foi pra São Paulo, porque ele teve um programa de televisão. E a gente estava lá na rua, um garoto grudou do lado e não saiu mais. Aí eu falei "o que é isso, Raul?". Porque eu não estava acostumada com aquilo. Ele falou "pô, Tânia...". Eu falei "mas vai ficar grudado o dia inteiro?". A gente sentado e o garoto do lado assim, olhando pro Raul e não tirava o olho. E eu já estava meio cheia com aquela história, mas o Raul deixava o garoto ficar. Às vezes dava uma palavrinha com ele, mas via que o garoto estava tão assombrado que às vezes ele simplesmente deixava a pessoa ficar ali do lado.

COMO FOI A SUA PARTICIPAÇÃO EM ALGUMAS COMPOSIÇÕES DO DISCO *MATA VIRGEM*?[3]

Foi acontecendo, a gente foi compondo. Eu tive participação, na verdade, em todo o disco, tanto nas ideias, quanto nas conversas. O disco *Mata virgem*, na verdade, aconteceu assim: nem ele me convidou, nem eu... simplesmente aconteceu. Eu estava com ele, a gente estava forte nessa época, tinha voltado da Bahia e estava bastante forte um com o outro. E as composições foram acontecendo. "Mata virgem" levou cinco dias para acontecer. Foi, basicamente, o Raul que começou a forçar, claro. Ele era o compositor. (Gesto de escrita) "Preto, marrom, escuro." Começou a escrever. E ele dizia que não podia ter censura nenhuma, porque senão não saía. E daí foi, a gente começou a pensar, a conversar e chegamos ao interior. Pensando em garotas do interior que andavam de mãos dadas, de braços dados nas pracinhas. Aquela pureza, aquela inocência. E saiu "Mata virgem", isso depois de cinco dias, depois de um branco total que deu. "Judas" foi uma ideia que eu falei pra Raul, que minha irmã falou pra mim que tinha sido um acordo entre Judas e Jesus pra causar uma revolução. Alguém tinha que ser mártir e alguém tinha que ser traidor. E aí, a gente estava chegando na Bahia, num táxi, falei dessa teoria pra ele. Ele falou "pô, pera aí, para o táxi". Aí abriu o porta-malas, pegou o violão e começou a fazer os primeiros acordes de "Judas". "Pagando Brabo" era muito a gente em momentos de loucura, principalmente eu, disfarçando e me escondendo no banheiro, que eu não parava de fazer isso. Ia disfarçar mesmo, de mim mesma. Porque eu ficava muito doida, às vezes, e queria fugir um pouco daquele negócio. E a gente falando da relação quando não sobrasse mais cigarro, no meio da noite, como é que a gente ia se encarar, como a gente ia segurar essa peteca um do outro sozinho, assim sem nenhum respaldo. Porque na época tinha respaldos. E foi por aí. E as mudanças pra blues também foram minhas, participei das

---

[3] No álbum *Mata virgem* (1978), Tânia é coautora da faixa-título e de "Pagando brabo".

conversas dele com Paulo Coelho nas músicas. Porque a composição com o Raul era muito isso, era muito o conversar, era trocar ideias, aquele jogo de cabeças, aquela interação entre papos e ideias ou sentimentos. E daí saía música. Às vezes levava dias, às vezes levava minutos, às vezes levava algumas horas.

NO DISCO *POR QUEM OS SINOS DOBRAM*, VOCÊ PARTICIPOU TAMBÉM DA MÚSICA "MOVIDOS A ÁLCOOL"...

Detesto essa música. Tenho horror a essa música porque me lembra o Oscar Rasmussen. Foi a fase negra, eu acho.

QUAL É A HISTÓRIA DE OSCAR? POR QUE ELE TEM DIVERSAS COMPOSIÇÕES NESSE ÁLBUM? POR QUE O NOME DO DISCO É *POR QUEM OS SINOS DOBRAM*?

Por quem os sinos dobram, por que é, eu não sei, o nome eu não sei. Nessa época, a gente ficou bastante afastado. O Oscar entrou na nossa relação porque tinha brecha. Ninguém entra numa relação se não tiver uma brecha, né? Se meteu lá em casa. E ele supria muito o Raul de drogas. Cocaína, na época. E Raul deixou o Oscar como coautor. Cada um supria o outro de alguma coisa. Ele supria o Raul de drogas e o Raul dava a coautoria pra ele. Parece que ele morreu. Que o inferno o tenha. Me desculpa, mas merece estar lá. Não era um cara legal.

* * *

Nesse momento, um avião passou e o barulho fez a gente interromper a gravação. Na volta, Tânia perguntou onde paramos. Respondi que paramos enquanto ela "comemorava" a morte de Oscar Rasmussen. Ela riu e continuou a falar.

* * *

(*Tânia Menna Barreto*)
Ele não era gente do bem, não. Então eu soube que ele morreu, enfim... Mas nessa época aí ele se meteu em tudo quanto era música desse disco. E "Por quem os sinos dobram" era "A loucura de Eva", que ele tinha feito com Cláudio Roberto e que era um barato a música. E com o Oscar, até pra justificar os suprimentos, ele mudou a letra. E tem uns recados pra mim nessa música, que foi muito o que a gente estava vivendo.

QUAIS RECADOS?

Aquela parte, por exemplo, quando ele fala que é sempre mais fácil achar que a culpa é do outro... É o que eu estou falando aqui do Oscar. É porque eu culpava muito o Oscar pelo que estava acontecendo. Aquela parte "convence as paredes do quarto e dorme tranquilo, sabendo no fundo do peito que não era nada daquilo". Isso era a gente na época, era o que eu estava vivendo com ele. Eu ficava no quarto, eles ficavam na sala. Dali um dia ele saiu com o Oscar e foi embora. E aí, uns dois dias depois, eu liguei pra Warner, falei com a Kika – e nem sabia de nada da Kika – e perguntei se eles sabiam onde é que estava Raul, porque Raul tinha desaparecido. Aí me disseram: "Raul está lá no Intercontinental". Eu cheguei, ele tinha alugado uma suíte com os amigos argentinos, mais uns amigos dele, o tal do Hugo que morreu no apartamento depois. E tinha um outro apartamento, estava com uma outra garota lá, que era filha de uma empresária que ele teve. Aí eu soube que ele estava lá, fui lá e a menina se escondeu na varanda. Quando eu vi a menina, falei: "olha, Raul, eu não quero mais ver você pintado na minha frente, de ouro. Some, desaparece". Quando eu saí, ele veio atrás e voltamos pra casa. Não demorou tanto assim essa decisão, determinação de não ver mais (risos), mas ficou até o dia seguinte. No dia seguinte eu liguei pro advogado dele, ele ficou com raiva de mim, achando que eu queria controlar a vida dele. Porque o advogado dele que estava dando um jeito na vida financeira dele, entendeu? Eu tinha levado Raul de volta pra família, convoquei a família, expliquei a situação que estava acontecendo, e eles contrataram os advogados. O Lélio, no Rio, que era sócio do Frank, na Bahia, e eles começaram a dar um jeito na vida do Raul financeiramente. Aí eu liguei pro Frank pra avisar que o Raul tinha alugado uma suíte e um apartamento no Intercontinental, né? Aí o Frank deu esporro no Raul no telefone, Raul ficou com raiva e foi embora. Depois disso, eu peguei umas coisas lá, fui embora, mudei e terminou a relação assim de morar juntos.

COMO FOI ESSA HISTÓRIA DE QUE O CARA MORREU NO APARTAMENTO?

Foi negócio de cocaína. Na verdade, o Oscar era o traficante e o Hugo eu não sei o que era, se era segurança dele, mas aí todo mundo cheirava. Eu já não estava mais no apartamento. Eu voltei ao apartamento depois de um tempo, e estava lá o Hugo morando com a mulher dele. E estava uma confusão enorme. Tinha móveis e eles estavam usando caixote como mesa, estava uma bagunça, uma confusão, e eles dizendo que estavam sentindo espíritos dentro da casa, que as coisas se balançavam, se mexiam. Eu senti uma vibração péssima lá. Fui, peguei minhas coisas e depois que eu saí de lá com as minhas coisas, coisas do Raul também que depois eu devolvi pra ele, a grande parte, aí eu soube que eles marcaram um encontro lá com os caras, outros traficantes, e parece que tentaram dar um trambique nos outros caras e aí mataram o Hugo lá. Depois disso, o Oscar sumiu, voltou pra Argentina. E aí eu soube que ele morreu.

RAUL FICOU COM MEDO POR UM CARA TER MORRIDO TÃO PRÓXIMO DELE?

Não sei, realmente não sei, porque aí eu perdi o contato com Raul um pouco. Eu fui me encontrar com ele, pra devolver as coisas dele, nos encontramos pra ficar juntos também. Ele me levou pro apartamento dele com Kika, o Oscar também estava lá. Então acho que não deve ter ficado com muito medo, não. Porque o Oscar estava lá na casa dele, então não sei como é que foi a história.

VOCÊ PASSOU POR *MATA VIRGEM* E *POR QUEM OS SINOS DOBRAM*. COMO VOCÊ AVALIA ARTISTICAMENTE ESSA FASE?

Mata virgem eu acho que foi a fase em que ele perdeu o medo de ser romântico. Ele falou pra mim: "Agora eu tenho vontade de gravar músicas até que eu achava bregas, de que eu tinha vergonha." Músicas de cabaré, músicas do pai dele, que ele tinha vergonha porque eram muito românticas. O Seu Raul era um poeta, né? Foi uma fase mais romântica do Raul, eu acho, *Mata virgem*. *Por quem os sinos dobram*, eu acho que já foi uma coisa... Eu não sei, aquela fase do Raul, pra mim, foi um buraco negro. Eu acho que Oscar na vida do Raul, sem querer culpar o Oscar só... Mas eu tinha que defender o meu lado, né? Não ia acusar o Raul, porque senão eu me separaria dele (risos). Eu tinha que culpar outro mesmo. Mas que, realmente, ele era um cara bastante destrutivo. Foi uma fase de oportunismo, foi uma fase de muita destruição do Raul. Ele já se autodestruía bastante, né? Até a morte. Mas, ele foi entrando assim de cabeça numa coisa de destruição muito grande, que eu estava vendo. Ele chegou a quase morrer mesmo, quase teve uma septcemia[4] por causa de um negócio que ele teve aqui (aponta pra nuca), ficou internado no hospital. Eu proibia a visita do Oscar. Falei pro médico, que tinha sido o meu primeiro namorado, o médico do Raul. E proibiram visitas lá por medo de o Oscar chegar lá com drogas. No que o Raul saiu do hospital, primeira coisa foi o Oscar levar drogas pra ele. Foi uma fase de autodestruição muito grande e dali eu acho que ele embarcou. Ele já estava "emburacado" há muito tempo, mas ele foi se enfiando cada vez mais no problema de drogas, de saúde.

ELE JÁ TINHA RETIRADO PARTE DO PÂNCREAS?

Eu peguei o diagnóstico do Raul, foi bem no comecinho. A parte que ele tirou uma parte do pâncreas eu não peguei. Nós fomos a São

---

[4] Infecção generalizada.

Paulo uma vez. Logo no começo, quando ele me comprou o Del Vecchio, a gente estava no hotel e eu virei pro Raul e disse assim: "Raul, teu olho parece água, isso deve ser bebida". No dia seguinte, quando ele abriu o olho, eu falei: "o que aconteceu?". Ele falou: "por quê?". E falei: "você tá com uma expressão esquisita, tá se sentindo bem?". Ele falou: "não, não tô". Aí o Antônio, que era secretário/motorista, estava no quarto ao lado. Eu liguei pro Antônio e falei: "Antônio, cancela tudo do Raul, porque ele não tá legal, e chama o médico". Aí o médico chegou e falou a mesma coisa: "Seu olho parece água, você bebe?" Ele falou "bebo". Aí ele falou "olha, não estou te dando o diagnóstico, mas me parece que você tá com problema no pâncreas, eu aconselho você a se internar". Aí o médico não aconselhou Raul a viajar, mas a gente viajou, aí ele já foi direto pra clínica. Foi a primeira de muitas, porque aí a doença começou a se apresentar. E aí depois nós fomos a São Paulo, voltamos nesse médico – sou péssima de nome, eu não me lembro do nome do médico, mas é um bambambam – e o médico fez uma endoscopia lá no Raul e falou: "olha, você tá com pancreatite e você não pode mais beber. Se você continuar a beber, você vai criar umas rolhas no pâncreas, você vai ficar diabético, você vai ficar impotente e você vai morrer... pode ficar cego". Aí Raul começou a treinar pra ficar cego em casa (risos). É muito doido. Aí não conseguia sair de casa. E aí ele tomava um monte de remédio psiquiátrico, porque o médico era um doido e dava um monte de caixa de remédio pro Raul, Raul misturava tudo. Até fui lá e discuti com o médico, falei que ele estava sendo irresponsável de fazer um negócio desse. Aí Raul começou a ter choques de remédio. Aí eu saía de casa e ficava olhando pelo olho mágico, do lado de fora da porta. Aí eu via Raul prender a respiração, levantar... E ficava prendendo a respiração até ficar tonto e cair. Caía em cima do Maria Gorda, aquele baixo grandão que ele chamava de Maria Gorda. Derrubava a luminária que tinha lá em casa. Aí eu entrava dentro de casa. Eu não conseguia sair, né? Ficava com medo que acontecesse alguma coisa. Foi uma fase assim, bem quando ele começou a apresentar a doença mesmo e ele abusava, ele curtia o barato. Começava a andar em casa de olho fechado pra treinar a cegueira (estende os braços como se estivesse tateando) (risos). Enfim, essas coisas de Raul, né?

* * *

Um avião passou na hora e cortamos a gravação. Na volta, ela já está respondendo a uma pergunta que não foi captada.

* * *

(*Tânia Menna Barreto*)
Raul era um cara extremamente machista, ele não admitia homem dentro de casa. Dizia que nem irmão dele ele queria se não estivesse (risos). Claro que ele não ia fazer nada contra o Plininho, mas ele tinha isso. E era um cara extremamente burguês também, ele era bastante burguês. Com o tempo, o Raul foi ficando uma pessoa mais simples. Era um cara bastante educado e ele tinha uma personalidade assim bem distinta quando ele bebia e quando ele não bebia. Quando ele bebia, ele era mais a personalidade de Maria Eugênia, que era mãe dele, que era uma mulher mais abarcadora, com a personalidade forte. E, quando ele não bebia, ele era mais Seu Raul. E ele às vezes chegava... Isso é interessante, isso é bem interessante. Quando ele não estava bebendo, ele ficava num tédio profundo. Naquela época não se falava em depressão, em bipolarismo, nada disso, mas eu tenho a impressão de que o Raul tinha essas coisas porque ele era ou *up* demais ou *down* demais. Quando ele ficava assim sem beber, ele às vezes ficava assim prostrado mesmo (sentada, ela baixa a cabeça junto às pernas). Aí eu fazia: "Raul, tá no tédio?". Aí ele: "Téééédio". Ele não tinha saco nem de falar. "Quer um cigarro?" — "...aaaarro." (risos). Pra coçar a cabeça, ele procurava o cachinho, ia na cabeça e coçava bem devagarzinho, porque eu acho que dentro da cabeça dele fazia *bruuuum*, dava um estouro. E às vezes eu ficava jogando paciência na sala, fazia *trequete* (barulho das cartas) com as cartas, pra embaralhar, e aí eu já ia pé ante pé no quarto, chegava e ele estava assim (expressão de dor e mão na cabeça). Era difícil morar com uma pessoa tão sensível assim. Mas isso era quando ele estava sem bebida, ele ficava com a sensibilidade assim super-aflorada.

COMO VOCÊ ACOMPANHOU O DECLÍNIO DELE E COMO A IMPRENSA LIDAVA COM ISSO?

Eu não acompanhava. Eu conheci o meu ex-marido, com quem eu fiquei 20 anos, um americano, a gente começou a morar juntos e eu me afastei muito disso tudo. Quando eu recebi a notícia da morte de Raul, a minha irmã que me deu por telefone, e aí eu fiquei em choque. E aí Raul veio se despedir de mim em forma de borboleta, foi uma coisa muito legal. Teve uma coisa bem interessante aí até. Tinha um papelzinho que caiu do disco, que não existia, depois eu fiquei sabendo que não existia esse papel no *Metrô Linha 743*, e que tinha a ver com a borboleta. Foi uma série de coisas assim, mensagens, que eu percebi que era Raul se despedindo. E eu falei pra Maria Eugênia na hora que eu ia pra Bahia pra confirmar se ele tinha morrido mesmo. Ela confirmou, eu falei que ia pra Bahia. Aí minha irmã e minha mãe me disseram que eu não devia fazer isso, que ia atrapalhar a minha relação que eu estava começando, que não valia a pena, que ia mexer muito comigo. Aí eu não fui. Não fui, mas eu fiquei bastante chocada. Mas eu não acompanhei, me afastei muito. Eu fiquei sabendo, no final, quem me falou isso foi até o amigo dele, o Beto Sodré, que acompanhou muito o Raul no final, dizendo que Raul queria me achar de qualquer maneira. Andou por Copacabana me procurando e pedia muito pro Beto me achar de qualquer maneira. E ele falou "ela foi embora". E realmente eu fui em 89 pros Estados Unidos, (corrige) em 90. Eu não tinha ido embora ainda. Mas Maria Eugênia até sabia onde eu estava. Ela não dizia pra ele, acho que até pra não atrapalhar a minha relação. Mas eu não acompanhei Raul, me afastei muito depois de 84, quando eu conheci esse rapaz com quem eu fui casada. E eu preferi me afastar mesmo, me dedicar a essa relação e tentar esquecer Raul, porque ele foi o grande amor da minha vida, sem dúvida, ele foi o grande amor da minha vida. Apesar de eu ficar 20 anos casada, que foi também um outro amor. Mas o Raul... Eu teria dado a vida por Raul, eu acho. A vida inteira não, mas alguns anos da minha vida. A vida inteira eu teria ficado sem (risos). Mas na época eu dizia pro médico dele que daria 10 anos da minha vida pro Raul viver mais 10. Foi uma coisa muito forte. Mas não acompanhei, graças a Deus, esse declínio do Raul. Não gostaria de ter visto o Raul do jeito que ele ficou. Pelo que eu soube, chegou a ficar mendigo mesmo (passa uma mosca na frente de Tânia). A mosca! (risos) De vez em quando aparece. Mas foi bom eu não ter visto, teria me feito muito mal. Aliás, a última vez que eu vi o Raul foi no Canecão, aquele em que o Paulo apareceu, ele com o Marcelo Nova. Eu fui na plateia, ele nunca ficou sabendo que eu estive nesse show. Eu fui ver da plateia e eu fiquei chocada quando vi o Raul. Raul estava bastante robotizado, inchado. Eu achei que a atitude do Marcelo Nova foi excelente. Ele deu a maior força pro Raul, eu acho. Raul morreu fazendo o que gostava. Ele botava o Raul nas alturas. Eu fiquei tão deprimida quando eu vi o Raul que eu falei: "é a última vez que eu estou vendo o Raul". Eu tive certeza daquilo. E eu não tive coragem de ir lá dentro falar com ele. Dali eu fui embora. No dia seguinte, uma amiga minha foi e eu pedi pra ela entregar um bilhete pro Raul, dizendo que eu mandei um beijo pra ele. E foi só. Nunca mais vi Raul.

QUANDO RAUL MORREU, FOI A PERDA DE QUEM PRA VOCÊ?

De um grande amor. Foi a perda de um grande amor, que eu não ia mais ver. Porque você saber que a pessoa está afastada de você é uma coisa, você saber que ela está morta... Eu sou muito espiritualista, não tenho religião, mas eu creio muito em Deus e sou muito espiritualista, e eu acredito em tudo. E sempre tive um lado muito místico também. Com Raul, a gente via muita coisa. Era impossível não ver coisas perto de Raul. E eu também sempre via na minha vida. Como a mosca que sempre costumava me visitar em Copacabana, sempre às dez horas da noite essa mosca aparecia desse tamanho (mostra que a mosca era grande). Pra mim, aquilo é Raul. Eu tenho certeza. No filme, ele aparece em forma de mosca pro Paulo Coelho. E o Paulo Coelho até fala: "Isso é Raul". Porque lá não tem mosca. Então você vê a pessoa, mas de outras formas. Você pode sentir, você pode escutar de vez em quando, você pode ver algum vulto, pode aparecer em forma de mosca, em forma de borboleta, como apareceu. Mas ver como eu estou te vendo, falar de novo assim, isso você não tem mais.

QUAL A MÚSICA DE QUE VOCÊ MAIS GOSTA?

"Maluco Beleza." Adoro "Maluco Beleza". Mas tem várias que eu acho maravilhosas. "Metamorfose ambulante" marcou muito a época que nos conhecemos, que ele me deu o disco. Eu não tenho mais nenhum, por sinal. "Tente outra vez", eu acho lindíssima. "A maçã."

RAUL VIVEU "A MAÇÃ", NÉ?

(Risos) É, viveu "A maçã". É linda, aquela música é maravilhosa. "Mata virgem", gosto muito de "Mata virgem". Mas acho que a que eu gosto mesmo é "Maluco Beleza". Acho a obra-prima, aquela música.

* * *

Para encerrar a entrevista, Tânia cantou "Maluco Beleza". Se animou e disse que só faltava o violão.

Depois disso, registramos várias fotos dos seus álbuns. Muitas fotos de Gloria e Scarlet, como ela tinha dito na entrevista. O sítio de Cláudio Roberto, em Miguel Pereira, também foi bastante registrado.

Ela traduziu uma carta em inglês que Raul lhe mandou. Disse que era uma forma de comunicação muito utilizada por eles, escrever um para o outro dentro de um contexto geral. Ela identifica muito de Aleister Crowley no teor da carta.

"Não seja fraca. Me ajude quando eu estiver caído. Eu vou te ajudar quando você estiver caída. Isso é simplesmente humano e natural. Eu amo ter uma mulher pela primeira vez na vida. Não existe forte. Não existe fraco. Só existem duas pessoas alertas. Medo, vergonha, isso não é para esconder. São simplesmente valores. Fraco é aquele que não quer ver. Veja, e você será feliz enquanto estiver desejando e querendo coisas. O querer nunca acaba. Sinta! Se te fizer bem, faça isso. Sinta! Se te fizer mal, não faça isso. Você nunca terá o suficiente, porque o suficiente é quando você é suficiente. Pena é para os fracos. Chega com o porquê. Amaldiçoe-o. Deixe-o mendigar... (Tinha um lado muito maluco aí nessa história...) ...porque ele mendigará pelo seu destino. Ele é cego pelo que está do outro lado da parede. Você não pode ousar ver através dos olhos de outra pessoa."

Tânia não assistiu ao programa na sua primeira exibição. Chegou em casa, no dia 20 de agosto, apenas às 23h. Conseguiu ver no dia seguinte, pela internet. Foi um dos entrevistados que mais elogiaram a produção.

"Tiago, preciso de um tempo pra me recuperar. Foi muito lindo! Muito intenso! (...) Você fez um trabalho maravilhoso! Estou chorando agora. Foi incrível!

(...)

Assino embaixo, apesar de estar sendo na mensagem do Facebook e eu não ter como assinar embaixo, a não ser um grande OBRIGADA pela forma como você conduziu esse documentário/filme do Raul.

(...)

Estou no 'UAUUUU' até agora".

30 DE JUNHO DE 2015 - 13H

KIKA SEIXAS
QUARTA COMPANHEIRA

VIVIAN SEIXAS
FILHA

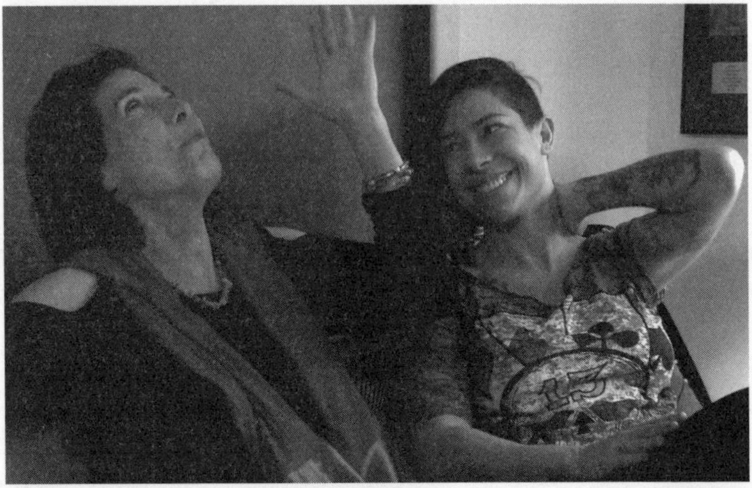

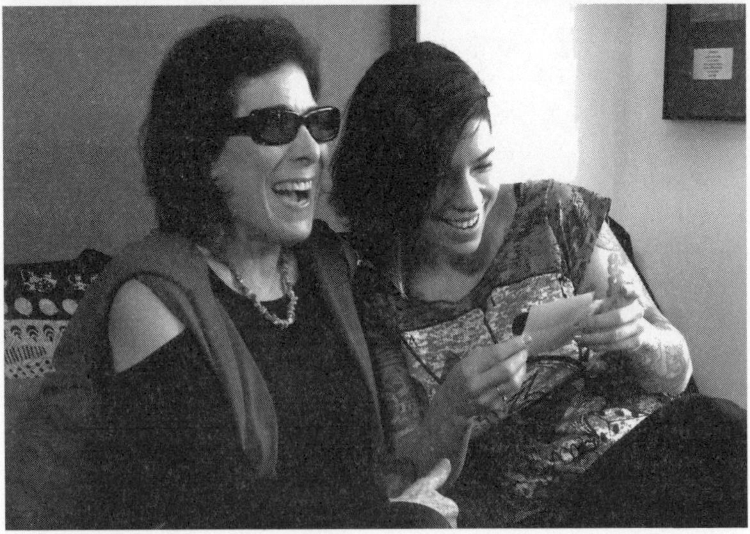

Encontrar Kika e Vivian me fez relembrar da adolescência. Resgatei a época em que comecei a ouvir Raul, tentando entender as músicas, com o radar ligado e me dizendo que aquele cara não tinha nascido há 10 mil anos atrás à toa.

Elas foram as que mais representaram esse resgate. Durante todo o tempo que passei lendo sobre a jornada de Raul consequentemente lia sobre pessoas como elas. Kika foi a quarta companheira, numa época de transformações políticas e quando a mídia começou a rejeitar o cantor, do fim da década de 70 até meados de 80. Nesse turbilhão, eles tiveram Vivian em 28 de maio de 1981. É a terceira filha dele e a única a morar no Brasil (até o lançamento deste livro).

E então eu estava ali, pronto para entrevistá-las. Elas não eram ídolos da minha juventude, mas tive a sensação de que a história estava diante de mim naquela hora, sem desmerecer os outros entrevistados até então. Procuramos mostrar o que ficou da obra de Raul, e Vivian Costa Seixas – a DJ Vivi Seixas – é parte desse legado, tendo uma ligação "umbilical" com o mito.

Nossa equipe foi recebida no apartamento de Vivian, em Botafogo. Como não podia deixar de ser, cheio de referências. Numa das paredes, dois dos discos de ouro que Kika apresentou após a gravação.

"Aqui é o disco de ouro do *Uah-bap-lula*. Nessa época, eu não estava mais com Raul, foi na época em que ele estava vivendo com a Lena Coutinho. Gravadora Copacabana. Foi uma época feliz, em que ele gravou 'Cowboy fora da lei', que foi sucesso também. Não foi a melhor época do Raul. Pessoalmente, não acho que seja o melhor disco do Raul, um dos melhores, mas o importante era que ele estivesse nas paradas e ele conseguiu. Aquele ali é o *Plunct plact zum*, da Som Livre, o 'Carimbador maluco'. Esse aqui, eu me lembro cada momento, cada história que a gente viveu com esse disco, inclusive com o sucesso do 'Carimbador maluco', que alavancou a carreira do Raul em São Paulo. Foi um momento muito feliz, que o disco da Eldorado tinha saído e esse ajudou a alavancar a carreira dele, que estava bem caída. Foi aquele período dos quatro anos em que ele estava esquecido praticamente."

Me chamou a atenção o porta-retrato com a inscrição "Sisters". Na foto, Vivian e Simone (filha do primeiro casamento de Raul, com a americana Edith Wisner), numa das poucas ocasiões em que as irmãs se encontraram. Sorrisos nos rostos, valorizando aquele momento que a vida propiciou.

No primeiro encontro das duas – Vivian contou –, já crescidas, uma olhou a outra, procurando traços em comum, se reconhecendo, identificando e materializando a ligação paterna... e se abraçaram.

Antes de começar a entrevista pra valer, mostrei a elas a foto que Carleba me incumbiu de entregar a Heloisa Seixas, prima de Raul. Isso despertou o interesse delas, que passaram alguns minutos entre palpites de quem eram aquelas pessoas na imagem. Acertaram Dona Maria Eugênia (mãe de Raul) e Dona Maria Angélica (tia de Raul), além de Carleba.

Ainda antes de começarmos a série de perguntas, tirei outra coisa da mochila. Daquela mesma loja em que comprei o vinil vazado com o rosto de Jimi Hendrix, para Marcelo Nova, levei também um com o rosto de Raul (tenho um parecido na minha parede). "O Raulseixismo nunca vai morrer."

A menos de um metro de distância, tive o prazer de assistir a alegria das duas ao falarem de Raul por quase duas horas.

"Eu conheço bem a fonte
Que desce daquele monte
Ainda que seja de noite

Nessa fonte tá escondida
O segredo dessa vida
Ainda que seja de noite"[1]

---

[1] Trecho da música "Água viva", do álbum *Gita* (1974), composição de Raul Seixas e Paulo Coelho.

KIKA, COMO VOCÊ E RAUL SE CONHECERAM?

KIKA – 1985... Deixa eu voltar mais, em 85 eu me separei dele. Em 79, eu trabalhava na gravadora Warner, na Rua Itaipava, aqui no Rio de Janeiro, trabalhava no departamento de projetos especiais. 79, um pouquinho antes. E eu conheci Raul nesse período, nesse comecinho de 79. Ele estava terminando, fazendo o último disco dele na gravadora, era *Por quem os sinos dobram*, com o Oscar Rasmussen. Eu, do departamento de projetos especiais, tinha que acompanhar, saber o que ele estava fazendo ou o que estava faltando fazer. E um dia eu vi ele passando no lobby da gravadora, do prédio, algumas vezes e tal, e um dia eu estava com o carro emprestado de uma amiga, um Fusquinha, tirando o carro de lá pra sair, ele estava vindo a pé. Daí eu perguntei se ele queria uma carona, ele falou que sim, que aceitava. Sentou no carro. Eu me lembro que eu levei ele a Copacabana, que ele estava morando em Copacabana nessa época, na Rua Assis Brasil. Mas eu não deixei ele na Rua Assis Brasil, por causa do tráfego. Me lembro claramente de eu dizendo pra ele "olha, vou te deixar aqui, porque, se eu entrar na Nossa Senhora de Copacabana, vou pegar muito tráfego". "Não, não, pra mim tá ótimo, eu vou a pé." E era uma ladeira gigantesca, depois eu fiquei imaginando a roubada em que eu deixei ele, tadinho (risos). É uma ladeira enorme a Rua Assis Brasil. E foi assim que eu conheci o Raul.

MAS NESSE PRIMEIRO MOMENTO VOCÊ JÁ SENTIU QUE EXISTIA UMA CONEXÃO ENTRE VOCÊS?

KIKA – Eu era muito fã dele. Eu conheci o show, o trabalho do Raul em 1973 quando ele se apresentou aqui no (Teatro) Tereza Raquel, no lançamento do LP *Krig-ha, Bandolo!*. Eu era amiga do fotógrafo Lauro Fortuna. Eu vi esse show 11 vezes. Eu voltava e voltava ao show porque era maravilhoso. O Raul dizia tudo o que eu queria escutar. Eu gostava muito de rock'n'roll. E na época se falava muito de Gal Costa, Caetano, Milton Nascimento, e não era a minha onda. Eu gostava de rock'n'roll americano, inglês. Mas não tinha nenhum artista que fizesse a minha cabeça. Tinha já Os Mutantes, mas não fazia a minha cabeça. E quando eu vi show *Krig-ha, Bandolo!*, era tudo que eu queria escutar de um artista de rock nacional. Eu fui ver 11 vezes. Depois eu fui pra Europa, isso foi 73. Morei na Europa alguns anos, quando ele estourou com "Gita". Quando eu voltei, 78 pra 79, uma coincidência grande, eu estava na mesma gravadora que ele. Então, eu já tinha uma admiração. O amor apareceu quando ele me ligou querendo sair comigo. Depois desse encontro, desse passeio de carro que eu dispensei Raul Seixas na ladeira (risos), ele me ligou e me chamou pra jantar. Daí realmente foi muito rápido a paixão, a gente logo se interessou muito um pelo outro.

QUAL A DIFERENÇA ENTRE O RAUL ARTISTA E O RAUL HOMEM?

KIKA – Raul era um *gentleman*. Difícil de acreditar assim por conta da postura de revolucionário no palco, mas ele era *gentleman*. Um cara que abria a porta pra você, pra mulher, pra senhora, pra dama passar. Ele falava baixinho. Ele vinha de uma família tradicional baiana, então era um cara muito, muito educado, o Raul. E... não me lembro qual foi a pergunta.

SE EXISTIA ALGUM TRAÇO DA PERSONALIDADE DELE QUE SÓ QUEM ESTAVA MAIS PRÓXIMO CONSEGUIA PERCEBER. O RAUL ARTISTA ERA UM PERSONAGEM E TINHA O RAUL HOMEM QUE ERA DE VERDADE?

KIKA – Eu não tenho dúvida. No começo eu via claramente essa diferença entre esse pai, esse provedor, essa pessoa ultrarresponsável, preocupada em sustentar a família, em ser independente financeiramente, esse *gentleman* de que eu estou te falando, que fazia questão de que a casa estivesse funcionando, que estivesse servido o almoço, jantar. Essas coisas, ele realmente era bem tradicional. E o artista no palco, essa figura revolucionária. No final da minha vida com Raul foi que eu comecei realmente a reclamar muito dele, que eu acho que o personagem, o artista, estava tomando o lugar do ser humano. Isso estava me incomodando muito. Eu acho que por causa da bebida mesmo. Ele passou a ser mais artista, estava sempre atuando. Então isso foi ficando muito difícil mesmo, porque eu queria o pai da família, o pai da minha filha, eu queria o meu marido de volta. Eu acredito que a bebida tenha criado essa personalidade que acabou ficando, que era do artista. Um artista dentro de casa é chato. Artista é bom no palco.

COMO ERA, NO INÍCIO DA DÉCADA DE 80, A RELAÇÃO DELE COM A FAMÍLIA? QUEM ERA DA FAMÍLIA QUE ESTAVA MAIS PRÓXIMO DELE?

KIKA – Não tinha ninguém da família aqui no Rio de Janeiro em 1980. Ou aqui ou quando a gente se mudou pra São Paulo. A família dele sempre morou na Bahia. E o Raul tinha poucos amigos, nunca teve muitos amigos. A casa da gente sempre foi muito vazia. Até porque, como tinha muito essa coisa de show e de fãs, então ele fazia questão de manter essa distância mesmo. Amigo: o Cláudio Roberto, que era o parceiro, grande amigo dele. Virava parceiro quando se encontravam. O Cláudio Roberto morava no Rio, no interior, até hoje mora numa fazenda. Os amigos mais queridos: o Jerry, eu encontrei uma, duas ou três vezes, que morava no Rio. Mas também o Jerry com uma vida profissional, sempre muito ocupado, então também não fazia parte da intimidade da gente. Não, não tinha amigos, não. A gente não era rodeado de amigos, de forma nenhuma. E a família morava na Bahia.

DONA MARIA EUGÊNIA SEMPRE FOI MUITO CUIDADORA?

KIKA – Muito! Supercuidadora. E a gente ia pra Bahia pra se encontrar com ela, porque ela fazia questão de manter essa proximidade. Ela gostava disso. E eu gostava também. Ela era uma mulher muito bacana, Dona Maria Eugênia. Apesar de o Raul já ter sido casado duas vezes antes de mim, né? E ela me recebeu com muito carinho, como se eu fosse a primeira e única. Isso aí te dá uma sensação bacana, de que você é diferente, enfim. Então a gente se aproximou muito. E o Doutor Raul, pai do Raul, também era uma graça, um amor de pessoa, um amorzinho mesmo, carinhoso. E o Plínio, irmão dele. Todos os baianos, a família toda que vivia lá era sempre muito carinhosa. E alguns amigos, porque a gente não convivia muito com amigos também lá. Os Panteras, mesmo, o Carleba, o Eládio. Quando eu ia pra Bahia, a gente não se encontrava muito com eles. Raul era um homem de poucos amigos, eu posso te falar isso.

E ESSA MOÇA (VIVIAN) VEIO DE SURPRESA?

KIKA – Raul tinha se separado já de duas mulheres e tinha se afastado de duas filhas. Então, ele queria muito ter mais uma filha, ele sentia falta dessa coisa familiar. E é amor de pai, né? E elas nos Estados Unidos. Eu não estava ainda preparada não, porque eu tinha uma vida muito independente. Tinha morado na Europa, nos Estados Unidos. Eu acho até que foi essa faceta minha muito independente que criou uma curiosidade. Foi diferente das outras mulheres, das outras experiências afetivas que o Raul teve. Então, a Vivi veio de surpresa sim. E ele quis muito, queria muito, queria muito. "Quero ter mais um filho." Ele pensava em ter um filho. Eu não pensei duas vezes. Minha irmã já tinha tido dois filhos. Minha família também era uma família muito unida, uma família bem tradicional também. Por que eu não teria, se ele queria ser pai de mais uma criança, né? Daí veio essa bênção na minha vida.

VIVI, QUANTO TEMPO VOCÊ CONVIVEU COM ELE?

VIVI – Meus pais se separaram quando eu tinha seis anos e quando meu pai faleceu eu estava com oito. Foi em 89.

VOCÊ ERA MUITO PEQUENA, NÉ? QUAIS SÃO AS LEMBRANÇAS QUE VOCÊ TEM DELE?

VIVI – Eu era muito pequenininha sim. Eu tenho poucas lembranças, mas umas lembranças bem gostosas do meu pai. As poucas lembranças que tenho. A lembrança mais forte que eu tenho é de um personagem que ele criava pra mim. Meu pai era muito engraçado, ele era muito divertido, eu lembro disso. E tinha esse personagem que era o Capitão Garfo, que era o primo do Capitão Gancho. Então ele escondia o garfo na manga, e a onda dele era roubar minhas bonecas e botar no congelador. Então, eu lembro dele brincando comigo, eu parada na frente da porta pra ele não entrar e pegar minhas bonecas. Também lembro da gente num hotel, eu era pequenininha, eu adorava hotel.

KIKA – Ele adorava hotel! Quer dizer, já tem até essa marca, essa coincidência. Ele adorava um hotel.

VIVI – Lembro da gente no escuro catando formiga, naquele caminhozinho que a formiga faz, com a pinça e botando a formiga dentro de um potinho. O que mais que eu tenho de lembrança? Sempre minha mãe fez muita questão de a gente estar próximo, mesmo que eles tenham se separado quando eu tinha seis anos. Então, eu sempre ia pra São Paulo visitá-lo, ele sempre vinha pro Rio me visitar. Eu lembro dele aparecendo de surpresa no colégio, lembro das minhas amiguinhas todas "ah, o Raul tá aqui!". E eu saía da aula, ia lá pra baixo, pro pátio pra conversar com ele.

MESMO ENTRE OS MAIS NOVOS ELE JÁ TINHA...

VIVI – Já, já. E eu lembro muito da barba dele. E minha mãe disse pra mim que ele pegava minha mão, botava na barba e falava "isso é pra ela nunca esquecer de mim". E eu lembro muito da barba dele, eu lembro da textura da barba dele, eu lembro da cor da barba dele. E a voz, né? Eu acho que quando a gente perde uma pessoa que a gente ama, a maioria tem fotos. Eu tenho a voz dele. Então, isso é muito forte pra mim, muito marcante poder reconhecer a voz do meu pai.

KIKA – É interessante porque o Raul, ele fazia questão de gravar alguns momentos num k7. Então, quando a Vivi nasceu chorando, ele tem "minha filha, isso aqui é pra você não esquecer". "Tá preocupada com o imposto de renda?" Essas coisas do Raul. Também tem ele assim, ensaiando, compondo, uma coisa mais íntima. Então, essas coisas que ele fazia questão de guardar mesmo. São coisas assim íntimas, que talvez numa família tradicional não tivesse, mas que ele tinha e ela tem acesso a esses pequenos presentes, pequenas surpresas. Além dos discos, claro, mas aí é pra um público também, né? Não é só pra ela.

ELE TINHA AQUELA COISA DE TOCAR, DE SENTIR A PELE COM VOCÊ?

VIVI – Eu acho que é o lance da barba, né? Do toque. De me fazer lembrar sempre dele. Eu acho que é o negócio da barba. E eu lembro dele falando muito mansinho. Como minha mãe disse, ele tinha esse lado. Por exemplo, eu lembro que um dia eu fiz uma malcriação com a minha mãe e ele me deu uma bronca que eu fiquei super sem jeito na frente de todo mundo no restaurante.

KIKA – Isso com o Marcelo Nova, não foi?

VIVI – Ele me botou no meu lugar, sabe? Eu fiquei morrendo de vergonha, não sabia onde enfiar a cabeça.

KIKA – Uma vez, com o Marcelo Nova, em São Paulo, quando ele estava compondo *Panela do Diabo* e a gente foi pra lá visitá-lo. Foi das últimas vezes.

ELE ERA UM PAI BRINCALHÃO, MAS NÃO ERA TÃO PERMISSIVO ASSIM.

VIVI – Exatamente, exatamente. Eu acho... Isso eu não sei se é uma lembrança ou uma viagem da minha cabeça, mas eu acho que eu lembro dele abaixando a minha calça e dando tapa na bunda, me botando de castigo no sofá grande. Teve isso?

KIKA – Teve (risos).

VIVI – Eu achava que era grande porque eu devia ser pequenininha, não conseguia descer dessa poltrona.

KIKA – Na Itacema. Foi mesmo.

VIVI – Quantos anos eu tinha ali?

KIKA – Uns quatro anos.

VIVI – Me deu uma palmada, não deu?

KIKA – Foi, e te botou no cantinho, sentada numa cadeira. Coisa de pai mermo (risos). Possivelmente ela tinha batido em mim, tinha revidado a alguma coisa, e ele "tem que educar, senão ela vai bater em você". E eu mãe, né? E ele já com experiência de outras filhas. Mas sempre muito carinhoso, muito amoroso.

VIVI – Eu só tenho lembranças boas do meu pai. Só lembranças boas.

LEMBRA DO CHEIRO DELE? CONSEGUE RESGATAR ISSO?

VIVI – Não. Eu era muito novinha. Do cheiro não, mas lembro muito da barba. E é engraçado que minha irmã Simone, minha irmã mais velha, eu fui conhecê-la, acho que na época que o documentário saiu. Eu sempre quis conhecer minhas irmãs, mas elas nunca... Não sei por quê, nunca se interessaram muito. Sempre estiveram nos Estados Unidos, elas não falam Português. Mas eu sempre tentei me aproximar. E a minha irmã Simone diz que também lembra.

KIKA – Da barba?

VIVI – Da barba.

KIKA – Olha que bacana!

VIVI – Da barba dele. Isso é uma lembrança que as duas têm, né?

KIKA – Ele fazia questão mesmo de pegar com a mãozinha e passar. Eu me lembro disso.

VIVI – Ele dizia que era pra eu nunca esquecer dele e realmente eu nunca esqueci. Esse negócio da barba.

O QUE SIGNIFICOU PRA VOCÊ ENCONTRAR SIMONE?

VIVI – Ah, foi muito legal, foi muito emocionante. Primeiro, porque eu sou filha única por parte de mãe. Sempre fui feliz sendo filha única, mas acho que eu tinha curiosidade sim de conhecer minhas irmãs. Ter uma irmã mais velha, isso é muito legal. Finalmente quando ela quis me conhecer, eu fui pro Texas, ela estava morando no Texas. Eu estava supernervosa. Ela me buscou no aeroporto. Ela estava de óculos escuros, eu estava de óculos escuros. Quando as duas tiraram os óculos, a gente ficou se olhando, porque a gente tem os mesmos olhos...

KIKA – Ah, que bacana.

VIVI – ...que são os olhos do meu pai. E foi a maior viagem, porque eu me vi um pouquinho ali nela e ela também. A gente ficou se reconhecendo, sabe? Foi tão estranho, mas ao mesmo tempo foi tão legal. A gente tem a mão muito parecida, a gente tem a unha muito parecida, a gente tem algumas coisas assim, em comum. Foi muito legal, foi muito legal. Eu fiquei toda boba lá com a minha irmã mais velha.

KIKA – Você devia procurar a Simone de novo. Ela é muito afetiva, não é?

VIVI – É. Ela é muito carinhosa. Mas a gente mantém contato.

E SCARLET, VOCÊ NÃO CONHECEU?

VIVI – A Scarlet eu conheci há muito, muito tempo atrás. Acho que na época ela devia ter uns oito anos. Sete, oito. Ela veio pro Brasil com a Gloria.

KIKA – Ficaram hospedadas lá em casa. Eu sempre fiz questão de tentar aproximar as irmãs, porque eu achava que isso era bom para o Raul e importante também para as crianças terem a proximidade com o pai. Então, realmente eu tentei. Com a Scarlet, eu hospedei na casa, quando eu morava com os meus pais. A Scarlet veio nesse tempo assim que ela devia ter uns 8, 9 anos. Mas daí depois voltaram pros Estados Unidos de novo, se distanciou, Raul morreu. Daí ficaram representadas por advogados, aí fica tudo mais distante, né?

E O SEU SOBRINHO,[2] VOCÊ ACHOU PARECIDO COM ELE?

VIVI – Não muito. Eu achei divertido esse negócio de ele fazer a pose de roqueiro, mas eu não achei muito parecido não. Mas final-

---

[2] Neto de Raul, Dakota Brice aparece no documentário *Raul – o início, o fim e o meio*.

mente meu pai ganhou um netinho homem, né? Ele queria tanto um homem na família, teve três mulheres, então eu achei legal ela ter dado um netinho pra ele.

MESMO CRIANÇA, VOCÊ JÁ TINHA NOÇÃO DE QUEM ERA RAUL SEIXAS?

VIVI – Demorou um pouco pra eu ter essa noção, eu era muito novinha. Então, antes de eu sacar do Raul mito, do Raul artista, antes de tudo ele era o meu pai. Mas eu sempre soube que ele era um cantor famoso, as pessoas comentavam. Quando eu saía com ele, as pessoas ficavam olhando na rua. Mas, demorou um pouquinho até eu amadurecer assim, entender a grandiosidade dele.

VOCÊ GOSTAVA DE CANTAR ALGUMA MÚSICA DELE NESSA ÉPOCA?

VIVI – Sempre, desde pequenininha! Eu lembro de estar pulando no sofá com as minhas amigas, cantando "Mosca na sopa", "Plunct plact zum", que é mais ou menos da minha época.

COMO QUE É "PLUNCT PLACT ZUM"?

VIVI – É o "Carimbador maluco".

COMO ELA É?

VIVI – (*risos*) (*cantarola*) "Plunct plact zum, não vai a lugar nenhum". Tem o "Peixuxa" também que é uma música bem infantil. Então, eu sempre fui fã das músicas dele. E, com o passar do tempo, tinha certas músicas que me foram tocando mais, que foram importantes assim na minha vida, como, por exemplo, quando eu comecei a trabalhar como DJ. Eu toco música eletrônica, e muita gente me questionou por que eu não tocava guitarra, por que eu não cantava rock igual ao meu pai. E eu fiz o que eu curtia, o que o meu coração mandava eu fazer. Então, tinha umas músicas nessa época da minha vida que me deram muita força pra continuar, pra fazer o que eu gosto. E não só seguir a carreira do meu pai porque os outros querem que eu siga. Tem uma música chamada "Por quem os sinos dobram" que eu adoro, que ele fala (as duas cantarolam) "coragem, coragem, se o que você quer é aquilo que pensa e faz... Coragem, coragem, eu sei que você pode mais". Tem também... (cantarola) "Não sei onde eu tô indo, mas sei que eu tô no meu caminho. Enquanto vocês me criticam, eu tô no meu caminho...". Então, essas duas músicas são as minhas preferidas. Eu amo.

TEM AQUELA QUE VOCÊ COMENTOU QUE ERA UMA CANÇÃO DE NINAR. "...QUE DESCE DAQUELE MONTE, AINDA QUE SEJA DE NOITE...". NÃO ESTOU LEMBRANDO O NOME DELA.

VIVI – "Água viva." É linda também. Está entre as... Eu sou suspeita pra falar, eu gosto muito das músicas do meu pai. "Água viva", eu acho lindíssima. Eu gosto muito das músicas lado B. São bem, bem legais.

KIKA, COMO QUE ERA A RELAÇÃO DO REGIME MILITAR COM RAUL NESSE MOMENTO?

KIKA – 1980, né? 79 pra 80, ainda estava no regime militar, ainda tinha ditadura. E eu me lembro a preocupação, a chateação que era para compor as músicas. Não podia falar uma coisa, não podia rimar com a outra. Ia pra dona Solange, que era censora. Todo artista conhecia, as gravadoras falavam "não, agora é a dona Solange que vai liberar ou não". Talvez até esteja viva ainda, dona Solange. E eu me lembro que no *Abre-te Sésamo*, o "Rock das 'aranha'", por exemplo, passou, mas não podia tocar em rádio. Mas deixou entrar no disco. "Aluga-se", a gente não sabe como que passou, porque ali já era 80. Era muito chato, era muito complicado isso. Eu tenho até manuscritos dele, porque o Raul deixava muita coisa escrita, ele passava as noites escrevendo, então a gente tem muitos livros. Eu gostaria até de ter a oportunidade... É que eu estava de mudança, Tiago, por isso que eu não pude trazer, não pudemos fazer essa entrevista lá na minha casa, que tem centenas de manuscritos do Raul, inclusive ele escrevendo sobre isto, que a parceira dele era a dona Solange. Porque ele tinha que mudar. Não pode escrever "povo", então você escreve 'lovo", escreve "ovo". Porque a dona Solange é que era a parceira. "Povo" não pode, então você tenta rimar com "ovo". Ele escreve essas coisas com muita graça, com muita raiva também, mas com muita graça. E logo depois teve a abertura, com Tancredo. Então, isso aí foi um alívio. Mas até no disco em que ele fala do "check-up", eu acho que ele teve que mudar "Tryptanol". Na versão, ele não podia falar o nome dos remédios. Ele tinha que inventar palavras. Sempre essa coisa. Teve abertura, mas não foi imediata. E o Raul sempre foi muito malvisto, entre aspas, porque a gente sabe das maluquices dele que ele aprontou nos shows. Ele não foi expulso do país, mas foi convidado a sair. Eu não vou dizer perseguido, mas a censura estava bem atenta às coisas que ele falava, fazia.

ESSE ARTIFÍCIO DE TROCAR AS PALAVRAS ERA ALGO QUE ELE GOSTAVA DE FAZER E FAZIA HÁ ALGUM TEMPO, NÉ? "DENTADURA POSTIÇA" É UM EXEMPLO DISSO.

KIKA – Verdade. É, fazia mas não por gosto, né? Não por querer. Tinha que continuar cantando, né? Era um saco, na verdade, ele ficava danado com aquilo, mas tinha que botar pra fora, então que jeito?

NO DISCO *VIDA E OBRA DO JOHNNY MCARTNEY*, DE LENO, TEM UMA MÚSICA DELE QUE SE CHAMA "CONVITE PARA ANGELA", E DEPOIS NO *ABRE-TE SÉSAMO* TEM "ANGELA". FIQUEI PENSANDO: SERÁ QUE É A MESMA ANGELA?[3] MAS ELE NEM TE CONHECIA, NÉ?

KIKA – É (risos). E que Angela era essa? O Leno te falou?

EU PERGUNTEI A SYLVIO E ELE NÃO SOUBE DIZER.

KIKA – Tem, tem mesmo. Porque "Angela" do *Abre-te Sésamo* foi feita pra mim mesmo, né? Inclusive pra mim é uma obra-prima. Essa música é uma beleza. E a mulher do Cláudio Roberto, parceiro, era Angela também, então ali foi inspiração em dobro. Mas essa primeira Ângela eu não sei quem era não (risos). Procure saber! E depois me conta.

E COMO ESTAVA O ENVOLVIMENTO DELE COM SOCIEDADES ESOTÉRICAS, OCULTISTAS?

KIKA – Na minha época, nada. Nada. Coisa que ele me contou dessa época dele com Paulo é que ele tinha sido neófito. Neófito era um principiante na tal da sociedade esotérica e que ele tinha saído pouco tempo depois porque ele tinha queimado um baseado no papiro. Porque eles tinham que assinar o papiro que era dos neófitos, dizendo que estava entrando naquela sociedade. E que era muito cheia de regras. Raul era anarquista, uma figura que não era muito de regras, de horários e tal. Então, que ele tinha queimado um baseado no papiro da sociedade esotérica e tinha sido expulso. Foi isso que

---

[3] O nome de batismo de Kika Seixas é Angela Maria de Affonso Costa. O "Seixas" foi inserido no nome de guerra, já que oficialmente ela não foi casada com Raul.

ele me contou. Agora quem pode te contar essa história direitinho é o Toninho Buda. Toninho Buda é um profundo conhecedor das sociedades esotéricas e tal, ele conhece esse lado do Raul. Eu conheço muito pouco e ele não falava praticamente nada sobre isso comigo.

A GENTE CONVERSOU COM MAZZOLA E ELE CONTOU QUE RAUL TENTOU LEVÁ-LO PRA ESSA HISTÓRIA DE DISCO VOADOR, SOCIEDADES ESOTÉRICAS.

KIKA – Mentira! (surpresa)

SÓ QUE ELE NÃO QUIS. MAS COM VOCÊ NÃO ACONTECEU ISSO, ENTÃO?

KIKA – Disco voador, com certeza. Agora, de sociedade esotérica, pra mim ele nunca falou. Disco voador, eu também já vi, quer dizer, então pra mim não seria surpresa ele conversar sobre isso comigo. Mas sociedade esotérica, nunquinha.

NA DÉCADA DE 80 ELE JÁ ESTAVA MAIS MUNDANO, NÉ?

KIKA – Totalmente. Eu te falei isso. Raul era muito pé na terra, muito pão-pão-queijo-queijo. Só quando ele compunha mesmo que era aquele momento de criação. Enfim, uma pessoa completamente normal, só quando estava compondo mesmo que era aquele gênio, aquela delícia você acordar de manhã e ver o que ele tinha feito. "Plunct plact zum" ele fez pra Vivi, pro especial da televisão, mas Vivi era pequenininha, tinha dois, três anos, então ele estava bem envolvido com essa coisa infantil. Eu fui dormir, quando acordei a música estava pronta. E a carinha da Vivian ouvindo a música, brincando com a gente. Isso era realmente maravilhoso. *O Metrô linha 743*, ele ouvindo a música do Bob Dylan. Me lembro disso claramente. No dia seguinte ele faz *Metrô linha 743*, que tem a levada do Bob Dylan, né? Aquela coisa bem falada, as letras enormes. Eu digo "meu Deus, de onde que vem tanta imaginação pra conseguir escrever aquilo tudo, né?".

COMO ERA ESSE PROCESSO DE CRIAÇÃO DELE?

KIKA – (pensativa) Como é que era? Só telefonando. Espera aí que eu vou ligar para o Raul (risos).

COMO É QUE SURGIAM AS IDEIAS DELE? EU OUVI MUITO QUE ELE ESTAVA CONVERSANDO COM UMA PESSOA E A PESSOA DAVA UMA IDEIA, DEPOIS ELE COLOCAVA O NOME DA PESSOA COMO AUTORA. COMO SURGIAM AS IDEIAS? EM QUE MOMENTO ELE ESTAVA MAIS CRIATIVO?

KIKA – Sempre quando tinha essa obrigação de fazer o disco. Não era uma obrigação, enfim. A gravadora contratava pra fazer um disco por ano. Quando chegava numa época tal, ele parava, pensava para poder criar um conceito, um título, uma história para aquele disco. Então, sempre tinha que ter um conceito, alguma coisa que depois ele ia ter que falar sobre exatamente isso que você está me perguntando. Mas, aí você tinha que perguntar pra ele como que ele criava esse conceito, porque... *Metrô linha 743*, eu me lembro dele ouvindo Bob Dylan, e muito influenciado também pelo Leonard Cohen, que foi um artista que eu apresentei pra ele, que eu tenho essa felicidade de ter apresentado pra ele, porque ele ficou fascinado. Um grande poeta e músico chamado Leonard Cohen. Com letras extensas também. Eu acho que ele ouvindo Leonard Cohen, e obviamente Bob Dylan, que era a paixão dele, ele criou esse conceito para *Metrô linha 743*. O *Abre-te Sésamo* era essa época da ditadura ainda, abrindo, mas não abrindo muito. O *Abre-te Sésamo* era aquela história, fala a palavra pra ver o que acontece, mas nem tanto, né? Sempre tinha esse conceito, ele criava um tema, e escrevia em cima. Pelo menos nos três discos em que eu estava com ele.

QUAIS ERAM AS INFLUÊNCIAS MUSICAIS DELE?

KIKA – Bob Dylan sempre, John Lennon sempre. O Leonard Cohen, eu estou te falando, mas foi uma coisa mais recente, no período em que eu vivi com ele.

VIVI – Elvis, né?

Kika – Elvis sempre também, mas uma coisa mais de postura, né? A coisa do rock'n'roll, né? Porque o Elvis não escrevia, ele não compunha. Ele tinha postura rock'n'roll.

VIVI – Mas, por exemplo, "Let me sing", o "Rock around the clock". Isso aí veio do *rockabilly*, né?

KIKA – Não tenha dúvida, não tenha dúvida. Mas daí bem no começo da carreira dele, em 73. Depois foi amadurecendo. O artista amadurece, né?

KIKA, VOCÊ TEVE PARTICIPAÇÃO EM ALGUMAS MÚSICAS DELE, NÉ? "SÓ PRA VARIAR", "DDI", "COISAS DO CORAÇÃO", "CORAÇÃO NOTURNO", "QUERO MAIS". COMO COMEÇOU ESSA PARCERIA? ELE TE CHAMOU OU FOI UMA VONTADE SUA?

KIKA – É porque é quase natural. Eu sou uma pessoa inteligente, sensível. Você vivendo, acordando, dormindo, convivendo com isso, você começa a ser seduzida mesmo. E isso que eu te falei, era fascinante ver o Raul compondo. Então, por exemplo, ele estava com a frase pronta, daí, de repente faltava uma palavra. "Fala, Kikinha, o que que você acha?" Daí surgia aquela palavra, é claro que eu dizia pra ele. Ele dizia "muito bom, muito bom!". E aí a próxima frase você já fica envaidecido, né? "Pô, bacana, então, quem sabe a próxima frase aí..." Aí eu ficava pensando também com ele. Daí acontecia realmente isso de a gente estar no bar e eu dizer "Raul, lembrei, lembrei! Olha aqui que rima boa de a gente escrever...", num guardanapo de papel de um bar, de repente, "...olha aqui essa letra, essa palavra que combina com aquela...". Daí você vai vivendo cada momento. Tem relação com aquele disco que vai ser composto, tem relação com aquele show que você vai fazer. Eu vivia noite e dia, dia e noite, nesse ambiente. Então era natural que aquilo me sensibilizasse. E peguei uma carona (*risos*).

EM "CORAÇÃO NOTURNO" E "MINHA VIOLA" TEM PARTICIPAÇÃO DO SR. RAUL, NÉ? COMO FOI PRA ELE GRAVAR UMA MÚSICA QUE O PAI TAMBÉM COMPÔS?

KIKA – O senhor Raul era um poeta. A família do Raul, Varela, era de um poeta português.

FAGUNDES VARELA.

KIKA – Fagundes Varela. Era português? Enfim, não deixa eu falar bobagem aí não. Tu edita essas "zorreta" (*risos*). Enfim, era de uma família de poetas, e Seu Raul escrevia muito, escrevia muito. Mas essas coisas muito singelas, muito antigas. (*cantarola*) "Quando eu saí do meu sertão, não tinha nada de meu. A não ser esta viola, que foi meu pai que..." Isso é Seu Raul escrevendo. Daí a gente foi pra Bahia nesse período, logo que a Vivi tinha nascido, e o Raul falou "pai, vou botar música nessa tua poesia". Aí o velho ficou doido de felicidade. Eu me lembro disso claramente, o velhinho ficou doido de felicidade, que era o sonho da vida dele talvez, né? Ter uma poesia dele, que guardava em casa, não mostrava pra ninguém, o filho musicando aquela poesia dele.

ELE TINHA ORGULHO DO FILHO?

KIKA – Ah, muito. O Doutor Raul era um doce de coco, era um doce de coco. Quando a Vivi nasceu, eles vieram, ficaram três meses comigo. Os filhos, né? Porque o Plínio também é um homem muito inteligente. Engenheiro. Enfim, uma pessoa muito capaz. E Dona Maria Eugênia, um amor de pessoa, um amor de mãe, dedicada. Era uma família bem unida, viu?

VIVI, VOCÊ FICA OUVINDO ESSAS COISAS E O QUE VOCÊ SENTE? VOCÊ PASSOU A VIDA TODA OUVINDO FALAR DO MITO RAUL SEIXAS, QUE POR ACASO É O SEU PAI.

VIVI – Eu acho que eu sinto saudades de um pai com quem eu não convivi muito tempo. Eu fico imaginando como seria se ele estivesse aqui hoje em dia. A vontade de trocar ideia, sabe? Eu acho que eu sinto saudade de ter um pai que eu nunca tive, assim. Tive, mas gostaria de ter mais. Mas volta e meia também eu pergunto pra minha mãe, essa pergunta que você fez, como que ele era em casa. Dia desses, eu perguntei "o quê que ele fazia? Ele acordava de manhã? Como que era o dia dele? Ele tomava café da manhã? Que horas ele gostava de compor?".

FICA ESSA CURIOSIDADE MAIS DE FILHA DO QUE DE FÃ.

VIVI – Exatamente. Mas nunca quis saber muito assim das maluquices, nunca quis muito saber do lado ruim, sabe? Eu sempre tentei saber das coisas boas, assim.

TEM UMA DECLARAÇÃO SUA DE QUE OUVIU A VIDA TODA QUE SEU PAI ERA ISSO, ERA AQUILO. ELE CHEGOU A UM ESTÁGIO EM QUE AS PESSOAS NÃO ENTENDEM QUE HÁ UM SER HUMANO ALI, MAS SOMENTE O MITO. VOCÊ CONSEGUE FAZER ESSA SEPARAÇÃO?

VIVI – Consigo, consigo sim. Eu cresci escutando besteira, que se virasse o disco ao contrário... (risos) que ia cantar não sei o quê do diabo, e que o "Rock do Diabo" é não sei o quê. A música falava 666. Ainda mais criança, né? Criança é muito má. Criança é muito maldosa, Então eu cresci ouvindo isso. Eu ficava magoada.

KIKA – É, Vivi? Eu não sabia disso, não.

VIVI – É.

KIKA – (*risos*) 666 é fogo! Tadinha.

VIVI – "Seu pai tinha pacto com o diabo".

KIKA – Mentira! (risos) Tadinha, Vi. Você nunca me falou.

KIKA, NO DISCO *ABRE-TE SÉSAMO* VEIO A MÚSICA "ANOS 80", QUE ELE DIZIA QUE ERA A "CHARRETE QUE PERDEU O CONDUTOR". DE ONDE VINHA ESSA DESILUSÃO?

KIKA – Teve um amigo da gente, mineiro, irmão do Sérgio Sampaio, que estava morando com a gente. (pensativa) O Cacá? Cocó![4] Era irmão do Sérgio Sampaio. Sérgio Sampaio, grande amigo, grande parceiro do Raul. Ele passou um tempo com a gente. E o Cocó conversou com a gente sobre essa ideia, conversando sobre essa charrete, anos 80 e tal. Eu me lembro claramente. A gente conversando uma noite, Cocó falando sobre isso, e aí Raul teve a oportunidade e escreveu essa música. Depois, também, ele não escreveu na época do Marcelo? Acho que o Raul estava meio desencantado. Com a política, que ele nunca se encantou muito, com o Brasil recém-saído de uma ditadura. Se ele estivesse vivo agora, estaria mais desapontado ainda, com a que ponto a gente

---

[4] Kika não lembrou o nome do irmão de Sérgio Sampaio, que se chamava Dedé Caiano.

chegou. "Aluga-se o Brasil." Hoje em dia as pessoas falam "ah, Raul estava certo, teria que alugar o Brasil". Ninguém nem quer alugar o Brasil do jeito que está essa bagunça, entendeu? Essa economia acabada. Eu acho que ele ia estar mais triste ainda. Não sei o que Raul estaria escrevendo agora, estaria falando agora. Não sei como é que seria isso.

CONSEGUE IMAGINAR O ASSUNTO DA ATUALIDADE QUE MAIS CHAMARIA A ATENÇÃO DELE?

KIKA – Não sei, não sei. É tão nojenta a corrupção. De novo, política. De novo, que não tem jeito. Talvez ele pudesse arrumar, de alguma maneira, alguma poesia, consertar o que não tinha jeito. Mas ele já tinha falado sobre isso. Consertar o que não tem jeito. Será que ele teria esperança? Eu não sei. Porque tá difícil de a gente ter esperança, né? Não sei onde ele ia arranjar inspiração. Porque era um homem muito pé na terra, ele escrevia sobre o que ele estava vivendo. Ele ia escrever sobre roubo?

VIVI – Ele meio que já se preocupava com isso, tanto que "Geração da luz" é ele contando com a futura geração que melhorasse essa porcaria que já estava, passando a bola pra Geração da Luz. Essa letra é demais.

KIKA – Esperançoso. Eu não sei se ele teria perdido a esperança. Sinceramente, um dia desses eu estava pensando, uma amiga minha, que era amiga minha da Warner, da fase que eu conheci o Raul, a gente trocando e-mails e tal e perguntando. Como Raul estaria aos 70 anos? Sinceramente eu não sei. Os artistas da geração dele, Erasmo e tal, já não compõem mais. Apesar que a gente foi ver o show do Erasmo, bonito show. Ano passado, retrasado. Não sei, não sei, só telefonando pra Raul (risos).

ELE GOSTAVA MUITO DE FALAR INGLÊS, MAS TAMBÉM NÃO PERDEU O JEITO BAIANO. VOCÊ ACHA QUE ISSO FOI UM TRUNFO DELE?

KIKA – Ah, mas ele consertava. Quando ele estava assim, muito assim "retado", falando muito assim (*com sotaque baiano*), ele consertava pra falar carioca (*com sotaque carioca*). Ele tentava consertar pra não carregar tanto o baiano. Ele morou muito tempo em São Paulo também, né? Então a pronúncia fica menos carregada. Mas ele tentava falar menos baiano. Às vezes ele se consertava na pronúncia. Mas não tem muito jeito, né?

ELE DEU UMA ENTREVISTA A NELSON MOTTA, EM QUE FALOU DA MÚSICA "CANTO PARA MINHA MORTE". E ELE FALAVA "A MORTE É AQUELA COISA QUE EU REJEITO, MAS VENHA, MINHA FILHA, VENHA, MINHA NEGA, VENHA BONITA".

KIKA – (*risos*) Não tem jeito, né? Hoje quando eu vejo pessoas interpretando Raul ou quando vejo no teatro... Teve peças, né? O Roberto Bontempo fez,[5] teve uma peça na Bahia também que o primo da Vivi fez.[6] Eu sinto falta dessa coisa baiana. Cada região do país tem um jeito, tanto no sotaque quanto na parte física. E eu sinto falta desse personagem que um dia vai interpretar Raul, talvez na ficção que a gente vai fazer, talvez no teatro, em um musical, que inevitavelmente vai rolar. Eu sinto falta dessa figura assim falando manso, que o baiano fala. Você bem sabe, né, Tiago? (*risos*)

---

[5] O "monólogo musicado" (definição do ator Roberto Bomtempo) *Raul Fora da Lei – A História de Raul Seixas*.
[6] Ivan Seixas, filho de Plínio Seixas, atuou na peça *Aventuras do Maluco Beleza*.

VAMOS MUDAR O RUMO AQUI. COMO QUE A IMPRENSA LIDOU COM A DOENÇA DELE?

KIKA – Eu já não estava mais vivendo com ele. As duas vezes que o Raul foi internado ou que não fez show por causa de bebida... A imprensa sempre vai falar alguma coisa. Sempre vai fazer o que tem que fazer, né? É registrar aquele momento. Ou que não foi pro show ou que esqueceu a letra. Acho que estava fazendo o papel dela mesmo. Não tem também por que fingir que não estava acontecendo, que ele perdeu o show porque tinha tomado um pileque ou que não cantou a letra toda. Eu acho que ela fez o papel dela. Não tinha porque também ser boazinha, né? Estava envolvido público, estavam envolvidas tantas pessoas com quem ele, profissionalmente, não agiu bem. Toma o pileque depois do show, poxa. Então, a imprensa fez o que tinha que fazer. Nunca vi o Raul ser maltratado pela imprensa não.

HOUVE TAMBÉM O DESCRÉDITO NO MERCADO NESSA ÉPOCA.

KIKA – Ah, mas não só da imprensa. Foi de modo geral. Ele, realmente, quando começou a faltar a show, quando não tinha mais gravadora, os empresários fugindo dele... Aí foi um karma que ele pagou, porque ele mesmo criou esse problema pra ele, né?

QUATRO ANOS SEM FAZER SHOW?

KIKA – E reclamava, ficava triste, porque ele não tocava em rádio. Foi dramática essa época. Foi quando eu conheci o Raul. Essa época aí foi triste mesmo.

AQUELA HISTÓRIA DE CAIEIRAS, QUE ELE FOI CONFUNDIDO COM UM IMPOSTOR, FOI CONTIGO?

KIKA – Foi. Vivi estava recém-nascida. Agora que eu fiquei sabendo que vira e mexe Vivi é chamada em Caieiras e o pessoal meio que pede perdão, né, Vivi?

(V*ivi confirma*)

KIKA – Eles chamam a Vivi no aniversário do Raul meio que pra se aproximar. Mas o que a gente sabe é que foi o partido político. Tinha dois adversários e um deles... A gente não sabia que Raul ia fazer um show para um partido político ou para uma personalidade política. A gente não sabia disso. E, quando chegou lá, começou a plateia do adversário a dizer que aquele não era Raul. E começaram a jogar cerveja nele. Enfim, eu nunca soube muito como foi essa história. Se ele estava errando a letra... Mas ele sempre errava a letra. Até as letras mais óbvias o Raul errava. Então, começaram a dizer que não era ele. Mas parece mesmo que era o adversário político que estava criando para derrubar o show. E conseguiu derrubar o show. Daí o Raul ficou tiririca da vida, largou o palco, foi embora. Daí veio o delegado, aquela história toda é verdade mesmo.

ELE TOMOU PORRADA MESMO?

KIKA – Ele levou uns "cachapuletão". Tipo, "cala boca!". Porque o Raul devia dizer "você sabe com quem você está falando? Eu sou o Raul Seixas". Daí o delegado perguntou: "se você é Raul Seixas, diga onde nasceu Chacrinha!". "Bicho, como assim? Se você me perguntar a letra de 'Gita', talvez eu me lembre, mas Chacrinha..." Era a prova do delegado pra saber se ele era artista. Daí ele foi em cana mesmo. Dia seguinte de manhã, mandei documento comprovando, porque ele andava sem documento, provando que ele era Raul Seixas (risos). A Rita Lee fez um curta-metragem maravilhoso[7].

---

[7] Curta-metragem *Tanta estrela por aí* (1993).

Tadeu Knudsen é o nome do diretor. Maravilhoso! Você teve acesso a esse material?

ESTÁ NO YOUTUBE.

KIKA – É maravilhoso.

A GENTE CHEGOU A FALAR COM ELE PARA MARCAR GRAVAÇÃO, MAS ELE NÃO TEVE AGENDA.

KIKA – Diga que eu mandei um abração pra ele. Porque aquele material é maravilhoso. E a Rita fazendo com as roupas, né? Porque o Sylvio emprestou as roupas para ela. E ela sentada que nem homem assim. A Rita é uma grande artista, né?

GOSTOU DE MARISA ORTH TE REPRESENTANDO? (A ATRIZ FAZ A PERSONAGEM DA MULHER DE RAUL, NUM ESTILO "PERUA")

KIKA – Ah, adorei! (risos) Pra mim, de todo o material de filme... Não foram tantos assim. Pra mim, esse do Tadeu Knudsen foi o melhor. Eu queria que esse tivesse virado um documentário (Kika fala no sentido de Tadeu Knudsen ter sido diretor de um documentário sobre Raul). Impecável.

COMO QUE FOI A PARCERIA DE RAUL COM CLÁUDIO ROBERTO? COMO VOCÊ AVALIA, ARTISTICAMENTE, ESSA PARCERIA?

KIKA – Maravilhoso, maravilhoso. Uma intimidade, uma cumplicidade. Até hoje o Cláudio é um grande amigo nosso. Ali havia cumplicidade, amizade, amor. Se amavam. Não tinha a competição que havia com outros parceiros. Era entrega mesmo. Entrega mermo.

TEVE UMA HISTÓRIA DE QUE, DEPOIS QUE RAUL MORREU, ELE PASSOU 45 DIAS CHAPADO. ELE DECLAROU PARA O JORNAL *O GLOBO*.

KIKA – É? Não sei.

VOCÊS MANTIVERAM CONTATO?

KIKA – Sempre, até hoje. Eu faço questão. A mulher do Cláudio Roberto, a Angela, já falecida, era muito amiga minha. Então, durante o período em que o Raul estava vivo, em que a gente ia pra casa deles em Miguel Pereira compor, a gente ficou muita amiga, eu e a Angela. E depois da morte da Angela, depois da morte de Raul... "Claudete". Eu ligo pro Claudete (risos).

QUANDO NOSSA PRODUTORA LIGOU PRA ELE, ELE FALOU ASSIM: "COMO VOCÊ CONSEGUIU MEU TELEFONE? EU ACHO ISSO UM ABSURDO!".

KIKA – É porque ele é muito bicho do mato (risos).

AÍ A GENTE FALOU "FOI ASSIM E TAL". E ELE: "VOU PERGUNTAR A KIKA".

KIKA – Pra ver se o negócio é confiável. Ele tem muita confiança em mim. A gente é muito amigo. Marcelo Nova, Cláudio Roberto são pessoas muito queridas, que eu quero muito bem. E são pessoas muito íntimas mesmo. Tem que tomar cuidado com essas entrevistas, porque, depois que Raul morreu, o que tem de amigo do Raul, o que tem de amigo íntimo do Raul é um perigo. Então, você abre o olho.

VIVI – Fantasma! (risos)

KIKA – Tem fantasma, espírito. É uma coisa.

NO DOCUMENTÁRIO DE WALTER CARVALHO, FOI LEVANTADO SOBRE SE AQUELA TURNÊ FINAL DE 50 SHOWS COM MARCELO NOVA FOI POSITIVA OU NEGATIVA PARA ELE. O QUE VOCÊ ACHAVA DISSO?

KIKA – Foi totalmente positivo. Marcelo Nova foi um santo que apareceu na vida do Raul naquele momento, botando o Raul de volta ao palco e compondo. Aquilo ali foi uma bênção na vida do Raul. Não tenho a menor dúvida. E a saúde dele já estava comprometida.

VIVI – Já. O Marcelo falou pra mim que levou o meu pai no hospital Albert Einstein, os melhores médicos pra tentar ver se dava pra fazer alguma coisa pra ajudar na saúde do meu pai. E o médico falou que não tinha jeito, que, por mais que ele parasse de beber e começasse a se cuidar, que ele já estava do dedão à cabeça...

KIKA – Comprometido.

KIKA – Muito ruim, não tinha jeito mais. Então, eu acho que o meu pai morreu fazendo o que ele gostava, sabe? Onde ele gostava, que era no palco. Eu acho que ele teria ficado muito triste se ficasse doente em casa, em cima de uma cama.

KIKA – Poxa, nem brinca.

VIVI – Ia ser a maior tristeza da vida dele.

KIKA – E, por exemplo, aquela questão da insulina, que ele estava diabético, quando a empregada Dalva saía no fim de semana, ele não tomava a injeção, porque ele não gostava de tomar a injeção. Ele detestava agulha. Então ela que aplicava a injeção nele, aquela coisa forçada. Claro que ele sabia que tinha que tomar, mas a Dalva falava "Seu Raul, tem que tomar...". Então, no fim de semana, ele não tomava mesmo. A morte dele era questão de dias. Se ele não tomasse a insulina, ele ia passar mal, e foi o que aconteceu. Foi no final de semana que a Dalva não estava. Então, ele estava muito comprometido assim. A saúde do Raul estava por um triz. Então, o Marcelo Nova foi um anjo da guarda que apareceu. Inteligente, com aquele jeitão todo rock'n roll, que botou o Raul de volta onde ele tinha que estar: no palco e gravando um disco no estúdio.

VIVI, VOCÊ SE LEMBRA DA ÚLTIMA VEZ EM QUE VIU SEU PAI?

VIVI – Lembro! Foi um mês antes de ele morrer, a gente foi pra São Paulo visitá-lo.

KIKA – Já na Frei Caneca, não foi?

VIVI – Foi naquele hotel Aliança.

KIKA – Frei Caneca.

VIVI – Inclusive minha mãe já estava com o meu padrasto, na época. Minha mãe diz que meu pai apertou a mão dele e falou "cuida da minha mulher e da minha filha" (sorri). E aí fomos pra esse apartamento, lá pra esse hotel Aliança, acho que era um apart--hotel, e a gente saiu todo mundo junto, eu, minha mãe, meu pai, todo mundo de mãozinha dada, fomos pra uma padaria de manhã e ele pediu uma cerveja. Eu tinha oito anos e eu comecei a chorar. E aí ele perguntou pra mim por que eu estava chorando. Eu falei que não gostava de ver ele bebendo. Ele falou pra mim "poxa, minha filha, papai sabe o que tá fazendo", falou alguma coisa assim.

KIKA – A cara dele dizer isso.

VIVI – E essa foi a última lembrança que eu tenho. Eu não lembro de ver o meu pai bêbado, eu não tenho essas lembranças.

Mas criança sente, né? Então, eu sentia que não era normal ele estar tomando um chopp na padaria às 10 horas da manhã. E eu lembro que isso me deixou triste. E foi a última vez em que eu estive com ele. Eu acho que um mês depois ele morreu.

KIKA, VOCÊ LEMBRA ONDE ESTAVA E COMO VOCÊ SOUBE DA MORTE DE RAUL?

VIVI – Na casa da vovó.

KIKA – Estava na casa da vovó. Eu tinha saído de carro com esse namorado, que eu estava namorando, e quando eu voltei papai abriu o portão dizendo "eu tenho uma notícia pra te dar". Eu falei "já sei". "Dona Maria Eugênia quer falar com você." A mãe do Raul. Eu digo "eu já sei". Aí ele falou "é, Kika, Raul morreu". Daí fui pro telefone.

VIVI – Ficou um tempão no telefone.

KIKA – Ela pedindo pra gente ir pra lá. Enfim, Dona Maria Eugênia, muito forte. Danada, aquela mulher. Mas ela sabia, todos sabíamos.

VIVI – Eu também sabia. Quando a minha mãe subiu pra me falar a notícia, quando ela falou "papai Raul", eu já sabia.

KIKA – Dona Maria Eugênia sabia também que era questão de dias. Nós todos sabíamos que Raul estava muito mal de saúde. Ele andava mal, ele comia mal.

VIVI – A aparência dele não estava legal.

KIKA – Era questão de dias. Eu não tinha a menor dúvida.

O QUE FICOU DA OBRA DE RAUL?

KIKA – Ah, essa maravilha, né? Cada vez que eu faço show, cada vez que eu vejo os músicos cantando, os próprios músicos profissionais, músicos há 30, 40 anos dizem que aprendem muito cada vez que a gente toca Raul. Então, é realmente emocionante você ver. E uma vida dedicada, né? Mais de 300 músicas. É lindo, lindo. E as letras...

VIVI – E muito atuais, né? As letras do meu pai são muito atuais. Isso me impressiona muito.

KIKA – Uma filosofia. Como artista, realmente, é relevante para a música popular brasileira. É um artista da grandiosidade de um John Lennon, cada um na sua região, enfim. Da grandiosidade de um Bob Dylan. Tanto é que o Bruce Springsteen foi cantar Raul, né, bicho? (risos) (olha pra cima) Olha, Raulzito, você pode estar certo, meu filho, que você conseguiu o que você queria. Que ele dizia pra mim: "Eu não tenho medo de morrer, eu só não quero ser esquecido". Então, ter o Bruce Springsteen cantando Raul Seixas... pelo amor de Deus! Então a resposta está aí. O legado dele está vivo. Está inteiro.

QUAL É A MAIOR LEMBRANÇA QUE FICA DESSE PERÍODO TODO?

KIKA – Ai, são tantas, Tiago, são tantas... Tão felizes. A gente era muito apaixonado um pelo outro. Raul era muito divertido, aprontava, fazia piada, brincadeiras. Ele era muito divertido, ele era uma pessoa muito querida, um *gentleman*, um amor. Enfim, só amor. Depois eu passei a época de tristeza, da separação, do alcoolismo, não consegui conviver com isso e me separei pra poupar a Vivi, porque, se eu não estava aguentando, imagina uma criança de quatro anos de idade. Tem alguns momentos assim de... É mais coisas boas. Eu tento esquecer as coisas ruins. E esquecer, eu não vou esquecer nunca, mas os momentos felizes foram maiores que os momentos tristes.

* * *

Após perguntar o que estava previsto, fomos ver o que elas tinham guardado. Muitas fotos e escritos.

"Minha filhota Vivi, aí vai seu patinho ligeirinho e seu colega o 'cachorrinho – que late, espanta abelha do nariz – mexe a cabeça e roda o rabinho'. Eu achei a carinha dele tão bonitinha... É o cachorro do 'cachorro'. Te adoro, saudades, seu pai."

VIVI – Ele me chamava de "meu cachorro".

E por fim, Vivi leu uma das cartas do pai.
"Minha filha Vivi, que bom! Já fiquei bom-bom. Já estou fazendo música e tudo. Hospital é chato, não tem ninguém. Muito obrigada pela sua reza pro papai ficar bom logo. Foi você que fez o papai ficar bom. Não fiquei muito sozinho, pois o Capitão-Garfo vinha me ver toda hora. E como não tinha boneca por perto ele ficava meu amigo. O bonzinho e o maluquinho sempre fazendo tudo errado. Eu estava no hospital deitado e ele pensou que ele era o doente e deitou em cima de mim. Já pensou? Esse maluco faz cada coisa engraçada. Estou morrendo de saudades de você, minha filhinha. Daqui a pouco eu estou aí pra te ver. É que agora papai vai ter que

fazer uma porção de shows pra ganhar um bocadão de dinheiro pra comprar coisas e surpresas e presentes pra você. Eu amo você e sua mãe. Fiquem direitinhas, tá? Com todo carinho, papai Raul. Adorei seus desenhos, são lindos, todos os quatro, os da gravata do papai, das duas menininhas, os pedacinhos de papéis coloridos, os traços riscados que você inventou... PS: papai nunca vai ficar doente, ele já está comendo o prato todinho, tá?"

1º DE JULHO DE 2015 - 11H

RUY CASTRO

ESCRITOR

Voltávamos de São Carlos para São Paulo, da gravação com Isaac e Alexandre, do fã-clube Novo Aeon. Na estrada, eu mexia no celular e vi uma postagem de Toninho Buda no Facebook. Era um texto do escritor Ruy Castro na *Folha de S.Paulo*, em que ele contava o que talvez a maioria das pessoas quisesse esconder: foi alcoólatra e ficou internado numa clínica de reabilitação no fim da década de 1980.

O detalhe especial, que motivou a postagem de Toninho, foi que nessa época Ruy Castro conheceu Raul, recém-saído de outra clínica de reabilitação.

Uma certa surpresa me bateu ao saber disso. Eu já tinha conversado com Heloisa Seixas, prima de Raul, e já havíamos marcado entrevista. Ela se casou com o escritor um ano após a morte do parente famoso, e me disse que os dois não chegaram a se conhecer. Bem, não num encontro típico de família, com sorrisos e confraternizações, é verdade.

Não sei se foi um lapso de memória ou não tinha conhecimento ou não quis falar do fato de que Ruy Castro e Raul se conheceram em reuniões de ex-internos de clínicas de dependentes químicos. Precisava ouvir essa história da boca e não apenas ler dos dedos de Ruy Castro.

Logo depois de me deparar com a "novidade", liguei para Heloisa. Ela não demonstrou resistência sobre o fato e viabilizou com ele alguns minutos para nossa equipe.

Ele biografou Nelson Rodrigues, Carmen Miranda, dentre outras grandes obras. A minha estreia com Ruy Castro foi com *Garrincha – A Estrela Solitária*, ainda na faculdade. Não parava de ler.

Sobre Raul, foi enfático tanto antes quanto durante a gravação. Ele nunca foi um fã, mas o conheceu num momento em que só quem viveu sabe intimamente como é.

"É triste ver que tudo isso é real
Porque assim como os poetas
Todos temos que sonhar" [1]

---

[1] Trecho da música "Movido a álcool", do álbum *Por quem os sinos dobram* (1979), composição de Raul Seixas, Oscar Rasmussen e Tânia Menna Barreto.

RECENTEMENTE, VOCÊ ESCREVEU UM TEXTO PARA A *FOLHA DE S.PAULO* EM QUE CONTA UMA SITUAÇÃO COM RAUL. RELATE ISSO, POR FAVOR.

Foi entre final de fevereiro e começo de março de 1988. Ele tinha acabado de sair de uma internação em uma clínica para dependentes químicos em Cotia, a 30 quilômetros de São Paulo, e eu, por acaso, também estava saindo de uma internação exatamente igual em uma outra clínica, também para dependentes químicos, também em Cotia, vizinha à clínica do Raul. Como nós saímos mais ou menos ao mesmo tempo, um colega meu de internação que conhecia o pessoal da outra turma propôs que fizéssemos reuniões de ajuda mútua, digamos assim, pra conversar a respeito, pra um ajudar o outro, pra contar sua experiência, como é que estava sendo viver sem beber ou sem usar drogas. Esse tipo de troca de experiências é importantíssima pra que você consiga cumprir a etapa mais difícil de quando você para de usar uma droga, seja álcool ou qualquer outra droga, que é você continuar não usando, ou seja, você não voltar a usar, não voltar a beber, não voltar a cheirar ou coisa parecida. Então, nós nos reunimos uma vez por semana, na casa desse colega meu chamado Reinaldo. E todo mundo muito otimista com relação ao futuro, todo mundo satisfeito. Porque a gente, quando se internou, você precisava ver o estado em que uma pessoa nessas condições se interna, né? Ele já cumpriu todas aquelas etapas de decadência total, está inteiramente intoxicado, amarelado, anêmico, está trêmulo, não toma banho, entendeu? Ou seja, ninguém quer saber da companhia dessa pessoa mais. Aí você vai pra internação, passa lá, na época, um mês ou dois, e sai com uma outra visão da vida, vendo como a vida pode ser boa sem o uso daqueles aditivos todos e você fica muito otimista, seu aspecto muda completamente, você fica rosado, fica bonito, banho tomado, evidentemente, barba feita, um aspecto mais saudável. Não está mais anêmico, não está mais inchado. Então é sempre muito bom. Então, todo mundo ali naquelas reuniões, contente, feliz e otimista em relação ao futuro. Todos nós achávamos que íamos recuperar tudo que tínhamos perdido, ou seja, trabalho, emprego, carreira, dinheiro, saúde, família, filhos, amigos. Você perde no decorrer de uma dependência química. Então, estávamos todos muito otimistas com relação ao que íamos recuperar, esperávamos que brevemente. Menos ele, Raul. Ele ficava pelos cantos, não se dirigia a ninguém, não puxava nenhum assunto. Nitidamente deprimido, nitidamente inconformado pelo fato de saber que, se quisesse continuar vivendo, teria que parar com tudo que ele fazia antes. O problema dele, além do álcool, que era o principal, pelo qual inclusive ele já tinha tido sequelas terríveis... Ele já não tinha metade do pâncreas, por exemplo. O pâncreas é uma das grandes vítimas do alcoolismo. Ele já tinha perdido o pâncreas. Ele era diabético em alto grau e era uma diabete alcoólica. E ele cheirava éter. Essa era a outra droga dele. É claro que as drogas são fonte de um grande prazer até o momento em que ela se torna uma necessidade vital pro organismo, né? Ou seja, aquilo que você usava porque te dava prazer, depois de algum tempo você continua usando porque, se você não usar, você só tem desprazer, dor. Então você toma pra não sentir dor, pra não sentir desprazer. Então, é claro que todos nós já estávamos nessa etapa. Eu não sei se na clínica dele ele não prestou muita atenção no que falavam com ele ou ele não observou muito bem as coisas em volta dele, ele não percebeu, ele não entendeu nada que estava acontecendo com ele. E, nitidamente, ele estava muito inconformado pelo fato de ter que parar com tudo aquilo se quisesse continuar vivendo. E essas reuniões se prolongaram por mais uns dois meses, foram umas cinco ou seis reuniões, até que todos nós nos dispersamos, fomos tratar da vida. Quando dali um ano e meio, mais ou menos, eu li sobre a morte dele, não me surpreendeu em nada. Inclusive uns meses antes eu já lia nos jornais notícias sobre shows a que ele não tinha ido, faltou, chegou atrasado, chegou embriagado. Ou seja, ele tinha voltado com tudo, evidentemente. e aquilo não ia durar muito tempo. De fato, um ano e meio depois ele morreu. Foi, aliás, o primeiro da nossa turma que morreu.

MUITAS PESSOAS FALAM QUE ELE TINHA CONSCIÊNCIA DO CAMINHO QUE ESTAVA TOMANDO. É POR AÍ?

Não estava buscando nada. Ele não tinha consciência nenhuma. Como milhões de pessoas na história, inclusive eu, foi apenas uma vítima da dependência química, que é um processo mecânico, orgânico, que se instala na pessoa quando ela é exposta ou se aventura a usar esse ou aquele produto. Descobre que aquele produto é bom, lhe dá prazer, se sente bem usando aquele produto. Continua usando, usando, usando cada vez mais. Cada vez mais cedo durante o dia, cada vez em maior quantidade, até que o organismo passa a não poder funcionar mais sem aquela droga. O processo é simplesmente esse. Toda a teorização, "ah, estava buscando um nirvana" ou coisa parecida, tudo isso é desculpa pra continuar usando. Pra dar um caráter mais, digamos, romântico, intelectual e poético a uma mera dependência química.

1º DE JULHO DE 2015 - IIH

HELOISA SEIXAS

PRIMA

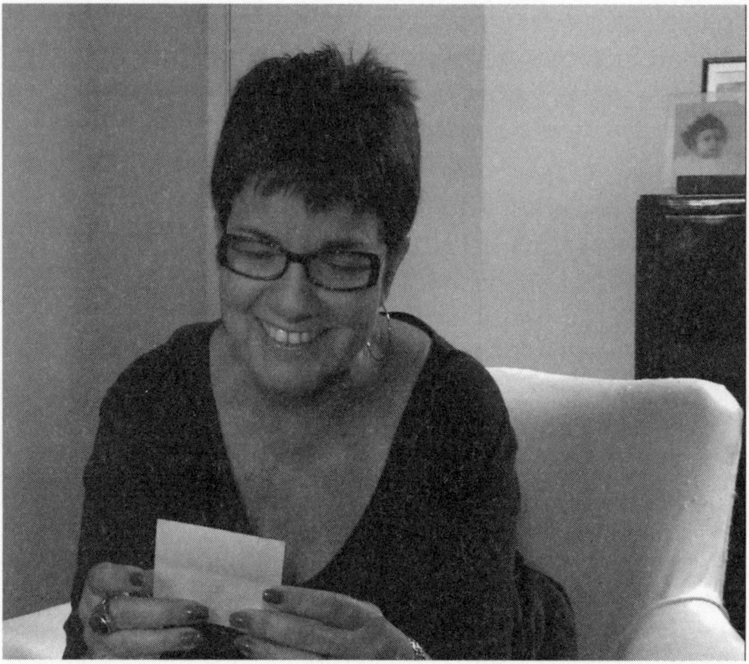

Li uma reportagem do *O Globo* sobre Cláudio Roberto, em que ele dizia que conheceu Raulzito em 1963, com 11 anos, quando namorava "uma prima de Raul".

Opa, prima de Raul? Ela não apareceu no filme *Raul – O início, o fim e o meio*. Era bem a personagem que queríamos: alguém da família e pouco explorado dentro da vida dele. E era escritora, o que sugeria apreço por narrativas.

Numa resenha de um dos seus livros – *Uns cheios, outros em vão – Receitas que contam histórias*[1] –, vi que havia referência ao primo famoso. Depois, lendo-o, encontrei a receita das "Panquecas da Edith", a primeira esposa de Raul. Confesso que naquelas páginas me ative mais às histórias do que às receitas de Dona Maria Angélica, mãe de Heloisa e irmã de Dona Maria Eugênia. Mas, quem sabe, um dia ainda arrisco a fazer as panquecas.

Não foi difícil falar com ela. Fiz contato por e-mail, que logo migrou para o telefone. Contei do meu interesse e ela também tinha o dela. Seu livro *Carmen – A grande Pequena Notável*, a biografia de Carmen Miranda para crianças, tinha acabado de ganhar um prêmio e ela queria emplacar a divulgação. Direcionei

---
[1] Editora Casa da Palavra, p. 176, 2013.

para a equipe de um programa de cultura da TV Brasil.

Nossa equipe chegou cedo ao seu prédio em Ipanema (ela e Ruy Castro moravam, então, em apartamentos distintos). Eles estavam caminhando pela região, atividade que mantêm na rotina.

Depois do banho, que foi o tempo da entrevista a Ruy, sentamos para conversar.

"Veja quanto livro na estante!" Não vi nada sobre Dom Quixote, o cavaleiro andante, como Raul cantava em "As minas do Rei Salomão", mas vi *Os miseráveis* (Victor Hugo), *The sun also rises* (Ernest Hemingway), *A fazenda africana* (Isak Dinesen) e – veja só o tipo de coincidência que só um maluco pode achar coincidência – *The scarlet letter* (Nathaniel Hawthorne). E chamo isso de coincidência porque "Scarlet" é o nome da segunda filha de Raul.

Acomodada na poltrona e com a companhia do seu gato, começamos a entrevistá-la. E se eu adiantar que ela falou do lado "desonesto" de Raul, criticou o filme *Raul – O início, o fim e o meio* e disse que a mãe de Raul não gostava das músicas dele, você não vai querer parar na pista.

"Na minha cabeça
Uma guitarra toca sem parar
Trago um par de fones nos ouvidos
Pra não lhe escutar

*O que você tem pra dizer
Ouvi a cem anos atrás
O que eu faço agora
Você não sabe mais*"[2]

---

[2] Trecho da música "Um som para Laio", do álbum *O rebu* (1974), composição de Raul Seixas.

COMO FOI SUA CONVIVÊNCIA COM RAUL NA INFÂNCIA?

Olha, convivi muito, porque eram cinco irmãos da minha mãe, sendo que quatro continuaram morando na Bahia. Mamãe veio morar no Rio, nasci aqui e uma outra irmã também, mas outros quatro e a mãe e o pai dela continuaram na Bahia. Então, a gente passava férias na Bahia pelo menos um ano sim, um ano não. E, geralmente, na casa dos meus avós, durante muito tempo, a mãe do Raul e o pai, a Maria Eugênia e o Raul, moraram com os meus avós. Então, a gente ia pra casa deles. E depois íamos pro sítio em Feira Velha, que é o famoso sítio de Feira Velha que Raul falava tanto e que hoje se chama Dias D'Ávila.[3] Então, as minhas férias de fim de ano, férias que naquele tempo eram de três meses, eram sempre na companhia deles, dos primos todos, que eram muitos, eram 17 no total, se não me engano. E o Raul era mais velho que eu sete anos, mas convivência assim absoluta, né? Todas as traquinagens terríveis que ele fazia, porque ele era uma das crianças mais levadas que eu já vi na vida. Ele, o irmão dele, Plínio. Não sei como sobreviveram. Várias histórias. Até nesse livro, que eu te falei que escrevi, das receitas da minha mãe, *Uns cheios, outros em vão – Receitas que contam histórias*, eu conto algumas dessas histórias. Uma delas é que meu avô Plínio tinha uma fabriqueta de instrumentos de peças de geladeira e de conserto de geladeira, na Avenida Sete de Setembro, lá em Salvador, e eles moravam no sobrado em cima. Nessa época, tia Maria Eugênia com o marido e os dois filhos estavam morando com os meus avós, e a gente ficava muito hospedado também nessa casa da Avenida Sete. Embaixo tinha a tal oficina de geladeira. O Plininho e o Raulzito brincavam de se trancar nas geladeiras desligadas, que estavam lá pra conserto. Um trancava o outro. Aquelas geladeiras que tinham aqueles ferrolhos assim, geladeiras antigas, pra ver quanto tempo o outro aguentava. E quando não aguentava mais, batia. Aí o irmão abria. Depois revezavam. Uma hora

---

[3] Município da Região Metropolitana de Salvador, fica a menos de 60 quilômetros da capital baiana.

o Plininho trancava o Raulzito, outra hora o Raulzito trancava o Plininho. A uma certa altura, um dia, o Plininho trancou o Raul e foi embora. E esqueceu ou foi brincar ou sei lá o quê. E, de repente, a minha tia Maria Eugênia deu por falta. "Cadê seu irmão?". "Tá dentro da geladeira." (risos) Aí foi aquela correria, a família toda abrindo todas as geladeiras. Eram milhões de geladeiras, era um corredor enorme, aqueles sobrados antigos. Até que acharam o Raul lá, já estava botando sangue pelo nariz. Então, eles faziam esse tipo de traquinagem, tanto o Raul quanto o Plininho... que era como a gente chamava, porque tinha o meu avô Plínio, meu tio Plínio e o Plínio, irmão do Raul. Então a gente chamava de Plininho. Então o Raulzito, que era como a gente chamava, e o Plininho faziam as maiores traquinagens. Era uma loucura.

ELES ERAM MUITO PRÓXIMOS, OS IRMÃOS, NÉ?

Eram, eram próximos. Não me lembro deles brigando. Só me lembro deles assim, aprontando. Sempre juntos.

QUAL ERA O GRANDE TRAÇO DA PERSONALIDADE DE RAUL QUE JÁ SE CONSTITUÍA DESDE ESSA FASE?

Ele já detestava estudar, sempre detestou estudar. E era muito assim cheio de opinião e adorava rock. Adorava Elvis Presley, imitava o Elvis Presley desde criança. Então, isso já era um pouco do que ele viria a ser. Mas, no mais, era só um menino muito levado. Não vejo assim nada de diferente. Ele e Plininho, inclusive, eram muito parecidos nos gostos. Quando ficaram um pouco mais velhos e eu já um pouco mais velha também, eu fiquei muito próxima deles por causa dos livros. A gente gostava muito de conversar sobre livros. E o Plininho mais do que ele, mas os dois gostavam de ler. O Raul gostava muito já de ler filosofia, e sempre uns filósofos assim ácidos. Schopenhauer, Pitigrilli. Eu, com onze, doze aninhos, ele ficava fazendo a minha cabeça falando desses filósofos. Eu gostava muito de filosofia também. E o Plininho mais literatura, a gente trocava muita figurinha sobre os autores de que a gente gostava. Um falava de livro pro outro. Mas, no mais, ele era um garoto como outro qualquer, eu acho.

ELE COMEÇOU A FUMAR CEDO, NÉ?

Aquela época, né? O Plininho também. Eu me lembro do Plininho muito, muito jovem, o irmão dele, fumando. Tinha essa coisa de imitar os atores de cinema, a garotada toda gostava disso. Eu não me lembro de nada relativo a bebida com o Raul quando ele era garoto. Existem muitos casos de alcoolismo em que as pessoas começam a beber com oito, dez anos de idade. Se tinha, eu não fiquei sabendo. Eu me lembro, por exemplo, de uma brincadeira que eles fizeram com o empregado da mãe deles em que eles fizeram uma aposta pra saber quem bebia mais cachaça. O Raul era o juiz e o Plininho e o rapaz é que iam fazer a aposta. Só que eles fizeram uma traquinagem e enganavam o rapaz. Botavam cachaça no copinho do rapaz e botavam água no copinho do Plininho, de maneira que embebedaram o empregado. O empregado entrou na dispensa, caiu saco de farinha na cabeça dele. Eram essas maldades que eles faziam. Se ele já tinha alguma coisa com bebida, eu não fiquei sabendo. Esse negócio de fumar, eu acho que era uma coisa realmente da época. Eu conheci o Raul, inclusive na fase careta, digamos assim, depois de se casar com a Edith. Quando ele quis se casar com a Edith... Isso é uma história que eu conto no livro também. A Edith era uma americana, filha de pastor. O pastor não queria deixar de jeito nenhum, porque o Raul já queria, nessa época, ser músico. E aí ele estudou. Na época, era chamado de Madureza, que era uma maneira de você aceleradamente terminar o segundo grau. Fez vestibular pra Direito, passou. Aí o pastor deixou eles se casarem, eles se casaram e, dias depois do casamento, ele botou Os Panteras no carro – não sei que carro, de quem –, a Edith junto, e vieram embora pro Rio tentar a vida aqui. O Raul já tinha essa coisa toda de ser músico, mas não me lembro dele com nenhum problema de droga, nem de bebida até 1973, 74, talvez, quando ele realmente começou a fazer sucesso, que foi muitos anos depois dessa história que eu estou contando. Essa história de ele vir pro Rio a primeira vez, acho que foi em 67. Vocês devem saber essas datas melhor do que eu. E a partir da época do Paulo Coelho, do show dele no (Teatro) Tereza Rachel, que fez muito sucesso, é que ele começou a "emburacar" realmente, com droga e álcool. Essa foi a minha percepção. Coincidiu com uma época em que eu me afastei dele, porque fiquei chateada com ele, com coisas que ele fez. Eu acho que ele tinha também um lado muito ambicioso, um pouco desonesto. Eu namorava um rapaz há muitos anos, com quem eu me casei na época, que é músico até hoje, o Ivan Machado. O Ivan tocava com ele, no conjunto dele. Ele passou a perna no Ivan uma época lá, tinha que pagar, não pagou. Eu sei que teve uma história assim, um imbróglio de dinheiro que eu não me lembro mais dos detalhes, mas eu fiquei chateada com ele. E coincidiu com essa "porra-louquice" absoluta que se instalou na vida dele, que foi a partir daí que realmente desenvolveu a dependência química, que foi o grande problema na vida dele. Foram, sei lá, quase dez anos até que ele morreu, que eu não acompanhei. Me afastei muito. Minha mãe acompanhou mais, porque estava sempre se correspondendo com a Maria Eugênia. A Maria Eugênia, preocupada lá na Bahia, pedia que minha mãe fosse à casa dele, visse se estava tudo bem, se ele estava se alimentando. Isso na época que ele estava na absoluta "porra-louquice", antes de ir pra São Paulo, ainda no Rio. E eu realmente me afastei, porque eu não achava nenhuma graça naquilo que estava acontecendo. Houve episódios muito barras-pesadas envolvendo o Raul. Eu vejo esses documentários todos que são feitos, inclusive esse *O início, o fim e o meio*, muito bem feito e tal, mas eu acho que muitas coisas pegam só o lado do oba-oba, sabe? Do grande rebelde que ele era, que gastou o pavio rapidamente, vivendo de forma intensa. Eu acho tudo isso muito bonito, muito romântico, mas eu acho que não se fala do lado dramático que foi pra família, pras pessoas que gostavam dele, que é você conviver com um dependente químico. Isso é uma desgraça, não tem nada de rebelde, de bonito e de heroico nisso. Uma vez, nós morávamos em Copacabana, na Guimarães Natal, minha filha era recém-nascida. Isso eu estou falando de 1980, o Raul morava na Assis Brasil, que é muito perto. Eu não frequentava a casa dele, nem ele a minha, eu não me dava com ele. Eu sabia que ele estava completamente emburacado na "porra-louquice". A minha mãe ia à casa dele de vez em quando, levar um bolinho, levar um pãozinho, saber se estava tudo bem, porque a minha tia Maria Eugênia pedia. Até que um dia a gente abriu o jornal de manhã e um traficante tinha sido morto dentro do apartamento dele da Assis Brasil. Isso é uma história que desapareceu do noticiário. Muito pouca gente sabe disso. Não me lembro se nesses documentários que têm sido feitos aí, se isso tem sido mencionado, que um suposto traficante foi encontrado morto dentro do apartamento dele na Assis Brasil. Minha mãe ficou apavorada. "Tá vendo? Continua indo lá pra você ver. Vão te chamar pra depor na polícia." (risos) Minha mãe ficou apavorada. Mas porque eu percebia que a coisa estava indo muito mal. Então não tenho nem como dar um depoimento sobre esses últimos anos. Eu estive pouquíssimas vezes com ele. Numa das vezes, ele estava tão louco que ele não me reconheceu. É muito triste tudo que aconteceu. Eu acompanhei através das notícias que nos chegavam pela da mãe dele, que sofreu horrores com a situação toda.

VOCÊ TINHA COMENTADO SOBRE O QUE DONA MARIA EUGÊNIA ACHAVA DAS MÚSICAS DELE. O QUE ELA FALAVA?

É, isso foi depois que ele morreu, né? Quando ele morreu, ele estava muito por baixo, todo mundo sabe disso, porque ele não ia aos shows, caía de bêbado, foi praticamente alijado das Organizações Globo. Não queriam saber dele, porque ele era um rabo de foguete, né? Criava problema. Então, a carreira dele tinha decaído completamente. E depois que ele morreu houve quase que uma religiosidade em torno dele, né? E eu me lembro da minha mãe comentando que a minha tia Maria Eugênia falava pra ela que não entendia essa adoração das pessoas por ele depois de morto. Aí ela falava assim: "Eu acho que ele era mesmo um predestinado, pra ter acontecido isso, porque aquelas coisas que ele fazia, eu acho uma bobagem." (risos)

Ela achava as músicas todas uma besteira, não gostava das músicas dele. Ela adorava ele mas, como artista, ela achava uma coisa assim "tudo bobagem", não levava a sério.

ONDE VOCÊ ESTAVA E COMO VOCÊ SOUBE DA MORTE DELE?

Olha, naquele agosto de 1989, eu tinha acabado de voltar de viagem, eu, minha mãe e minha filha. Nós estávamos sentadas na mesa da sala de jantar, eu acredito que fosse de dia, eu acho que a gente estava almoçando. Quando tocou o telefone e um amigo meu de infância do meu prédio, que conhecia o Raul... Meus amigos de infância todos conheceram o Raul, porque ele morou uns períodos grandes lá em casa. Ou ele ia muito lá em casa antes de fazer sucesso. Depois, não tanto. Inclusive o Cláudio Roberto, que foi meu namorado e que conheceu o Raul através de mim. Era também nosso amigo de infância lá do prédio, do Prédio dos Jornalistas, lá no Leblon, que é onde a gente morava, onde eu morei a minha vida toda, no Jardim de Alah. Então, um amigo desses de infância, Miguel, um amigo nosso que conhecia muito Raul, me ligou. Eu atendi o telefone sentada na mesa, nós estávamos almoçando, e ele falou "olha, está dando no rádio que o Raulzito morreu". Daí eu falei "não, deve ter sido o meu tio..." – que estava muito doente – "...e, como o nome é o mesmo, eles devem ter feito confusão". Eu não acreditei, embora soubesse que ele estava muito mal. Ele já tinha tido pancreatite, só tinha um terço do pâncreas, porque tinha necrosado o pâncreas dele, um pedaço, sei lá. Tinha estado já em várias ocasiões muito mal, diabético, muito mal de saúde. Mas ele tinha 44 anos, se não me engano, recém-feitos. Você nunca acha, né? Jovem nunca acha que vai morrer e que outro jovem vai morrer. Eu achava ele um cara jovem, então eu achei que meu tio que tinha morrido. Meu tio tinha tido câncer de próstata que se espalhou pra câncer ósseo e estava muito, muito mal, muito doente há muitos anos, meses, sei lá, que ele vinha muito mal.[4] Então, eu

---

[4] Raul Varella Seixas, pai de Raul Seixas, faleceu em 5 de setembro de 1991.

achei que era o meu tio que tinha morrido, não acreditei. Mas aí logo a gente teve a confirmação, não me lembro como. Minha mãe ficou muito abalada. Eu fiquei também, mas, no fundo, todo mundo estava esperando, né? Até a mãe dele, o irmão, eu acho que no fundo não foi surpresa pra ninguém, porque ele estava realmente muito doente.

QUAL FOI A MAIOR LEMBRANÇA QUE FICOU DELE?

Ah, são as melhores, as lembranças de infância e de adolescência, de quando ele frequentava a minha casa e a gente conversava muito sobre filosofia e literatura, e as brincadeiras quando a gente era criança. Embora ele fosse sete anos mais velho que eu, a gente brincava muito, tinha muita brincadeira assim que envolvia todos os primos. Por exemplo, tinha um cajueiro enorme no fundo do quintal lá do sítio de Feira Velha, que era tão grande que os galhos desciam assim, subiam, desciam, pareciam umas pranchas. A gente brincava de pique, de pegar um ao outro em cima do cajueiro, não podia pisar no chão. Várias pessoas ao mesmo tempo, os primos todos, de várias idades, a gente brincava muito. As lembranças boas são essas, as da infância e da minha adolescência, ele um pouco mais velho que eu. Mais que as da vida artística porque, como eu falei, depois que ele começou a fazer sucesso de verdade, eu acho que ele se transformou... pra pior. Coincidiu com a época, eu acho, em que ele começou a beber e a cheirar cocaína, que foi como ele começou, depois ele foi viciado em éter. Uma coisa bárbara, entre outras coisas que eu nem sei direito. Foi a época em que eu me afastei dele. Eu até nem tenho muito a lembrança da trajetória artística dele. Cheguei a pegar muito a época do "Let me sing, let me sing", que foi o festival que ele cantou aquele rock misturado com baião, porque o Ivan, meu namorado, tocou nesse festival. E depois no (Teatro) Tereza Rachel, quando ele fez sucesso e o Ivan tocava também. Mas, depois que teve essas brigas por causa de dinheiro e, logo depois, foi quando ele se separou da Edith... Foi uma separação terrível, a família toda ficou muito abalada, porque nós todos adorávamos a Edith e a separação foi muito difícil. A gente achava que a Edith ia morrer. A gente tinha medo que ela se matasse ou morresse, de tão traumático que foi. Ninguém esperava, parecia ser um casamento muito unido, sabe? Desde aquela história de que estudou, fez tudo pra convencer o pai dela, pastor, a deixar eles se casarem, até o fato de ela também ter largado tudo e ter vindo com ele. Eles passavam muita dificuldade. Eles passavam fome. Eles te contam isso, todos eles, Carleba, Mariano, Eládio, que vieram juntos. Eles iam muito almoçar lá em casa porque, às vezes, era a única refeição do dia que eles tinham. Eles pegaram uma barra pesada e a Edith segurando tudo. Então, quando ele fez sucesso, de repente largou ela, se apaixonou pela Gloria, e coincidiu na época em que ele "emburacou" nas drogas. Então, a família se retraiu muito, sabe? Foi quase como se o sucesso tivesse sido uma maldição. A família não curtiu muito. Eu me lembro assim, eu, meu irmão, minha mãe. Eu não aproveitei o Raul artista. O Raul que eu guardo dentro de mim e que foi importante pra mim e é querido pra mim é o Raul de antes de fazer sucesso.

* * *

A foto, enfim, chegou às mãos de Heloisa. Perguntei se ela reconhecia as pessoas.

"Eu estou sem óculos... Eu, a minha tia Maria Eugênia e a minha mãe. Deixa eu pegar meus óculos... E mais quem? É o Carleba, né? Carleba, de cigarro na boca. Esse atrás... está meio borrado atrás. Essa de cabelo grande sou eu. Minha tia Maria Eugênia e minha mãe sentadas na frente. Atrás, eu estou achando que é o meu irmão, viu? Meu irmão Horácio. Na frente, de cigarro na boca, é o Carleba, o baterista."

Me devolveu a foto, mas revelei que foi presente de Carleba a ela.

"Foi o Carleba que mandou? (sorri) Ah... Carleba é um fofo. Encontrei o Carleba há poucos anos, na Livraria Argumento. Está igualzinho, né? Eu acho ele igualzinho. Não envelheceu nada. Já tinha aquela cara meio assim, com aquele nariz assim. Era uma figura muito doce, o Carleba. Gostava muito dele. Mariano era fechado, Eládio também. Não me lembro muito deles não. Engraçado que a tia Maria Eugênia está, se não me engano, com um terço no braço. Um terço. Ela era muito católica, assim como a minha avó. É, agora eu estou vendo melhor, é o meu irmão. Carleba, eu, meu irmão Horácio, minha tia Maria Eugênia e a minha mãe. (pensativa) Não sei onde é isso... Acho que é na Bahia. (sorri) Legal, vou botar dentro do livro."

1º DE JULHO DE 2015 - 14H

ROBERTO MENESCAL
PRODUTOR MUSICAL

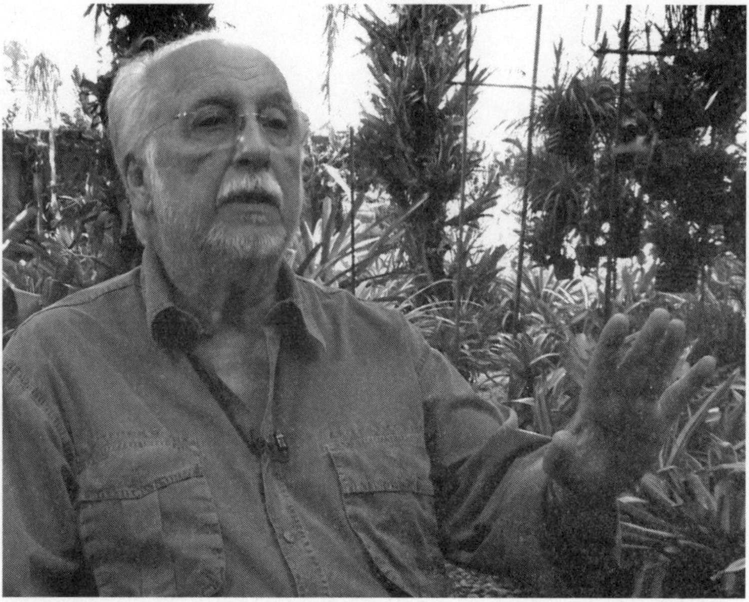

Só quando cheguei ao condomínio onde Roberto Menescal mora, na Barra da Tijuca, me dei conta de que já tinha estado ali. Mais precisamente, dois dias atrás.

Com a agenda cheia e o tempo corrido de produção, foi apenas pouco antes da entrevista que percebi que ele e Jerry Adriani moram bem próximos um do outro, cercados pelos mesmos muros. Jerry num apartamento e Menescal numa agradável casa sem extravagâncias além da imensidão de verde que transborda pelo quintal.

O ar sereno do local combina bem com o de Menescal. O ar de um dos pais da Bossa Nova. O ar que fez o barquinho ir e a tardinha cair. Tivemos que combinar os subjetivos veículos condutores da conversa, o barquinho e o disco voador.

Raul sabia que não tinha nada a ver com a linha evolutiva da música popular brasileira nem era muito chegado àquela gente fina, intelectual, que gostava de "bosta nova", mas viu em Menescal uma grande possibilidade de impulsionar a sua carreira quando chegou a ele no Festival Internacional da Canção de 1972, junto com Sérgio Sampaio.

Fazia sentido. Estávamos diante de um dos grandes nomes da indústria fonográfica brasileira. Entre composição, produção e arranjo, seu trabalho está ligado a cantores de diversas melodias, como Elis Regina, Emílio Santiago, Chico Buarque, Caetano Veloso, Joana, Ivan Lins, Fábio Jr., Alcione, Maria Bethânia, Gal Costa, Fagner, Ronaldo Bôscoli, Aldir Blanc, Nara Leão e Oswaldo Montenegro.

O que muitos não sabem, no entanto, é de um certo compositor com quem fez algumas músicas. Indicado por Raul, terminou mais amigo de Menescal do que o próprio. Com Paulo Coelho, Menescal compôs, por exemplo, "Em paz com as coisas da vida" e "Não dá mais" (gravada por Zizi Possi). Essas são algumas das 114 composições do Mago.[1]

Afinal, Paulo Coelho foi entrando e entendendo o mercado fonográfico. Foi quando as personalidades de Paulete e Raulzito se cruzaram e eles trocaram os papéis de "loucaço" e "careta".

Se tínhamos chance de conseguir uma entrevista com Paulo Coelho sem poder viajar até ele, Menescal era um grande atalho. Mas ele me alertou que o amigo estava avesso a esses papos.

Como intermediário, ele me encaminhou a resposta por e-mail:

"Querido amigo,
Quando a entrevista for sobre você, darei com todo prazer.
Muitas saudades de toda a família
Paulo"

---

[1] Livro *A canção do Mago — A trajetória musical de Paulo Coelho* (Hérica Marmo, Editora Futuro, 2007).

Tudo bem, o que tivemos da convivência de Raul e Paulo pelas palavras de Roberto Menescal foi por demais interessante. Mas não só isso.

Vê-lo manter o ar sereno, até quando contou da mentira de Raul que os afastou, e terminar a entrevista com um farto sorriso, não tem preço.

E ao finalizar, numa fala intermitente e de poucas palavras, deu definição inexorável da personalidade de Raul. Na hora pensei "está aí a frase para fechar o programa!". E mais, a última palavra da entrevista cairia muito bem para o título desta edição do *Caminhos*. Por uma dessas coisas da vida, a pausa entre uma palavra e outra deu a sensação de término, e o nosso repórter cinematográfico cortou a gravação no meio da pronúncia.

Sem problemas, sabemos que Raul era exatamente isso e conseguimos mostrar que assim foi em tudo o que fez.

"Eu sou o moleque maravilhoso
Num certo sentido o mais perigoso
Moleque da rua, moleque do mundo, moleque
[do espaço"[2]

---

[2] Trecho da música "Moleque maravilhoso", do álbum "Gita" (1974), composição de Raul Seixas e Paulo Coelho.

COMO VOCÊ CONHECEU RAUL?

Tem um hotel ali na Barra, se não me engano Hotel Panamericano ou Interamericano ou Internacional, alguma coisa assim, que é no começo da Barra... de São Conrado, aliás. Era uma apresentação dos escolhidos do festival da Globo. Então, eu estava lá vendo uma coisa qualquer ali fora antes de entrar pra essa reunião e passou Raul, de terno e gravata, com uma pastinha daquelas 007 que a gente chama, né? E me viu, falou "rapaz, eu vim pra falar com você!". Não foi, não, mas ele já começou assim (risos). Aí, "eu sabia que você estaria aqui, rapaz, que sorte eu te encontrar". Eu digo "oi...". Ele falou "você não me conhece, mas eu sou produtor, sou compositor, sou cantor e eu tô com duas músicas classificadas no festival". — "Pô, que bacana. Já tá com alguém essas músicas?" — "Não, não, tá livre, porque eu queria que fosse com você." (risos) Aproveitou que me viu, talvez. Podia até ser, mas ele falou "eu tô com um aparelho aqui...", aquele aparelho k7, aquele gravadorzinho, "...e se você quiser ouvir...". Eu digo "do festival, quero ouvir". Aí eu ouvi. Botou a primeira que era "Nicuri é o diabo". É uma que uma moça cantou, Lena Rios. E outra, "Let me sing". Aí foi "gostei muito, principalmente do 'Let me sing'". Ele falou "pois é, essa música botei e tô querendo gravar com alguém". Aí falei "o que mais que você tem aí no festival?". —"Eu tenho essa 'Nicuri', mas tem também uma música de um cara que é muito amigo meu, que vai ser sucesso, a música e ele também. Sérgio Sampaio". Era "Eu quero botar meu bloco na rua". Aí ouvi as músicas e falei "cara, eu quero tudo isso que tá aí. Mas vem cá, essa música é bem Elvis Presley, né? Você encararia ela?" — "Claro que sim!" — "Mesmo magrinho assim?" — "Não, eu ponho a roupa de Elvis Presley e vou, né?" Eu vi aquele cara de terno, todo assim, pensei mais num diretor de uma gravadora. A imagem que eu tive dele. Mas ele falou "eu vou e a gente podia fazer até uma gravação antes". Eu digo "tá feito, me procura amanhã na Polygram e leva o Sérgio Sampaio também. Eu gostei muito da música dele". Aí, até fiz o arranjo da música do Sérgio pro festival, né? E foi muito bem a música do Sérgio, foi muito bem a música do Raul, foi muito bem "Nicuri" também, né? E nós lançamos um compacto simples, na época, do Sérgio e do Raul. E o do Sérgio estourou, já foi. Cem mil discos de cara, assim. E o do Raul, dez mil. Ele falou "como é que tá indo?". Eu digo "ó, o do Sérgio disparou, e a tua tá indo, tá indo, mas tá devagar ainda". — "Mas fique tranquilo, que a minha vai passar do Sérgio." — "É, vamos ver." Não acreditei muito, não, mas fui na dele, porque ele falou um negócio interessante: "Eu sou um número 1, o Sérgio é um número 2". Eu falei "você é o número 1?". Ele falou "não, eu sou um número 1, ele é um número 2. Tem as pessoas número 1, tem as pessoas número 2, tem as outras, 3, 4, 5." Digo "mas por que essa relação que você faz dele?". "Porque eu sempre vou ser o número 1, o que eu fizer vai aparecer. O Sérgio é muito bom, mas ele é um número 2. Então, o quê que acontece, ele vem e depois ele começa a cair." Eu achei muito interessante aquilo dele. E aconteceu.

VOCÊ SENTIU QUE ISSO FOI ARROGÂNCIA OU AMBIÇÃO?

Ambição. Eu não falaria arrogância, porque eu fui vendo que era uma verdade aquilo. Eu fiquei, a princípio, "peraí, cara, vamos devagar". Ele falou "tudo bem, você vai ver. Cada vez que ele for num programa de televisão divulgar, o disco dele vai vender menos. Cada vez que eu for, o meu disco vai vender mais". Muito claramente assim. E foi o que aconteceu (risos). Porque o Sérgio era muito inseguro. Era muito bom, mas muito inseguro. Evitava olhar um pouco. Raul metia a cara. Raul... "sou eu!", sempre "sou eu, vou lá!". E isso foi interessante porque eu comecei a usar isso em relação aos meus artistas. Aí começou a paranoia. Será que esse é um número 1 ou esse é um número 2? Comecei a ver assim e com isso aprendi bastante a lidar com esses artistas que apareciam às vezes, que não vamos citar, é muito chato citar os caras que apareceram e caíram. Eu me lembro que logo depois do festival, ou antes, não me lembro. Acho que foi antes. O Milton Nascimento, ninguém conhecia, ninguém sabia quem era. Eu sabia porque o cara do júri falou "tem um cara aí muito bom, muito simples, ele é muito assim quieto, mas é muito bom". Tinha uma parede assim, que o cara entrava, tinha uma passarela, você ia cantar lá. No que ele botou a perna, o povo fez (som de plateia eufórica). Eu digo "ninguém conhece o cara (risos)". Na semana seguinte, tinha já a parte internacional, e tinha um francês que botou a perna e o pessoal vaiou (som de vaia). O francês falou "mas ninguém nem tinha me visto ainda, já me vaiaram" (risos). Então você vê essas reações populares que são muito interessantes. E o Raul falava "vê toda vez que eu aparecer, como eu já entro vitorioso".

ESSE MOMENTO EM QUE VOCÊ O CONHECEU FOI ANTES OU DEPOIS DA *SOCIEDADE DA GRÃ-ORDEM KAVERNISTA*?

Foi depois, depois. Aí ele me deu o disco. Eu falei "ô Raul, é interessante, mas não seria uma coisa que me interessava, entende? Acho que são experiências que você fez, faz parte da sua formação, mas não é uma coisa que me interessava na gravadora". Ele fez "então por isso que eu tô querendo vir pra gravadora, que eu sei que aqui é o meu lugar". E eu contratei, então, Raul, sem saber direito. Na verdade, eu contratei ele mais como produtor. Mas, quando vi a música, ele falou "eu topo", ele cantou no festival, eu digo "vamos aqui aos poucos, de repente a gente faz um disco com ele". E esse "aos poucos" se revelou logo, primeiro com o compacto simples, mas logo depois veio uma série que a gente fazia que era "O melhor do rock'n'roll", "O melhor do samba", "O melhor da não sei o quê". "O melhor", uma coisa assim, um nome desse. E aí chegou no rock'n'roll, na reunião, "quem é que faz?". E aí já surgiu alguém da turma: "O Raul podia fazer esse disco". — "Será que ele vai?." "Vai!." E fizemos com ele, o disco não foi um estouro, mas foi muito bem. Dentro da série, foi talvez o mais vendido. "Melhor do Bolero", "Melhor do Samba". MPB4 fazia o "Melhor do Samba". Bolero, sei lá, Quarteto em Cy. E o do Raul foi muito bem. Tanto que isso nos animou a fazer o disco dele, *Krig-ha, Bandolo!*, logo depois.

O *KRIG-HA, BANDOLO!* TROUXE DIVERSOS SUCESSOS QUE FICARAM MARCADOS ATÉ HOJE. VOCÊ ACHA QUE ESSA FASE DE PRODUTOR O FEZ APRENDER OS CAMINHOS PARA ATRAIR MAIS PÚBLICO?

Certamente, mas também, por outro lado, ele sabia escolher quem ia ajudá-lo nisso. Desde o maestro. "Quem é o cara que pode realizar o que eu quero." Sabe? Não o maestro fazer o arranjo que achava, que era muito comum na época, né? Tanto Gil e Caetano, um pouco antes, que entregavam a música pra ele (o maestro), vinha pronta a orquestração e era aquilo. Depois começaram as bandas, né? Mas, o Raul sabia. "Quero ele." — "Pô, mas esse cara nunca fez..." — "Vai por mim, que eu quero ele, ele vai fazer exatamente." E tem o Paulo Coelho aqui que é uma peça importantíssima. "Tá, o Paulo vai fazer o quê?" — "Ele faz uma porção de coisas que você vai ver também com o tempo." Então ele sabia escolher a turma pro sucesso dele.

NESSE INÍCIO, ELE COMPÔS MUITAS MÚSICAS CONSIDERADAS BREGAS. COMO VOCÊ VIA ESSA FACETA DELE?

Primeiro, eu vi uma coisa muito interessante, que ele fazia uma mistura de tudo, né? Ele jogava tudo no caldeirão e saía uma coisa interessante. Quer dizer, ele misturava o baião, ele misturava muito uma coisa baiana junto com o rock. Tanto que ele não era considerado um roqueiro mesmo na época. Ele era um cara pop, que misturava as coisas. Então, algumas coisas saíam bregas, porque ele pegava... O quê que ele fazia? Ele era malandro. Ele estava com a parada mundial, principalmente americana, o tempo todo no ouvido. "Opa, isso aqui é legal. Se a gente faz isso de uma forma meio baião vai ficar bom." Entendeu? Então ele compunha em cima de uma coisa que ele via. Não é que fosse plágio, mas dava o início. Sabe, era o arranque, né? "Oba, disso aqui eu vou fazer uma coisa bacana." Então, muitas músicas dele, se você tiver essa referência do quê que foi, "realmente, é muito parecida a ideia". "Eu nasci há 10 mil anos atrás", por exemplo, era uma coisa que vinha de uma poesia que o cara falava "pois é, eu vivi tantas coisas nisso...". Ele falou "pô, eu nasci há 10 mil anos atrás". Então, ele aproveitava muito as ideias e compunha muito em cima disso.

QUANDO RAUL COMEÇOU A APARECER COMO CANTOR, COMO ESTAVA O MERCADO FONOGRÁFICO NO BRASIL?

Estava estouradíssimo. Estouradíssimo. A gente tinha um crescimento de 10% ao ano, que é fantástico, né? Hoje você tem 10% negativo por ano (risos). E, graças a Deus, a gente estava naquele momento todos juntos e tínhamos liberdade. Porque era uma multinacional, que tem um controle danado. A gente tinha liberdade assim: "faz o que vocês quiserem. Tá dando certo. Agora nós vamos cobrar todo ano um aumento grande de vocês". Então, quanto mais sucesso a gente fazia, mais sucesso a gente devia. E o Raul entrou nessa fase assim que você podia fazer o que quisesse. O pessoal da gravadora falava: "mas como é que tá indo o disco?". — "Fica quieto que você vai ver." E toda a divulgação do Raul era feita por nós mesmos. Quer dizer, a gente inventava umas coisas, o pessoal falava "vem cá, eu vi uns negócios, é isso mesmo essa loucura que vocês vão fazer?". — "É e vai dar certo, fica tranquilo." Tanto que o Raul lançou, não sei se foi o *Krig-ha* ou o *Gita*, no meio da rua, na Avenida Rio Branco. E o pessoal falou "o que é isso?". Ele com um cartaz "eu sou Raul Seixas". E aquilo saía no jornal. Teve um disco no aterro. Sabe onde é o aterro lá da cidade, né? O aterro tinha um avião que eles botaram uma vez, botaram como decoração, uma coisa assim. Era bonito, tinha gente que ia visitar. Então "vamos lançar esse disco dentro do avião, vamos chamar a imprensa toda e vamos lançar". E botamos uma pessoa de aeromoça, outro cara de piloto, que entrava, "boa tarde" e ia pra cabine. E o pessoal meio assim: "o que é que vai haver?". Aí Raul entrava e falava "bom, primeiro nós vamos dar uma volta aqui na Baía de Guanabara". O pessoal falou: "mas pera aí, esse avião vai...". — "Não, mas é só uma volta por aqui". (*risos*) Teve gente que saiu do avião. Imagina se o avião ia sair ali, aquele avião era velho, já não tinha mais uso. Mas essas loucuras saíam no jornal no dia seguinte, entendeu? Então a gente conseguiu fazer dentro da Polygram, na época, que era primeiro lugar no mercado, mas era convencional. Pegava um divulgador, vai na rádio. E com Raul não, tudo a gente fez sem nada do que se conhecia. Inventava as coisas. E ele acreditava nesse sucesso, Paulo Coelho acreditava. Paulo, muito com ele. Eu acreditava também, dava a força que precisava da Polygram. Até o dia que ele começou a ver coisas que a gente não via. Por exemplo, a gente falou "Raul, nessa hora, no show, você vê um disco voador, vê que todo mundo vai ver". Impressionante, em Brasília, lá naquela coisa da antena,[3] lá no show que ele fez, ele: "Ó um disco, ó o disco! Não, não, não precisa olhar pra mim, olha lá!". Todo mundo viu o disco. Cem mil, duzentas mil pessoas, todo mundo vendo o disco. Então, todo show ele via um disco. Até que um dia eu estava com Paulo e Raul na Lagoa, a gente bolando coisa, de noite, sentado ali na Lagoa, aqui no Rio, e "ó o disco!". — "Opa, Raul, peraí." — "Eu tô vendo, vocês estão loucos!" Falei "Paulo, você tá vendo?". — "Não." — "Eu também não. Raul, não somos nós que estamos loucos. É mais provável que você esteja louco." Aí começaram as primeiras desavenças, onde você vê que está perdendo um pouco a rédea. Aí a coisa começou a degringolar no nosso convívio, entendeu?

A PARTIR DESSA RELAÇÃO COM PAULO, RAUL COMEÇOU A USAR DROGAS. VOCÊ PRESENCIOU ALGUMA SITUAÇÃO EM QUE A LOUCURA COMEÇOU A AFETAR O COMPORTAMENTO DELE?

No começo a gente tinha muito convívio, né? A gente via as coisas. Mas eu sempre tive um pé atrás, porque eu estou botando uma companhia junto a isso, uma multinacional, de que eu sou responsável. Se houver alguma coisa barra-pesada, né? E eu cheguei um

---

[3] Torre de transmissão televisiva, fica no centro de Brasília.

momento a pensar que tinha magia negra na coisa. Porque fui à casa do Raul, aí tinha um negócio de um quarto que ficava escuro. De vez em quando, ele e Paulo saíam. "Espera um pouquinho aí." Eu, doido pra olhar o que tinha naquele quarto. Nunca soube (risos). Talvez não tivesse nada, fosse até plano deles pra criar uma expectativa "do quê que esse cara vai pensar, deixa ele imaginar coisas". Nunca vi nada dessas coisas. Mas era estranho. Iam pro quarto, não acendiam a luz, ficava um silêncio lá, depois voltavam os dois normais assim, continuava o papo. Então, eu não sei as fronteiras da onde estava o excesso de drogas, mas sabia que existia e sempre preveni. "Cara, eu não tenho nada a ver com isso, tá? Quando a barra pesar... Eu sou responsável por uma companhia multinacional, então cês tem que entender." — "Não, bicho, tá tudo tranquilo, não vai ter nada." Mas foi onde que comecei a ver o Paulo ao contrário, Paulo ficando mais manso. Na chegada dele, eu via que era um cara alucinado. Mas fui vendo aos poucos Paulo tomando aquilo como um grande trabalho, que ia ser o futuro deles ali. E eu fui ver o Raul cada vez perdendo horários de gravação. Ele era todo produtor, caretinha, tudo certo. E foi o contrário. "Ih, bicho, não deu, porque ontem foi uma loucura." Aí, sabe, comecei a ver as coisas fazendo assim (cruza as mãos mostrando a inversão), mas digo "vamo embora, até onde der". "Raul, eu vou até onde der, quando eu achar que não der, você fica ali...". Mas, antes disso, o Raul me procurou um dia e me disse "rapaz, eu tenho que morar nos Estados Unidos, você tem que me dar minha rescisão, porque minha mulher tem que morar lá, ela diz que não pode morar aqui e eu não posso ficar sem ela". Na ocasião, eu acho que era a Gloria, que era americana. — "Eu sei, porque eu tô devendo dinheiro...". — "Não tem problema, eu te dou a rescisão, se é para o seu bem, se é para você morar mesmo nos Estados Unidos. Agora, olha pra mim e me diga a verdade. Só isso que eu quero." —"Não, bicho, você acha que eu vou..." — "Não acho nada, só quero que você me diga 'estou pedindo porque eu preciso ir pra fora. Vou sair do Brasil.'" (repete Raul) — "Estou pedindo porque..." Ok, tudo bem. Dez minutos depois eu sabia que não era, porque telefonei pra um amigo meu, André Midani, que era diretor-presidente da Warner. "Beto, ele tá vindo pra cá." A gente tinha um trato. A gente podia ir atrás do artista do outro, mas dizia entre nós. — "Olha, eu tô contratando Raul, Raul tá vindo pra cá assinar o contrato". — "Legal." — "Tudo bem?." — "Perfeitamente, tá tudo legal." Agora, daquele momento em diante cortei Raul. — "Não, bicho, sabe o quê que é..." — "Não quero saber." Cortei. "A gente foi muito junto, eu estive com vocês até quando vocês tiveram problemas com ditadura, com exército, tudo, então só queria uma coisa: verdade. A verdade não veio, acabou." Tudo bem, "oi", "legal", "bacana" (cumprimentos). Teve um show no Canecão, "rapaz, ó, o Menescal tá aqui. Olha, a gente tá beleza agora, né?". Falei "tá legal". Mas não consegui.

ELE TEM UMA MÚSICA CHAMADA "ROCKIXE" QUE DIZ "O QUE EU QUERO, EU VOU CONSEGUIR". RAUL ERA UM CARA QUE NÃO MEDIA A FORMA PARA CONSEGUIR AS COISAS?

É verdade. Mas teve crise, aí entrou na paranoia que queria voltar pra Polygram. Foi vendo que a barra estava pesada. "Tem que ser na Polygram, que foi onde eu fiz sucesso mesmo." E eu fui contra. Falei "cara, eu não quero". Mas o pessoal do comercial, que não conhecia muito... "Pô, você também, porque brigou com o cara...". Eu digo: "não é isso, é que o cara tá incontrolável. Eu sei disso, eu sei a situação real, vocês não sabem". E ficou todo mundo contra. Eu digo: "tudo bem, vocês querem ter um encontro com ele? Diretor comercial, você..." — Heleno de Oliveira — "...você vem na minha sala e eu vou marcar com Raul". Marquei. Estava o Raul com a... nem me lembro qual das mulheres dele. Falei "entra". Raul falou "eu tô beleza agora, eu tô no estágio que vocês me contrataram". Ele estava com uma camisa assim mais ou menos, feito esta aqui (a camisa que está vestindo). E o Heleno olhando pra mim, tipo assim: "tá vendo, você cismou com o cara". Aí, quando ele me deu a mão, eu peguei e fiz assim na camisa dele (traz a manga da camisa pra perto do ombro). Ele: "Que é isso?". Eu falei "Heleno, tá aqui, ó. Você acha que ele vai ter controle na vida dele?". Todo picado. Todo. Eu não tenho nada a ver que ele se pique, isso é problema dele, mas eu não quero trabalhar com um negócio em que eu tenho um orçamento, essas coisas. Os últimos discos do Raul, você fazia um orçamento de R$40 mil e vai a R$200 mil, entendeu? E quem é o responsável? Sou eu. Então, ali o Heleno viu. "Pô, desculpe, Beto, agora que eu entendi." Raul disse "não, bicho, você não entendeu, é que eu tive um problema e tive...". — "Tá tudo certo, Raul. Faz o que você quer. Como você diz, 'faz o que tu queres, tudo é da lei né? Só que eu tenho que ser careta no meu trabalho, entendeu? Na minha vida é outra coisa, eu faço o que eu quiser da minha vida, mas não posso trazer isso pra você ou pra companhia." Foi o último contato que nós tivemos.

ELE TEM UMA AURA DE MITO, MAS HOUVE VÁRIOS FATORES, COMO O MERCADO FONOGRÁFICO, A EXPERIÊNCIA COMO PRODUTOR. ELE JÁ VINHA COMPONDO COMERCIALMENTE PARA OUTROS ARTISTAS. VOCÊ ACHA QUE TUDO ISSO CONTRIBUIU PARA O SUCESSO DELE?

Não tem dúvida. Ele é o resultante disso tudo. Como você falou, o momento foi muito bom pra isso. A gente precisava de um cara pop. Eu não chamo nem rock. "Eu nasci há 10 mil anos atrás", sei lá o quê que é, se é rock, mas é um pop da maior qualidade, né? Eu acho que tudo aconteceu e ele sabia tirar proveito de cada coisa. Ele via uma coisa na rua e falava "opa, vou fazer um negócio sobre isso aqui". Muito inteligente. E o Paulo criou muito com ele. A gente tem que lembrar isso. O Paulo não era o cara de aparecer. Paulo falava "você vai pro palco e deixa aqui embaixo comigo". Quer dizer, as pessoas sabem um pouco dessa... Mas eu vi muito de perto o quanto a influência do Paulo foi grande no sucesso dele. Muito, muito. Mesmo nas músicas que não eram do Paulo. Mas ele sabia. "Raul, isso é bom, você sabe fazer, você vai fazer melhor do que ninguém." Então deu muita força. Tanto que aos poucos eu fui trocando o Raul. Eu digo "tô perdendo Raul". Dia a dia, eu via, e a gente marcava, ele não ia e tal. E o Paulo foi crescendo, o Paulo foi ficando cada dia mais profissional na coisa dele. E ele tinha uma meta, como Raul tinha uma meta no começo, mas depois a meta se perdeu. E o Paulo foi, cada dia mais, tentando atingir a meta e a gente vê o resultado dele aí no mundo, né? Não é nem no Brasil mais, é no mundo, né? E continua, a meta dele está aí. Está um cara muito tranquilo, né? Era um loucaço quando o conheci. E eles, quando eles vieram até aqui em casa, tive uma reunião aqui, ele falou assim: "Nós vamos ter uma grande oportunidade agora". — "É? De quê?" — "O governo nos chamou. Tá interessadíssimo na nossa Sociedade Alternativa." — "Cara, isso... Como é que é?" — "Recebemos um convite pra ir a Brasília, que o governo quer nos encontrar e quer ajudar a Sociedade Alternativa, porque a juventude precisa de um gancho assim." — "Cara, eu não acreditaria nisso, não." — "Não, não, você tá por fora!" Eu digo: "tá legal." Não deu outra. Quer dizer, eles foram pra lá, já invadiram a casa deles aqui, apartamento, deram uma devassa toda. Quando eles entraram, estava tudo espalhado pelo chão. Levaram uma porção de coisas deles, as revistas que do Paulo fazia. Tinha umas revistas louquíssimas, não me lembro nem o nome. E eles ficaram apavorados. "Ih!" No "ih" já dançaram, né? Aí eu consegui uma turma que foi atrás e conseguiu achá-los. Eles já estavam no aeroporto, onde é o Galeão, que tem um espaço embaixo ali que é onde some tudo, né? (risos) E a gente conseguiu liberar. E Raul ficou paranoico total, sumiu. O Paulo ficou apavorado, porque as pessoas que eram muito amigas dele falaram: "não, nessa hora não é bom eu...". Pulou fora e eu falei: "vai lá pra casa, cara, fica lá". Ele falou: "mas pode te prejudicar". Eu digo: "vai prejudicar nada, nada, se você ficar aqui numa boa". Mas, isso já foi a primeira separação, a primeira grande separação.

EM QUANTOS ÁLBUNS VOCÊS TRABALHARAM JUNTOS?

Bom, vamos por álbum. Primeiro foi esse do rock'n'roll. A série se chamava "A Era de Ouro".[4] "A Era de Ouro" do bolero, do samba e rock'n'roll. Foi o primeiro que nós fizemos. Junto com isso teve o

---

[4] Raul gravou o álbum *Os 24 maiores sucessos da Era do Rock* (1973).

compacto simples "Ouro de tolo", que era "Let me sing". Nem sei se era o mesmo, "Let me sing" com "Ouro de tolo", não me lembro se era lado A e B. Mas não importa, ali juntinho, tinha os dois, né? "Ouro de tolo" foi um grande sucesso também. E aí nós fizemos o *Krig-ha, Bandolo!*. Aí já colocou ele como grande sucesso de venda mesmo, entre os maiores da Polygram. Aí vem talvez *Gita*. A ordem talvez eu erre, mas você deve ter aí. O *Gita*, que foi um grande sucesso também. *Eu nasci há 10 mil anos atrás*, que eu gosto muito desse disco. Muito, muito. *Novo Aeon*. E teve um outro de rock que eles não terminaram. (pensa) Era um disco bem de rock assim, aquele (cantarola). Bem aqueles rocks de cinema, Bill Haley e tal. Mas, eles abandonaram, não mixaram, porque aí já tinha o Jay Vaquer, que era irmão da mulher do Raul. O Jay era outro cara engraçado, que era também muito louco, mas manso, super-manso. Ele falava "tenho uma pirâmide, que você fica debaixo dela..." — uma pirâmide portátil — "...você fica debaixo dela e o tempo que você fica é o tempo que vai viver mais". Ele falou "a gilete desamolada completamente, a gente põe ela e ela sai afiada". Umas teorias assim. Tinha um programa... Flávio Cavalcanti, era um programa de música e de tudo que podia acontecer de diferente, era um Fantástico da época. Aí levamos o Jay lá, ele armou a pirâmide e o Flávio falou "e aí, o que está acontecendo?". — "Nada, só tô ficando mais jovem." (risos) O Jay era um bom guitarrista, então ele estava fazendo esse disco com Raul, esse do rock.[5] Mas aí os dois abandonaram no meio, sumiram, foi uma pena. Mas nós mixamos o disco e lançamos. Acho que foram esses os discos. Nessa época, a gravadora falou "você tem que conseguir fazer um disco com ele". Não esse do rock, um disco dele, com músicas dele. E o Raul falou "cara, eu não tenho música, eu não consigo fazer mais músicas. Meus parceiros não estão frutificando. Se o Paulo..." — Paulete, que ele chamava — "...se o Paulo topasse fazer música comigo, a gente fazia um disco bacana." Eu digo: "vou falar com Paulo". Eles estavam separados. Paulo falou "tudo bem, Roberto, eu não gostaria não, mas você tá pedindo, eu faria, como

---

[5] Menescal se referiu ao álbum "Raul Rock Seixas" (1977).

profissional da Polygram que eu sou. Mas é o seguinte, eu não vou pra São Paulo, não. A loucura de São Paulo lá com Raul, a gente já sabe o que tá havendo. Agora, se o Raul vier pra cá, eu faço". Aí eu fui falar com Raul, ele falou "não, não, no Rio não quero, não. No Rio tem umas caras que eu não quero mais ver. Se o Paulo for pra São Paulo, eu faço." Eu digo "aí tá impossível, porque vocês não abrem mão. Então vamos fazer o seguinte, uma proposta, vamos fazer o disco no meio do caminho. Vamos pra Itatiaia, tem um hotel lá que é no meio daquela Serra da Mantiqueira. É um hotel muito bacana, o último. Sabe, dali em diante já está a dois mil e poucos metros (de altitude). E vocês ficam lá, tá a maior tranquilidade, fora de temporada". — "Tá, então lá eu topo". Raul falou "eu vou de São Paulo pra lá". Paulo também: "vou pra lá". Aí, "Paulo, mas eu vou falando com você todo dia". E aí. — "Cheguei aqui e o Raul tá aqui, mas não vi." — "Bom, certamente vocês vão de noite se ver então." No dia seguinte: "Olha, não encontrei Raul, Raul não saiu do quarto". — "Então no café da manhã vocês vão se ver, né?". Aí Raul não apareceu pro café da manhã. Eu digo "será que os caras levaram no quarto?". — "Não, não levaram nada, não foi comida, não foi nada." Passou cinco dias em que não ia comida, não ia nada pro quarto e ele não saía do quarto. Não sei o que é que eles comeram ou se não comeram. Paulo falou "Menesca, eu vou embora. Tô há cinco dias aqui, cara. Tudo bem, eu tô recebendo pra fazer, mas tô há cinco dias aqui, não vou ficar até Raul topar". E veio embora, então não deu pra fazer esse tal último disco. Isso foi muito próximo de 77, por aí.

COMO VOCÊ ACOMPANHOU O MOMENTO DE RAUL NA DÉCADA DE 80, QUANDO A CARREIRA E A SAÚDE DELE FORAM CAINDO?

Eu estava vendo definhando, porque encontrei ele em São Paulo um dia, duas horas da tarde, eu ia passando por um lugar, num botequim, e ele estava tomando cachaça. — "Vem cá, Menesca! Quer uma aqui?" — "Cara, eu tô trabalhando, duas horas da tarde, dia de semana, né?" — "Pô, eu tô tomando umazinha aqui pra dar uma esquentada." — "Toma aí, fica aí numa boa." Ele falou "putz, eu tô mal por dentro. Eu tô sentindo que eu tô ficando sem estômago, sem fígado. Sempre tô assim." Aí ele contou um negócio engraçado, dentro da loucura: "Eu não consigo mais escovar os dentes. Vem aquele negócio da pasta, eu passo mal, quase vomito. Então eu vou pra janela, fico com a pasta e a escova, de repente falo 'ih, ó, Raul, lá, não sei o quê' (avistando algo na rua) e escovo o dente (faz gesto de escovar os dentes, como se ele não percebesse) (risos)." — "Pô, Raul, que loucura. Você tá enganando a você mesmo?'. — "É só assim que eu consigo escovar os dentes." Você vê que estava um estágio bem adiantado ali, né? Então eu fui sentir, na verdade, num corpo que estava se perdendo. Sabe a sensação que eu tive? Revendo toda a trajetória dele e vendo ele nesse estado, magro e "tô com o fígado, tô com não sei o quê". Na minha cabeça, eu já botei: "tudo bem, perdemos Raul". Aí viveu mais alguns anos, não sei quantos, mas já sabemos assim, "ih, foi ao show e não cantou", "foi ao show e no meio do show teve que parar". E ele fazendo lá com aquele menino, o baiano, Marcelo... Marcelo... Nova. E de vez em quando ele tem que fazer o show quase todo. Então você vai vendo que vai perdendo. Então a minha aposta, acho que foi boa. Apostei no parceiro.

QUANDO ELE FALECEU, ONDE VOCÊ ESTAVA E COMO SOUBE?

Não me lembro. Eu me lembro de várias pessoas, porque perdemos vários artistas. Elis, por exemplo, eu me lembro bem do que eu estava fazendo. Mas Raul, não me lembro. O Tim, não me lembro também. É como se eu quisesse negar aquilo, entendeu? Eu tinha uma impressão, falava assim: "esse caras podiam fazer muito mais do que fizeram". Sabe? Pra mim é uma perda. Tudo bem, Jimi Hendrix morre lá com seus 27 anos, mas é uma perda, sabe? Os caras que aparecem, Janis Joplin e tal, aí de repente acabou ali com aquela idade. É uma coisa muito frustrante. E parece que eu me nego a pensar nessas coisas. Eu não tenho isso consciente. Como é que eu não me lembro disso, Raul morreu? Me lembro só da Elis. Elis, eu me lembro muito bem. Um dia, a gente no avião... Isso não tem a ver, mas é a frase que às vezes é importante. (Elis) "Você pensa que eu vou ser uma Elizeth Cardoso, com 60 e poucos anos, cantando pra sobreviver?" Falei: "eu não penso nada, eu tô aqui lendo um livro". Mas aquilo ficou na minha cabeça. Quando o cara entrou na minha reunião e falou "Elis morreu", aquilo veio à cabeça. Parece que eu sabia que aquilo ia acontecer, ou ela sabia também que não ia atingir essa coisa. O Raul, não sei se ele pensava nisso. Talvez ele não pensasse, achasse que era para ser assim mesmo, "vou até onde der". Eu não sabia muito do pensamento dele. Realmente, não me lembro de nenhum deles. (pensativo) Imagina quantos loucos passaram por mim. Se eu fosse me lembrar deles todos, estava perdido. (risos) Mas muitos passaram e me dão pena de ver o pouco que eles deixaram. Ou de repente é isso mesmo também, né? Tem uma coisa que a gente aprendeu. Quer ficar jovem pro resto da vida? Morre. Morre, porque aquela tua imagem ali, né? Eu fico pensando Elis hoje com 70 anos![6] Não posso imaginar a Elis. Por quê? Porque ela morreu. As pessoas que morreram deixaram a imagem jovem. Raul, é pena que deixou um pouco depauperada. Mas as pessoas que morreram mais de repente... O próprio Tim, porque o Tim, aquela imagem dele foi a mesma sempre, então não teve o negócio do Tim mole, carregado, nada. Então, ficaram jovens essas pessoas. Talvez eles quisessem isso também (sorri).

QUAL A MAIOR LEMBRANÇA DESSE TEMPO TODO?

Eu tenho uma lembrança muito boa do tempo em que a gente agiu junto, porque a gente falava assim: "nós podemos fazer o que a gente quiser e dá certo". Claro que nem Raul nem Paulo estiveram com John Lennon lá em Nova York, mas a gente bolou aquela coisa toda. E é a coisa mais simples que tinha em Nova York, porque eu

---

[6] Elis Regina nasceu em 17 de março de 1945. Pouco mais de três meses antes de Raul.

tinha ido um pouco antes, e você falava assim: "Elvis Presley". Então, tinha umas cabines assim que montavam o negócio. "Uma foto tua? Tira a foto aqui. A gente envelhece um pouco e põe com Elvis Presley." Saía na foto você abraçado com Elvis. Aí eu falei pra eles, aí eles foram lá e fizeram as fotos com John Lennon, né? Armaram aquela foto e armaram uma entrevista que não houve, claro que não houve. Mas, a gente tinha essa coisa bacana. A gente inventava, criava. Tinha que ter um pouco de coragem também pra criar, pra não vir um cara e acabar com essa maluquice, essa farsa. Mas a gente criava e tudo dava certo. Sabe, eu achava aquilo o máximo. Era uma nova maneira de você divulgar e não ficar só naquela caretice de "vai à rádio", "vai ao jornal", sabe? Você cria situações pra que apareça. Então, eu tive uma lembrança muito grande dessa época. Até com outros artistas, porque o próprio Raul... — "Esse cara aí vai dar maior 'pé'." — "Mas ele não tem tanto talento." — "Não faz mal, você cria o negócio e..." Ele tinha essa noção. Se você criar uma história, pode acontecer. Agora, é o que ele falava. Essa história, você está criando para seis meses ou para dez anos? Aí é onde entra o "número 1" e o "número 2". Mas essa coisa que eu aprendi com ele de você observar quem é número 1 e quem é número 2, até hoje eu fico pensando. Não entrando em política, mas... a Dilma é número 1 ou número 2? Eu tenho essa paranoia. Conheço o cara e fico pensando. Pra mim, não vai me servir de nada. Mas ficou um jogo. Isso foi Raul que me deu.

POR QUE RAUL AINDA DESPERTA TANTA ATENÇÃO E AINDA RENDE FINANCEIRAMENTE ATÉ HOJE?

Isso é um mistério porque, mais do que isso, ele rende em qualquer situação. Ele rende na favela. No morro, a turma lá do hip hop curte o Raul demais até hoje, né? E a turma dos intelectuais, eles adoram Raul. Isso é um fenômeno que eu não conheço... Talvez a gente procurando, procure mais um ou dois por aí. Mas isso é um fenômeno incrível. Não sei te dizer, não sei. Talvez mais pelo mito do que pela música mesmo, entendeu? O mistério que era o Raul.

Hoje você vê, você sabe tudo o que houve, mas você não sabia... "E aí, ele vem? Tá morando no Brasil ou ele sumiu?" Porque ele dava uma sumida. "Ou foi pros Estados Unidos?" Então ficava: "eu estive com ele em São Paulo". "Tava nada, eu soube que ele foi pra Nova York." Então ficou essa coisa mística assim que até hoje tem uns caras que falam uns negócios pra mim que eu tenho certeza que não existiram, porque eu estava ali, mas o cara me afirma que existiram. Ele ouviu falar e o cara tem a impressão de que o Raul esteve com ele mesmo, falou com ele. Sabe, o cara cria uma história que não é verdade, mas pra ele é. O Raul tem esse dom assim, né? Eu não sei o quê que é, mas é um fenômeno. Pode ser que eu ache, mas eu não conheço outro cara que tem essa capacidade de a sua música, a sua arte, conviver com todo mundo.

DE QUAL MÚSICA DE RAUL VOCÊ MAIS GOSTA?

Eu adoro "Ouro de tolo", rapaz. Aquela imagem do cara sentado na cadeira de balanço, de pijama, com a boca cheia de dentes, como ele falava, né? Ali, a vida passando por ele. "Que é isso, cara?" Isso era bem Raul. E adorava, quando ouvia essa música, digo "cara!". E ao mesmo tempo ela tem uma coisa de Roberto Carlos atrás. Ela tem a levada dela, onde o Raul produtor vem, né? Ele pega isso aqui que vai funcionar. Adorava aquela música. Adorava também "Al Capone" (risos). É muito engraçada. O "Eu nasci há 10 mil anos atrás" tem um negócio engraçado, que ele vai falando as coisas históricas, "houve isso e aconteceu isso". De repente, "eu tava na montanha sagrada, aí caí e quebrei a perna", mas não tem nada a ver com o texto, (risos) mas ele joga umas coisas assim. Outra que eu gosto também é... (pensativo) Dependendo do disco, a gente se enquadrava muito naquele sucesso daquela época ali, né? Não era um disco que você escolhia 12 músicas e fazia. Elas iam surgindo assim: "Ih, tá faltando uma meio por aqui". Ele tinha essa noção do jogo. "Tá faltando uma meio por aqui, vamos fazer." Ele e Paulo jogaram muito assim, mesmo que não fosse do Paulo. "Olha, preciso de uma música assim. A gente tá esquecendo que no outro teve e funcionou". Tem umas músicas mais tarde de que eu não gosto, não. Você vê que é meio pra encher linguiça mesmo. Então, não tenho lembranças boas. Mas, esses primeiros... *Gita* é um discão, rapaz. Discão. Foi um cara muito importante. Primeiro que ele quebrou uma série de tabus. O rock era uma coisa muito rock, só. Raul acabou. Ele ia no samba, ele fazia tudo, né? Fazia todo tipo de música, fazia um bolero de repente, fazia tudo e tudo era muito bem feito. Então quebrou com essa coisa, é sambista, é roqueiro, é bossa-nova. Não, ele era tudo... Gênio... Incontrolável.

02 DE JULHO DE 2015 - 11H

TONINHO BUDA

AMIGO

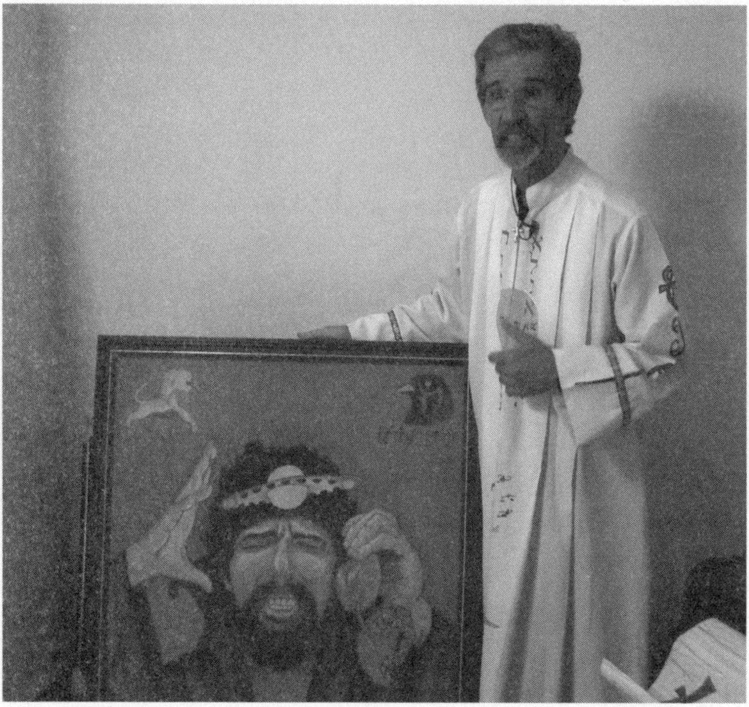

Quem assistiu ao documentário *Raul – O início, o fim e o meio* se deparou com Toninho Buda com uma máscara de Diabo, num ambiente de penumbra montado na sua casa.

Toninho tem totalmente a noção do poder da imagem e brinca com isso o tempo todo, de forma até teatral, o que parece uma inspiração do amigo Raul. Nos deu entrevista com vestes dos tempos de sociedade esotérica. Chorou, cantou e se admirou com o sol.

Dos nossos entrevistados, ele foi de longe o mais empolgado. Antes mesmo do primeiro contato pessoalmente, já havia me passado um tanto de informações por conta própria. Aí vão algumas:

– "Escrevi pelo menos três livros sobre Raul Seixas: *Raul Seixas – Uma antologia*, *A Paixão segundo Raul Seixas* e *O trem das sete*."

– "Para o Paulo Coelho, eu escrevi um livro chamado *Manual prático do Vampirismo*, em 1986. Esse fato está comprovado no cap. 22 do livro *O Mago* (biografia de Paulo Coelho)."

– "De 1984 a 1986, eu fazia parte da equipe de lançamento do jornal *Sociedade Alternativa*, no Rio de Janeiro (Raul Seixas, Paulo Coelho, Sylvio Passos, Edinho e eu). O diretor do jornal seria eu, mas o projeto não se realizou, por motivos mil."

– "Fui cover do Raul Seixas durante muitos anos (ainda hoje faço esse tipo de brincadeira). Mas ganhei um festival de covers do Raul Seixas, no Programa Raul Gil."

Ainda deu orientações:

"Uma sugestão para vocês entrevistarem mais profundamente é o Jerry Adriani. Ele sempre foi 'desprezado' como roqueiro e considerado "brega". Mas foi um dos maiores amigos do Raul e é um cara absolutamente rock!"

"Outro cara que seria uma bomba, mas acho difícil conseguir, seria o Roberto Carlos. Ele conviveu de perto com o Raul no início dos anos 70."

"Outro que é outra estrela grande é o Zé Ramalho. Eu, inclusive, participei de perto do disco dele em 2001 (*Zé Ramalho canta Raul Seixas*). Fiz e gravei com ele a entrevista que aparece no DVD)."

"Quanto ao Walter Carvalho, ele poderia dar 'de presente' para vocês material para várias reportagens. Nessa matéria, que revi por acaso agora, do Fantástico, da época do lançamento do filme, ele – Walter – no final da reportagem diz que tem 400 horas de material gravado sobre Raul Seixas, a maioria inédito."

E além disso tudo, fez um "roteiro" de assuntos para tratarmos na entrevista.

1. "Colete Salva-vidas que Raul Seixas deu para Toninho Buda;
2. Capa de Raul Seixas no Programa do Chacrinha;

3. A voz da Grande Besta do Apocalipse;
4. A obra mágicka de Raul Seixas: esoterismo nas músicas;
5. O filme *Contatos Imediatos do IV Graal*;
6. Arquivo de relacionamento com Marcelo Ramos Motta;
7. Arquivo de relacionamento com Euclydes Lacerda Almeida;
8. O livro que Toninho Buda escreveu para Paulo Coelho;
9. Raul Seixas no I Festival de Rock de Juiz de Fora, 6ª feira 13 ago. 1983;
10. Toninho Buda como cover de Raul Seixas desde 1989."

Teve mais. Recebi também o livro *A paixão segundo Raul Seixas* e uma cópia em DVD do filme *Contatos Imediatos do IV Graal* (e compreendi por que as cenas de sexo e sacrifícios animais fizeram metade da plateia ir embora nos primeiros 12 minutos de exibição no II Congresso Internacional de Ufologia, em Brasília, em abril de 1983).

Eles diz que se afastou das sociedades esotéricas, mas a imersão no tema ainda é viva. Nos mostrou um exemplar em inglês do *Livro da Lei*, de Aleister Crowley, no qual Raul se baseou para escrever *Sociedade Alternativa*: "O Crowley tem uma biblioteca inteira de livros. Esse é o principal. É como se, por exemplo, o curso de Medicina, você tivesse a parte de Anatomia. O curso de Educação Física, você tivesse Fisiologia. Esse aqui é o livro mais importante.

Então por isso tanta coisa dele presente nas músicas do Raul. O livro de referência. *O Livro da Lei*. Que, na verdade, pretende ser o livro da nova Era, a Era de Aquário. Entendeu? Porque nós tivemos a Era de Touro, que foi encerrada quando Moisés jogou as Tábuas da Lei em cima do bezerro de ouro. Ele estava trazendo a nova Lei pra Era de Touro. Quebrou o Touro, uma nova Lei. A Lei de Áries. Os judeus. Pra encerrar, quando encerrou a Era dos judeus, veio Peixes. Jesus Cristo, com a nova Lei. 2160 anos aproximadamente cada era. Então veio Touro, Áries, Peixes, Aquário. Este pretende ser a nova lei para a Era de Aquário".

E quando falei que ele foi o mais empolgado, ele foi o mais empolgado mesmo. Pudemos comprovar quando chegamos a Juiz de Fora (MG), onde reside. Ele nos esperou na entrada da cidade, pela BR 040, nos conduziu até sua casa, onde tinha nos preparado um lanche (três horas de viagem, 190 quilômetros do Rio de Janeiro para lá, dão fome). E aí o papo foi indo, indo, e ia até a noite, se ficássemos por conta dele.

Era emenda de um assunto no outro, saindo da morte de Raul para falar de anarquismo, precarização das universidades, sociedade esotérica e internet, tudo na mesma resposta.

Entre uma coisa e outra da Sociedade Alternativa, trazia a informação de que ia correr a maratona do Rio no mês seguinte e, mesmo com a inflamação na garganta, tenta não "cair dentro de hospitais", preferindo a medicina alternativa. Um copo de chá de gengibre o acompanhou durante a entrevista.

Depois de ouvirmos uma gravação da voz do Crowley, recitando mantras na linguagem enoquiana (para conversar com extraterrestres), e perceber que os milhares de arquivos que ele guarda levariam até dias para serem mostrados, tive que puxar o foco e começar a gravação.

> *"Enquanto eu provo sempre o vinagre e o vinho*
> *Eu quero é ter tentação no caminho*
> *Pois o homem é o exercício que faz*
> *Eu sei... sei que o mais puro gosto do mel*
> *É apenas defeito do fel*
> *E que a guerra é produto da paz"*[1]

---

[1] Trecho da música "Eu sou egoísta", do álbum *Novo Aeon* (1975), composição de Raul Seixas e Marcelo Motta.

COMO VOCÊ CONHECEU RAUL?

Pessoalmente, quando nós trouxemos Raul Seixas aqui, no primeiro festival de rock de Juiz de Fora, numa sexta-feira, 13 de agosto, lua cheia. Ele veio com Erasmo Carlos, eu subi no palco com ele e cantamos juntos "Sociedade Alternativa".

COMO VOCÊS VIRARAM AMIGOS?

Nós já nos conhecíamos desde 1981, quando eu fiz contato com ele por carta. E, posteriormente, Sylvio Passos também. Sylvio Passos, eu, Paulo Coelho e Raul Seixas tentaríamos, em 1983, 84 e 85, reativar a Sociedade Alternativa no Brasil.

QUAL FOI O OBJETIVO DO CONTATO VIA CARTA?

Eu estive bastante interessado pelas ordens iniciáticas e fiquei sabendo que ele também pertencia à Ordo Templi Orientis. Então, fiquei muito feliz por isso e principalmente por saber que ele colocava nas músicas ensinamentos dessa Ordem. Músicas como, por exemplo, "A maçã", "Tente outra vez", são ensinamentos da Ordo Templi Orientis.

QUAIS SÃO OS ENSINAMENTOS?

As músicas "A maçã" e "Tente outra vez" falam por si. Mas "Sociedade Alternativa" é muito mais explícita, porque ela diz "o número 666 chama-se Aleister Crowley", que era o nosso nome de referência, um mestre de referência. E também a palavra principal da Ordem, que é "faze o que tu queres, há de ser tudo da Lei".

VOCÊ TINHA FALADO QUE A "SOCIEDADE ALTERNATIVA" ERA UM "TRABALHO ESCOLAR" DA ORDEM. PODE EXPLICAR ISSO AÍ?

Era um trabalho escolar de Raul Seixas e Paulo Coelho dentro da Ordo Templi Orientis. Porque uma ordem iniciática, O.T.O., maçonaria, Ordem Rosacruz, são escolas como outra qualquer, no sentido de que você precisa estudar, se dedicar e passar de ano. Só que o "passar de ano" dentro das ordens iniciáticas é subir de grau, que vai até o grau 33 dentro da Árvore da Vida, mas são detalhes pertinentes pra quem estuda esses assuntos. Então, o Marcelo Motta propôs a Raul Seixas e Paulo Coelho que fizessem um trabalho externo em forma de música, que seria a divulgação dos ensinamentos da Ordem para o grande público. Então eles criaram a Sociedade Alternativa, que é uma ideia, um mito, para transmitir ensinamentos profundos. Então, quando você ouve hoje "Tente outra vez"... Muitas pessoas quando estão à beira do suicídio escutam e esquecem essa ideia, ela é importante exatamente por isso, porque através daquela mensagem você consegue reformular a sua vida. E, principalmente, "Sociedade Alternativa", que continha o ensinamento principal da Ordem, "faze o que tu queres, há de ser tudo da Lei". Mas esse querer não é o querer vulgar, o querer que a pessoa vai dizer "ah, então eu posso sair quebrando a vidraça dos outros". Querer é vontade de vida, é você realizar aquilo que você veio fazer na face do planeta. É você identificar o que é que você veio fazer aqui. É o destino da sua vida, que a grande maioria das pessoas, infelizmente, não consegue (identificar). Aí passa a vida aborrecido, lamentando, e chega no final da vida, fala "puxa vida, eu não vivi". Então, "faze o que tu queres, há de ser tudo da Lei" diz simplesmente isso, "procure identificar o que você veio fazer aqui e realize isso, porque você tem poder pra isso". "Todo homem e toda mulher é uma estrela." "Não existe Deus senão o homem." "Faze o que tu queres, há de ser tudo da Lei."

RAUL VIVEU REALMENTE AS COISAS QUE ELE COLOCAVA NAS MÚSICAS?

Eu tenho certeza que sim, principalmente porque ele pregou isso até o último disco, com Marcelo Nova, que se chama *A panela do Diabo*. Mas, também, porque o Raul veio aqui pra isso mesmo. Ele veio pra ser, simplesmente, um arauto. E da convivência que eu tive com ele, eu tenho certeza absoluta de que ele já não tinha mais nada pra fazer aqui. Eu tenho certeza absoluta de que o Raul viveu aquilo que ele queria viver e realizou a sua vontade na face do planeta. Algumas coisas, eu tentaria questioná-lo, na interpretação do *Livro da Lei*, do Crowley. Mas, todas as vezes que eu na minha arrogância tento fazer isso, eu lembro do que está acontecendo hoje com a obra dele. Então, vocês mesmos virem aqui, se deslocarem de Brasília, para me entrevistar sobre ele... Quem me dera, na minha vida, realizar um trabalho dessa natureza, que vai ficar pra eternidade. Só isso, neste momento, é a mais absoluta prova de que o Raul realizou a sua vontade na face do planeta.

MAS, SOBRE A SOCIEDADE ALTERNATIVA, EXISTIA NA PRÁTICA O SENTIDO DE INSTAURAR UMA SOCIEDADE DIFERENTE DA QUE A GENTE VIVE?

O Raul chegou a sonhar com isso. Mas todos os ensinamentos de qualquer ordem iniciática é para que você cresça internamente e individualmente. Então, eu estou aqui vestido com essas roupas, pra falar de Raul Seixas porque, principalmente naquela época, nos anos 70 e 80, eu interpretava o *Livro da Lei*, do Crowley e os ensinamentos da Ordem dessa forma, nós dizíamos "nós temos que levar isso pro grande público". Fizemos o filme *Contatos imediatos do IV Graal*, que é o único filme que existe de propaganda da Sociedade Alternativa no Brasil. Então, cada um faz à sua maneira. Então, Raul Seixas nunca quis discípulos, ele nunca quis sociedades instituídas! A "Cidade das Estrelas" é uma coisa utópica, mas que seria simplesmente o que acontece hoje com todas as pessoas que gostam e se comunicam, estudam e vivem a obra de Raul Seixas. Estão lá escutando, "que legal... não tô entendendo esse negócio... 'Eu sou a luz das estrelas, eu sou a cor do luar, eu sou as coisas da vida, eu sou o medo de amar'. Não tô entendendo muito bem, mas isso é o maior barato!". E o sol surgiu agora, olha que lindo. Estava nublado. A grande estrela. E você ser, descobrir a estrela que você é. Diz o *Livro da Lei*: "todo homem e toda mulher é uma estrela". Você tem luz própria. Então, na Sociedade Alternativa, é te dar força pra descobrir (se vira para o sol e aponta) essa luz que tem dentro de você também. Porque nós somos filhos do sol. Todos os átomos que nos compõem, todos os elementos foram gerados nas fornadas nucleares, a explosão das supernovas. Então, quando se diz "todo homem e toda mulher é uma estrela", você tem luz própria, você tem capacidade de brilhar, de ser, de crescer, de evoluir por você mesmo. É isso que é o mais importante. Não são sociedades, instituições, mestres, gurus, padres, pastores, absolutamente. É você mesmo! Você mesmo. Beber da água da vida e descobrir (se vira para o sol e aponta) a estrela que tem dentro de você, que você é. É isso.

RAUL SEIXAS ERA UM MÍSTICO?

Eu sou, como vocês podem ver, apaixonado por essa parte mística e esotérica do Raul, mas apenas 9% da obra dele é voltada pro esoterismo, entendeu? De uma forma muito intensa, músicas muito importantes, do relacionamento dele com Marcelo Motta, com as ordens iniciáticas. O LP *Novo Aeon* é todo esotérico. Mas eu fiz um levantamento estatístico, que eu sou engenheiro também, da obra toda, das 160 músicas. Então eu vi que a maioria das músicas do Raul são românticas. Curioso isso, né? Raul Seixas era um romântico. O romantismo na história... Você tem o homem que é apaixonado pela mulher, Romeu e Julieta, mas você tem o romântico que é apaixonado pela causa. Você tem o Dom Quixote de La Mancha, o "cavaleiro da triste figura". E observa a relação da figura que o Raul escolheu, que nós imitamos e que centenas de covers do Raul, dos quais eu sou um, tentam imitar, que é o Dom Quixote. É a barbicha, o sujeito magro, visionário, lutando contra os moinhos de vento. Porque hoje você falar dessas coisas na sociedade em que nós vivemos, você falar de liberdade, você falar de realização de sonhos, é exatamente ser um romântico. Só que o Raul uniu as duas coisas. Era o romântico apaixonado pela mulher, mas também apaixonado pela causa. E ele morreu defendendo a sua causa, que era a Sociedade Alternativa. E o símbolo da Sociedade Alternativa, a cruz Ansata, né? Por isso que na capa do meu livro *A paixão segundo Raul Seixas* eu coloco Raul Seixas crucificado na cruz da vida, não é a cruz da morte, mas sem os pregos na mão. Porque, na verdade, ele morreu pela sua causa, mas ele morreu pela vida, ele não morreu pela morte. Então, essa é a cruz da vida, do Novo Aeon, da Nova Era, que nós chamamos de Aquário, que suplantou a Era de Peixes com a mensagem Novo Aeon, "faze o que tu queres, há de ser tudo da Lei".

VOCÊ COMENTOU QUE OS ENSINAMENTOS FALAM PARA O HOMEM FAZER SEMPRE A MAIS, OS EXCESSOS. SOBRE O QUE ERA ISSO EXATAMENTE?

Todo livro esotérico, principalmente o *Livro da Lei*, do Crowley, que é muito perigoso, precisa ser estudado dentro de ordens iniciáticas. O texto é muito complexo e precisa de orientação. Então, muitas vezes um texto quer dizer exatamente o contrário, alguns querem dizer aquilo mesmo, outros textos são absolutamente incompreensíveis para o grande público. E o Raul não tinha muita preocupação com nuanças. E talvez ele tenha levado ao pé da letra um dos textos mais perigosos do *Livro da Lei*, que diz o seguinte: "Tomai vinho e estranhas drogas, das quais eu vos direi o nome. Elas não vos farão mal de forma alguma. É uma tolice esta mentira contra si mesmo. Sê forte, ó, homem! Arde, usufrui de todas as coisas de senso e ruptura, pois nenhum deus te negará por isto". Então, essa pregação do excesso, se você pega isso e aplica na sua vida, se você gosta de uma birita, se você gosta de cocaína, se você gosta de éter e aplica isso na sua vida, você vai querer cada vez mais, sempre mais. Nos anos 60, em que esse livro foi muito colocado ao pé da letra, os hospícios estavam cheios de loucos que levavam isso ao pé da letra. Não é um livro ingênuo, é um livro extremamente perigoso, porque fala de liberdade, e liberdade é voar. Voar, você precisa aprender. Como diria Raul Seixas em uma de suas músicas: "Pedro, as coisas não são bem assim". Acho eu. (riso)

VOCÊS FORAM AMIGOS. QUERIA QUE VOCÊ CONTASSE SITUAÇÕES DA CONVIVÊNCIA QUE TE MARCARAM.

Na época da Sociedade Alternativa, eu tive uma aproximação maior com o Paulo Coelho, porque o Raul, nos anos 80, estava bebendo demais. Paulo era mais concentrado. Paulo é um empresário, né? Mas a minha proximidade maior com ele foi mais no final da vida. Eu trabalhava na Mendes Júnior, a construtora, morava em São Paulo, 84, 85 e 86, e visitava muito ele na casa dele. Mas nós ficávamos a maior parte do tempo calados, e eu curtia aquela companhia. E quando ele queria mandar a pessoa embora, ele começava a bocejar. Aí você sabia que estava enchendo o saco. Mas sempre tinha coisas geniais que ele fazia, porque, mesmo extremamente deprimido, ele era um grande gozador e um grande brincalhão. Eu me lembro que a (Luiza) Erundina tinha ganhado as eleições, estava na televisão aquela bagunça e tal. Aí ele começou a bocejar, falei "Raul, eu vou embora". Ele falou "vai, Toninho, então eu vou abrir a porta pra você". E ele pegou um pacote. Aí eu ouvi o elevador tocando o sininho, o "plim", quando o elevador está chegando. Falei "pô, Raul, vou correr". Aí eu corri até o elevador, segurei, ele falou "mas eu tenho um presente pra você, é isso aqui" e me estendeu um pacote amarelo. Eu fui lá correndo pra dar tempo de eu pegar a porta do elevador de novo, peguei o pacote e corri, ainda alcancei a porta antes de fechar. Olhei pra porta, ele estava fechando e disse "São Paulo tá ficando muito perigosa". Eu olhei, era um salva-vidas desses que distribuem em avião, cara (veste o salva-vidas e continua com ele até o fim da gravação). Aí eu botei o salva-vidas, falei "é, agora eu tô mais seguro pra andar em São Paulo, né?". E desci, fui pra rua com o salva-vidas assim no pescoço. (se emociona) Falei "cara... é o Raul". Esse é o Raul. Entendeu?

É UMA LEMBRANÇA QUE TE EMOCIONA ATÉ HOJE?

Até hoje. Mesmo naquele estado terrível, né? Ele achava tempo pra brincar. Numa das ocasiões em que eu estava com ele, eu senti a enormidade daquela solidão. Ele vivia naquele apartamento absolutamente sozinho, ninguém queria saber mais dele. Ele não conseguia trabalho nenhum, porque assumia contrato e não ia fazer show. Tocou o interfone, era o Miguel Cidras chamando ele pra almoçar. Como era época de Natal, ele virou pra mim e falou "Toninho, você me desculpe, mas eu tenho que subir. Miguel tá me chamando pra almoçar com a família dele pra eu ter um pouco do conforto do lar". Porque na época ele estava, inclusive, proibido de ver as filhas, tinha sido totalmente abandonado por todo mundo e o Miguel dava um certo conforto pra ele. Não que as pessoas que o abandonaram não tivessem razão, porque ele aprontava mesmo, né? (risos) Era absolutamente irresponsável com as coisas terrenas. Ele estava mais agarrado na... (se vira para o sol e aponta) ...luz das estrelas. Porque ele vivia realmente lá. Ele diz: "eu sou a luz das estrelas, eu sou a cor do luar, eu sou as coisas da vida, eu sou o medo de amar". Então, ele não era apenas um artista. Ele era aquilo mesmo.

NÃO EXISTIA UM POUCO DE PERSONAGEM?

Olha, eu vejo Raul como uma pessoa. Quando você está dentro da casa dele, é uma pessoa muito simples, extremamente afável. Mas eu tomo aqui as palavras da Kika Seixas, que é muito minha amiga, e ela disse uma vez uma coisa muito interessante. Ela disse "o problema de viver com Raul Seixas era que ele vivia o personagem 24 horas por dia". Então, nesse ponto, realmente, mesmo que ele estivesse com você, ele tinha de tal forma incorporado aquele comportamento, que não existia diferença entre o Raul Seixas pessoa, o Raul Seixas empresário, o Raul Seixas produtor, o Raul Seixas artista. Não tinha diferença. Agora, tem um aspecto interessante nisso que é a questão do uso das drogas. Quando Raul encontrou com Paulo, na revista *A Pomba*, em que o Paulo trabalhava, o Paulo era o hippie doidão. O Raul era produtor de disco, com terno e gravata. O Paulo apresentou as drogas ao Raul. A partir daí, o Raul se tornou cada vez mais Maluco Beleza, que é o personagem dele, e o Paulo se tornou cada vez mais careta. Até hoje, né? O Paulo foi se tornando tão careta que voltou até a encontrar Jesus e voltar pro seminário, e continua pregando o seminário até hoje. O Raul não. O Raul foi na direção do esoterismo, do misticismo, da abertura que as drogas davam, e permaneceu até o final. Então, aquele Raul Seixas careta que existia antes das drogas nunca mais foi o mesmo. Então, você diz assim: "Você é a favor das drogas?". Elas têm um aspecto muito interessante pro lado místico e esotérico. Nós temos hoje religiões que usam – ayahuasca, por exemplo –, que são até aceitas publicamente. Não resta a menor dúvida de que são portas da percepção, como diria Aldous Huxley, em livro de mesmo nome – *As portas da percepção*. E essas portas da percepção para Raul Seixas, com os ensinamentos do *Livro da Lei*, fizeram com que ele produzisse obras primas extraordinárias como *Gita*, *Novo Aeon*, etc. Coisas que ninguém consegue. O *Mahabharata*, da Índia, de onde o *Gita* foi tirado, é um conjunto de cânticos. E hoje todas as religiões estão usando, cada vez mais, a música nos seus cultos, porque a música é uma forma de acesso à divindade, ao lado esotérico e místico. O *Gita*, por exemplo, ele conseguiu traduzir em forma de música uma das maiores sacadas do Extremo Oriente. Porque Deus para os orientais é diferente do nosso Deus. "Nosso Deus" que eu digo é o do Ocidente. Pra nós aqui, Deus é inimigo do Diabo. E pra nós, esotéricos, Deus e o Diabo são uma coisa só. Se você observar na música "Gita", é essa união. Que o Raul explicitou em outras músicas como "Trem das sete". Algumas pessoas pensam que o "Trem das sete" é o trem da morte. Absolutamente, é o trem da vida. E no "Trem das sete", ele coloca também essa enorme sacada, que não tem nada que ter medo do Diabo e dos males da vida. Fazem parte da vida. E ele diz no final: "Ói, olhe o mal, vem de braços e abraços com o bem num romance astral". Mas veja que coisa extraordinária que é a mensagem do *Novo Aeon* também. Você não tem que estar em conflito e é até perigoso você tentar eliminar as coisas ruins da vida. Hoje, se sabe que são as dificuldades que nos fazem crescer.

Toda vez que você ficar procurando só doce, açúcar, felicidade, etc., você vai encontrar dificuldade, o Diabo e sofrimento. Quanto mais você se esforçar, estudar, trabalhar... Tanto é que a nossa cultura transformou o trabalho em castigo, né? Pra mulher, a dor do parto, e para o homem o castigo é o trabalho. Eu tenho certeza que pra vocês o trabalho não é castigo. Acho que estão adorando estar viajando e fazendo essa viagem de conhecimento, porra. Mas, pra maioria das pessoas, o trabalho é um castigo, cara! É coisa do Diabo! É sofrimento! O *Gita* quer dizer isso. "Não! Aceita, porque faz parte da vida." A vida é isso. A vida é o bem e o mal entrelaçados.

A DÉCADA DE 80 FOI QUANDO A SAÚDE DELE FOI PRO BURACO, E FOI JUSTAMENTE NESSA ÉPOCA QUE VOCÊ CONVIVEU MAIS COM ELE. COMO VOCÊ LIDAVA COM ISSO? UM CARA QUE ERA ÍDOLO, ERA SEU AMIGO.

E eu, macrobiótico (risos). Eu nunca fiquei bêbado, nunca cheirei cocaína. Maconha, fumei umas quatro vezes. Me fez um mal terrível. Porque eu tenho o fígado destruído, não posso com droga nenhuma. Álcool, nem droga nenhuma. Ver o Raul naquele estado era realmente terrível. Mas é uma coisa curiosa dele. Aliás, um sofrimento a mais pra ele. Por mais que ele bebesse, por mais que ele cheirasse éter, que ele gostava muito, que era barato... Eu mesmo comprei pra ele na farmácia. Éter, você compra o litro, né? Ele cheirava e "comandava" o prédio todo. Por mais que ele tentasse apagar, ele não conseguia. A não ser que desmaiasse. Mas, se ele estivesse consciente, você chegava, conversava com ele, estava perfeitamente lúcido. Eu acho que isso deve ser terrível pra pessoa que é sozinha, está se sentindo deprimida e não consegue apagar. Às vezes que ele tentava, ele sacaneava, né? Ele ficava na Clínica Tobias. Tem uma música chamada "Clínica Tobias Blues". A Clínica Tobias, da antroposofia. Ele ia lá e ficava na clínica, mas é extremamente liberal. O Raul fazia todo o tratamento durante o dia. À noite, ele fugia e ia pro botequim. Era um cara assim. E eu ficava até constrangido de falar qualquer coisa com ele dessa natureza. Eu nunca tive coragem.

Porque qualquer roqueiro, isso não é só ele não, você falar em preocupação com saúde, com remédio... O cidadão comum, que ele criticou em 22 músicas? O cidadão escravo do sistema. "Aposentar pela assistência social." Nunca! Preocupação nenhuma com isso. Sexo, drogas e rock'n'roll. O lema era esse, principalmente quando somos jovens. Eu estou com 65 anos. Meu pai morreu com 62. Eu, hoje, sou maratonista. Eu entrei na Sociedade Alternativa pela porta dos fundos. Quando as pessoas entraram procurando sexo, drogas e rock'n'roll, eu entrei porque estava péssimo de saúde. Eu conheci a Sociedade Alternativa num restaurante macrobiótico. E aprendi a me curar, a lidar com minha saúde péssima. Então, eu olhava o Raul daquele jeito, mas aquele era o caminho dele. Aquilo era a vontade dele! Não é a minha. A minha é correr a maratona do Rio mês que vem. Quarenta e dois quilômetros. Eu estou aqui razoavelmente como um cadáver em pé, com essa inflamação na garganta, tentando sobreviver, mas metendo o sarrafo pra aprender a medicina alternativa. Eu procuro não cair dentro de hospitais. Eu procuro trabalhar com muito esforço. Fiz um curso de educação física depois de ser engenheiro, trabalhei em hospitais, fiz especialização em reabilitação cardíaca, fiz mestrado. Estou pleiteando lá junto com a turma de saúde, por quê? Porque a Sociedade Alternativa, pra mim, foi muito mais alternativa em busca da potência, da saúde, da felicidade neste sentido. Não a felicidade que é fácil na juventude. Encher a cara, drogas e etc., o máximo possível. Porra, eu vou pegar o Livro da Lei, do Crowley, que é uma coisa extremamente sublime no sentido de você realizar o que você veio fazer na face do planeta, pra encher a cara, pô? Eu vou pegar uma obra como *Dom Quixote de La Mancha* pra escorar a estante? Não! Eu vou pegar os livros e os ensinamentos pra melhorar a nossa qualidade de vida e melhorar a nossa potência pra realizar coisas, como a que nós estamos fazendo aqui agora. O meu maior medo era que vocês viessem aqui e eu não pudesse falar, estava mal semana passada. Agora, eu tenho certeza de que vocês não perderam a viagem, porque eu estou conseguindo falar. E talvez vocês levem pra vocês mesmos alguma coisa neste sentido. Então, porra! Sociedade Alternativa, o *Livro da Lei*, tudo isso é pra que você com você consiga realizar tudo aquilo que você tem vontade de fazer na face desse planeta maravilhoso. A vida é um negócio extraordinário, de possibilidades e realizações. Mas, se você não tiver saúde, (cantando) "não vai a lugar nenhum. Plunct, plact, zum, não vai a lugar nenhum." Porra! Raul, cara, 44 anos. (chora) E eu assisti de perto, foi a maior dor da minha vida o dia que esse desgraçado morreu! Falei "pô, cara, você não podia ter ido embora tão cedo. Tinha tanta coisa ainda, cara." Como tem! (bate no peito) Como tem, porque nós estamos aqui. Eu estou aqui. Muito neguinho pulou fora. Quando fala essas coisas, neguinho acha mais confortável aceitar Jesus e embarcar na sociedade convencional. Mas eu tô fora! Tô fora! Porque eu vi uma coisa muito mais bonita. Eu vi esse sol brilhando de uma forma completamente diferente. E eu não largo isso de jeito nenhum. Eu tenho que ser grato a isso.

QUAL FOI A ÚLTIMA VEZ QUE ENCONTROU RAUL?

Foi na casa dele mesmo, um desses encontros. Pouco antes de ele morrer. Não aconteceu nada de extraordinário. Eu soube da morte dele, eu estava numa obra dentro da Açominas, que eu trabalhava na Mendes Júnior, em montagem de estrutura metálica. (chora) Aí o cara chegou pra mim e falou: "Raul morreu". Eu não podia fazer nada. Eu só procurei o telefone, liguei pro Sylvio, eu falei "Sylvio, coleta tudo, cara, porque agora vai aparecer tudo". Em termos de documento. Porque naquele momento o Raul estava muito esquecido. Eu falei "agora a imprensa vai colocar tudo! Então a gente vai coletar, porque se o Raul desaparecer mesmo, a gente tem essa história". E até hoje eu continuo escrevendo, continuo falando. Eu falei "esse negócio não pode morrer, é uma história extraordinária. E o mundo, inclusive seu Paulo Coelho, vão fazer tudo pra enterrar isso, pra destruir isso." Por quê? Porque os três grandes inimigos do anarquismo, que são o Estado, as igrejas e a polícia, as Forças Armadas... Isso incomoda muita gente, porque fala de liberdade, não é de rebanho de escravos. Então, a pessoa vai tentar soterrar isso de todas as formas possíveis e imagináveis. Vão tentar calar a nossa boca. Mas hoje eu vejo que o mundo, a imprensa, a história está se preocupando com isso.

Quando eu vejo o Walter Carvalho levantando todos os detalhes dessa história, "porra, o que aconteceu dentro daquele regime militar, nós precisamos levantar". Mas, de repente, não só os caras que morreram torturados, não. Coisas extraordinárias que só se falavam naquela época. Você vê a contradição também. Quanto maior a opressão, mais você tem ânsia de liberdade. Se fosse tudo livre, tudo legal, não teria essa produtividade que se tinha na época. Então, o que se aprendeu sobre liberdade, sobre você ser feliz realmente na vida, produziu-se naquele momento. Aí hoje, um monte de gente pega seus canais de televisão, seus livros de pesquisa, universidades... O que tem de neguinho me chamando aqui e me consultando, fazendo pesquisa científica pra saber... Ai eu começo a falar o que estou falando pra vocês e os caras começam a "ruminar". Porque está todo mundo acostumado com a padronização mental da nossa cultura, da nossa universidade, que é uma porcaria! Não se aprende absolutamente nada. Médicos não aprendem a realmente curar. E todas as profissões. Não se aprende realmente a beneficiar a sociedade. Se aprende a ser escravos e funcionários de uma máquina de escravização, em todos os sentidos. Então, eles vêm conversar com a gente. "Interessante esse negócio, hein?" Aí o cara fica doido. E vários, inclusive de equipes assim, "eu quero entrar pra essa O.T.O. de vocês aí". — "Não, eu não faço mais parte dessas coisas." Hoje, eu sou professor de educação física, não mexo com isso, não. Claro que eu continuo falando aqui, porque é meu processo individual e vou morrer desse jeito. É muito difícil, eu não aguento mais começar do zero com as pessoas. É um blá blá blá, a pessoa começa a questionar e "mas Jesus falou...". — "Você tem que esquecer esse Jesus, cara, senão vai a lugar nenhum." (canta) "Não vai a lugar nenhum!" E hoje está acontecendo uma contradição brutal. Eu continuo estudando na universidade. O nível está cada vez pior. Esse negócio de cota, etc. As pessoas estão cada vez mais burras. E está acontecendo um fenômeno extraordinário na nossa sociedade. Aparentemente, um progresso estrondoso, mas é uma destruição de qualquer possibilidade educativa neste planeta, que é a tal da hiperinformação, da internet, redes sociais, etc. Nada hoje mais é profundo, tudo é superficial. Ninguém tem mais paciência, nem cabeça pra absolutamente nada.

O QUE FICOU DA OBRA DE RAUL, 26 ANOS DEPOIS DA MORTE?

Quando você faz uma pergunta dessa natureza, eu digo assim... Procura depois dos anos 80, o que apareceu no rock, por exemplo? Ou essa porcaria (um carro tocando funk no volume máximo) que nós ouvimos passando aqui (faz som de estrondo). É uma decadência cultural, uma imundície. Porque esse negócio que passou fazendo "tuk-tuk" aqui, isso pra mim é esgoto. Quando você vê o rock progressivo, por exemplo, que foi uma sofisticação... Eu gosto mesmo do rock dos anos 50, Chuck Berry mesmo. Eu tinha 13 anos quando surgiram os Beatles. Meu negócio é Beatles, Rolling Stones, e adoro Marcelo Nova e essa turminha mais chegada. Eu te confesso que eu acho que os Mamonas Assassinas foram a última grande banda genial. Aquilo é rock'n'roll. Essa alegria do rock, a galera do sistema conseguiu sufocar e destruir. O que está acontecendo com o planeta é um negócio pavoroso.

VOCÊ TEM UMA IDEIA DE QUANTOS PRODUTOS AUDIOVISUAIS E LITERÁRIOS SOBRE RAUL JÁ FORAM PRODUZIDOS?

Eu acompanhei até um certo tempo, quando estava em 45 livros sobre Raul Seixas. Acredito que hoje esteja em 60 livros. É extraordinário o que se produz só sobre Raul Seixas. Fora o que se produz no mundo todo sobre o resto, da contracultura em geral, que no Brasil eu considero que desaguou em três movimentos principais: Tropicália, Jovem Guarda e Sociedade Alternativa. O que eu acho apavorante é que não aparece nada que preste mais, que seja uma coisa inteligente, bonita, produtiva. Por isso que eu hoje, com barba branca e tal... Apesar de Mick Jagger também estar... Eu olho muito pro Mick Jagger. Eu subo no palco pra cantar Raul Seixas. "Pô, Raul Seixas morreu com 44, não tinha barba branca, cabelo branco." Eu falo "foda-se!". Olha o sol de novo, cara (ri). Foda-se, eu quero cantar por cantar, porque o recado a ser dado é esse.

VOU PEDIR PRA VOCÊ RESPONDER DE NOVO ESSA PERGUNTA SENDO MAIS CONCISO, PRA NÃO TER QUE EDITAR SUA RESPOSTA. DÁ UMA RESPOSTA DIRETA, OK?

Qual que é a pergunta mesmo?

(*Pergunto novamente e ele responde de forma concisa, pero no mucho. Seguimos.*)

VOCÊ TEM IDEIA DE QUANTO RAUL AINDA RENDE FINANCEIRAMENTE HOJE?

Não, não. E tenho certeza de que ele nunca se preocupou com isso, e foi uma das suas grandes falhas. Ele realmente chutava o balde, não usava carteira de identidade, não se preocupava com absolutamente nada que fosse do convencional. Uma vez, eu levando ele pro ensaio com Marcelo Nova, trânsito de São Paulo, seis horas da tarde, ele olhou pra mim e falou assim: "eu não sei como você consegue dirigir aqui em São Paulo, não tenho paciência pra essa merda!". Ele não tinha paciência pra qualquer coisa convencional: pagar conta, condomínio. Quisesse matar Raul Seixas, chegava pra ele com boleto pra pagar. Ele nunca soube de nada, quem administrava não era ele. E exatamente por causa disso ele deixou um balaio de gato, bicho. Hoje, a herança do Raul Seixas, eu te confesso. O Sylvio Passos, o Raul deu pra ele, mas deu assim de mão (informalmente), o baú do Raul. Eu não queria esse baú pra mim, cara. A quantidade de confusão em que o Sylvio se mete, de briga com herdeira. Nesse aspecto de sociedade convencional, até nisso ele veio pra dar prejuízo pra essa sociedade. Hoje, quem tenta administrar a herança do Raul está com um abacaxi de todo tamanho na mão. E ele deve estar morrendo de rir disso, porque o pessoal está preocupado com dividendos e lucros, etc. Tenho certeza absoluta de que ele está morrendo de rir dessa galera toda, e ele lá curtindo uma legal. E finalmente se encontrou com Elvis, John Lennon. Deve estar fazendo uma zorra. Acho que não é lá, não (aponta para o céu). É lá (aponta para baixo, vai até a mureta e olha pra baixo, a rua).

QUAL MÚSICA QUE VOCÊ MAIS GOSTA DE RAUL?

A que eu mais gosto de cantar é "Meu amigo Pedro".

(*Peço e ele canta a música. Interpretando, é claro.*)

E há uma briga aí, porque o Raul Seixas e o Paulo Coelho eram rivais artisticamente. O Paulo Coelho chamava de "inimizade íntima". Frescurada do Paulo. Mas o Paulo dizia que o Pedro da música era o pai dele. O pai dele realmente se chama Pedro. E que foi ele, Paulo Coelho, que fez a música. O Raul falava que o Pedro era o irmão dele, o Plínio. E o Raul fez a música pro Plínio. Então fica essa polêmica aí que ninguém jamais vai conseguir resolver. Mas a música é extraordinária, porque das críticas que o Raul fez ao cidadão comum, essa daí é a mais cruel. Ele fez outras, você vê "Maluco Beleza", "Metamorfose ambulante", "Ouro de tolo". "Eu sou o início, o fim e o meio", de todas as coisas. Só que isso é do *Bhagavad-Gita*, né? O *Mahabharata*, que diz o seguinte. O *Gita* é a resposta do deus Krishna pra um guerreiro que estava no campo de batalha. Jesus Cristo da Índia, o Arjuna. A guerra ia começar. Só que do outro lado estavam os irmãos dele. Era uma briga da família. E o Arjuna virou pra Krishna, que até então ele achava que era um deus de misericórdia e de bondade. Só que isso no livro ocupa 60 páginas, esse diálogo dele com Krishna, e o Raul traduziu numa música. Ele vira-se pro Krishna e diz "você que é um deus de misericórdia e bondade, como é que você me coloca numa situação dessa de brigar com meus próprios irmãos?". E Krishna responde pra ele e o Raul traduziu dessa forma: "Talvez você não entenda, mas hoje eu vou te mostrar". Mostra pra ele que Deus compreende as coisas boas e as ruins. Eu sou a luz das estrelas, eu sou a cor do luar, eu sou o dente do tubarão, eu sou o medo de amar, jogo de azar dos enganadores e assim por diante. "Pega tua espada e vai brigar contra seu irmão. Vocês não tiveram condições de resolver isso só conversando. Vai lá morrer, consequência da sua própria ignorância, estupidez. Seus filhos vão ser decapitados, mortos..." E se você vir a letra com essa informação que te dei, não vai fazer como aquele menino fez e uma outra cantora também fez, achar que "Gita" é uma declaração de amor. E que o Zé Ramalho colocou muito bem. "Gita" tem que ser cantada por Raul Seixas e mais ninguém. Uma música muito perigosa pra qualquer outro cantor. Só ele sabe realmente o que significou aquilo. Miguel Cidras, que foi o maestro que fez a música com Raul, a coisa mais importante da vida dele foi ter composto a música junto com Raul, porque aquilo realmente é uma... Não vou dizer uma oração porque vai cair no conceito convencional, mas é parecido com isso. Extraordinário.

03 DE JULHO DE 2015 - IIH

CLÁUDIO ROBERTO
AMIGO E PARCEIRO MUSICAL

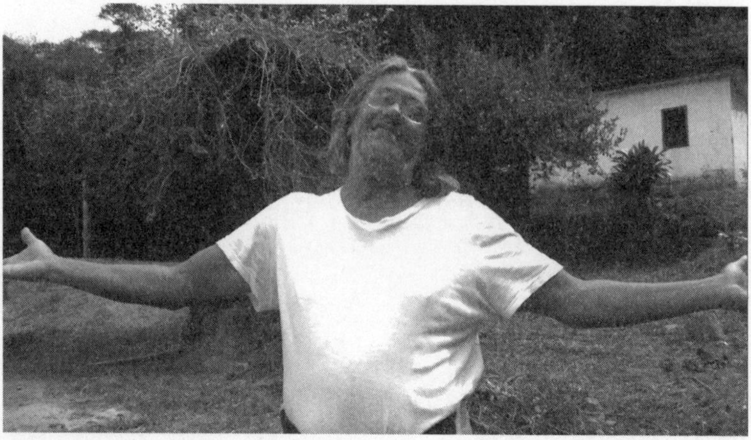

Achar Cláudio Roberto não deveria ser tarefa fácil. Em quantas entrevistas, quantas participações em programas e quantas vezes eu o tinha visto nos últimos anos? Antes da produção deste *Caminhos da Reportagem*, só me lembrava dele no filme de Walter Carvalho.

Na época em que li a maioria dos livros sobre o Maluco Beleza, não existia essa internet tão popular e ampla. Enquanto fã de Raul, Cláudio Roberto era uma incógnita para mim. Com o tempo, fui percebendo a importância dele na história, o coautor de músicas como "Maluco Beleza", "Rock das 'aranha'", "Cowboy fora da lei" e "Aluga-se".

Ele era indispensável e eu precisava achá-lo, mesmo que, de repente, fosse recebido com tiros para o ar, como me contou, às gargalhadas, que fez uma vez. Quando um traficante foi encontrado morto no apartamento de Raul, jornalistas foram a Miguel Pereira, região serrana do Rio de Janeiro, onde ele mora, e queriam saber o que ele achava daquilo. Não voltaram mais depois dessa recepção.

Li uma reportagem no site do jornal *O Globo* em que ele comentava sobre essa fama de avesso à mídia, inclusive que os vizinhos da cidade o protegiam, não davam informações a seu respeito. Foi algo que, quando chegamos a Miguel Pereira, fiquei imaginando se iria acontecer e estava preparado para perguntar a todas as pessoas até acertar o caminho para sua casa.

Ele também disse à repórter do jornal que a adorara logo no primeiro contato por telefone. Coisa assim de simpatia. Esperava eu que conseguisse despertar um bom sentimento nele também. O que fazer? Era uma boa pergunta. Então, fui pelo caminho mais fácil. Não ser nada diferente do que eu sou, inclusive com uma certa carga de fã. "Sou o que sou porque eu vivo da minha maneira."

Ligar para ele foi, talvez, a parte mais difícil da história, afinal o sinal do telefone não era dos melhores naquele lugar afastado em que mora.

Quer dizer, a parte mais difícil foi mesmo chegar a ele. Acostumados ao nosso excesso de urbanismo, encontramos estradas de barro e poucas placas sinalizando as idas e vindas das pessoas. E o GPS não estava vivo para poder nos ajudar.

A orientação que ele nos deu devia ser muito fácil... para quem mora ali. Tinha que saber de um hotel, bifurcação, descida, virada, 800 metros e um tanto de coisa. Só faltou dizer que o ponto de referência era a vaca pastando. Mas chegamos!

Eu achei fantástico aquele lugar. Traduz bem o que ele aparenta querer da vida. Cláudio é um cara de gargalhadas num local sem luxos. Admiro muito quem consegue essa paz.

Nos levou ao antigo sítio onde Raul gostava de ir para compor. Ele não mora mais lá, que inclusive tem outro dono, mas o lugar fica aberto. O pequeno lago já não existe mais. Víamos de longe a placa do Barracão do Raul, uma madeira firme com letras brancas garrafais. Nas paredes dele cresceu uma erva. Ele até achou mais bonito assim. Um pouco acima, uma pequena casa branca de portas e janelas azuis. À direita do Barracão, a cocheira. No mais, muito verde e muitas lembranças.

Descrever locais é fácil. Difícil mesmo é descrever o que se sente. Jamais imaginei que estaria naquele lugar, de onde saíram tantas músicas icônicas na carreira de Raul. E que conheceria um cara como Cláudio Roberto, sem máscaras, com seus sentimentos completamente despejados enquanto conversava com alguém que ele acabara de conhecer.

Percebi aí que o mais importante não foi ter achado o coautor de tantas músicas. Cláudio Roberto foi uma das pessoas que mais me fizeram sentir a carga emocional que carrega a palavra "amizade". E essa amizade era com Raul Seixas.

– "A gente conversa com Cláudio Roberto, que foi parceiro musical e amigo de Raul."

– "Posso inverter a ordem? Eu fui amigo do Raul e parceiro dele. A parceria foi decorrência da nossa amizade. Em primeiro lugar, nós éramos amigos."

Antes de valer a gravação, revelou que "Novo Aeon" foi a primeira música deles gravada. E a primeira a ser composta não foi editada, não tem letra, foi feita em 1964. E logo depois começaram a trabalhar na "Cowboy fora da lei", lançada em 1987: "Foi uma música que ficou dez anos sendo buriladinha, brincada, e demorou mais uns cinco ou seis para ser gravada, talvez mais".

Essa relação foi tão intensa e tão duradoura que Cláudio guarda na sua memória um tanto de histórias das mais loucas. Ele diz que a maioria é impublicável. Ouvimos algumas e morremos de rir. Imagine as outras...

"Sonho que se sonha só
É só um sonho que se sonha só
Mas sonho que se sonha junto é realidade"[1]

---

[1] Música "Prelúdio", do álbum *Gita* (1974), composição de Raul Seixas.

COMO VOCÊ E RAUL SE CONHECERAM?

Eu o conheci por intermédio de um casal de amigos da minha infância, pré-adolescência... Eu tinha onze quando comecei a lidar mais intimamente com eles, o Horácio, que está no Havaí, e a Heloisa (Seixas), que eu imagino... Tá no Leblon ainda? Tá com o jornalista? Pois é, e a Heloisa, que profetizou que, quando eu conhecesse Raul, eu ia gostar muito. E quando eu conheci Raul, bicho, foi um estalo na minha vida, um negócio diferente mesmo. Eu era muito novo, e eu não quero imaginar que eu já tinha capacidade de reconhecer um semelhante com aquela idade tão nova, mas que ele reconheceu um semelhante com a idade nova que eu tinha, ele reconheceu, isso é garantido. (risos) Talvez eu possa dizer que fiquei consolado com a existência dele, porque eu era cheio de perguntas e medos, próprios da minha idade, talvez um pouco cedo, precoce pra isso. E conhecer o Raul, sete anos mais velho do que eu, me fez ter a certeza de que eu iria sobreviver. (risos)

VOCÊS TINHAM UMA DIFERENÇA DE IDADE DE SETE ANOS. COMO VIROU AMIZADE?

Você sabe que eu acho que a amizade mesmo sempre esteve ali, só virou amizade mesmo quando eu amadureci. Eu sempre fui muito brigão. Eu sou filho único. Em geral são pessoas difíceis de se relacionar. E eu sempre fui muito brigão, muito ciumento, muito possessivo. Eu tive que amadurecer mesmo, porque a gente começou a ser amigo mesmo nove anos depois, quando eu já tinha 20, 21, quase dez anos depois.

COMO SURGIU A IDEIA DE COMPOREM JUNTOS?

A gente já tinha feito a música "Novo Aeon", que surgiu assim de uma maneira incomum à beça, porque ele foi tocando os acordes e eu fui cantando a melodia como se eu já conhecesse os acordes e o ritmo. Ela tem uns breaks engraçados, ela tem uma maneira de cantar, de dividir a letra, que depois deu trabalho pra colocar a letra. E foi uma coisa mágica. Isso já foi um sinal. Mais tarde, quando eu já estava no meu primeiro casamento, fora da casa dos meus pais, eu cheguei em casa, ele estava de blazer. Sempre se vestia muito fino e muito elegante. E estava ele sentado na mesa com a minha então mulher e ele dizendo que ele tinha conversado com ela, porque eu fazia UFRJ, de Educação Física, eu dava aula particular, eventualmente de inglês, eventualmente de português. Eu fui talvez o primeiro personal trainer que eu conheci na minha vida. Meus ex-alunos agora devem estar felizes de estar me vendo (risos). No domingo eu vendia mocassim na feira hippie. Aí ele chegou lá em casa e disse que achava que eu estava gastando muita energia com muita coisa, que ele e minha mulher tinham conversado e "decidido" que eu ia concentrar minha energia toda numa coisa só. Aí, eu, muito debochado, falei "e qual seria essa coisa?". Ele falou "música, bicho, que é claro que é o que você entende". Eu falei "ah, é?". Ele: "É, vamos começar fazendo meu disco novo todo na hora". E daí, foi.

E ESSE DISCO FOI...

O dia em que a Terra parou. O dia do Maluco Beleza que engoliu o resto todo do disco.

FOI O ÚNICO DISCO QUE RAUL FEZ COM UM SÓ PARCEIRO. FOI O ÁPICE DA AMIZADE DE VOCÊS?

Não. Foi o ápice na nossa parceria. Nossa amizade é uma coisa à parte à nossa parceria. A nossa parceria era em função de uma necessidade que havia no momento ali. O Raul, rapaz, o Raul era um grande produtor. Raul era um cara que conseguia extrair de cada um o melhor que cada um tinha pra dar, mesmo que não fosse a área dele. Ele conseguia botar você pra produzir o melhor na sua área. Isso é uma coisa, acho que é um dom, uma característica que a pessoa tem, da personalidade, não sei. E que dava a ele essa... Como é que eu posso dizer? Essa condição de saber fazer. E ele, como me preparou muito pra ser esse parceiro... Cara, a gente tinha uma ligação, eu não tenho essa ligação, nunca tive essa ligação com mais absolutamente parceiro nenhum. Eu nunca soube o que é ter uma parceria desse jeito com alguém. Eu nunca pensei que eu pudesse conseguir, na verdade não era eu que conseguia, ele era que conseguia. Ele me produzia e me botava pra fazer, me dirigia e me guiava até onde ele queria. Era muito interessante porque eu sou um cara que tenho talento com métrica e ele usava isso. "Como é que eu vou dividir isso tudo nessas duas frases?" Aí eu falava "ah, mole, assim" (faz gestos de separação). Ele falava "cara, que doido!". Então essas coisas pertencem mesmo ao dia a dia de compor, à maneira de compor, porque não tem regra. Você já entrevistou algum compositor? Já deve ter ouvido falar o que há. O maior índice que eu já vi de compositor falando é que não tem regra. Muitas vezes começava com uma frase que quase que inevitavelmente acabava dançando. Depois ela tinha sido só o gatilho motivador da composição. Muitas vezes começava com o refrão que às vezes dançava também. Ficava só ou a harmonia ou a melodia, e a gente fazia uma divisão diferente. Então, muito assim que foi.

COMO ERA "NOVO AEON", QUE FOI A PRIMEIRA GRAVADA?

A letra dela era daquele jeito mesmo, porque, inclusive, foi a única música nossa em que eu fiquei separado. Eu só criei a melodia dentro da harmonia que ele tinha e completei uma parte da harmonia, e não tive nada a ver com a letra. É a única música nossa... Engraçado, né? Ela começou sendo a música-título de um disco e nem teve assim a minha participação muito, só a melodia. Eu criei a melodia, a divisão da melodia, porque era só pararararará (onomatopeia do corte). E, se não me engano, tinha uma letra em inglês, da qual eu não me recordo mais. E daí, depois quando eu vi, a música era aquilo.

(*Peço para ele dar uma palhinha e ele canta "O sol da noite agora está nascendo... alguma coisa está acontecendo..." e por aí vai".*)

COMO FOI O PROCESSO DE CRIAÇÃO DE "MALUCO BELEZA"?

Eu tenho uma música, minha, anterior ao "Maluco Beleza", que é uma música muito melancólica. Você pode reparar que "Maluco Beleza" tem uma linha melódica completamente diferente do trabalho do Raul, né? Completamente. Ela tem uma coisa assim melancólica. Eu tenho uma música que é anterior ao "Maluco Beleza" e que o Raul gostava muito que eu tocasse quando a gente estava cansado de noite. "Toca aquela pra mim, Cláudio, toca aquela pra mim." Eu tocava essa música pra ele. Um dia ele falou assim: "A gente podia roubar a harmonia dessa sua música e fazer uma outra música em cima". E nós fizemos o "Maluco Beleza", que tinha uma letra em inglês, chamava-se "Bird's song". Depois foi difícil botar a letra em português. Maestro Miguel Cidras estava fazendo o arranjo da música e nós colocamos a letra em português em 15 minutos, 20 minutos. Eu sei que, no final, o Raul falou pra mim: "Você não sabe o que foi que a gente fez. Se você estava afim de fugir do sucesso, a hora é essa" (risos).

* * *

LETRA DE "BIRD'S SONG".

> Whenever I notice that space in the sky
> While we're both in our cage
> We're not able to fly
> There's no chain to keep us on the ground
> Let's us join the other birds around
> Let us fly
> Let's get high together
> And fly

* * *

VOCÊ FALOU SOBRE A MÚSICA FUGIR COMPLETAMENTE DA LINHA MELÓDICA DELE. ELE FEZ VÁRIAS COISAS, NÉ? FEZ BAIÃO...

Tango! Raul era eclético pra caralho, né, bicho? Eclético, muito eclético. Um gosto variadíssimo. Um gosto muito popular e variado. E as músicas dele, as minhas preferidas, são as diferentes mesmo. Já mencionei isso outras vezes. "Tango para minha morte" ("Canto para minha morte"), eu acho um hino. Tem um que é... "Areia da ampulheta", eu acho o máximo! Assim como "Ouro de tolo" mesmo. "Ouro de tolo", eu dizia pra ele, ele adorava que eu falava assim pra ele. Eu dizia que, depois que ele cantou "Ouro de tolo", ele podia ter pegado o paletó e ter ido embora pra casa, que ele já tinha falado... autobiográfico, já tinha falado tudo. Rapá, não é que aquele baiano conseguiu arrumar um bocado de coisa pra falar depois ainda? (risos) Que coisa!

ESSA ÉPOCA DE "OURO DE TOLO" FOI QUANDO ELE COMEÇOU A SE APROXIMAR DE PAULO COELHO. VOCÊ TEVE CONTATO COM ELE?

Não, não, não. Nessa época, eu estava meio brigado com Raul, como eu sou muito brigão, você sabe. Eu briguei com ele e Paulo nunca me inspirou muita simpatia. O Paulo é uma pessoa que não tem muito a ver com o meu jeito de ser. Não tem nada pessoal, porque eu não conheço o Paulo, não sei de nada desabonador contra ele. É só questão de simpatia mesmo. O Raul era um cara que, assim como ele era eclético nas suas composições, nas suas criações, ele era eclético também nas suas relações. Raul era um cara que não se negava a se relacionar com quem quer que fosse. Ele dava mil chances até perceber que aquilo não era viável. Eu sou um cara, como já falei antes, sendo filho único, fica mais seletivo, fica mais uma porção de coisas. Umas boas e outras ruins. E o Paulo sempre foi difícil mesmo pra mim.

VOCÊS TIVERAM UMA BRIGA QUE FICARAM UM BOM TEMPO SEM SE FALAR...

Eu tive uma briga que fiquei sem falar com ele um ano e pouco. Foi exatamente logo depois que ele gravou o *Krig-ha, Bandolo!* até ele voltar dos Estados Unidos, quase dois anos... que eu joguei fora, cara, eu sou uma besta! Porra, bicho, a vida é rápida.

POR QUE FOI ESSA BRIGA?

Ah, coisa boba, de menino, nem lembro mais, rapaz. Nada sério, nada sério, bicho. Eu sou uma pessoa difícil mesmo. Foi uma coisa boba de garoto. Ele devia ter achado muita graça. Eu devia ter ficado muito ofendido, não sei. (risos)

VOCÊS SE REAPROXIMARAM QUANDO?

Depois que ele voltou dos Estados Unidos, ele telefonou para a casa dos meus pais, eu por acaso estava lá, porque eu já não estava mais morando lá. E a gente se reencontrou, ali a gente começou a compor, não parou nunca mais.

QUANTAS COMPOSIÇÕES JUNTOS?

Eu acho que gravadas são 30. Deve ter mais umas 10 ou 12 inéditas, não sei.

POR QUE ESSAS 12 FICARAM INÉDITAS?

Ah, não sei. A gente fez um disco que não saiu. Só perguntando às editoras, bicho. As editoras é que deveriam cuidar disso.

DESSAS 12, QUAL VOCÊ DESTACA E PODE CANTAR UM TRECHO?

Tem uma brincadeira de uma música que ele mudou a letra que era "Por quem os sinos dobram", da "Loucura de Eva", mas aaahh... isso já foi, faz muito tempo. Essa, eu destacaria. Tem uma outra muito bonita chamada "Já vai chover". (cantando) "Vem, já vai chover, mas eu não ligo quando estou com você..." Tem umas músicas bonitas, interessantes. Tem que dar uma olhada nisso, mas está na editora, a editora é que deveria cuidar disso.

DOS DISCOS QUE RAUL GRAVOU COM SUA PARTICIPAÇÃO, QUAL VOCÊ ACHA QUE FOI CRUCIAL NA CARREIRA DELE?

Não diria o disco, não. Eu diria a música, que foi "Maluco Beleza", que são aquelas que fogem do controle. "Maluco Beleza" engoliu boas músicas. Inclusive tem uma com a participação do Gil e todo o pessoal da Refazenda na música, que se chama "Que luz é essa?", que não teve repercussão praticamente nenhuma. Eu gosto muito daquela música. Muito.

ELE (GILBERTO GIL) FEZ O ARRANJO, NÉ?

Fez o arranjo na hora, bicho. Botou dois violões. O violão era meu. A gravadora não tinha um violão, eu tinha um violão na mala do carro. Ele veio e fez, um talento absurdo.

O *POR QUEM OS SINOS DOBRAM* FOI UM ÁLBUM QUE NÃO TEVE A SUA PARTICIPAÇÃO, E NO *ABRE-TE SÉSAMO* VOCÊ RETORNOU. POR QUE FICOU DE FORA DESSE DISCO?

Raul estava numa fase meio dark da vida dele. Ele morando lá na Assis Brasil. Eu não sei se a Tânia ainda estava com ele, porque eu estava afastado. Eu fui lá uma vez pegar um par de nadadeiras que eu tinha deixado, que eu sou criado na beira da praia, né? Não achei as nadadeiras e vi um cara lá que eu não sei quem era. Achei meio dark. E seguindo esse meu faro, né? (risos) Eu achei melhor me afastar um pouco. Depois eu soube pelos jornais... (ele pede pra cortar a gravação).

RAUL NÃO ERA CHEGADO A LUGARES PACATOS. POR QUE VOCÊS VINHAM PARA CÁ?

Essa fama de que não era chegado a um lugar mais pacato é uma coisa que é muito oriunda do fato de o Raul ser um cara acontecendo, né? Ele era um cara acontecendo. E aí num lugar mais pacato isso fica meio... Mas ele tinha o lugar dele na Bahia, todo mundo sabe, Dias D'Ávila, onde ele se recolhia, onde ele ficava fazendo exatamente isso que eu fico fazendo aqui. Fazendo nada (risos). Todo mundo precisa fazer nada de vez em quando.

QUANDO VOCÊS SE REUNIAM AQUI PARA COMPOR, QUAL ERA O SENTIMENTO? ERAM SÓ VOCÊS DOIS...

Na realidade, isso sempre foi uma coisa muito engraçada, porque apesar de o líder, por uma questão de tudo, por uma questão de idade, por uma questão de tudo mesmo, de status, de o líder da nossa relação musical ser ele, toda vez que a gente se juntava, ele tinha um medo muito engraçado de que a fonte inspiratória tivesse secado. Isso foi uma coisa que nunca me ocorreu. Eu dizia pra ele "cara, isso nunca vai parar". Eu falava "só vai parar quando um de nós dois não estiver mais aqui". E não parava, bicho. Rapaz, eu tinha faísca, um negócio muito bom, muito bom, que ele levou com ele. Eu fiquei sem. É, não me impediu de compor outras músicas muito bonitas. A gente gostava muito mais das músicas do outro sozinho. "Maluco Beleza" é a grande exceção, mas eu gosto das músicas do Raul sozinho. Só "Maluco Beleza", pra mim, é uma exceção da minha parte, da parte em que eu contribuí, "Maluco Beleza" é a única coisa que foge. Mas ele tinha músicas maravilhosas sozinho que eram... Porra, "Metamorfose ambulante", cara.

QUAL VOCÊ MAIS GOSTA DELE?

Talvez essa "Areia da ampulheta", talvez o "Tango (Canto) para minha morte". Eu gosto igualmente das duas. E o "Ouro de tolo", que é indiscutivelmente uma obra-prima, né? A música é avançada hoje, a música é moderna hoje. É impossível isso, um negócio atemporal.

QUANDO CHEGOU A DÉCADA DE 80, A SAÚDE DELE ESTAVA CAINDO. COMO VOCÊ LIDOU COM ISSO?

Ali, eu já tinha consciência, por relatos de médicos, amigos nossos que já tinham dito pra mim, que ele já não tinha mais pâncreas. E assim, na realidade, ali foi uma lição de vida pra mim, pra minha formação e tudo. A tendência seria que eu me deixasse abater por isso, mas a nossa relação era tão intensa, tão prazerosa, que eu mergulhei de cabeça naquilo ali como se fosse acabar amanhã. Como de fato acabou praticamente amanhã. Mas eu mergulhei naquilo ali como se fosse acabar logo. E aquilo foi um aprendizado de vida, pra minha vida ser levada muito assim mesmo. Não tem hora marcada, não.

A GENTE OUVE MUITOS RELATOS DE QUE RAUL ERA UM CARA AUTODESTRUTIVO.

A melhor definição pra mim é a do Marcelo Nova, que diz no filme que Raul era um "kamikaze em marcha lenta". Era isso mesmo. Nas poucas vezes que eu me insurgi um pouco contra aquilo, eu falei "bicho, tem forma mais rápida, mais indolor. Já ouviu falar em Smith & Wesson?"[2] Aí ele dizia assim: "mas assim não tem a menor graça, né?". (*risos*) Ou seja, ele não ia estar pensando, não ia estar compondo, não ia estar trabalhando enquanto estivesse se matando, que ia ser rápido. Não tinha a menor graça, ele dizia isso pra mim.

COMO FOI A LIGAÇÃO QUE ELE FEZ A VOCÊ UNS DOIS MESES ANTES DA MORTE?

Entre dois e três meses, que ele me disse que "agora não vai demorar muito". Foi textual. A frase foi essa, "agora não vai demorar muito". Quando eu o vi no Faustão, eu sabia que algum tempo depois, acho que dois meses depois da ligação, talvez... Não sabia que ele estava naquele estado porque, conforme eu já disse antes, me reservei ao direito de não estar lá no fim. E você sabe que foi muito doloroso pra mim. Foi muito doloroso. Eu demorei à beça pra aprender a me comportar nessa situação.

QUAL FOI A ÚLTIMA VEZ QUE VOCÊ O VIU?

Foi essa no Faustão. Pessoalmente, eu não lembro. Foi quando a gente fez "Uah-Bap-Lu-Bap". Depois disso, eu não vi mais não.

---

[2] Fabricante americana de pistolas, marca mais conhecida do mundo no segmento.

ONDE VOCÊ ESTAVA E COMO VOCÊ SOUBE DA MORTE DELE?

Um amigo veio me falar, mas como eu já tinha recebido a notícia da morte do Raul pelo menos uma meia dúzia de vezes, eu levei na brincadeira. Ainda falei assim: "coisa ruim não morre, rapá!". Aí, eu em menos de meia hora estava chorando muito, porque eu vi que era verdade. Aí veio um amigo meu, um amigo mais sério, que até já faleceu também, e veio de moto até a minha casa e me disse. Aí ele foi embora, porque ele tinha o que fazer. E eu me lembro que eu peguei a moto para ir telefonar pra alguém. E quando minha mulher estava chegando, que ela já sabia que eu estaria como estava, ela me achou com a moto caída no entorno que tem ali. Sabe quando você pegou aquela reta de barro? Aquela reta de asfalto, onde tem o (hotel) Montanhês, aquela ilha lá em cima, foi ali que eu caí. Minha mulher me achou e me trouxe pra cá. Foram mais de dez anos de inferno, eu acordando de noite, soluçando, chorando. Não foi bom, não... Agora tá legal.

COMO VOCÊ REAGIU NOS DIAS LOGO DEPOIS DA MORTE DELE?

Ah, eu me droguei muito, mas muito. Me droguei a ponto de não conseguir respirar direito, quanto mais sentir dor. Mas foi mal, o tiro saiu muito pela culatra, porque eu me furtei a essa dor ali naquele momento e a dor ficou me esperando. Falou "uma hora tu vai ter que parar com isso!". (risos) E aí foi de noite, minha mulher é testemunha. Acordava gritando. "Isso não vai parar nunca! Isso não vai parar nunca!" (olha para a câmera) Bem feito, viu? Bem feito.

FOI A PERDA MAIS DO QUE DE UM PARCEIRO MUSICAL...

Não, rapaz, a perda do meu amigo. O cara que tinha sido minha referência na vida durante muito tempo. Tá louco...

* * *

Cláudio se emocionou, virou as costas e se afastou. Se recompôs e voltou pouco depois. Fui a ele, perguntei se estava bem e apertei a sua mão. Antes de recomeçar, ele disse às gargalhadas: "Já conseguiu sua gota de sangue, né?".

* * *

VINTE E SEIS ANOS DEPOIS DA MORTE, O QUE FICOU DA OBRA DELE? O QUE O BRASIL APRENDEU?

O Brasil aprendeu coisas muito úteis. Inconformismo... tenacidade... valentia. Essas três coisas, com certeza, foram aprendidas. Houve coisas negativas que o Brasil aprendeu, mas isso eu vou deixar pra história julgar. Não sou eu que vou julgar.

ENTRAR PRA HISTÓRIA...

É com vocês, né, bicho? (sorri)

QUAL A PRINCIPAL LEMBRANÇA QUE FICOU DE RAUL?

A principal lembrança? De um cara muito bem-humorado, muito sarcástico, muito debochado, que olhava essa vida parecia que de fora, e que gostava muito de ver o circo pegar fogo. Lógico, não com tragédia, não é nada disso, mas com as pessoas se agitando, com as pessoas saindo do seu marasmo. Essa falta, ele faz até hoje. Faz na minha vida, faz na vida das pessoas de uma maneira geral. Era uma coisa engraçada, era uma coisa excitante quando você ligava a televisão e via a cara do Raul Seixas (risos). Era muito bom, muito bom.

VOCÊ FALOU QUE IA CONTAR ALGUMA COISA DE RAUL.

Ah, mas só depois que desligar. Essa não pode. (risos) Aliás, a maior parte das histórias é impublicável.

* * *

Pedi e Cláudio cantou "Maluco Beleza". Esse trecho, inclusive, usamos no programa, mesclando com Raul cantando, imagem em preto e branco, na Globo, em 1977. Cláudio cantou até "vou ficar". Terminou com "vocês já sabem o que nós vamos ficar" e saiu do enquadramento.

Depois disso, gravou uma chamada para o programa, que lançamos na página do Facebook e causou uma repercussão enorme.

"*Caminhos da Reportagem*, na TV Brasil, no dia 20 de agosto, às 22 horas. Sabe por que isso? Porque eu sou Cláudio Roberto, amigo e parceiro do Raul. Eu tô bem na frente do Barracão do Raul. E se você assistir ao programa nesta hora que eu te avisei, você vai me ver e a muitas outras pessoas falando coisas que você nem imagina sobre meu amigo e parceiro Raul Seixas. Tô esperando você..."

Ainda voltamos à entrevista, pois ele levantou a história da composição da música "Tapanacara".

* * *

COMO É A HISTÓRIA DE "TAPANACARA"?

Bom, o disco estava todo pronto, né? E Mazzola ameaçou de levar o disco pra mixar nos Estados Unidos e a música ser um instrumental. Raul ficou muito zangado e falou "não, não, tem que botar letra". Aí o Mazzola apareceu com uma garrafa de Johnny Walker, rótulo preto, e falou que o estúdio ao lado estava vazio e que era para a gente ir lá e tentar botar a letra. A gente foi e fez aquela letra engraçadíssima, né? Pô, nonsense danado. Brincadeira, mexendo com Caetano, mexendo com todo mundo, mexendo com cinema de Hollywood e uma porção de coisas assim. Quando a gente acabou, às gargalhadas, os dois bêbados, né? Todo mundo falou "nossa, que gênio, que espetáculo!". *(abre os braços)* Vê se pode?

QUEM ERA ODARA?

(gargalha) Ah, isso não! Não me comprometa. (dá as costas e vai embora)

* * *

Tudo acaba onde começou. Cláudio e eu demos um passeio pelo sítio e ele foi me contando fatos da convivência com Raul ali, o local onde se reuniam para criar obras-primas. E, claro, o sentimento que aquele lugar traz. Começamos da entrada do sítio.

* * *

(Cláudio Roberto)
Então, ele saiu daqui de madrugada com a minha cachorrada toda. Uma fila brasileira, uma pastora, um setter, que tinha sido dele, mais uns dois vira-latas grandes e uma boxer, se não me engano. E saiu com um casaco de pele da mãe da Kika. Caro! Caro. Aí, meu irmão, quando voltou, o casaco estava em tiras. A tira mais grossa era mais ou menos desse tamanho assim, ó (mostra com as mãos o que seriam os restos do casaco). Voltou com aquele casaco assim, parecia uma saia de havaiana, uma saia de ula (risos). Casaco de não sei quantos mil dólares da Dona Edmeia. Imagina uma coisa dessa.

VOCÊ ESTAVA CONTANDO QUE AQUI ERA UM LAGO. ELE GOSTAVA DESSA ÁREA?

Não, ele gostava lá de trás, o lugar de a gente compor mesmo. Lá no Barracão do Raul, tá vendo? Ele gostava mesmo era dali. Ele gostava de ficar enfurnado ali dentro compondo. Era pra isso que ele vinha pra cá. Falava "porra...", isso aí, eu sei que era muita onda dele, não é bem isso, "...esse lugar chato, cheio de passarinho, cheio de cavalo, cachorro, gato". (*risos*)

E A HISTÓRIA DA GUITARRA NO CAMINHO DO SÍTIO?

Rapaz, eu acho que ele deixava estrategicamente pra me atrapalhar. Porque ele conhecia os animais de tração, né? E um animal não era exatamente adequado pra tração, porque era um animal pequeno, muito nervoso. Então, quando eu chegava em casa, era uma hora crítica, que eu vinha carregado de capim, a charrete vinha fazendo barulho com a roda, na suspensão da charrete, de tão carregada que ela estava. O animal vinha indócil. E aí a guitarra do cara estava no meio do caminho, bicho! Como é que eu podia passar? O animal ficava corcoviado, pedia pra alguém vir ajudar, porque eu não podia descer da charrete, arriscado a égua passar por cima da guitarra cara do homem, rapaz. Uma Gibson. Vai ver o preço de uma Gibson agora, que você vai levar um susto (risos).

QUANTAS VEZES VOCÊS VIERAM PARA CÁ?

Ah, não sei. Nos oitos anos em que eu morei aqui, ele esteve pelo menos umas oito vezes. Mas não foi uma vez por ano, não. Teve vez que ele ficou dois anos sem aparecer, ou três. Mas ele esteve bastante aqui. Ele conheceu Miguel Pereira na outra casa, que pertence à família da minha ex-mulher, do meu segundo casamento. Inclusive, minhas filhas desse casamento, meus netos moram lá nessa casa. Ele conheceu Miguel Pereira nessa casa mesmo da cidade, mas ele vinha mesmo pra cá.

(*Chegamos mais à frente, próximo ao Barracão do Raul*)

Então, esse lugar a que nós estamos chegando aqui é o Barracão do Raul. Aí foram feitas músicas como "Angela", "Rock das 'aranha'". "Ê, meu pai" nós acabamos de fazer aqui, eu não tenho certeza. Chega uma hora que a cabeça já começa a se confundir, né? E eu, como não mexo em computador, não tenho como arquivar isso aqui na minha memória... Aqui é o Barracão do Raul. Esse lugar aqui, a gente foi um bocado feliz.

QUAL É O SENTIMENTO DEPOIS DE TANTOS ANOS?

Ah, o sentimento é inevitável, sempre é o mesmo. Parece que foi ontem, parece que ele está vivo ainda. O Raul tem uma presença muito forte na minha vida. Tem importância capital na minha formação, como pessoa, lá atrás como adolescente. Depois, mais tarde, eu gostava de submeter minhas descobertas ao crivo dele. Tem que ver que eu sou sete anos mais novo do que ele, né? Então eu gostava de me submeter mesmo, meu progresso, ou seja lá o que for, à apreciação dele.

EXTRAS

Nossa equipe gravou com o músico Edy Star, parceiro do disco *Sociedade da Grã-Ordem Kavernista Apresenta Sessão das 10*, e com o guitarrista e ex-cunhado Jay Vaquer.
No caso do primeiro, foi muito rápido, pouco antes do show O Baú do Raul.

Com Jay Vaquer, gravamos via Skype, mas a conexão não estava muito boa e o áudio falhou bastante.

Não pudemos aproveitar no programa, mas aqui elas estão disponibilizadas na íntegra.

25 DE JUNHO DE 2015

EDY STAR
PARCEIRO MUSICAL

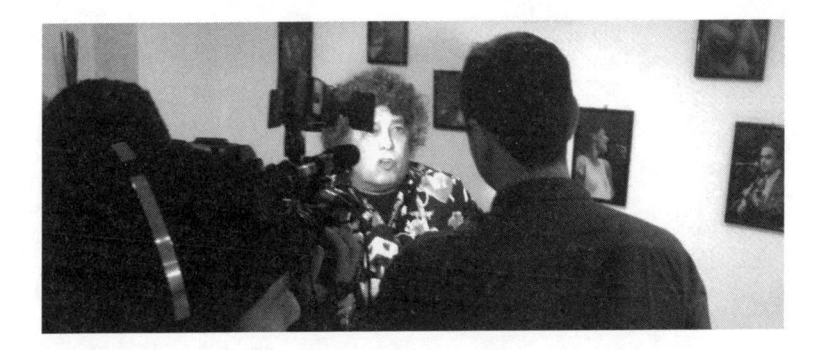

No show O Baú do Raul, o acesso à área dos músicos foi muito depois do que esperávamos. Vi alguns que participariam do show, mas não conseguiria gravar com todos. Tive que escolher e escolhi Edy Star.

Edy era parte integrante da história de Raul mais próxima naquele momento, considerando que Marcelo Nova e Jerry Adriani já estavam agendados. Raul, Edy, Míriam Batucada e Sérgio Sampaio fizeram um "mexidão" musical no *Sociedade da Grã-Ordem Kavernista Apresenta Sessão das 10* (1971), o segundo álbum de Raulzito, uma maluquez cuja beleza não foi apreciada pela gravadora CBS. Hoje, o LP original é artigo de colecionador.

Parece que nosso primeiro contato o surpreendeu, como se o seu coração batesse mais rápido. Ele me olhou assustado, botou a mão no peito e me perguntou com jeito canastrão: "O que você quer? Quer meu telefone? Quer que eu tire a roupa?".

Eu só consegui rir e dizer "quero só uma entrevista". Acho que frustrei a expectativa dele.

Lembro que fora do ar conversamos sobre "Eu quero é botar meu bloco na rua", canção mais conhecida de Sérgio Sampaio. Essa é a música-título do primeiro LP solo do "Maldito", de 1973, produzido por Raul. Sérgio, assim como Raul, também gravou composição do pai. Nesse disco, foi "Cala boca Zebedeu". E estou contando isso porque, coincidentemente, o pai de Sérgio chamava-se RAUL Gonçalves Sampaio!

Voltando a "Eu quero é botar meu bloco na rua", comentei com Edy que a música ainda tocava no Carnaval de Salvador. Ele me disse que sabia e que era nascido em Juazeiro, no extremo norte da Bahia.

Bem, nosso contato foi rápido devido às circunstâncias. Conversamos pouco e, no fim das contas, com os inevitáveis cortes pelos quais a versão final do programa passou, ele entrou apenas com a apresentação de "Sessão das dez".

EDY, QUERIA QUE VOCÊ CONTASSE COMO FOI ESSA REUNIÃO PARA FORMAR A SOCIEDADE DA GRÃ-ORDEM KAVERNISTA.

Contar o quê? Quatro amigos que se juntam para fazer um disco. É só isso, o quê que eu vou dizer? Não era uma sociedade. Quatro amigos: eu, Raul, Sérgio Sampaio e Míriam Batucada, que se juntam para fazer um disco. É só isso.

CADA UM ALI COMPUNHA UMA MÚSICA, NÉ? NÃO ERA SÓ RAUL?

Não, esse disco foi planejado assim: eu ia entrar com quatro músicas, Sérgio com quatro e Raul com quatro. Acontece que as minhas começaram a ser... Como que diz? Censuradas. Todas as minhas músicas foram censuradas. Tem música minha ali, mas não leva meu nome, porque começamos a mandar para a censura somente com o nome de Raul e Sérgio. E no final nós não tínhamos mais músicas, porque era pra gravar doze músicas, nós só tínhamos nove músicas. A décima música, eu fui à casa da minha prima Maria Creuza, que era casada com Antônio Carlos, (da dupla) Antônio Carlos e Jocafi, e que fizeram uma música para Míriam Batucada, que é o "Soul Tabaroa", pra complementar, pra aumentar o disco um pouquinho. Então, o disco é assim. Só tem música de Sérgio e de Raul, e uma que é do Antônio Carlos e Jocafi. Aí foi feito o disco, com aquelas vinhetas no meio, que todo mundo deu pitaco. Eu dei pitaco, Raul deu pitaco, era uma coisa de equipe. Não foi um que fez, outro fez. Não, era uma coisa de grupo. Então, o disco foi assim.

COMO ERA A RELAÇÃO DE VOCÊS QUATRO, NÃO SÓ ARTISTICAMENTE, MAS TAMBÉM COMO AMIGOS?

Ótima. Primeiro porque eu conheci Raul quando eu tinha 15 anos de idade. Eu sou amigo de Raul desde que ele montou com Waldir

Serrão o "Elvis Rock Club". Nós morávamos na mesma rua, ali na Boa Viagem, no pé da Imperatriz. E toda a sua vida fomos grandes amigos. Eu o vi um mês antes de morrer. Sempre grandes amigos, trabalhamos juntos na rádio. Ele com Os Panteras me acompanharam na Rádio Clube da Bahia. Quando eu trabalhei na TV Itapoan, ele foi a Salvador me contratar. Foi quando eu vim pra gravar a *Sociedade Kavernista* com ele. Sempre uma grande, uma boa relação com o Raul. Com Sérgio, maravilhosamente. Um grande amigo. Agora mesmo eu fiz o Festival Sérgio Sampaio, em Vitória. Um grande amigo meu, sou amigo do filho dele, João, do pessoal da família dele. Da Míriam Batucada, a mesma coisa, sempre minha grande amiga. Sou amigo da irmã dela. Todos os quatro se deram muito bem. Todos. Não tinha nenhum inimigo, um ciuminho. Não, não. Muito unidos, muito boas relações de amizade levamos nós quatro.

DEPOIS DESSE ÁLBUM, VOCÊS PENSARAM EM FAZER MAIS ALGUMA COISAS JUNTOS?

Todo mundo ficou muito desiludido porque o disco, 15 dias depois de lançado, depois de já ter passado pela crítica, pelo Pasquim, e aceito, bem aceito, o disco foi retirado do mercado. A própria CBS censurou o disco, não sabia o que era aquilo, não entendia que disco era aquele, e retirou o disco do mercado. Não é que não vendeu, não. E aí nós perdemos a vontade. Raul meteu uma música no Festival, largou a CBS e foi pra Phonogram. Sérgio Sampaio foi gravar um disco na Phonogram. Eu fui trabalhar na noite, no que eu queria fazer, teatro. Sempre trabalhei em teatro, fui fazer teatro musical nas noites, cantar nas noites. Míriam voltou pra São Paulo pra fazer os shows dela, que ela já era conhecida em São Paulo, a "Batucada" dela. E aí, cada um foi pro seu lado. Mais tarde eu gravei meu disco solo, Raul gravou o disco dele na Phonogram e deslanchou. Sérgio gravou o primeiro com o Raul como produtor e depois gravou outros independentes. Então a vida de cada um seguiu. Cada um para o seu lado, né? Mas sempre nos encontrando, conversando numa boa, sem problema nenhum.

QUAL É A HISTÓRIA DA MÚSICA "O CRIVO"?

"O crivo" é até uma música que está no meu CD novo. É uma música que Raul fez e deu de presente a Waldir Serrão. E Waldir Serrão dividiu com um outro amigo, que é Maurício Almeida. Então, "O crivo" é de Waldir Serrão e Maurício Almeida. Mas a música é feita por Raul Seixas. Ela deve ser de 66, 67.

VOCÊ DÁ UMA PALHINHA PRA GENTE?

(*Canta.*)

JAY VAQUER
GUITARRISTA E EX-CUNHADO

Ele trabalhou com Raul no início da carreira solo. Passou com ele pela fase áurea da música e o viu se debruçar no uso de cocaína. Sua irmã Gloria Vaquer, também americana, se casou com o cantor e com ele teve Scarlet. Até o lançamento deste livro, os três viviam nos Estados Unidos (ele, na Florida).

Jay trouxe histórias bem particulares com o cantor, casos de jovens amigos em busca de aventura. Por outro lado, também fez diversas críticas a comportamentos e atitudes que só a convivência pode revelar. E não só a Raul. Levantou ainda a rusga que tem com Kika.

Nosso contato começou via e-mail e ele sempre se mostrou disposto a participar da história. Mandou muitas informações, como do disco *Fein*, que teve direção artística de Raul. Foi um álbum gravado pela CBS, em 1971, e tinha somente duas músicas. Eram "Pollution" e "Stonedage", que, pelo que contou, originalmente abordavam o derramamento de barris de petróleo na Baía da Guanabara, tráfico de órgãos e reformas sociais. Como o DOPS vetou e eles não queriam perder a música, Jane Duboc, cantora da banda e então esposa de Jay, utilizou a técnica de canto chamada *scat*, uma improvisação vocal com sílabas aleatórias, sem sentido.

Veio até cópia virtual do livro *O Triângulo do Diabo*, que conta a história do sonho dos dois de produzir um filme, de mesmo nome, do qual Raul tinha escrito o roteiro.

Através dele conseguimos o contato de Gloria, mas não obtivemos resposta dela.

Nossa gravação foi via Skype. Infelizmente não conseguimos encaixar falas de Jay no programa, porque a qualidade do áudio e do vídeo não ajudaram muito. Alguns trechos ficaram incompreensíveis e por isso, na entrevista transcrita abaixo, há alguns cortes.

QUAL FOI A SUA RELAÇÃO COM RAUL?

Eu fui contratado pelo Raul como artista. Ele gravou o meu primeiro disco na CBS. Aí a gente se tornou amigos. Os melhores amigos. Raul queria ser artista também e ele queria que eu ajudasse ele a ser um artista. Então, durante três anos, todo dia a gente estava juntos. A gente ia para a CBS, para as gravações. (...) Mas, todo esse tempo, a gente teve um plano para ganhar dinheiro, pra gravar um disco que foi sucesso. E, com esse dinheiro, a gente ia explorar o interior do Brasil. Porque eu tinha lido um livro de um brasileiro chamado Henrique de Souza, ele escreveu um livro chamado *A terra oca*, coisa assim. Aí eu li esse livro quando estava na faculdade aqui nos Estados Unidos, e era sobre aberturas para cavernas grandes em Minas Gerais, que são portais que os extraterrestres usam para entrar e sair. Aí eu dei um livro pra Raul ler e disse "vamos explorar. A gente tem que ter dinheiro, tem que ter entendimento científico específico para detectar se existe algum raio que eles usam para defender a abertura". A gente ia ganhar dinheiro com a música e depois investir na exploração pelo interior. Só que no caminho, Raul se perdeu. Depois que ele ficou famoso... Eu gravei os primeiros sete LPs de Raul. O primeiro foi um teste, quando ele conheceu Roberto Menescal e Mazzola. Foi um teste pra ver se ele podia fazer o disco solo dele. Aí, quando eles aceitaram, a gente fez *Krig-ha, Bandolo!*. Depois, a gente gravou o disco *Gita*. *Gita* virou ouro. Mas, nessas alturas, Raul tinha conhecido o Paulo Coelho. Raul começou a cheirar muito pó. E começou a ficar doido. Ele não era Raul mais. Ele virou outra personalidade. Ele traiu a mulher dele, Edith, que aliás é muito amiga minha, gostava muito dela. E também ele me traiu, como amigo. Aí eu fui embora, voltei pros Estados Unidos.

ELE TE TRAIU COMO?

A gente era melhores amigos. Quando a gente estava gravando o disco de rock, ele falou "Jay, deixa eu falar pra Mazzola e Menescal que fui eu quem fez esses arranjos e as ideias das músicas são minhas, pra eu ter mais força, pra a gente poder ganhar esse dinheiro pra fazer a exploração". Sempre estava atrás de tudo para ganhar dinheiro para fazer essa exploração. Era nosso objetivo, a coisa grande para conquistar. Aí quando ele começou a ter fama, "agora você é Raul Seixas, não é mais Raulzito", ele começou a tratar eu e Bill (French), baterista americano que também gravou... Ele levou a gente pra São Paulo pra fazer (o programa) Silvio Santos uma vez. Raul não conseguia tocar as músicas que eu tinha feito, porque ele não era um guitarrista de solar. Ele tocava guitarra de base. Na hora de fazer uma música como "Al Capone", ele não conseguia tocar aqueles lances *(faz o som do instrumental que inicia a música)*, Raul não conseguia tocar esse negócio. Aí ele precisava que eu tocasse (...) Então, ele levou a gente pra São Paulo, de ônibus. A gente chegou lá, eram três horas da manhã e foi pra rua, porque não tinha o quarto pra eu e Bill. Aí Raul falou "vocês ficam na rua e amanhã de manhã voltam pra cá". Pô, imagina, dois gringos em São Paulo, no meio da noite, sem saber da cidade e nada. Ele deixou a gente na rua. Aí eu fiquei muito puto com isso. No dia seguinte, ele levou a gente pro Silvio Santos, pra tocar as músicas. Depois a gente voltou no ônibus. Raul voltou no avião, ponte aérea. Eu disse "porra, você não trata seu melhor amigo assim". De repente, a gente era os escravos e ele era o rei. Quando ele ficou com grana e fama, ele virou rei e tratou a gente como escravos. Fez a mesma coisa com a mulher dele, a Edith. Ela chegou pra gente chorando: "Raul não é mais Raul, ele mudou, é outra personalidade!". Falei: "eu não posso fazer nada". Eu tentei falar com ele e não consegui, ele estava sempre dando qualquer desculpa, inventava na hora uma mentira para cobrir o fato de que já tinha mudado por causa das drogas. Bom, fui embora pros Estados Unidos, Edith também. Aí, minha irmã, a Gloria, ela disse "eu quero ir pro Brasil". Eu disse "então você procura meu amigo Raul, qualquer coisa que você precisar, ele te ajuda". Quando eu estava fora, ele gravou *Novo Aeon*. Sem participação nenhuma minha, eu não estava naquele disco. Aí, ele voltou pros Estados Unidos casado com minha irmã, que eu achei a maior loucura. "Raul, você tá doido mesmo." Aí ele viu que eu estava estudando cinematografia na faculdade, estava com toda aparelhagem da faculdade em casa. Eu estava fazendo filmagens. Ele falou "eu quero fazer um filme, vamos fazer um filme juntos, pra pegar dinheiro pra fazer aquela exploração". Voltou pra aquilo. Aí eu: "Tá legal, vamos fazer." A gente escreveu o filme, o roteiro... pra esse livro aqui *(mostra o livro)*, O Triângulo do Diabo, que é uma das obras mais importantes de Raul. Ele considerava como uma obra-prima dele. Eu escrevi a história e ele escreveu o roteiro. E ele botou todas as concepções dele dentro desse texto, desse livro, que não saiu ainda por outros motivos, mas... aí, quando ele estava lá, Mazzola chamou ele, disse "olha, seu disco *Novo Aeon* não tá vendendo nada, você vai ter que voltar aqui e trabalhar o disco". Falei "então, Raul, deixa eu fazer um videoclipe..." – isso foi antes da MTV – "...deixa eu pegar a filmagem de você aqui e você pode levar pras TVs nas cidades que você vai tocar, fazer promoção pra ajudar a venda do disco". Aí fiz a fita, fiz a edição, montei seis músicas daquela (...) Ele levou de volta pro Brasil e alguém roubou. Ele escreveu até uma música "alguém roubou meu videocassete"[1], que ele entregou pra uma TV de São Paulo e os caras sumiram com o vídeo. Aí Menescal ligou pra mim e disse "Jay, te dou 3 mil dólares para você voltar pro Brasil e fazer o próximo disco de Raul", que seria *Há 10 mil anos atrás*. E também ele queria comprar algumas fotos que eu tinha tirado de Raul aqui nos Estados Unidos, ele viu os videoclipes que eu fiz. Aí eu voltei pro Brasil pra fazer esse disco. Aí eu fiz arranjos, reescrevi as músicas, como eu fazia antigamente. Raul escrevia música e tocava assim dez acordes. Mi, lá, ré, lá, mi... "Tá aqui a música, faça alguma coisa." Aí eu pegava música dos Beatles ou dos Rolling Stones, sei lá, e jogava os temas daquela música dentro da música de Raul. (...) Aí funcionou. *Há 10 mil anos atrás* vendeu. Depois, Menescal sabia que André Midani estava abrindo a nova gravadora, chamada Warner. Ele estava pegando os artistas,

---

[1] Jay se refere à música "Você roubou meu videocassete", do álbum *A panela do Diabo* (1989). Outra versão que ouvimos sobre o motivo dessa música faz referência a uma briga entre Raul e Lena Coutinho, sua última companheira.

queria que ele fosse pra Warner. Aí Menescal falou "Jay, você produz um disco de rock com Raul como aquele primeiro disco de rock?". A gente trabalhou naquele disco de rock, deu muito trabalho. E, antes de terminar o disco, um empresário da Bahia, amigo de Raul, chegou lá no estúdio e falou "vamos fazer uns shows lá na Bahia". Antes de fazer a mixagem final do disco, a gente foi pra Bahia fazer show. Aí eu vi a loucura lá, sempre loucura. Raul queria entregar um carro novo pro pai dele, aí ele bateu o carro num poste. Voltou pro hotel, estragou a suíte presidencial do hotel. Eu tive que tocar de graça de novo, pra entregar todo dinheiro pro hotel. Enquanto toda essa loucura estava acontecendo, Menescal estava com medo de que a gente não ia terminar o disco. Aí ele botou Sérgio Carvalho como produtor, pra mixar o disco. Sérgio fez a mixagem do disco, mas não sabia o antes que a gente gravou. Tinha muita coisa que ele deixou fora da gravação. Até os solos. Eu botei um solo de um trompista (...) Sérgio cortou o solo, porque achou que não era bom, sei lá o motivo. (...) Eu sempre lutava com os técnicos de som das gravações de Raul. Eles eram bons, mas eu brigava. "Eu já gravei orquestras, já gravei Elis Regina, blá blá blá...", mas não sabia gravar um Marshall de 200 watts. (...)

DEIXA EU VOLTAR UM POUCO. MOSTRA O LIVRO. DO QUE ELE TRATA?

O Triângulo do Diabo. É o roteiro de um filme que eu e Raul escrevemos. E, junto com o livro, eu tenho aqui todos os diálogos escritos da mão de Raul. Pra provar que não fui eu que fiz e depois disse que foi ele.

ESSES SÃO OS ORIGINAIS?

É, o que Raul escreveu. De 1975, 76.

SOBRE O QUE É O LIVRO?

Raul queria fazer um filme como Elvis fazia, né? Onde ele canta, ele é o herói, faz tudo numa aventura. Mas ele queria que fosse mais sofisticado, teria algum valor social. Porque os filmes de Elvis eram "eu te amo", "você me traiu", não tinham nada de conteúdo. Aí eu falei "eu vou fazer uma história que fica dentro das nossas possibilidades de filmar a coisa". Porque a gente não tinha verba, mas teve todo aquele equipamento e os lugares para fazer. Então, eu escrevi uma *screenplay*, que era uma história em que eu ligo pra Raul no Brasil e digo assim: "Raul, eu conheci um cara que... é o mistério do Triângulo do Diabo..." – que é aquela área no mar Atlântico onde somem todos os aviões e navios, e tem muito mistério. A gente pensa que foi Atlântida que estava embaixo do mar lá nas Bermudas. "Consegui a resposta do que é o segredo do Triângulo do Diabo." Aí Raul: "porra, quero falar com esse cara!" Aí Raul e Gloria vêm de jato particular para Georgia, aí eu levo eles para Nova Orleans e lá começam as coisas estranhas. A ficção científica entra. Pessoas de outras dimensões que vêm falar com ele. E ele entra naqueles botecos de Nova Orleans e ele canta. Ele vai de motocicleta através do pântano. Aí a gente pega o barco a velas e vai para as ilhas das Bermudas e lá no meio ele se encontra com um "homem novo". Ele falou que esse "homem novo" realmente é como Aleister Crowley. Ele era o Diabo personificado, o centro de todo o mal. E Raul lutou com ele com palavras, com ideias, por isso Raul botou (...) A igreja, a sociedade, quando não têm a verdade, eles falam "é coisa do Diabo". Alguma coisa acontece, quando não tem explicação, é sempre culpa do Diabo. (...) Aí, no fim, a Gloria acaba atirando nesse homem com uma arma que a gente inventou que era uma arma de raios gama. (...)

MAS ELE NÃO TINHA TERMINADO ESSE ROTEIRO, NÃO É?

Ele escreveu até a página 33. Eu sempre fazia piada. Ele teve que voltar pro Brasil. "Raul, você deixou o livro morrer com a página 33." — "Pois é, Jesus também morreu com 33 anos, esse livro tem que morrer com 33". Eu não sabia que ele tinha continuado o livro. E só quando ele morreu a mãe dele me mandou o resto do livro, aí eu fiquei com o livro inteiro. Aí eu botei tudo junto, levei pro Brasil, mostrei pra (editora) Martin Claret, que falou "esse livro vai ser grande coisa para os fãs de Raul, vai vender muito". Falou que ia render uns 280 mil dólares no primeiro ano, aí a Kika Seixas ficou sabendo do lance. Ela foi lá na editora. "Você tem que me dar dinheiro. O Jay Vaquer, não é livro dele, é meu." Sabe, ela nem foi mulher dele, ela teve a sorte de ficar grávida. Na época que ela estava namorando ele, eu estava morando com Raul em Copacabana. A Gloria tinha deixado ele, a Jane (Duboc) me deixou, então eu e Raul ficamos com um apartamentozinho lá. Raul estava namorando cinco mulheres ao mesmo tempo e a Kika foi uma delas. Só que ela ganhou o jogo do bicho e ficou grávida, mas eles não casaram.

ESSA QUESTÃO DE RAUL COM AS MULHERES... ELE SAIU DE UM RELACIONAMENTO COM EDITH, QUE VOCÊ DISSE QUE GOSTAVA, E COMEÇOU COM A SUA IRMÃ. COMO VOCÊ VIA ESSA FASE DE RAUL?

Eu sei que ele amava ela. E o amor era profundo. Não tinha nada a ver Raul deixar Edith. Ele deixou ela porque a estrutura psíquica dele foi mudada pelas drogas. A cocaína e a fama se juntaram e mudaram ele. Quando ele deixou a Edith, eu já estava nos Estados Unidos. E minha irmã não conhecia ele. Quando eu voltei, em 75, minha irmã falou "eu quero ir pro Brasil". Eu falei "aqui é o telefone do meu amigo Raul, qualquer coisa que você precisar, chama ele". Eu não sabia que eles iam namorar. De repente, ele volta pros Estados Unidos com a Gloria. Aí eles ficaram juntos não sei quantos anos, a Gloria ficou grávida da Scarlet. Quando eu voltei pra fazer aquele disco *Há 10 mil anos atrás*, Raul já acordava de manhã bebendo. Antes do almoço, ele estava bêbado. Ele comia, ia dormir, levantava e começava a cheirar pó. Quando ele estava cheirando, ele estava lúcido. Mas, depois de três ou quatro horas, ele começava a beber de novo. Ele estava com a cocaína e a bebida, pensava que estava correto, mas não estava. Pensava que as decisões dele eram lógicas, mas não eram. Então, a Gloria não aguentou mais ele, aí ela foi embora, voltou pros Estados Unidos. Quando ela voltou, eu estava no Brasil. Ele estava já... Fazia um show, pegava o dinheiro e ia pro hotel. Chamava todas as amigas e as putas, "vamos cheirar" e bacanal no hotel Praia de Ipanema. Ele passava alguns dias lá até acabar o dinheiro, ele não tinha como pagar e a gente saía pra fazer mais shows. Foi a época que a Jane também me botou fora de casa. Eu era casado com a Jane Duboc. Eu tive um filho, Jay Vaquer.[2] Quando eu e Raul morávamos naquele apartamento em Copacabana, ele estava namorando a empresária Marilu, estava namorando outra garota brasileira que era casada e o marido dela estava na prisão, ninguém podia saber nada. O nome dela era Rex... *(o Skype trava e paramos a ligação, retornando em seguida)*

ONDE VOCÊ ESTAVA E COMO SOUBE DA MORTE DE RAUL?

Dois dias antes de Raul morrer, ele telefonou pra mim. Ele estava bêbado, estava muito triste. Eu falei pra ele: "Raul, a tristeza é que você se traiu". Além de mim e Edith, ele se traiu mesmo. De virar fraco, de virar viciado. Tudo que ele queria conseguir na vida foi ser famoso, como Elvis, e deixar uma marca no mundo. Mas ele podia fazer isso sem se matar e sem trair os amigos. Eu sei que ele amava a Edith e a Simone, e que ele nunca poderia superar isso. E ele não podia esconder o passado das drogas e da bebida. Aí ele confessou que eu estava certo. Aí ele falou que me amava e que estava triste porque a gente não estava mais juntos, porque eu estava na Georgia de novo. Aí eu falei "tá legal, Raul, quem sabe um dia a gente fica junto de novo". Dois dias depois, ele estava morto. Ele sabia que não podia voltar pra como nosso relacionamento era antes e também não podia desfazer a merda que ele fez depois da fama. Mas ele tinha uma estrutura fraca, desde que conheci ele em 70. Ele tomava Dienpax,

---

[2] O filho de Jay Vaquer tem o mesmo nome dele. É cantor e compositor.

tranquilizantes, pra enfrentar o mundo. Na CBS, ele topava com figuras como Roberto Carlos, Erasmo Carlos, os grandes artistas, Jerry Adriani, que são ídolos e eram os caras que ele queria ser. E ele não tinha coragem de enfrentar, sabendo que foi um fracasso como artista com Os Panteras. Pra mim, era estranho. Eu não conhecia ninguém que tomava tranquilizantes naquela época. Eu passei pela fase hippie, todo mundo tomando ácido e maconha, mas ninguém tomava tranquilizantes todo dia. (...) Mas ele foi realmente o melhor amigo que eu já tive na minha vida. Não tem outro cara com o coração de Raul, com mais boa vontade, mesmo com toda merda que ele fez. Você tem que passar isso, porque o homem que ele foi... Foi realmente um grande homem.

MAS COMO VOCÊ SOUBE DA MORTE DELE?

Dois dias depois que ele morreu, eu estava em casa, aí recebi um telefonema da mãe dele. Eu era muito amigo dela também. Raul me levou pra Bahia muitas vezes, eu fiquei com ela e o pai dele. E ela me ligou e contou que ele tinha passado. Depois, eu liguei pra outras pessoas pra saber o que tinha acontecido. Eu fui descobrindo que alguém levou um monte de cocaína pra ele, uma noite antes, deixou ele sozinho com toda aquela cocaína e ele morreu dormindo. Quando eu voltei pro Brasil sem Raul lá, o Brasil não teve graça pra mim. Não era o mesmo lugar, não tinha aquele brilho que tinha quando Raul estava lá. Raul criou um estado de espírito dentro de mim que tudo no Brasil tinha excitação. E quando ele não estava lá mais, eu pensava na cidade suja. Eu só via as ruas com os mendigos, eu só via os problemas. Depois de dez anos, eu voltei pro Brasil de novo, eu fui pra Florianópolis, gostei muito e queria voltar pra morar lá. Eu tentei voltar pro Brasil duas vezes, mas não consegui o visto permanente, CPF. Pela burocracia, eu não estou morando lá.

SUPER-HERÓIS
EQUIPE DE PRODUÇÃO

"Nunca se vence uma guerra lutando sozinho
Cê sabe que a gente precisa entrar em contato"[1]

---

[1] Trecho da música "Por quem os sinos dobram", faixa-título do álbum de 1979, composição de Raul Seixas e Oscar Rasmussen.

FICHA TÉCNICA

REPORTAGEM: Tiago Bittencourt (DF)
EDIÇÃO DE TEXTO: Anna Karina de Carvalho (DF)
EDIÇÃO DE IMAGEM E FINALIZAÇÃO: Márcio Stuckert (DF) e Fábio Lima (DF)
ARTE: Dinho Rodrigues (DF)
IMAGENS: Rogério Verçoza (DF) e TVE Bahia
AUXILIAR TÉCNICO: Alexandre Souza (DF)
PRODUÇÃO: Pollyane Marques (DF), Sheiliane Silva (BA) e Luci Bruni (BA)
APOIO À PRODUÇÃO: Tamila Lapa (DF), Linei Lopes (RJ) e Vera Barroso (RJ)
APOIO ÀS IMAGENS: Marcelo Padovan (RJ)
COORDENAÇÃO DE PRODUÇÃO: Carina Dourado (DF)
GERÊNCIAS DO NÚCLEO DE PROGRAMAS ESPECIAIS: Cintia Vargas (DF) e Rafael Casé (RJ)
GERÊNCIAS EXECUTIVAS DE JORNALISMO: Flávia Rocha Mello (DF), Florestan Fernandes Jr. (SP) e Regina Lopes (RJ)
DIREÇÃO DE JORNALISMO: Nereide Beirão

TV Brasil   EBC Empresa Brasil de Comunicação

É hora de conhecer um pouco da equipe responsável por fazer o programa acontecer.

* * *

ROGÉRIO VERÇOZA
REPÓRTER CINEMATOGRÁFICO

QUAL A INFLUÊNCIA DO REPÓRTER CINEMATOGRÁFICO PARA O RESULTADO FINAL?

O trabalho do repórter cinematográfico é muito baseado em fotografia. Trabalhando em equipe, a ideia é ajudar a contar a história através das imagens, buscando a melhor composição, melhor leitura das cores, melhor utilização das luzes, da iluminação natural, da iluminação que a gente utiliza. Esse é o trabalho do repórter cinematográfico, que também pode colaborar com apuração. Existe um diálogo importante entre o repórter cinematográfico e o repórter, de maneira que a apuração seja mais bem feita. O repórter, muitas vezes, enxerga algo que o cinegrafista não está vendo. A gente está concentrado em alguma imagem e deixa escapar alguma coisa, que o repórter auxilia dando um toque. É parte de um trabalho de equipe.

TEM A SENSIBILIDADE TAMBÉM, NÉ? VOCÊ PRECISA TER A IMAGEM FAZENDO A LEITURA DA EMOÇÃO DO ENTREVISTADO.

Sem dúvida. Eu fico lembrando, por exemplo, da entrevista com Marcelo Nova. Ele, a princípio, não parecia muito receptivo a falar sobre o assunto, tocar no assunto "Raul Seixas". Muitas pessoas acusam ele, enfim... Mas aquele cara tem muito a ver com o rock no Brasil. A gente procurou, dentro do apartamento dele, um local que era muito importante que a gente fizesse (a gravação) ali, que era aquela estante com algumas centenas de discos, algumas referências ao rock'n'roll. Acho que o importante também no trabalho do repórter cinematográfico é procurar colocar o personagem no contexto dele. Isso acho que é fundamental. É claro que muitas vezes a gente chega numa sala toda branca, uma sala de escritório. Isso dificulta o trabalho. Sempre que a gente consegue colocar o personagem no contexto, isso normalmente enriquece a história.

LEMBRA DE ALGUM DEPOIMENTO QUE TE TOCOU MAIS?

Cara, de uma maneira geral, o que me impressionou foi perceber que quem é fã do Raul Seixas é muito fã. Não é uma pessoa que escuta ali de vez em quando. Conhece a carreira, conhece a história. E mesmo após a morte do cara, depois de muito tempo, as pessoas continuam ali escutando muito e discutindo o que ele escrevia. Incrível isso, né? Não tinha ideia do quanto ele ainda é lembrado, do quanto ele ainda é, de alguma maneira, até cultuado. Bom, um personagem específico? Eu acho que aquela senhora que a gente encontrou lá na Ilha de Paquetá (Tânia Menna Barreto). Aquela mulher, por exemplo, me pareceu que foi um depoimento bastante sincero. Acho que o depoimento da filha dele também foi muito bacana. Ela teve pouca vivência com o pai dela, mas deu um depoimento interessante. E a gente pode reconstituir uma história que ela contou. Aquilo também foi legal pro programa. Ela contou uma historinha que tem um áudio do pai dela falando "olha, muito problema, imposto de renda..." e a gente pôde reconstituir isso na casa de uma pessoa aqui em Brasília. Acho que aquilo ali, por menor que tenha sido, traz um refinamento pro programa e demonstra a dedicação que a gente tem.

E O DRONE FAZENDO AQUELA IMAGEM DE ABERTURA?

Eu achei interessante, cara. Aquela imagem do drone subindo... Aquela Torre Digital também, o formato da torre lembra um disco voador. Aquela imagem do drone trouxe um pouco de misticismo, que tem a ver com Raul Seixas. Faltou apenas ter estudado a posição da luz, para a gente fazer da maneira como a gente mais queria que ficasse. Mas é uma imagem que trouxe um pouco desse universo. Enriqueceu nesse sentido.

QUAL O MOMENTO DO PROGRAMA VOCÊ DESTACA?

Cara, eu fiquei tocado com a história dos últimos anos da vida dele. Aquilo ali deixou a gente triste de alguma maneira, eu digo como pessoas que estavam pesquisando a vida dele. Teve o depoimento de um amigo dele lá em São Paulo (Aguinaldo Pedroso), em que ele se emociona falando "olha, aproveita que você tem família, cuida deles...". Acho que esses últimos anos do Raul Seixas foram muito tristes. Ele percebia que estava mal, mas ele não conseguia largar aquele vício. Ainda bem que no último ano talvez, junto com Marcelo Nova, ele conseguiu voltar pro palco e fazer alguns shows. Isso, de alguma maneira, aliviou a angústia. Ele não queria morrer no esquecimento. Com aqueles últimos shows, ele pôde ficar mais em paz.

* * *

ALEXANDRE SOUZA
AUXILIAR TÉCNICO

VOCÊ TOCA VIOLÃO, JÁ ERA ENVOLVIDO NO MEIO DA MÚSICA. COMO ERA SEU OLHAR PARA RAUL ANTES DO PROGRAMA?

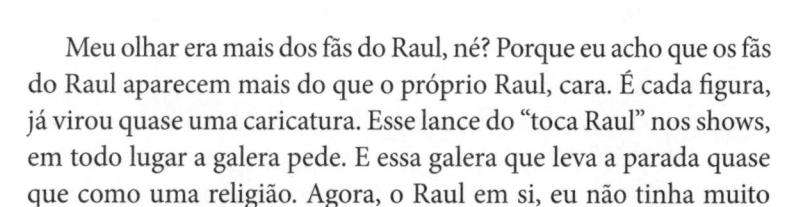

Meu olhar era mais dos fãs do Raul, né? Porque eu acho que os fãs do Raul aparecem mais do que o próprio Raul, cara. É cada figura, já virou quase uma caricatura. Esse lance do "toca Raul" nos shows, em todo lugar a galera pede. E essa galera que leva a parada quase que como uma religião. Agora, o Raul em si, eu não tinha muito contato com a música dele. Mas foi muito interessante sacar mais esse universo da vida privada dele. Ver o Raul não como um mito, mas como uma pessoa normal, como um ser humano.

DOS ENTREVISTADOS, QUEM VOCÊ ACHA QUE FOI MAIS NA DIREÇÃO DE QUEBRAR O MITO?

Acho que a prima dele (Heloisa Seixas). Uma coisa me marcou muito foi quando ela falou "o pessoal acha que o Raul é o Maluco Beleza, um cara doidão, muito legal, mas ninguém sabe o que é conviver com um dependente químico". É um lance que é até pra reflexão mesmo. A gente vive num mundo que é mídia pra caramba e as pessoas são pintadas de uma forma que não é muito a realidade da vida. Acho interessante ter essa visão também da pessoa.

QUAL ENTREVISTA VOCÊ MAIS CURTIU?

Cara, muitas, mas acho que o Cláudio foi sensacional. Dá a impressão de que o cara parou no tempo, ele é o mesmo cara, o mesmo parceiro do Raul da década de 70. Isso aí, eu achei bacana.

FOI UM DOS QUE MAIS SE EMOCIONARAM, NÉ?

Foi. A coisa é bem presente ainda pra ele. Ele leva o Raul com ele até hoje.

ASSISTINDO AO PROGRAMA, O QUE TE SURPREENDEU?

Acho que a abrangência. Pegou todos os vieses possíveis. Até o médico do cara, o cara que acompanhou até os últimos momentos, entrou no apartamento em que ele morreu. A galera de São Carlos, os fãs, o cara tem a cama guardada. Foi superlegal, deu pra aprender mais sobre Raul. Porque eu via Raul como leigo, né? Você é fã. Acho que muita coisa ali foi tipo um déjà vu pra você, né? Às vezes você sabia mais do que o próprio entrevistado. (risos)

PORQUE AS PESSOAS PASSARAM POR AQUILO, MAS NÃO TÊM OBRIGAÇÃO DE GRAVAR DETALHES ASSIM. PARA QUEM É FÃ, E ATÉ PELO FATO DE A GENTE TER PESQUISADO PRO PROGRAMA, FICA MAIS FÁCIL TER A INFORMAÇÃO.

É. Eu curti muito. Assisti várias vezes. Da primeira vez, assisti duas vezes direto. Achei que ficou bem amarradinho, redondo. Gostei. Eu acho que a música dá uma atmosfera pro programa muito legal. A música dele é muito forte, independente de qualquer coisa. Vai levar ele pra eternidade.

* * *

ANNA KARINA DE CARVALHO
EDITORA DE TEXTO

COMO FOI O MOMENTO QUE VOCÊ SOUBE QUE IA EDITAR O PROGRAMA SOBRE RAUL? EU LEMBRO QUE VOCÊ ESTAVA ENVOLVIDA EM OUTRA PRODUÇÃO.

Estava. Eu estava no *Caminhos da Reportagem* há uns cinco, seis meses. Sempre gostei muito do Raul Seixas, faz parte do meu imaginário e da minha vida, da adolescência. Raul ficou adormecido por muitos anos, por conta que eu fui morar fora. E você me indicou numa reunião de pauta, falou que, como eu gostava também de Raul, conhecia as músicas, seria interessante trabalhar nesse projeto. E foi muito gratificante, porque foi uma oportunidade de escutar de novo as músicas, de relembrar muita coisa, de ler muito, de assistir de novo aos filmes que foram feitos sobre ele, e viver Raul. Aí eu fui notar que ele foi uma pessoa extremamente importante na minha vida e continua sendo, porque as músicas são atuais. Ele era um cara de vanguarda, um cara muito além do tempo dele. Realmente, ele nasceu há dez mil anos atrás e vai continuar existindo dez mil anos, porque ele é muito atual. A inteligência dele, a sensibilidade, foi um cara incompreendido. Ele era também uma pessoa humana, que sofreu demais, o final dele foi muito triste. Foi muito enriquecedor, do ponto de vista pessoal, e do ponto de vista profissional também, trabalhar com esse recorte, tanto o recorte histórico quanto o momento de pensar em novos tipos de documentários, de grandes reportagens pra TV, não linear, e também dividir em fases, ver a construção dos personagens. A gente não sabe a intimidade dos artistas, né? Quando você está fazendo um projeto desse porte, você investiga a vida, desnuda o passado, você mexe com alguma coisa que faz parte da vida de todo mundo e que ao mesmo tempo nem todo mundo conhece. E conhecer as pessoas que fizeram parte da vida do Raul, saber de onde vinha a inspiração do Raul... Não só fazer uma leitura do que era o Raul Seixas a partir do documentário do Walter Carvalho, que é excelente, mas que é *mainstream*, mais comercial, que fantasia um pouco também, mesmo sendo documentário, enviesa pra um lado que a gente já conhece. Nessa produção do *Caminhos da Reportagem*, foi pra um outro lado.

O QUE FAZ UMA EDITORA DE TEXTO?

No meio jornalístico, se chama editor de texto. Mas, no cinema, a pessoa seria uma codiretora. O processo do trabalho do editor é conhecer o material todo que foi capturado por quem faz a reportagem, no caso o repórter, que no filme seria um roteirista. No momento em que você conhece o material todo que foi gravado, que são muitas horas, junto com o repórter você discute a linha que vai ser tomada. O editor dá o corte final e a direção que a reportagem vai ter. Você vai contar uma história, independente de ser real ou não, e você tem que fazer dessa história algo atrativo. Tem que dividir essa história em três blocos, porque no *Caminhos da Reportagem* é esse formato. Você tem intervalo e tem que terminar uma coisa para começar outro assunto. Dar uma continuidade, mas botando um ponto final nos assuntos. É um processo bem delicado, porque tem muito apego de quem faz. Todos os entrevistados são interessantes, tudo o que foi feito é interessante, porque ele (o repórter) já estava em campo.

AINDA MAIS QUANDO A GENTE GOSTA DO QUE ESTÁ FAZENDO, DO PERSONAGEM DE QUE A GENTE ESTÁ TRATANDO.

É, ainda mais quando ele é tão próximo. Você quer tudo, quer fazer dez horas. E cabe ao editor de texto dar essa tesourada. E faz com que o repórter, o idealizador do projeto, caia na realidade de que são 54 minutos e tem que ser tudo colocado ali de uma maneira jornalística, atrativa, mas sem apego.

VOCÊ LEMBRA DO QUE ESTAVA NO ROTEIRO ORIGINAL E FOI ALTERADO?

Foi muita coisa, teve muita briga assim... saudável, dentro da ilha de edição. O editor de imagem, que é aquele que só tem que seguir o que está no roteiro que foi determinado, também ama Raul e quer dar pitaco. Aí o repórter entra na ilha. Na hora de dar o corte final, fica na mão do editor (de texto), ele é que tem esse poder de seguir a linha que for, que está no roteiro que foi determinado pela parceria, mas ele bate o martelo final. Mas, neste caso, como era tão profunda a pesquisa, o repórter participou desse processo de edição. Foi importante, porque era muito material. Acho que o produto final ficou muito bom por causa dessa parceria até o final, mas que é muito complicado, é. Além de ter o trabalho gigante de corte, de colocar no formato, você ainda tem que negociar com a pessoa que teve a ideia. É bem delicado, tem que ser bem diplomático e tem que ter muita inteligência emocional.

LEMBRO QUE UM DIA A GENTE FOI EDITAR E EU FALEI ASSIM: "ENTÃO FAÇA O QUE VOCÊ QUISER!". (RISOS)

Exatamente. E muitas vezes eu falei "sai, Tiago!". Tem momentos tensos, porque está chegando a hora de pôr no ar, você tem que entregar. E eu senti que, com o Stuckert (editor de imagem), vocês estavam muito afinados. Não é que estavam contra, mas ele ia lá e fazia coisa que não era pra fazer (risos). Eu ia lá e dizia "refaz". Tem que ter muito pulso também. É a mesma coisa, um escritor vai ver o produto dele que virou filme, ele não vai gostar, porque não estava na cabeça dele aquilo. Neste caso, eu acho que estava na sua cabeça tudo aquilo que foi ao ar. Não mudou muito do que você estava esperando.

* * *

MÁRCIO STUCKERT
EDITOR DE IMAGEM

VOCÊ É UM CARA QUE JÁ CURTIA RAUL. QUAL ERA SUA LIGAÇÃO COM ELE ANTES DO PROGRAMA?

Eu sempre escutei Raul Seixas, sempre gostei. Ainda menino. Meu pai tinha os discos. Aí eu fui crescendo, fui comprando novos discos. Eu cheguei numa época que tinha quase toda a discografia de Raul Seixas, sabia de tudo dele. Até livro do Paulo Coelho eu li. Percebi que eu gosto muito do Raul Seixas, não gosto do Paulo Coelho de jeito nenhum (risos). Mas de algumas músicas que têm parceria do Paulo Coelho eu gosto.

APROVEITANDO A POLÊMICA... PARCEIRO DE RAUL: PAULO COELHO OU CLÁUDIO ROBERTO? (RISOS)

Cláudio, com toda certeza do mundo.

QUANDO VOCÊ SOUBE QUE IA MONTAR UM PROGRAMA SOBRE RAUL, O QUE SURGIU DE IDEIA NA HORA?

Não lembro assim o que surgiu de ideia, não. Mas eu adorei fazer o programa porque tinha um monte de coisas de que eu não sabia da vida do Raul. E montando o programa eu descobri o porquê de cada coisa. Inevitavelmente, a gente sempre tem uma música que gosta e não consegue entender por completo. Eu descobri o porquê de algumas letras. Eu passei a gostar mais ainda.

A GENTE QUE JÁ GOSTAVA DE RAUL VAI QUERENDO FAZER DE UMA FORMA, MAS A PALAVRA FINAL NÃO É NOSSA. AÍ RECEBE ORDEM PARA MUDAR. O QUE VOCÊ SENTIU NO MOMENTO EM QUE TINHA QUE ALTERAR UMA COISA QUE ACHAVA QUE ESTAVA "PERFEITA"?

Eu sofro bastante com isso, porque, pra alterar um programa que eu estou fazendo, a pessoa tem que me convencer por quê que tem que alterar. E algumas situações eu achei que não devia alterar, mas como tudo é feito em equipe e a gente tem uma direção a seguir... Eu sofro com isso mesmo.

VOCÊ LEMBRA DE ALGUMA ALTERAÇÃO COM QUE NÃO CONCORDOU?

O programa, o tempo todo, é alterado. Não tem uma específica que eu lembre, não. Vai construindo e já vai alterando. Quando vai cobrindo o programa, já vai pensando em ideias novas, vai alterando.

QUAL O MOMENTO DO PROGRAMA QUE MAIS TE TOCOU?

(Pensativo) O momento de ver a decadência do Raul. Eu adorava tudo dele. E você ver a situação que ele passou de decadência, de começar a se isolar, as pessoas se afastarem dele, gravadora... (...) O Marcelo Nova fala mesmo, que deu a maior força. O cara era o maior ídolo dele e, de uma hora pra outra, ficou o contrário. Acho que o Marcelo acabou sendo um ídolo pro Raul, porque ele virou um irmãozão, que estava junto. Essa parte é bem marcante. Ninguém quer, né? Quando você gosta de uma pessoa e admira, você não quer nunca ver uma decadência, a maneira como ele acabou.

EU LEMBRO QUE VOCÊ FALOU QUE UMA DAS MÚSICAS DE QUE MAIS GOSTA É "EU SOU EGOÍSTA".

"Eu sou egoísta". Não sei, acho que me identifico. Porque, na verdade, esse egoísta dele é muito mais de tocar sua vida sozinho, não precisar de ninguém. E, tem uma coisa que eu sempre detestei são as pessoas que se lamentam da vida, não se mexem pra fazer diferente. E essa música fala disso também, de você ficar parado esperando. Não leva a nada. Você tem que ir, bater a cara na parede mesmo e descobrir as coisas. Provar do vinagre ao vinho.

* * *

FÁBIO LIMA
EDITOR DE IMAGEM

O QUE VOCÊ JÁ CONHECIA DE RAUL?

Raul eu conheço desde a adolescência. Um tio meu ouvia muito Raul. Minha esposa gosta muito de música brasileira, então ela escuta muito Raul. Mas era só isso, a parte musical dele. Com a parte histórica eu não tinha nenhum contato. Eu não sabia da vida dele.

COMO O OLHAR DO EDITOR DE IMAGEM INFLUENCIA NO PRODUTO?

A escolha do editor é muito em cima da imagem. Então, à medida que a gente tem a imagem certa pra colocar na edição... É a procura da imagem. A gente tinha imagens de arquivo, tinha imagens que foram captadas, fotos, aquela coisa. A gente procura a melhor imagem que possa explicar, que possa definir aquele momento da vida do personagem que a gente está mostrando no programa.

QUAL MOMENTO DO PROGRAMA MAIS TE SURPREENDEU?

Todo o legado que ele deixou, os fãs, as obras, que até hoje fazem sucesso, interferem na vida de muita gente. O cara deixou uma obra que faz sucesso depois de tanto tempo da sua morte. Eu acho isso o maior barato, as novas gerações curtindo Raul. Ou seja, o cara atual, fala de coisas que acontecem no nosso dia a dia em músicas que foram gravadas um tempão atrás. E refletem ainda a opinião pública, refletem ainda o social nosso.

* * *

DINHO RODRIGUES
DIRETOR DE ARTE

O QUE O DEPARTAMENTO DE ARTE FAZ? O QUE FEZ NESTE PROGRAMA?

O grande desafio da arte é retratar da melhor forma aquilo que se fala ou aquilo que era pra se ver e não tem como ver com imagem. Nosso trabalho neste programa, em especial, foi trazer um pouco da originalidade de Raul Seixas. Ele era um cara de personalidade forte, original, então a gente procurou retratar isso. Nas passagens de bloco, a gente usa um disco, que era baseado no disco dele, mas com um toque original. A gente refaz um disco com um tema que está aliado ao programa. Esse era um dos desafios. O outro jeito que a gente contribuiu foi ter... A gente sonhou em ter um drone no programa, fazer uma passagem com um drone, ter intervenção de arte nessa passagem. É algo também que parece muito com Raul, que é um cara à frente do tempo dele. Por mais que o drone não apareça, acho que a imagem ali contempla bem isso, a questão de visão ampla da coisa.

PRIMEIRA VEZ QUE A TV BRASIL USOU UM DRONE, NÉ?

Primeira vez. E inspirou para outros programas. Hoje, a gente usa com frequência maior. Não é um equipamento que a gente tem tão acessível. Daqui a alguns anos, a gente pode estar vendo isso de maneira "ah, todo mundo tem um". Mas hoje não é tão acessível, na casa não tem e nunca tinha sido usado. Então, a gente sonhou com isso e a gente conseguiu executar. Conseguimos que a ideia estivesse ali casada entre falar do Raul, entre essa ideia de cosmo, acho que está tudo envolvido ali.

O QUE VOCÊ CONHECIA DE RAUL ANTES DO PROGRAMA? CURTIA OU NÃO CURTIA?

Eu não curtia, mas todo mundo já ouviu falar bem do Raul, né? Já ouvi falar muito dele. E foi uma experiência muito legal de aprender, de ver outros lados, de ver família falando. Porque você deixa de conhecer apenas o cara que a mídia apresenta e começa a ver um lado mais perto. A dramatização ajuda também para a gente sentir aquela emoção ali, né? Você tem a família falando, a dramatização que te aproxima da realidade. O que o Paulo Coelho fala durante o programa, também, faz você pensar e refletir sobre algumas coisas, sobre atitudes. Achei muito válido o programa.

TEM UM COLEGA QUE TRABALHA COM VOCÊ QUE CURTE MUITO RAUL. ELE QUERIA SE ENVOLVER MAIS, NÉ? ELE ATÉ DEU SUGESTÃO PARA NOME DO PROGRAMA.

O Antônio Trindade. É, ele é fãzão. Ele conhecia, escutava, sabia várias coisas. Era um cara que, da equipe da parte técnica ali, não podia contribuir tanto, mas que bom que ele sabia e que ele sugeriu nome.

ME LEMBRO DE QUE A SUGESTÃO DELE FOI "DENTRO DO MALUCO E DA BELEZA".

Poético, né?

TEM UMA MÚSICA DE RAUL QUE ELE FALA "DENTRO DO MAMBO E DA CONSCIÊNCIA, ESTÁ O SEGREDO DO UNIVERSO".

Só quem conhecia bem... Eu lembro que você falou isso na época. O cara tem que conhecer bem Raul pra saber o significado. Mas o que eu gostei também no programa, no todo, acho que houve uma integração grande. Quando o tema é bom, quando a história é bem contada, faz com que a equipe se envolva de maneira a ficar tudo integrado. Você vai fazendo, vai experimentando, vai vendo que dá certo e vai se empolgando.

© *Copyright* desta edição: Editora Martin Claret Ltda., 2017.

DIREÇÃO
Martin Claret

PRODUÇÃO EDITORIAL
Carolina Marani Lima
Mayara Zucheli

DIREÇÃO DE ARTE E CAPA
José Duarte T. de Castro

DIAGRAMAÇÃO
Giovana Gatti Quadrotti

REVISÃO
Alexander B. A. Siqueira

IMPRESSÃO E ACABAMENTO
Paulus Gráfica

Este livro segue o novo Acordo Ortográfico da Língua Portuguesa.

Dados Internacionais de Catalogação na Publicação (CIP)
(Câmara Brasileira do Livro, SP, Brasil)

Bittencourt, Tiago.
 O Raul que me contaram: a história do maluco beleza revisitada por um programa de TV / Tiago Bittencourt. -
1. ed. - São Paulo: Martin Claret, 2017.

ISBN 978-85-440-0155-4

1. Entrevistas 2. Rock - Brasil 3. Rock - Entrevistas 4. Seixas, Raul, 1945-1989 I. Título.

17-06160 CDD-781.66092

Índices para catálogo sistemático:
 1. Músicos de rock : Vida e obra   781.66092
 2. Rock : Músicos : Vida e obra   781.66092

EDITORA MARTIN CLARET LTDA.
Rua Alegrete, 62 - Bairro Sumaré - CEP: 01254-010 - São Paulo, SP - Tel.: (11) 3672-8144
1ª reimpressão - 2017

CONTINUE COM A GENTE!

- Editora Martin Claret
- editoramartinclaret
- @EdMartinClaret
- www.martinclaret.com.br